Michael A. Bächle, Stephan Daurer, Arthur Kolb
Einführung in die Wirtschaftsinformatik

Michael A. Bächle, Stephan Daurer, Arthur Kolb

Einführung in die Wirtschaftsinformatik

——

Ein fallstudienbasiertes Lehrbuch

5., aktualisierte und erweiterte Auflage

DE GRUYTER
OLDENBOURG

ISBN 978-3-11-072225-3
e-ISBN (PDF) 978-3-11-072226-0
e-ISBN (EPUB) 978-3-11-072232-1

Library of Congress Control Number: 2021940769

Bibliografische Information der Deutschen Nationalbibliothek
Die Deutsche Nationalbibliothek verzeichnet diese Publikation in der Deutschen
Nationalbibliografie; detaillierte bibliografische Daten sind im Internet über
http://dnb.dnb.de abrufbar.

© 2021 Walter de Gruyter GmbH, Berlin/Boston
Einbandabbildung: Tag-Cloud entworfen von Prof. Dr. Michael A. Bächle
Druck und Bindung: CPI books GmbH, Leck

www.degruyter.com

Vorwort zur fünften Auflage

Dank der guten Aufnahme unserer „Einführung in die Wirtschaftsinformatik" erscheint nach 14 Jahren nunmehr die fünfte Auflage. War zu Anfang lediglich an eine kurze, aber prägnante Einführung im Sinne eines Repetitoriums gedacht (siehe „Vorwort zur ersten Auflage"), ist das Projekt mittlerweile zu einem veritablen Lehrbuch herangewachsen.

Die Wirtschaftsinformatik ist längst als Wissenschaftsdisziplin im akademischen Betrieb der Universitäten und Hochschulen etabliert. Insbesondere die Entwicklung des Internets bzw. World Wide Webs stellt sich in der Retrospektive als der eigentliche „Urknall" des Fachs heraus. Waren vor dreißig Jahren noch Daten und Funktionen die vorherrschenden Komplexitätsarten in betrieblichen IT-Projekten, so ist die heute zu beherrschende Komplexität deutlich anspruchsvoller geworden: Daten, Funktionen, Benutzungsoberflächen für unterschiedliche Endgeräte, Algorithmen (Künstliche Intelligenz etc.), Systemumgebungen (wie bei der Robotik) und Echtzeitansprüche (wie beim Internet der Dinge) sind mittlerweile die zu beherrschenden Komplexitätsarten ganz unterschiedlicher Arten von Informationssystemen, denen die Wirtschaftsinformatik gerecht werden muss.

Auch die fünfte Auflage wurde deshalb wieder aktualisiert und weiterentwickelt, um den wachsenden Anforderungen an das Berufsbild der Wirtschaftsinformatik gerecht zu werden. Neben den notwendigen Aktualisierungen und Erweiterungen der bisherigen Inhalte wurden zwei neue Kapitel in die 5. Auflage aufgenommen: Kap. 6 zu Data Science und Kap. 14 zur Ethik der Digitalisierung.

Herrn Diakon Gerhard Marquard danken wir für seine konstruktiven Anmerkungen zur Verbesserung von Kap. 14. Ebenso danken wir unseren Leser*innen und Kolleg*innen der letzten 14 Jahre für die Nutzung des Lehrbuchs und ihr Feedback. Danken möchten wir auch Herrn Dr. Stefan Giesen vom Verlag De Gruyter Oldenbourg für die langjährige, sehr gute Zusammenarbeit.

Und nun wünschen wir Ihnen erneut viel Spaß mit einem faszinierenden Studienfach – der Wirtschaftsinformatik!

Ravensburg und Kempten im Juni 2021
Michael A. Bächle, Stephan Daurer, Arthur Kolb

https://doi.org/10.1515/9783110722260-202

Vorwort zur ersten Auflage

Dieses Repetitorium soll in kompakter Form einführende Lehrveranstaltungen in das Studienfach Wirtschaftsinformatik begleiten. Als Studierender werden Sie in kurzer, prägnanter Form mit den wesentlichen Inhalten aus der Vorlesung vertraut gemacht. Dabei ersetzt das Repetitorium kein Lehrbuch, das tiefer und facettenreicher den Stoff der Wirtschaftsinformatik aufbereitet. Aus diesem Grund finden Sie auch viele Literaturverweise auf wichtige und bewährte Standardwerke zur Einführung in die Wirtschaftsinformatik.

Wir haben uns bemüht, den Stoff anhand einer durchgängigen Fallstudie greifbar und nachvollziehbar zu machen. Zu Beginn jedes Kapitels wird der relevante Ausschnitt der Fallstudie für den im Kapitel behandelten fachlichen Inhalt vorgestellt. Daran schließt sich die Kurzdarstellung der Theorie an. Das Kapitel schließt mit wissensorientierten Detailfragen zur Theorie und problemlösungsorientierten Komplexfragen, die sich auf die Fallstudie beziehen. Für alle Fragen finden Sie im Anhang unsere Musterlösungen. Allerdings erwarten wir, dass Sie sich auch eigenständig mit den Fragen auseinandersetzen. Das ist zwar mühsam, sichert aber den nachhaltigen Lernerfolg.

Für die aktive Mitarbeit an der Ausarbeitung der Fallstudie bedanken wir uns bei Dipl.-Wirtschaftsinformatiker (BA) Stefan Brey, Dipl.-Wirtschaftsinformatiker (BA) Michael Haas, Dipl.-Wirtschaftsinformatikerin (BA) Carina Maucher, Dipl.-Wirtschaftsinformatiker (BA) Fabian Schneider, Dipl.-Wirtschaftsinformatiker (BA) Peter Raisch und Dipl.-Wirtschaftsinformatiker (BA) Stefan Rietzler.

Natürlich gehen alle Fehler inhaltlicher und formaler Art nur zu unseren Lasten. Schreiben Sie uns also, wenn Sie Fehler finden oder Verbesserungsvorschläge haben.

Und nun wünschen wir Ihnen viel Spaß mit einem faszinierenden Studienfach – der Wirtschaftsinformatik!

Ravensburg und Kempten, April 2007

https://doi.org/10.1515/9783110722260-203

Zum Gebrauch des Lehrbuchs

Ziel des Lehrbuchs

Ziel des Lehrbuchs ist es, Ihnen einen Überblick über die unterschiedlichen Arten von Informationssystemen zu geben, mit denen betriebliche Geschäftsprozesse unterstützt werden können. **Nicht Ziel des Lehrbuchs** ist es, Sie in die Informationstechnik und Softwareentwicklung einzuführen. Sie werden also nichts über Prozessoren, Festplattentypen, Bildschirmarten, Programmiersprachen etc. erfahren. So gesehen handelt es sich bei diesem Lehrbuch um eine managementorientierte Einführung in die Wirtschaftsinformatik. Das Lehrbuch ist dazu in **drei thematische Blöcke** untergliedert:

1. IT-gestützte Informationssysteme sind heute von überragender Bedeutung für betriebliche Geschäftsprozesse. Unternehmerisches Handeln ist ohne Informationssysteme nicht mehr denkbar bzw. möglich. Dementsprechend rückt das Management von Informationssystemen immer mehr in den Fokus unternehmerischer Managementaufgaben. **Teil I: Methoden** behandelt deshalb einige wichtige Methoden der Wirtschaftsinformatik, die sich mit dem Management der Informationen (Kap. 2), dem Management der IT-Projekte (Kap. 3), der Modellierung von Geschäftsprozessen (Kap. 4), Datenbanken (Kap. 5) und der Datenanalyse (Kap. 6) beschäftigen.

2. Die einzelnen Arten betrieblicher Informationssysteme sind Gegenstand von **Teil II: Systeme**. Hierbei geht es nicht um die Vorstellung einzelner Produkte der unterschiedlichen Softwareanbieter. Wichtig ist vielmehr, dass die Merkmale und Einsatzfelder der unterschiedlichen Arten von Informationssystemen nachvollzogen werden können. Als zentral erachten wir dabei Informationssysteme für die Unterstützung betrieblicher Geschäftsprozesse (Kap. 7), des E-Business und E-Commerce (Kap. 8), der Unterstützung des Managements (Kap. 9) sowie der Teamarbeit (Kap. 10).

3. Diese unterschiedlichen Arten von Informationssystemen werden für vielfältige Aufgaben eingesetzt. **Teil III: Anwendungsfelder** kann dazu bestenfalls einen Überblick geben, bei dem wir uns dafür entschieden haben, drei aktuelle Anwendungsfelder vorzustellen, die nach unserer Meinung großes Potenzial für den Einsatz verschiedener Arten betrieblicher Informationssysteme bieten: Wissensmanagement (Kap. 11), digitale Märkte (Kap. 12) und digitale Transformation (Kap. 13). Da die Aufgabenfelder und Möglichkeiten der Wirtschaftsinformatik zunehmend auch ethische Kompetenzen erfordern, schließt das Lehrbuch mit einer Darstellung der ethischen Grundlagen für die Folgenabschätzung der Digitalisierung in Kap. 14.

https://doi.org/10.1515/9783110722260-204

Das didaktisch-methodische Konzept

Das Lehrbuch ist nicht auf den typischen Frontalunterricht angelegt. Vielmehr sollte ein Wechsel zwischen Theorieinput durch die Lehrenden und Fallstudienbearbeitung durch die Studierenden stattfinden.

Dazu ist es notwendig, dass Sie die Möglichkeit zur aktiven Diskussion nutzen. Aus diesem Grund sollten Sie **vorab** die relevanten Teile dieses Lehrbuchs gelesen haben. Jedes Kapitel schließt mit Fragen ab. Die Fragen sind unterteilt in zwei Gruppen:

- **Verständnisfragen** dienen dazu, die wesentliche Fakten nochmals herauszuarbeiten. Hier wiederholen Sie lediglich den Lernstoff des Kapitels.
- **Fallstudienaufgaben** dienen dazu, die Kernaussagen des Kapitels eigenständig auf eine offene Problemstellung anzuwenden. Hier geht es nicht darum, dass Sie die Kernaussagen nochmals wiederholen. Vielmehr sollen Sie das Wissen, das Sie im Zuge der Bearbeitung des Kapitels erarbeitet haben, situationsgerecht auf die Problemstellung der Komplexfrage anwenden. „Situationsgerecht" bedeutet, dass Sie die Problemstellung zunächst analysieren, dann das Problem exakt beschreiben, unterschiedliche Lösungsalternativen identifizieren, bewerten und abschließend begründen, welche Lösung Sie warum ausgewählt haben. Insbesondere die Ausführungen in den Kapiteln 2 und 3 sind hierfür von zentraler Bedeutung für Ihren Problemlösungsprozess.

Bei der Lösungserarbeitung und bei Ihren Beiträgen sind Ihnen die folgenden Hinweise möglicherweise hilfreich:

- Wiederholen Sie nur schon bekannte Fakten aus diesem Lehrbuch oder treffen Sie eine Aussage, die auch den anderen Studierenden zu einem vertieften Verständnis verhilft?
- Leisten Sie nur einen thematisch isolierten Beitrag oder knüpft Ihr Beitrag – kritisch oder darauf aufbauend – an bereits erarbeiteten Lerninhalten an?
- Ist Ihr Beitrag kreativ, originell oder wiederholen Sie einfach nur bereits bekannte Aussagen?

Fallstudienbearbeitung

Der „Workload" einer Vorlesungsstunde beträgt ungefähr 2,5 Stunden. Er gibt an, wie viel Aufwand Sie selbst pro Vorlesungsstunde zu erbringen haben. Für jede Vorlesungsstunde sollten Sie also 2,5 Stunden an Eigenarbeit aufbringen. Um Ihnen die Arbeit zu erleichtern, gibt es dieses Lehrbuch. Es ersetzt aber kein Lehrbuch zu einem speziellen Thema. Ziel des Lehrbuchs ist vielmehr die klare Strukturierung des Stoffes, eine knappe Übersicht sowie Übungsaufgaben, inklusive Musterlösungen.

Zur Bearbeitung der Fallstudie sollten Sie sich in die Rolle des Unternehmens bzw. Mitarbeiters versetzen. Fallstudien sind nicht dazu gedacht, eine „optimale" oder

„beste" Lösung zu liefern. Eine solche gibt es in der Realität nicht. Eindeutig falsche Lösungen gibt es hingegen durchaus. Sie sollen deshalb mit dem gelernten Wissen eine fachlich begründete Lösung erarbeiten. Versetzen Sie sich aktiv in die Rolle des jeweiligen Entscheidungsträgers und agieren Sie auch so. Die Fallstudie umfasst eine Fülle von Informationen, einige aber werden Ihnen fehlen. Treffen Sie dann fachlich begründete Annahmen. An einigen Stellen der Fallstudie müssen Sie außerdem selbstständig Informationen recherchieren, um eine Lösung erarbeiten zu können. Wird die Fallstudie in der Vorlesung behandelt, dann wird von Ihnen ein kreativer und konstruktiver Diskussionsbeitrag zur Verbesserung und Weiterentwicklung der diskutierten Fallstudienlösung erwartet.

Weiterführende Literaturhinweise für Detailaspekte finden Sie in den einzelnen Kapiteln. Nutzen Sie auch diese Hinweise für Ihre Eigenarbeit!

Verwendete Symbole

Um Ihnen eine schnelle Orientierung zu ermöglichen, sind im Lehrbuch wichtige Lerninhalte mit verschiedenen Symbolen versehen:

!	**Definition, wichtige Merksätze**
i	**Beispiele und Fallstudien**
?	**Verständnisfragen zum Lernstoff des jeweiligen Kapitels**
⚡	**Lernziele**
i	**Fallstudienaufgaben**

Website zum Lehrbuch

Zum Lehrbuch gibt es eine eigene Website, die Sie unter der Adresse

```
http://www.einfuehrung-wi.de
```

erreichen. Auf dieser Website stellen wir v. a. für Lehrende weiteres Lehrmaterial zur Verfügung:
- weitere **Fallstudien** zu den beiden Fallunternehmen (inklusive Musterlösungen),
- **Multiple-Choice-Fragen** zu den einzelnen Kapiteln, die sich einfach in Moodle importieren lassen,
- **WBT-Lerneinheiten** zu den Kapiteln des Lehrbuchs sowie
- einen in **Moodle** importierbaren Vorschlag für den Aufbau und Ablauf der Vorlesung als E-Learning-Veranstaltung.

Schreiben Sie uns, wenn Sie Fehler finden oder Verbesserungsvorschläge haben an info@einfuehrung-wi.de.

Inhalt

Teil II: **Systeme**

Teil III: **Anwendungsfelder**

Teil IV: **Lösungen**

Abbildungsverzeichnis

https://doi.org/10.1515/9783110722260-206

Tabellenverzeichnis

https://doi.org/10.1515/9783110722260-207

Abkürzungsverzeichnis

A2C	Administration-to-Citizen
A2B	Administration-to-Business
A2A	Administration-to-Administration
A2E	Administration-to-Employee
AO	Abgabenordnung
ARIS	Architektur integrierter Informationssysteme
ASP	Application Service Providing
B2C	Business-to-Consumer
B2B	Business-to-Business
B2A	Business-to-Administration
B2E	Business-to-Employee
BI	Business Intelligence
BPMN	Business Process Model and Notation
BSCW	Basic Support for Cooperative Work
C2C	Consumer-to-Consumer
C2B	Consumer-to-Business
C2A	Citizen-to-Administration
C2E	Citizen-to-Employee
CAS	Computer Aided Selling
CCTA	Central Computer and Telecommunications Agency
CEO	Chief Executive Officer
CFO	Chief Financial Officer
CIO	Chief Information Officer
CLIPS	C Language Integrated Production System
CMS	Contentmanagementsystem
CRISP-DM	Cross-Industry Standard Process for Data Mining
CRM	Customer Relationship Management
CSS	Cascading Style Sheet
DACH	Deutschland (D), Österreich (A), Schweiz (CH)
DBMS	Datenbankmanagementsystem
DM	Data Mining
DMS	Dokumentenmanagementsystem
DSGVO	Datenschutzgrundverordnung
DSS	Decision Support System
DV	Datenverarbeitung
E2C	Employee-to-Consumer
E2B	Employee-to-Business
E2A	Employee-to-Administration
E2E	Employee-to-Employee
ECMS	Enterprise Contentmanagementsystem
EIP	Enterprise Information Portal
EIS	Executive Information System
EPK	Ereignisgesteuerte Prozesskette
ERP	Enterprise Resource Planning
ESS	Enterprise Social Software
ETL	Extrahierung – Transformation – Laden

https://doi.org/10.1515/9783110722260-208

EU	Europäische Union
EUS	Entscheidungsunterstützungssystem
FASMI	Fast Analysis of Shared Multidimensional Information
FIS	Führungsinformationssystem
GDS	Globales Distributionssystem
GoB	Grundsätze ordnungsgemäßer Buchführung
GoBS	Grundsätze ordnungsgemäßer DV-gestützter Buchführungssysteme
GPM	Gesellschaft für Projektmanagement
HDFS	Hadoop® Distributed File System
HGB	Handelsgesetzbuch
HOBE	House of Business Engineering
IIoT	Industrial Internet of Things
IM	Instant Messaging
IoT	Internet of Things
IPMA	International Project Management Association
IuK	Information und Kommunikation
IS	Informationssystem
IT	Informationstechniken
ITIL	Information Technology Infrastructure Library
KI	Künstliche Intelligenz
KNN	Künstliches Neuronales Netz
LAN	Local Area Network
LMS	Learning Managment System
LOF	Local Outlier Factor
MES	Manufacturing Execution System
MIS	Management Information System
MUS	Managementunterstützungssystem
NYOP	Name Your Own Price
O2O	Online-to-Offline
OLAP	Online Analytical Processing
OLTP	Online Transaction Processing
OOPSLA	Object-Oriented Programming, Systems, Languages, and Applications
PC	Personal Computer
PDA	Personal Digital Assistant
PMI	Project Management Institute
PRINCE	Projects in Controlled Environments
PWYW	Pay What You Want
RFID	Radiofrequenzidentifikation
ROI	Return on Investment
SA	Structured Analysis
SCM	Supply Chain Management
SFA	Sales Force Automation
SLA	Service Level Agreement
SMART	Spezifisch – Messbar – Akzeptabel – Realistisch – Terminiert
SNP	Supply Network Planning
SQL	Structured Query Language
SVS	Service Value System
SW	Software
TCO	Total Cost of Ownership

UML	Unified Modeling Language
WCMS	Webcontent-Managementsystem
WFMS	Workflow-Managementsystem
WI	Wirtschaftsinformatik
XPS	Expertensystem
YARN	Yet Another Resource Negotiator

1 Was ist Wirtschaftsinformatik?

Lernziele
- Sie können erläutern, was Wirtschaftsinformatik ist und welche Beziehungen zu anderen Wissenschaftsdisziplinen bestehen.
- Sie können den Begriff des betrieblichen Informationssystems erklären und eine Systematik der Arten erstellen.
- Sie können die unterschiedlichen Paradigmen der Wirtschaftsinformatik erklären und zuordnen.

In diesem Kapitel werden zunächst die beiden fiktiven Unternehmen Sonnenschein AG und Luminous GmbH vorgestellt, die in diesem Buch mit ihren Herausforderungen und Aufgabenstellungen an die Informationstechniken (IT) anhand von Fallstudien betrachtet werden. Im Anschluss daran wird die Frage beantwortet, womit sich die Wirtschaftsinformatik beschäftigt und welches Selbstverständnis diese noch junge Wissenschaftsdisziplin prägt.

1.1 Die Fallstudienunternehmen

1.1.1 Reiseveranstalter Sonnenschein AG

Was Wirtschaftsinformatik ist, lässt sich am einfachsten anhand praktischer Beispiele verdeutlichen. In diesem Buch kommt deshalb eine Fallstudie zum Einsatz, die einen Reiseveranstalter abbildet. Die Sonnenschein AG ist ein Konzern der Reisebranche und bietet Endkunden verschiedene Reiseprodukte an.

Der Reisemarkt
Die gesamte Tourismusbranche befindet sich seit den 1990er-Jahren in einem Strukturwandel, der einerseits durch die wachsenden Ansprüche der Kunden, andererseits durch die Konzentrationsprozesse der Reiseveranstalter und Reisemittler geprägt ist. Nicht zu vergessen ist der Einfluss durch die Bedrohung von Terroranschlägen, kriegerischen Aktivitäten, beispielsweise im Irak, die die Reiselust der Bürger stark beeinträchtigen. Eine weitere Herausforderung für den Reisemarkt ist die Nutzung elektronischer Marktplätze. Durch die Nutzung des Internets können neue Vertriebskanäle (Direktvertrieb über das Internet) aufgebaut und genutzt werden. Dem Kunden kann durch eine gute E-Business-Lösung ein beträchtlicher Zusatznutzen geboten werden. Somit hat der Reiseveranstalter die Möglichkeit, den heutigen Ansprüchen des anspruchsvollen Kunden gerecht zu werden. Viele Geschäftsprozesse können durch den Einsatz von E-Business-Lösungen kostengünstiger und effektiver gestaltet werden. Ein Indiz für den Erfolg der Internetnutzung für die Geschäftsaktivitäten eines Reisever-

https://doi.org/10.1515/9783110722260-001

anstalters ist die große Zahl von Internetnutzern in Europa, insbesondere in Deutschland, die als potenzielle Kunden betrachtet werden können.

Auch wenn der Anteil derer, die bislang nur Informationen über das Reisevorhaben durch Nutzung des Internets beschaffen, noch weit über dem Anteil der über das Internet vollzogenen Buchungen liegt, steckt ein gewaltiges Potenzial im Bereich des E-Business, das nicht vernachlässigt werden darf. Standardprodukte wie Linienflüge oder Bahnreisen werden schon heute verstärkt über das Internet gebucht. Auch Unternehmen mit einem hohen Reiseanteil sind daran interessiert, die Prozesse der Reisevorbereitung, -buchung und -abrechnung möglichst kostengünstig und damit weitgehend automatisiert abzuwickeln.

Das Unternehmen Sonnenschein AG

Das Unternehmen wird unter dem Namen Sonnenschein AG geführt und trägt die Rechtsform der Aktiengesellschaft (AG). Die Begründung für die Wahl der Rechtsform liegt in der einfacheren Kapitalbeschaffung im Vergleich zu anderen Rechtsformen. Die Sonnenschein AG konzentriert sich auf das Kerngeschäft der Reiseprodukte (vgl. Abb. 1.1). Das Unternehmen ist zur Ausweitung der Geschäfte an anderen Unternehmen beteiligt bzw. besitzt entsprechende Tochterunternehmen, die Geschäftsreisen, Studienreisen o. Ä. durchführen. Der Direktvertrieb über das Internet soll zukünftig weiter ausgebaut werden. Viele Geschäftsprozesse werden dadurch schneller und kosteneffizienter (auch wird der Anteil der Online-Buchungen zukünftig steigen).

Unternehmensorganisation

Durch die einheitliche IT-Landschaft, bestehend aus (mehreren) Rechenzentren sowie aktuellen Informationstechniken, ist die Sonnenschein AG in der Lage, die gesamte Wertschöpfungskette zu jeder Zeit mit Informationen/Daten zu versorgen.
Die Sonnenschein AG ist als Matrixorganisation aufgebaut (vgl. Abb. 1.2) und besteht aus den folgenden Abteilungen:
- **Produktentwicklung**: Entwicklung neuer Produkte.
- **Beschaffung**: Die Sonnenschein AG ist an das unternehmensübergreifende Informationssystem AMADEUS angebunden. Dadurch ist eine Anbindung an bestimmte Leistungsträger (Fluggesellschaften, Reedereien, Reiseveranstalter usw.) nicht notwendig, da diese ihre Leistungen direkt im Informationssystem anbieten. Die Beschaffung erfolgt im Regelfall über AMADEUS. Die Sonnenschein AG hat einige Kooperationen, u. a. mit Fluglinien, Hotelketten und Reedereien. Durch die Abnahme von bestimmten Kontingenten können bei der Beschaffung der Leistungen niedrigere Preise erzielt werden. Die Beschaffung für Spezialprodukte erfolgt individuell.
- **Marketing:**
  - *Yield Management*: Leitgedanke des Yield Managements ist, dass ein Produkt bzw. eine Dienstleistung für unterschiedliche Nachfrager zu verschiedenen Zeitpunkten einen unterschiedlichen Nutzen darstellt. Es existiert demnach eine potenzielle Bereitschaft seitens der Nachfrager, einen unterschiedlichen Preis für

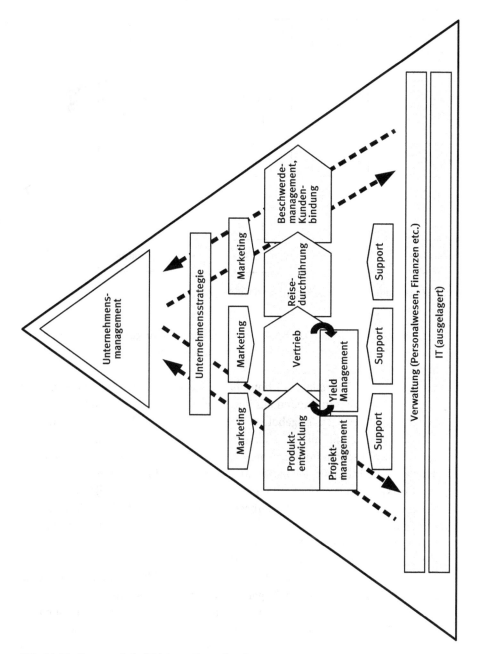

Abb. 1.1: Die Sonnenschein AG (eigene Darstellung).

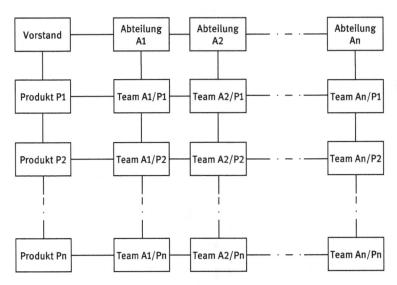

Abb. 1.2: Organisationsmodell der Sonnenschein AG (eigene Darstellung).

das Produkt/die Dienstleistung unter veränderten Bedingungen zu akzeptieren. Das Yield Management befasst sich z. B. mit der Festlegung saisonal unterschiedlicher Preise für Urlaubsreisen.

- *Kundenbindung (Customer Relationship Management/CRM)*: Die Sonnenschein AG bietet registrierten Kunden auf ihrer Website durch den Einsatz eines CRM-Systems personifizierte Angebote an. Der Kunde wird nicht mit Informationen, z. B. über den Kommunikationskanal E-Mail, überflutet, sondern erhält nur die von ihm gewünschten Informationen. Durch das Surfverhalten des Kunden können wertvolle Informationen gewonnen werden, die in Marketingstrategien genutzt werden können. Der Kontakt zu den Kunden kann durch die Nutzung von Newslettern, Foren, Blogs, etc. verbessert werden. Durch die Realisierung einer Chatfunktion wird eine Echtzeitkommunikation zwischen Kunden und Berater (Call-Center) ermöglicht. Alle Kundendaten werden in einer gemeinsam nutzbaren Datenbank in der Sonnenschein AG gepflegt.
- *Kundenbetreuung (Call-Center)*: Die Sonnenschein AG betreibt ein eigenes Call-Center. Dort können Kunden Fragen zu den Produkten stellen oder Reisen buchen (auch Individualreisen zusammenstellen). Die Call-Center sind auch zuständig für Kundenfeedback und Beschwerden/Reklamationen (Online-Beratung).
- *Marktforschung*: Die Marktforschung hat die Aufgabe, neue Märkte zu erschließen, bestehende Produkte an die neuen Marktgegebenheiten anzupassen und Trends für neue Produkte zu liefern. Auf Basis der Ergebnisse der Marktforschungsabteilung werden die notwendigen Schritte eingeleitet, die zur Einführung eines neuen Produktes notwendig sind.

- **Vertrieb**: Die Sonnenschein AG vertreibt ihre Produkte über die Vertriebskanäle Franchising, Reisebüros und einen eigenen Onlineshop (sog. Reiseportal).
- **Personalwesen**: Alle anfallenden Aufgaben des Personalmanagements (z. B. Neueinstellungen) werden von der zentralen Personalabteilung wahrgenommen.
- **Rechnungswesen/Finanzwesen**: Die zentrale Abteilung Rechnungswesen bzw. Finanzwesen ist für das Controlling der Sonnenschein AG zuständig.
- **IT** (ausgelagert in Tochterunternehmen): Die in ein eigenes Unternehmen ausgelagerte IT verkauft ihre Dienstleistungen an die Sonnenschein AG und betreibt z. B. die Website für das Reiseportal.

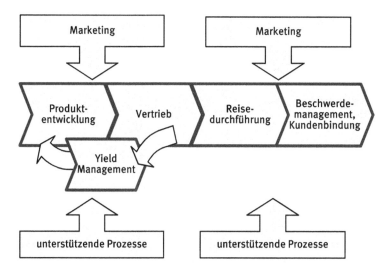

Abb. 1.3: Kernprozesse der Sonnenschein AG (eigene Darstellung).

Kernprozesse der Sonnenschein AG
Jedes Produkt durchläuft die in Abb. 1.3 dargestellten Abteilungen. Das Marketing besitzt eine Querschnittsfunktion, d. h. die Ergebnisse des Marketings, wie beispielsweise Marktforschungsergebnisse, fließen sowohl in die Produktentwicklung als auch in das Yield Management ein.

Produkte
Die Sonnenschein AG versucht, ein möglichst breites Spektrum an Produkten auf dem Markt anzubieten. Die Produkte können Tabelle 1.1 entnommen werden.

Tab. 1.1: Produkte der Sonnenschein AG (eigene Darstellung).

Reisekategorie		Bemerkung
Hauptkategorie	**Unterkategorie**	
Pauschalreise		
Individualreise		
Geschäftsreise		
Specials	Eventreisen/Saisonreisen	z. B. Silvester in Berlin, Karneval in Rio
	Sportreisen	Snowboardausfahrten
	Wellness	
	Städtereise	
	Schiffsreisen	
Flugreisen	Linienflüge	bei Geschäftsreisen: Durchführung durch Tochterunternehmen
	Last Minute	
	Charterflüge	
Unterkünfte	Hotels	
	Ferienwohnungen	
	Pensionen	
Mietwagen		

1.1.2 Leuchtmittelhersteller Luminous GmbH

Zur Illustration einiger Besonderheiten der Fertigungsindustrie eignet sich die Sonnenschein AG als Dienstleistungsuntenehmen nicht. Auf der Website des Buches (www.einfuehrung-wi.de) finden sich deshalb einige Fallstudien zum Industrieunternehmen Luminous GmbH, das nachfolgend kurz vorgestellt wird.

Die Luminous GmbH ist ein mittelständisches, produzierendes Industrieunternehmen, das sich auf die Herstellung von Deckenlampen im Hochpreissegment für den Endverbraucher spezialisiert hat (vgl. Tab. 1.2). Das Unternehmen ist inhabergeführt und hat 600 Mitarbeiter an zwei Standorten in Deutschland. Firmenzentrale, Design, Vertrieb und Einkauf sitzen in München mit 100 Mitarbeitern, die Produktion und Logistik in Landsberg mit 500 Mitarbeitern. Der Jahresumsatz liegt bei rund 100 Millionen Euro. Gehäuseproduktion sowie die Endproduktion der Lampen wird von der GmbH selbst übernommen, für die Elektrotechnik, die Leuchtelemente und die Gehäusematerialien gibt es drei Zulieferer, die schon lange mit der Luminous GmbH zusammenarbeiten.

Erhältlich sind die Lampen über einen markeneigenen Onlineshop mit Konfigurator und in einigen Lampengeschäften in ganz Deutschland. Hierbei hat die GmbH selbst ausschließlich Großkundenkundenbeziehungen und beliefert diese. Von dort aus kommen die Lampen in die einzelnen Geschäfte. Als einzige Ausnahme existiert ein sogenannter Flagship-Store im Gebäude der Firmenzentrale in München, der ausschließlich Lampen der Firma Luminous GmbH verkauft.

Tab. 1.2: Produkte der Luminous GmbH (eigene Darstellung).

	Produktkategorie	Bemerkung
Hauptkategorie	**Unterkategorie**	
Designerleuchten	Pendelleuchten	zur Beleuchtung großer Flächen, z. B. in Restaurants
	dimmbare Leuchten	
	Bodenleuchten	z. B. für den Außenbereich
	Stehleuchten	für den Gebrauch z. B. im Wohnzimmer

1.2 Gegenstand der Wirtschaftsinformatik

Die Wirtschaftsinformatik ist eine verhältnismäßig junge Wissenschaftsdisziplin, die sich erst seit den 1970er-Jahren mit eigenen Lehrstühlen an deutschsprachigen Universitäten etablieren konnte. Außerhalb des deutschsprachigen Raums (Deutschland (D), Österreich (A) und Schweiz (CH), dem sogenannten DACH-Raum) ist die Wissenschaftsdisziplin der Wirtschaftsinformatik weitgehend unbekannt. Dort wird, wie z. B. in den USA, eine primär managementorientierte Sichtweise der IT vertreten, weshalb hier zumeist auch der Begriff Information Systems (IS) verwendet wird. Kennzeichnend für diese Sichtweise ist eine betriebswirtschaftlich geprägte Herangehensweise an die Möglichkeiten der IT, die sich in einem Verständnis niederschlägt, das Informationen als Produktionsfaktor wahrnimmt, der geplant, gesteuert und kontrolliert werden muss, kurz: im Management der IT. Dies stellt aus Sicht der Wirtschaftsinformatik jedoch lediglich einen, wenngleich nicht unwichtigen, Teilaspekt von Informationssystemen dar. Im Verständnis der Wirtschaftsinformatik sind also Informationen ein Teil von Informationssystemen, der mithilfe von diesen erzeugt, gespeichert, verwaltet, verteilt usw. wird. Gegenstand der Wirtschaftsinformatik sind deshalb die Informationssysteme im Sinne der folgenden **Definition der Wirtschaftsinformatik**:

Die **Wirtschaftsinformatik** beschäftigt sich mit der Konzeption, Entwicklung, Nutzung und Wartung von Informationssystemen sowie dem Management des Produktionsfaktors „Information" für betriebliche Aufgabenstellungen in Wirtschaft und Verwaltung (vgl. Mertens 2016, o. S.).

Im klassischen Verständnis der Wirtschaftsinformatik geht es bei betrieblichen Informationssystemen um die **Mensch-Maschine-Kommunikation**. Ein Informationssystem besteht deshalb typischerweise aus den folgenden Komponenten:
- **Mensch:** Informationssysteme werden von Menschen gestaltet (im Rahmen eines Entwicklungsprojektes) und von Menschen genutzt. Der Mensch steht somit als Gestalter und Anwender im Mittelpunkt der Betrachtung durch die Wirtschaftsinformatik.

- **Aufgabe**: Zweck von Informationssystemen ist die Unterstützung betrieblicher Funktionen, d. h. die konkrete Aufgabenunterstützung in den operativen und strategischen Bereichen des Unternehmens.
- **Informationstechniken (IT)**: Die Gestaltung von Informationssystemen setzt bei der Unterstützung des Menschen zur Bewältigung anfallender betrieblicher Aufgaben an und umfasst alle Funktionen, mit denen Informationen manipuliert werden können. Stellt die Gestaltung des Informationssystems selbst die betriebliche Aufgabe dar, so gehören hierzu auch alle Techniken der Gestaltung derartiger Systeme.
- **Organisatorischer Kontext**: Betriebliche Informationssysteme werden nicht auf der „grünen Wiese" eingeführt. Vielmehr sind sie Bestandteil einer komplexen organisatorischen Umwelt, in die sie passen müssen. Organisationstheoretisch wird hier von der Notwendigkeit eines fits gesprochen.

Durch die aktuelle Entwicklung der Vernetzung von beliebigen Maschinen mittels des Internets der Dinge rückt die **Maschine-Maschine-Kommunikation** als weitere Komponente zunehmend in das Blickfeld der Wirtschaftsinformatik. (vgl. dazu Kap. 13).

Werden Informationssysteme weiter detailliert, so können sie ein oder mehrere Anwendungssysteme als *Teilsysteme* beinhalten. Ein **Anwendungssystem** umfasst nach Hesse u. a. (1994, S. 43) „eine Menge von inhaltlich zusammengehörigen Aufgaben, die dafür verantwortlichen Menschen als *Aufgabenträger* und die zu ihrer Erfüllung eingesetzte technische Ausstattung. Im engeren Sinn wird darunter oft ein Anwendungsprogramm (d. h. das reine SW-System) verstanden, das eine spezifische Aufgabe unterstützt, z. B. ein Standardprogramm für die Finanzbuchhaltung."

Oftmals wird von **Informations- und Kommunikationssystemen** (kurz: IuK-Systemen) gesprochen, um deutlich zu machen, dass es eben nicht nur um Informationen, sondern auch um Kommunikation und Zusammenarbeit zwischen Menschen und/oder Maschinen geht. Da auch bei der Fokussierung auf den Kommunikationsaspekt immer Informationen ausgetauscht werden, wollen wir im Folgenden vereinfachend von Informationssystemen sprechen und sie wie folgt definieren:

! Informationssysteme (IS) sind **soziotechnische Systeme** im Sinne der Wirtschaftsinformatik.

Die Betrachtung von Informationssystemen als soziotechnische Systeme führt in der Wirtschaftsinformatik dazu, dass sie als eine „hybride" Wissenschaftsdisziplin bezeichnet werden kann. Was darunter zu verstehen ist, zeigt Abb. 1.4.

- Um ihrer Aufgabe der Konzeption, Entwicklung, Einführung und Wartung von Informationssystemen sowie dem Management von Information als Produktionsfaktor gerecht werden zu können, entwickelt, nutzt und evaluiert die **Wirtschaftsinformatik** die dafür notwendigen Modelle, Verfahren, Techniken, Werkzeuge usw. Sie greift dabei auf Kerninhalte der Wirtschaftsinformatik zurück, wie Methoden zur Geschäftsprozessmodellierung (vgl. Kap. 4) und dem Informationsmanagement

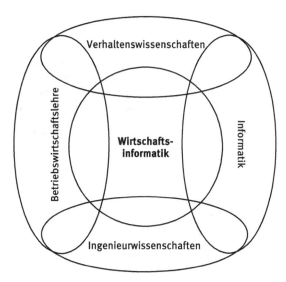

Abb. 1.4: Einordnung der Wirtschaftsinformatik in Anlehnung an Mertens (2016, o. S.).

(vgl. Kap. 2). Gleichzeitig nutzt die Wirtschaftsinformatik auch die Modelle, Methoden, Techniken, Werkzeuge usw. aus benachbarten Wissenschaftsdisziplinen.

- Die zwei wichtigsten Nachbardisziplinen sind die **Informatik** und die **Betriebswirtschaftslehre**. Aus beiden Wissenschaftsdisziplinen übernimmt die Wirtschaftsinformatik die für ihre Aufgabenstellungen relevanten Lösungsansätze. Aus der Informatik sind dies z. B. die Ansätze zur Datenmodellierung (vgl. Kap. 5). Die Betriebswirtschaftslehre steuert beispielsweise Lösungsansätze für das Management von IT-Projekten bei (vgl. Kap. 3).
- Seit geraumer Zeit gewinnen auch Lösungsansätze aus verschiedenen **Verhaltenswissenschaften** an Bedeutung für die Wirtschaftsinformatik. Sie helfen u. a. dabei, zu verstehen, welche Anforderungen die Benutzer der Informationssysteme an die Ergonomie von Informationssystemen haben oder auch, welchen Einfluss das Verhalten der Konsumenten auf die Gestaltung und Entwicklung digitaler Märkte hat (vgl. Kap. 12). Dazu werden beispielsweise Methoden der empirischen Sozialforschung genutzt.
- Ebenfalls von immer größerer Bedeutung sind verschiedene Disziplinen der **Ingenieurwissenschaften,** da mit der zunehmenden Digitalisierung beispielsweise die Maschine-Maschine-Kommunikation immer stärker in den Fokus von Informationssystemen rückt. Deutlich wird dies beispielsweise anhand des Internets der Dinge bzw. Industrie 4.0 (vgl. Kap. 13).

---

i **Beispiel**

Ein Handelsunternehmen plant die Verringerung seiner Lagermengen, um Kosten zu sparen. Dieses betriebswirtschaftliche Ziel kann die Wirtschaftsinformatik dadurch unterstützen, dass sie einen automatischen Informationsfluss zwischen dem Unternehmen und seinen Lieferanten aufbaut. Dadurch wird es möglich, dass ein Lieferant zeitnah und schnell über kritische Bestellmengen informiert wird.

Das Beispiel zeigt, dass die Wirtschaftsinformatik drei Themenkomplexe bei der Lösung betrachten muss:

1. Zunächst muss die betriebswirtschaftliche Aufgabenstellung verstanden werden. Welches Ziel wird durch das Unternehmen verfolgt (Kostensenkung durch Lagermengenreduzierung)?
2. Dann ist zu klären, wie der bisherige Geschäftsprozess einer Warenbestellung beim Lieferanten abläuft (Geschäftsprozessanalyse).
3. Zuletzt muss geklärt werden, wie dieser Geschäftsprozess durch IT so automatisiert werden kann, dass das Ziel der Kostensenkung erreicht wird.

1.3 Paradigmen der Wirtschaftsinformatik

Ist in der betrieblichen Praxis seit jeher ein, an konkreten Anwendungsproblemen orientiertes, d. h. anwendungsorientiertes Verständnis der Wirtschaftsinformatik vorherrschend, zeigt sich die Wirtschaftsinformatik als Wissenschaftsdisziplin von zwei unterschiedlichen Paradigmen geprägt:

– Das **gestaltungsorientierte Paradigma** stellt Gestaltungsvorschläge und Konstruktionen für die Praxis in den Vordergrund der Wirtschaftsinformatik. Sie lehnt sich damit an das gestaltungsorientierte Denken von Informatik und Betriebswirtschaftslehre an. Österle u. a. (2010, S. 667) führen als mögliche Ergebnistypen einer gestaltungsorientierten Wirtschaftsinformatik u. a. Grundsätze, Leitfäden, Rahmenwerke, Normen, Patente, Software, Geschäftsmodelle und Unternehmensgründungen an.
– Vor allem im angelsächsischen Raum ist das **verhaltensorientierte Paradigma** weit verbreitet. Hier lehnt man sich stärker an die Verhaltenswissenschaften an. Österle u. a. (2010, S. 64) führen zutreffend aus, dass hier weniger „die innovative Gestaltung von Informationssystemen, sondern die Beobachtung von Eigenschaften von Informationssystemen und des Verhaltens von Benutzern" das Ziel ist.

Die beiden Sichtweisen auf die Wirtschaftsinformatik stehen nur scheinbar in einem konfliktären Verhältnis zueinander. Spann (2010, S. 679) weist zu Recht darauf hin, dass die **Kombination aus gestaltungsorientierter und verhaltensorientierter Wirtschaftsinformatik** synergetische Effekte erzeugt, die von großer Relevanz für die betriebliche Praxis und die Weiterentwicklung des Instrumentariums der Wirtschaftsinformatik als Wissenschaftsdisziplin sind: „Beispielsweise können die Wirkungen neuer Methoden oder Systeme in der Regel nur dann sinnvoll untersucht werden, wenn diese zunächst als Prototyp gestaltet werden. Durch den Prototypen können dann Daten und Ergebnisse generiert werden, die auch für eine verhaltensorientierte Auswertung zur Verfügung stehen."

Tatsächlich muss man die Wirtschaftsinformatik durch die zunehmende Digitalisierung, wie sie in Kap. 12 und Kap. 13 beschrieben wird, als eine Kombination aus Gestaltung und empirischer Analyse der Auswirkungen dieser Gestaltung betrachten. Zudem wird es immer wichtiger, schon im Vorfeld der Entwicklung von Informationssystemen, den verhaltenswissenschaftlichen Kontext zu kennen, so z. B. bei der Entwicklung von Informationssystemen für digitale Märkte. Hier spielt das Verstehen des Verhaltens der Marktteilnehmer eine zentrale Rolle für die Gestaltung der zugrunde liegenden Informationssysteme.

1.4 Arten betrieblicher Informationssysteme

Betriebliche Informationssysteme lassen sich nach ihrem Einsatzgebiet in unternehmensinterne und unternehmensübergreifende Informationssysteme unterscheiden.

Unternehmensinterne Informationssysteme unterstützen und integrieren unternehmensinterne Geschäftsprozesse. **Unternehmensübergreifende Informationssysteme** unterstützen und integrieren Geschäftsprozesse über die Unternehmensgrenze hinweg (z. B. zum Lieferanten und Kunden).

1.4.1 Unternehmensinterne Informationssysteme

Nach Mertens (2012, S. 27 ff) lassen sich die Arten **unternehmensinterner Informationssysteme** anhand der Organisationsebenen eines Unternehmens unterscheiden (vgl. Abb. 1.5).

Operative Systeme (Transaktionssysteme)
Operative Systeme finden sich auf der operativen Organisationsebene eines Unternehmens. Derartige Informationssysteme haben als Ziel entweder die Vollautomatisierung von Aufgaben oder die Teilautomatisierung zur Unterstützung menschlicher Aufgabenträger operativer Aufgaben.
- **Administrationssysteme:** Ziel ist die (vollständige) Automatisierung und Rationalisierung der Massendatenverarbeitung. Administrationssysteme können also menschliche Aufgabenträger vollständig ersetzen, wenn die betriebliche Aufgabe so gut strukturiert ist, dass ein menschliches Eingreifen nicht erforderlich ist. Beispiel: Erstellung von Lohnabrechnungen in der Buchhaltung.
- **Dispositionssysteme:** Ziel ist es, menschliche operative Entscheidungen zu unterstützen bzw. zu ersetzen.

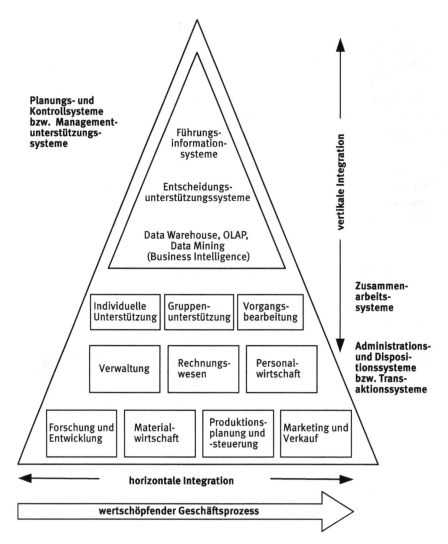

Abb. 1.5: Arten interner Informationssysteme nach Mertens (2012, S. 27 ff).

Beispiel: Vollautomatische Auslösung einer Bestellmenge beim Lieferanten, wenn die kritische Bestandsmenge unterschritten wurde; alternativ kann als Regel im Dispositionssystem hinterlegt werden, dass bei bestimmten Artikeln eine automatische Bestellung durch das Dispositionssystem erst dann stattfindet, wenn der Disponent des Unternehmens diese explizit freigegeben hat.

Für die begriffliche Unterscheidung der beiden Arten operativer Informationssysteme ist es wichtig zu klären, ob der Einsatz des Informationssystems in jedem Fall zu einer mindestens gleich guten Aufgabenerfüllung führt, wie dies bei einem menschlichen Aufgabenträger der Fall wäre (vgl. Mertens 2012, S. 28). Trifft dies zu, können Aufgaben vollautomatisiert durch Administrationssysteme erledigt werden. Ist dies nicht der Fall muss regelmäßig überprüft werden, ob und wie weit ein Aufgabenträger durch ein als Dispositionssystem bezeichnetes Informationssystem unterstützt werden kann.

Administrations- und Dispositionssysteme werden oftmals auch als operative Transaktionssysteme oder OLTP-Systeme (Online-Transaction-Processing-Systeme) bezeichnet (vgl. Kap. 7).

Planungs- und Kontrollsysteme (Managementunterstützungssysteme)

Auf der strategischen Organisationsebene eines Unternehmens werden Entscheidungen getroffen, die von langfristiger Wirkung für das Unternehmen sind, z. B. Entscheidungen zur Standortwahl und der Diversifikation.

Für strategische Entscheidungen sind Planungsmodelle sowie Kontrollsysteme notwendig, die durch entsprechende Informationssysteme realisierbar sind. In der Wirtschaftsinformatik werden Planungs- und Kontrollsysteme auch als Managementunterstützungssysteme unter dem Schlagwort „Business Intelligence" zusammengefasst (vgl. Kap. 9).

– **Planungssysteme**: Unterstützung des Managements bei schlecht strukturierten Entscheidungsproblemen.
  Beispiel: Absatzmengenplanung.
– **Kontrollsysteme**: Stellen das Pendant zu den Planungssystemen dar, dienen der Kontrolle, ob Pläne eingehalten werden, und geben Hinweise darauf, ob Korrekturmaßnahmen notwendig sind.
  Beispiel: Generierung von Managementberichten.

Zusammenarbeitssysteme (Querschnittssysteme)

Eine weitere Differenzierung nach der Aufgabenstellung führt zum Begriff der **Zusammenarbeitssysteme**. Diese Systeme dienen der Unterstützung von Arbeitsgruppen auf allen Hierarchiestufen eines Unternehmens (vgl. Kap. 10). Da diese Art von Informationssystemen auf und zwischen allen Organisationsebenen zur Zusammenarbeit unterschiedlicher Aufgabenträger zum Einsatz kommen, stellen sie Querschnittssysteme dar.

1.4.2 Unternehmensübergreifende Informationssysteme

Unternehmensübergreifende Informationssysteme gewinnen mit der zunehmenden Digitalisierung immer mehr an Bedeutung. Es ist deshalb schwierig, hier eine abschließende Systematik vorzustellen. Grundsätzlich aber lassen sich zwei Arten von unternehmensübergreifenden Informationssystemen unterscheiden:

– **Zwischenbetriebliche Informationssysteme**: Zwischenbetriebliche Integration zweier oder mehrerer Unternehmen (Business-to-Business/B2B).

Beispiel: Elektronischer Einkauf, elektronischer Austausch von Bestell- und Rechnungsdaten (vgl. Kap. 7).
– **Endkundenorientierte Informationssysteme:** Informationssysteme zur Interaktion mit Kunden bzw. Kaufinteressenten (Business-to-Consumer/B2C).
Beispiel: Onlineshop (vgl. Kap. 8).

1.5 Integrationsarten von Informationssystemen

Betriebliche Informationssysteme integrieren unternehmensinterne und -übergreifende Geschäftsprozesse. Geschäftsprozesse bestehen aus einer Aneinanderreihung von Tätigkeiten, wie sie z. B. zur Auftragsabwicklung notwendig sind: Ein Kundenauftrag wird erfasst, in einen (oder mehrere) Fertigungsaufträge umgewandelt, Bestellungen von Fertigungsmaterialien bei Lieferanten werden für den Auftrag ausgelöst, der Auftrag wird gefertigt, der Kunde darüber informiert, der Lieferant stellt eine Rechnung, die Buchhaltung bezahlt diese Rechnung usw. All diese Tätigkeiten laufen in einer bestimmten sachlich-zeitlichen Reihenfolge ab und werden in ihrer Summe als Geschäftsprozess bezeichnet (vgl. Kap. 4.3). Ziel der Wirtschaftsinformatik ist es, dafür Informationssysteme bereitzustellen. Dabei sollen die einzelnen Aufgabenträger (z. B. Controller, Verkäufer) nicht nur bei der Erfüllung ihrer Aufgaben unterstützt werden (z. B. Ausdruck einer Bestellung). Wichtig ist auch, dass die Daten nicht neu erfasst werden müssen. Ein erfasster Kundenauftrag muss also in der Fertigung nicht erneut für die Planung des zugehörigen Fertigungsauftrags in das Informationssystem eingegeben werden, sondern wird vom Fertigungsplanungsmodul des Informationssystems automatisch in einen Fertigungsauftrag umgewandelt. Diese Fähigkeit wird als Integration bezeichnet. Man spricht deshalb auch von integrierten betrieblichen Informationssystemen und unterscheidet nach der **Integrationsrichtung:**
– **Horizontale Integration:** Ein horizontal integriertes Informationssystem verbindet Teilsysteme aus unterschiedlichen Funktionsbereichen (Fachbereichen) innerhalb eines Geschäftsprozesses auf gleicher Unternehmensebene.
– **Vertikale Integration:** Ein vertikal integriertes Informationssystem verbindet die operativen Informationssysteme mit den Planung- und Kontrollsystemen. Ziel ist in erster Linie die Datenversorgung zur Unterstützung des Managements.

Primärer Gegenstand beider Integrationsarten ist die sachlogische Verzahnung und Zusammenführung von Daten, Vorgängen und Aufgaben. Man kann deshalb mit Mertens (2012, S. 13 ff) weitere Integrationsarten nach dem jeweils betrachteten Integrationsgegenstand unterscheiden:
– **Datenintegration:** Unterschiedliche Informationssysteme haben zumeist unterschiedliche Datenformate zur Speicherung und Verarbeitung der Daten. Zweck der Datenintegration ist es, den Datenaustausch zwischen den verschiedenen Informationssystemen durch die Definition von gemeinsamen Datenformaten zu

ermöglichen. Am einfachsten gelingt dies durch den Einsatz von Datenbanken (vgl. Kap. 5).

- **Funktionsintegration**: Die funktionstechnische Integration hat die Verzahnung betrieblich zusammengehöriger Funktionen als Ziel. So könnte beispielsweise der Eingang eines Kundenauftrags automatisch die Planung des zugehörigen Fertigungsauftrags und dieser wiederum die Bestellung fehlender Fertigungsteile auslösen.
- **Prozessintegration**: Die Prozessintegration ist eng verbunden mit der Funktionsintegration. Bei der Prozessintegration werden Arbeitsflüsse über ein oder mehrere Informationssysteme hinweg programmtechnisch gesteuert werden. Hierzu werden vor allem Workflowmanagementsysteme verwendet (vgl. Kap. 10).
- **Methodenintegration**: Die Integration der Methoden bezieht sich auf den Einsatz der im jeweiligen Unternehmen zur Anwendung kommenden betriebswirtschaftlichen Modelle und Methoden. Diese müssen nicht nur im betrieblichen Alltag aufeinander abgestimmt sein, sondern auch in den Informationssystemen, die diese verwenden sollen. So müssen beispielsweise bei zwischenbetrieblichen Informationssystemen (vgl. Kap. 8) die einzelnen Bedarfs- und Fertigungsplanungsmethoden der beteiligten Unternehmen nicht nur betriebswirtschaftlich, sondern auch in den verwendeten Informationssystemen aufeinander abgestimmt werden, um Fehlallokationen von Ressourcen etc. zu vermeiden.

1.6 Übungsaufgaben

1.6.1 Verständnisfragen

1. Erläutern Sie, was die Wirtschaftsinformatik unter einem Informationssystem versteht.
2. Nennen Sie die Arten unternehmensinterner Informationssysteme.
3. Nennen Sie die Arten unternehmensübergreifender Informationssysteme.
4. Erläutern Sie die Begriffe „horizontale Integration" und „vertikale Integration".
5. Erläutern Sie die Bedeutung der Betriebswirtschaftslehre und der Informatik für die Wirtschaftsinformatik.
6. Erläutern Sie, welche zwei Paradigmen der Wirtschaftsinformatik unterschieden werden können.

1.6.2 Fallstudienaufgabe zur Sonnenschein AG

Wie kann die Sonnenschein AG betriebliche Informationssysteme für die horizontale und vertikale Integration nutzen?
Ziehen Sie zur Beantwortung dieser Frage Abb. 1.1 heran.

1.6.3 Fallstudienaufgabe zur Luminous GmbH

Die Fallstudienaufgabe zur Luminous GmbH findet sich auf der Website des Lehrbuchs (http://www.einfuehrung-wi.de) unter „Zusatzmaterialien".

—

Teil I: **Methoden**

2 Informationsmanagement

Lernziele   5
- Sie lernen die Bedeutung des Informationsmanagements im Unternehmen kennen.
- Sie kennen verschiedene Konzepte des Informationsmanagements und können die Unterschiede beschreiben.
- Sie können ein Vorgehensmodell zur Auswahl und Einführung von Systemen erläutern und die Ergebnisse der Phasen beschreiben.
- Sie kennen verschiedene Möglichkeiten, das Informationsmanagement organisatorisch im Unternehmen einzubinden.

Welche Rolle spielt die IT in einem Unternehmen? Erzielt das Unternehmen Wettbewerbsvorteile mit der IT, die für Konkurrenten kaum zu imitieren sind, oder unterstützt sie lediglich Routineaufgaben, wie die Buchführung oder die Lohn- und Gehaltsabrechnung? Welche Aufgaben der IT werden mit eigenen Mitarbeitern bewältigt, welche werden extern eingekauft? Für welche Funktionen wird Software individuell entwickelt, welche kann mit Standardsoftware abgedeckt werden? Das sind einige typische Fragen, mit denen sich das Informationsmanagement beschäftigt.

2.1 Fallstudie: Reiseveranstalter Sonnenschein AG

Die IT der Sonnenschein AG wurde in ein eigenes Tochterunternehmen ausgelagert (vgl. Kap. 1.1.1). Sie leistet den technischen Service und Betrieb für die Sonnenschein AG. Die Schnittstelle zur Sonnenschein AG ist mit einem Helpdesk realisiert. Der Helpdesk ist Ansprechpartner und unterstützt die IT-Anwender der Sonnenschein AG bei Problemen oder Fragen. Der Helpdesk ist in drei Level gegliedert.

1. Der **First Level** ist der Erstkontakt zum Kunden. Dieser besteht aus Mitarbeitern, die zwar eine IT-Grundausbildung haben, sich jedoch auf keinen Bereich spezialisiert haben. Die Anfragen gehen per E-Mail, Telefon oder Fax bei einem Mitarbeiter im First Level ein, werden von diesem in einem Tickettool dokumentiert und, wenn möglich, gelöst. Kann das Problem im First Level nicht gelöst werden, wird das Ticket an den Second Level weitergeleitet.
2. Der **Second Level** besteht aus besser geschultem und erfahrenerem Personal. Falls die Mitarbeiter des Second Levels das Problem nicht lösen können, leiten sie dieses an den Third Level weiter. Die Mitarbeiter des Second Levels haben zusätzlich die Aufgabe, die First-Level-Kollegen zu schulen.
3. Der **Third Level** bearbeitet die Probleme, die weder im First noch im Second Level gelöst werden konnten. Je nach Problem stehen im Third Level Applikationsteams, Serverteams und Netzwerkspezialisten zur Verfügung.

https://doi.org/10.1515/9783110722260-002

Trotz dieser klar strukturierten Schnittstelle, gibt es immer wieder Missstimmung in der Sonnenschein AG. In einer Umfrage unter den Mitarbeitern der Sonnenschein AG wurden die folgenden Problemkategorien genannt:
– Anfragen werden nicht oder erst verzögert beantwortet.
– Anwendungssysteme fallen aus.
– Offensichtliche Systemfehler werden nicht behoben.
– Anforderungen an neue Funktionen werden nicht umgesetzt.
– Die Preisgestaltung der IT ist intransparent.

2.2 Informationsmanagement im Unternehmen

Der Wirtschaftsinformatiker beschäftigt sich mit der Entwicklung und Anwendung von Informationssystemen für betriebliche Aufgabenstellungen, schlussendlich mit dem Ziel des optimalen Einsatzes des Produktionsfaktors „Information" im Unternehmen. Die richtige Information zum gewünschten Zeitpunkt in verarbeitbarer Konzentration ist ein wesentlicher Erfolgsfaktor im Unternehmen. Im Unternehmen übernimmt genau diese Aufgabe das Informationsmanagement.

! Das **Informationsmanagement** ist jener Teil der Unternehmensführung, der für das Erkennen und Umsetzen der Potenziale der Informations- und Kommunikationstechnik in Lösungen verantwortlich ist. Damit umfasst das Informationsmanagement die Planung, Steuerung und Kontrolle von Informationen, Informationssystemen sowie von Informations- und Kommunikationstechnik (vgl. Krcmar 2015a, S. 10 ff).

In Konzepten wird die Ausgestaltung und Umsetzung des Informationsmanagements im Unternehmen konkretisiert. Stegemerten u. Treibert (2010, S. 326) unterscheiden vier verschiedene Ansätze:
1. **Problemorientierte und aufgabenorientierte Konzepte:** Bei problemorientierten Konzepten werden Problemstellungen identifiziert, mit denen sich das Informationsmanagement beschäftigt. Relevante Themen (IS Manageable Trends) sind z. B. nach Applegate u. a. (1999, S. 13)
    – Wettbewerbseinflüsse der IT (Strategic Impact),
    – Technologie- und Technikentwicklung (Merging of Technologies),
    – Organisationsentwicklung (Organizational Learning),
    – Beschaffungsverfahren (Make or Buy),
    – Lebenszyklus von Anwendungssystemen (System Life Cycle),
    – Verteilung von Verantwortung und Einfluss zwischen IT-Bereichen, Nutzern und Betreibern (Power Balance among three Constituencies).

In den problemorientierten Konzepten werden Themen (Trends) des Informationsmanagements vorgegeben. Konkreter in Aufgaben definiert wird das Informationsmanagement in aufgabenorientierten Konzepten. Das aufgabenorientierte Konzept
von Heinrich wird in Kap. 2.2.1 vorgestellt.

2. **Prozessorientierte Konzepte:** Prozessorientierte Konzepte legen den Fokus auf
   die Prozesse des Informationsmanagements. In Kap. 2.2.2 wird ITIL als bedeuten-
   des prozessorientiertes Modell erläutert.

3. **Architekturmodelle:** Unter Architektur wird im Allgemeinen das planvolle Ent-
   werfen und Gestalten von „Bauwerken", deren Struktur und Gestalt verstanden.
   Informationsarchitektur befasst sich mit der Konzeption und Definition von Informationssystemen. In Kap. 4 wird das Architekturmodell ARIS vorgestellt. ARIS unterschiedet verschiedene Sichten (Funktion, Daten, Organisation, Steuerung und
   Leistung) und Beschreibungsebenen (Fachkonzept, DV-Konzept und Implementierung).

4. **Ebenen- und Rahmenmodelle:** Rahmenmodelle können als Anleitung verstanden werden wie Aufgaben und Probleme im Informationsmanagement angegangen werden können. In den Rahmenmodellen sollen alle relevanten Aspekte und
   Sichtweisen berücksichtigt werden, die zu einer Lösung beitragen können. In Abb.
   2.1 ist das Rahmenmodell nach Krcmar (2015a, S. 10) dargestellt. Krcmar unterscheidet drei Ebenen, stellt allerdings darüber hinaus in den Führungsaufgaben
   des Informationsmanagements Aufgaben dar, die auf jeder Ebene anfallen bzw.
   nicht eindeutig einer Ebene zuordenbar sind. Auf der Ebene der Informationswirtschaft liegt der Schwerpunkt auf dem Informationsbedarf und dem Informations-
   angebot. Hier werden die Anforderungen für die Ebene der Informationssysteme
   definiert.

Auf der Informationssystemebene werden Daten, Prozesse und Anwendungen spezifiziert und bereitgestellt sowie Anforderungen an die Informations- und Kommunikationstechnik spezifiziert. Die physische Basis wird auf der Ebene der Informations- und
Kommunikationstechnik bereitgestellt.

2.2.1 Aufgabenorientierter Ansatz nach Heinrich

Heinrich definiert für die Umsetzung der Ziele die Aufgaben des Informationsmanagements auf strategischer, administrativer und operativer Ebene.
- **Aufgaben auf strategischer Ebene:**
  - strategische Situationsanalyse
  - strategische Zielplanung
  - Strategieentwicklung
  - strategische Maßnahmenplanung
  - Qualitätsmanagement

- Technologiemanagement
- Controlling
- Revision
- **Aufgaben auf administrativer Ebene:**
  - Projektmanagement
  - Personalmanagement
  - Datenmanagement
  - Lebenszyklusmanagement
  - Geschäftsprozessmanagement
  - Wissensmanagement
  - Vertragsmanagement
  - Sicherheitsmanagement
  - Katastrophenmanagement
- **Aufgaben auf operativer Ebene:**
  - Produktionsmanagement
  - Problemmanagement
  - Benutzerservice

! Die **strategische Managementebene** beinhaltet die Aufgaben der Planung, Überwachung und Steuerung der Informationsinfrastruktur als Ganzes (vgl. Heinrich u. a. 2014, S. 32 f).

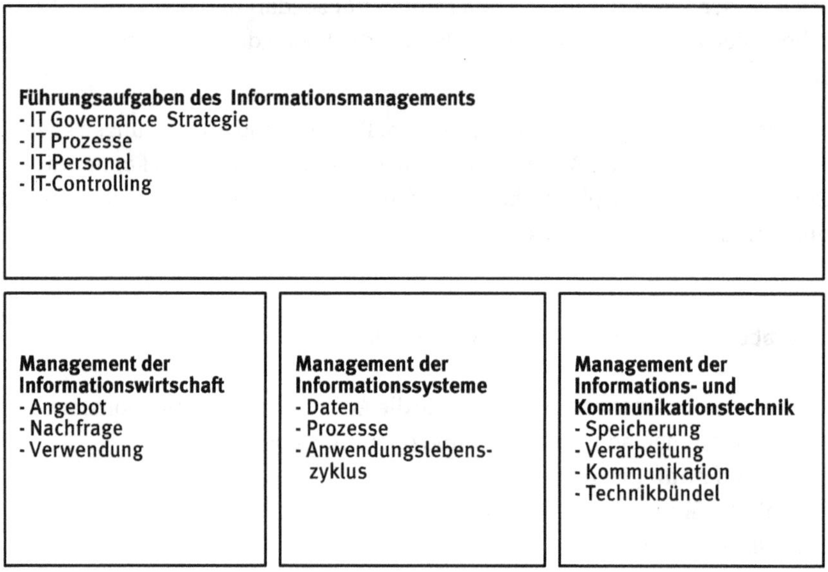

Führungsaufgaben des Informationsmanagements
- IT Governance Strategie
- IT Prozesse
- IT-Personal
- IT-Controlling

Management der Informationswirtschaft - Angebot - Nachfrage - Verwendung	**Management der Informationssysteme** - Daten - Prozesse - Anwendungslebens- zyklus	**Management der Informations- und Kommunikationstechnik** - Speicherung - Verarbeitung - Kommunikation - Technikbündel

Abb. 2.1: Rahmenmodell (nach Krcmar 2015a, S. 10).

Auf der strategischen Managementebene liegt der Schwerpunkt der Aufgaben und Methoden des IM-Modells, da die dort getroffenen Entscheidungen die Spielräume der administrativen und operativen Ebene begrenzen. Diese Begrenzung macht die einzelnen Ebenen innerhalb ihres Handlungsspielraums voneinander unabhängig. Heinrich u. a. (2014, S. 32) unterstreicht die Wichtigkeit der strategischen Ebene mit der „Notwendigkeit, Information und Kommunikation als strategischen Erfolgsfaktor zur Beeinflussung kritischer Wettbewerbsfaktoren einzusetzen."

Kennzeichen des strategischen Managements sind die hohe Wettbewerbsrelevanz für das Unternehmen, i. d. R. ein hohes Abstraktions- und Komplexitätsniveau, der langfristige Charakter und hohe Freiheitsgrade bei der Ausgestaltung. Tabelle 2.1 soll verschiedene Merkmale der strategischen Managementebene am Beispiel „Aufbaus einer E-Procurement-Plattform" aufzeigen.

Tab. 2.1: Strategische Aufgaben des Informationsmanagements am Beispiel „Aufbau einer E-Procurement-Plattform" (eigene Darstellung).

Merkmale strategischer Aufgaben	Beispiel
hohe Wettbewerbsrelevanz der Aufgabenstellung für das Unternehmen	erfolgreiche Einführung bietet Chancen zur Erzielung von Kosten- und Qualitätsvorteilen gegenüber Konkurrenten
aktive Beeinflussung durch externe Anspruchsgruppen	Beteiligung von Lieferanten und evtl. Konkurrenten am Projekt; Ziel: Veränderung der Branchensituation
hohes Komplexitäts- und Abstraktionsniveau	wenig Erfahrung, unklare technische Standards, Auswirkung auf mehrere Funktions- bzw. Organisationsbereiche des Unternehmens
Betonung langfristiger Aspekte	hohe Bindung an die zu entwickelnde Lösung
Betonung planerischer Aspekte mit hohen Freiheitsgraden	große Gestaltungsfreiheiten

Der strategische IT-Plan führt im Ergebnis zu Projekten (z. B. Entwicklung und Einführung von Informationssystemen) auf der administrativen Ebene. In der administrativen Managementebene sind die zentralen Handlungselemente die Komponenten der Informationsstruktur, wie Anwendungssysteme, Datensysteme, Personal und Betriebsmittel (vgl. Heinrich u. a. 2014, S. 33, Schorcht u. Strassner 2016, S. 30 ff).

Auf der **administrativen Managementebene** wird der Informationsinfrastrukturbestand geplant, überwacht und gesteuert. Ergebnis sind produktiv verfügbare IT-Komponenten (insbesondere Informationssysteme) als Basis der operativen Aufgabenebene.

In der **operativen Managementebene** sind alle Aufgaben zusammengefasst, die sich mit der Nutzung der Informationsinfrastruktur beschäftigen.

Sie beinhaltet damit die Produktion, Verbreitung und Verwendung von Information und die damit im Zusammenhang stehenden Dienste wie Benutzerservice, Netzdienste und Wartung (vgl. Heinrich u. a. 2014, S. 33 f).

2.2.2 Information Technology Infrastructure Library – ITIL

Zur Ausgestaltung der IT-Prozesse wurden Referenzmodelle entwickelt. Referenzmodelle sollen einen Beitrag zur Analyse und Verbesserung des Informationsmanagements leisten. Ein Modell, das zum Standard für das IT-Service-Management wurde, ist ITIL (vgl. hierzu auch Sommer 2004).

 ITIL steht für Information Technology Infrastructure Library. ITIL ist ein weltweiter De-facto-Standard, der eine Reihe verständlicher und konsistenter Best-Practices für das IT-Management zur Verfügung stellt.

Entwickelt wurde das Prozessmodell ursprünglich Ende der 1980er-Jahre durch die CCTA (Central Computer and Telecommunications Agency, Norwich, GB) als eine umfassende und öffentlich verfügbare Best-Practice-Anleitung zur Planung und Erbringung von IT-Service-Leistungen. Bevor mit der Entwicklung von ITIL begonnen wurde, gab es keine umfassende Grundlage für die wirtschaftliche und zweckmäßige Planung und Erbringung von IT-Dienstleistungen.

Folgt man der ITIL-Philosophie, werden die IT-Services optimal auf die Unterstützung der Geschäftsprozesse hin zugeschnitten und ermöglichen damit ein besseres Erreichen der Unternehmensziele. In ITIL-Büchern wird beschrieben, *was* getan werden muss, nicht das *Wie*. Vermittelt werden dort ein Überblick und ein Verständnis von den Zusammenhängen in einer IT-Serviceorganisation. ITIL ist demnach nicht als „Gebrauchsanweisung" zu verstehen! Vielmehr ist es ein generisches Modell, das allgemein gültig ist und auf die jeweilige Situation des Unternehmens angepasst werden muss. Mit der aktuellen Version ITIL 4 reagiert das Modell auf die geänderten Rahmenbedingungen für IT-Organisationen. Die Digitalisierung der Unternehmen und der Produkte stellt neue Anforderungen an Innovationskraft, Flexibilität und Geschwindigkeit in der Bereitstellung von IT-Services. Die Version 4 soll das Service Management von IT-Organisationen deutlich agiler machen und die Digitalisierung von Serviceprozessen unterstützen.

Mit der Einführung der Version 4 ist die Version 3 nicht verschwunden. Es wird noch einige Jahre dauern bis alle Unternehmen den neuen Standard eingeführt haben. Damit hat ITIL 3 noch eine erhebliche praktische Relevanz. Im Folgenden wird zunächst ITIL 3 kurz erläutert und anschließend der neue Standard ITIL 4 beschrieben.

ITIL 3

ITIL ist in der Version 3 aufgeteilt in die vier Kernprozesse „Service Strategy", „Service Design", „Service Transition" und „Service Operation". Diese Prozesse sind als Kreislauf angeordnet und auch als solcher anzusehen. Umrahmt werden diese vier Prozesse vom Prozess „Continual Service Improvement", der auf das Lernen aus den jeweiligen Prozessen ausgerichtet ist, um die stetige Verbesserung der Services zu gewährleisten. Im Folgenden werden diese fünf Prozesse erläutert (vgl. hierzu Gleinser u. a. 2009, S. 8 ff).

1. **Service Strategy**: Im Prozess „Service Strategy" werden die strategischen Entscheidungen getroffen, die Auswirkungen auf die Services (Dienstleistungen) haben. So sollen hier etwa Leitlinien bereitgestellt werden, wie das Servicemanagement zu gestalten, zu entwickeln und zu implementieren ist. Die Anwendung der Empfehlungen zur Servicestrategie versetzt IT-Organisationen in die Lage, betriebswirtschaftlich effektiv zu agieren und Services bereitzustellen, die nachvollziehbar zur Wertschöpfung ihrer Kunden beitragen. Oberstes Ziel der Servicestrategie ist es, die IT-Organisation zu befähigen, sich konsequent strategieorientiert auszurichten.

2. **Service Design**: Der Prozess des Service Designs greift die Entscheidungen der Service Strategy auf, indem neue Services nach dessen Vorgaben entwickelt werden. Es beinhaltet Designleitlinien und Methoden, um die strategischen Ziele in ein Serviceportfolio zu überführen. Auf der Grundlage konkreter Anforderungen werden IT-Services entworfen und Lösungen entwickelt, die diesen Anforderungen entsprechen. In den Zuständigkeitsbereich des Service Designs fallen der Entwurf neuer Services ebenso wie Änderungen und/oder Verbesserungen bereits vorhandener Services. Das Service Design beinhaltet die vertraglichen Vereinbarungen zwischen Auftraggeber und Dienstleister. Dokumentiert wird diese Vereinbarung in einem Service Level Agreement (SLA). Ziel des SLAs ist es, die Dienstleistung transparent und damit überprüfbar zu machen, indem Leistungseigenschaften wie Umfang, Reaktionszeit, Schnelligkeit der Bearbeitung detailliert beschrieben werden. Wesentliche Inhalte eines SLAs sind:
   - Zweck
   - Vertragspartner
   - Leistungsbeschreibung
   - Verantwortung des Dienstleisters
   - Verantwortung des Kunden

- Verfügbarkeit des Services
- Service-Level-Kennzahlen
- Monitoring und Reporting
- Eskalationsmanagement
- Preisgestaltung
- Rechtsfolgen bei Nichteinhaltung (insbesondere Vertragsstrafen)
- Vertragslaufzeit

3. **Service Transition:** Service Transition, also die Serviceüberführung, soll die IT-Services ausbauen und sie auf deren Rollout vorbereiten. Ebenso wird hier sichergestellt, dass Änderungen an Services und Service-Management-Prozessen koordiniert abgewickelt werden. Des Weiteren beinhaltet Service Transition das Management und die Koordinierung der Prozesse, Systeme, Aufgaben und Aktivitäten, die notwendig sind, um ein neues Release zusammenzustellen, zu testen und entsprechend den spezifischen Anforderungen der Anwender einzuführen.

4. **Service Operation:** Im Prozess „Service Operation" werden die Aktivitäten koordiniert und umgesetzt, die notwendig sind, um die Services mit den abgestimmten Serviceausprägungen zu liefern und zu verwalten. Es muss sichergestellt werden, dass die IT-Services effektiv und effizient erbracht werden. Dies beinhaltet die Erfüllung von Anwenderanfragen und Erarbeitung von Problemlösungen, ebenso wie die Erbringung von Betriebsaufgaben im laufenden Tagesgeschäft.

5. **Continual Service Improvement:** Im Continual Service Improvement findet der Verbesserungsgedanke seine Umsetzung. Der Prozess setzt Methoden des Qualitätsmanagements ein, um aus Erfolgen und Misserfolgen der Vergangenheit zu lernen. Durch den Prozess wird ein geschlossener, rückgekoppelter Regelkreis zur fortlaufenden Verbesserung der Effektivität und Effizienz von IT-Services und Prozessen in Gang gesetzt.

ITIL 4

Seit der Veröffentlichung von ITIL 3 sind die Ansprüche an die IT-Bereiche in Unternehmen deutlich gestiegen. Innovation, Flexibilität und Geschwindigkeit spielen eine wichtige Rolle und sind Anforderungen an die Bereitstellungen von guten IT-Services. Die IT-Organisation ist heute weniger eine Unterstützungsfunktion in Unternehmen, sondern zählt inzwischen zu den Kernbereichen. Dafür verantwortlich ist vor allem die Digitale Transformation, wie sie in Kapitel 13 besprochen wird. Diesem veränderten Rollenverständnis soll die modernisierte Version ITIL 4 gerecht werden.

Die größte Veränderungen von ITIL 4 zu ITIL 3 stellt der Wegfall der vier Kernprozesse in ihrer bisherigen Form dar. Stattdessen werden zwei Kernkomponenten definiert (vgl. Beims u. Ziegenbein 2021, S. 32ff):

1. **Vier-Dimensionen-Modell (*Four Dimensions Model of Service Management*):** In ITIL 4 werden vier Dimensionen definiert, die für das Service-Management notwendig sind:

– Organisationen und Personen (*organizations and people*)
– Informationen und Technologien (*information and technology*)
– Partner und Lieferanten (*partners and suppliers*)
– Wertströme und Prozesse (*value streams and processes*)
2. **Service-Wert-System (*Service Value System*):** An die Stelle des bisherigen Lifecycles in ITIL 3 tritt das Service Value System als Rahmen für alle Aktivitäten zur Bereitstellung von Kundennutzen. Damit wird der wachsenden Bedeutung der IT als Innovationstreiber Rechnung getragen. Input und Trigger für das SVS ist neben dem Kundenbedarf die Identifikation neuer Chancen für das Unternehmen. Komponenten des SVS sind:
    – Leitprinzipien (*guiding principles*): Rahmen bzw. Leitplanken für die praktische Umsetzung.
    – Steuerung (*governance*): Hilfsmittel zum kontinuierlichen Beurteilen (*evaluate*), Anordnen (*direct*) und Überwachen (*monitor*) der IT.
    – Service-Wertschöpfungskette (*service value chain*): Durchgängiges Modell für Planung, Design, Transition, Umsetzung, Betrieb und kontinuierliche Verbesserung gelieferter Produkte und Services der IT.
    – Kontinuierliche Verbesserung (*continual improvement*): Diese Komponente des SVS ist das zentrale Mittel, um das Feedback der Kunden und Anwender für die Optimierung und Weiterentwicklung zu nutzen.
    – Praktiken (*practices*): Unter einer Praktik wird eine organisatorische Fähigkeit verstanden, ein bestimmtes Thema zu beherrschen bzw. nutzen zu können. Das Service Value System von ITIL 4 umfasst 34 Praktiken. Praktiken werden bei Bedarf angewendet und tragen zur Wertschöpfung bei.

2.3 Management der Informationsnachfrage und des Informationsangebots

Eine wesentliche Teilaufgabe des Informationsmanagements ist das Management der Ressource „Information". Aufgabe des Managements der Information ist es, das informationswirtschaftliche Gleichgewicht im Unternehmen oder der Organisation sicherzustellen, d. h. die Verfügbarmachung der Information in der vom Unternehmen geforderten Qualität und Quantität. Unter informationswirtschaftlichem Gleichgewicht versteht man nach Krcmar (2015a, S. 14)
– den Ausgleich von Informationsnachfrage und -angebot,
– die Versorgung der Entscheidungsträger mit relevanten Informationen,
– die Sicherung einer hohen Informationsqualität,
– die zeitliche Optimierung des Informationsflusses,
– die Gewährleistung der Wirtschaftlichkeit der Informationsversorgung.

2.3.1 Management der Informationsnachfrage und des Informationsbedarfs

---

! Der **Informationsbedarf** wird von Picot u. a. (2003, S. 81) definiert als „die Art, Menge und Qualität der Informationen, die eine Person zur Erfüllung ihrer Aufgabe in einer bestimmten Zeit benötigt."

Damit ist der Informationsbedarf stark nutzer- (subjektiv) bzw. aufgabengeprägt (objektiv) und steht im Spannungsfeld subjektiver Wahrnehmung von Angebot und Nachfrage (vgl. Abb. 2.2).

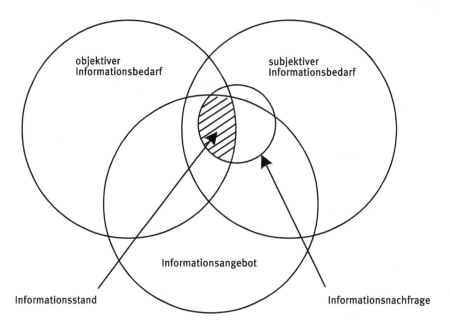

Abb. 2.2: Informationsteilmengen (nach Picot u. a. 2003, S. 82).

Grundsätzlich sind bei der Informationsbedarfsanalyse folgende Fragen zu klären:
– Welche Informationen werden benötigt (Inhalt)?
– Wie häufig wird eine Information benötigt (Häufigkeit)?
– In welcher Form soll die Information vorliegen (Form)?
– Wie soll eine Information transportiert werden (Medium)?
– Wie wichtig ist eine Information für die Aufgabenerfüllung (Wertigkeit)?

Nusselein (2002, S. 100 ff) konzipierte im Rahmen eines vom Bayerischen Staatsministerium für Wissenschaft, Forschung und Kunst initiierten Projekts zur Entwicklung eines Data-Warehouse-basierten Berichtssystems ein integriertes Konzept zur Informationsbedarfsanalyse (vgl. Abb. 2.3):

Organisations-
analyse zur
Ermittlung
relevanter
Zielgruppen

Interviews mit den
Entscheidungs-
trägern

Aufgaben-
analyse

Fragebögen

Workshops zur
Diskussion der
Ergebnisse

Abb. 2.3: Vorgehensmodell zur Ermittlung des Informationsbedarfs (nach Nusselein 2002, S. 103).

- Organisationsanalyse zur Ermittlung der relevanten Zielgruppen und deren Aufgaben- und Entscheidungskompetenzen
- Interviews mit den Entscheidungsträgern zur Klärung der jeweiligen Aufgabenstellung und deren subjektiv als relevant erachteten Informationsbedarfs
- Aufgabenanalyse zur Ermittlung des objektiven/sachlich notwendigen Informationsbedarfs
- schriftliche Befragung der Entscheidungsträger zur Verifikation der Zwischenergebnisse
- abschließende Diskussion und Formulierung der Ergebnisse der Informationsbedarfsanalyse mithilfe von Workshops

2.3.2 Management des Informationsangebots und der -bereitstellung

Das **Management des Informationsangebots und der -bereitstellung** hat zum Ziel die anforderungsgerechte Bereitstellung von Informationsressourcen (vgl. Krcmar 2015a, S. 19).

Informationen werden bei der Weitergabe möglichst zielgruppenspezifisch aufbereitet (analysiert, reproduziert, reduziert, verdichtet). Prinzipiell wird zwischen *passiven* Ressourcen (der Benutzer löst einen Zugriffsvorgang auf die Information aus – Pull-Prinzip) und *aktiven* Ressourcen (dem Benutzer wird die Information zur Verfügung gestellt – Push-Prinzip) unterschieden (vgl. Pastwa 2009, S. 32).

Lösungen zur Bereitstellung von Informationen sind z. B. das Berichtswesen oder Internetsuchdienste:
- **Berichtswesen:** Der Begriff „Berichtswesen" (Reporting) umfasst die Einrichtungen, Mittel und Maßnahmen eines Unternehmens zur Erarbeitung, Weiterleitung, Verarbeitung und Speicherung von Informationen über den Betrieb und seine Umwelt in Form von Berichten. Als Bericht werden für eine vorgegebene Zielsetzung zusammengefasste Informationen verstanden. Das Berichtswesen versorgt die betrieblichen Entscheidungsträger mit den notwendigen Informationen: vom Topma-

nagement über die Leitung der Unternehmensbereiche bis hin zu den einzelnen operativen Einheiten. Berichte unterstützen die Zusammenarbeit mit Kunden und Geschäftspartnern, indem sie die wirtschaftlichen Grundlagen der Zusammenarbeit transparent machen. Sie dienen als Information der Anteilseigner, indem sie das bisher Erreichte und auch die Aussichten auf Wertsteigerung in der Zukunft darstellen (z. B. im Value Reporting).

– **Internetsuchdienste:** Suchmaschinen sammeln und analysieren im Web auffindbare Daten und bieten dem Anwender Zugriff auf den im Suchindex archivierten Dateibestand in Form von Webseiten. Nach Eingabe eines Suchbegriffs liefert eine Suchmaschine eine Liste von Verweisen auf möglicherweise relevante Dokumente, meistens dargestellt mit Titel und einem kurzen Auszug des jeweiligen Dokuments. Die wesentlichen Bestandteile bzw. Aufgabenbereiche einer Suchmaschine sind

  – die Erstellung und Pflege eines Indexes (Datenstruktur mit Informationen über Dokumente),
  – das Verarbeiten von Suchanfragen (Finden und Ordnen von Ergebnissen) sowie
  – die Aufbereitung der Ergebnisse in einer möglichst sinnvollen Form.

2.4 Auswahl und Einführung von Informationssystemen

Wirtschaftlich verfügbar gemacht werden Informationen im Unternehmen mithilfe geeigneter Informationssysteme, die entweder individuell entwickelt oder durch den Kauf und die Anpassung standardisierter Anwendungen realisiert werden.

Sowohl die Einführung von Standardsoftware als auch die Entwicklung von Individualsoftware werden im Rahmen von Projekten umgesetzt. In Abb. 2.4 ist beispielhaft ein Vorgehensmodell dargestellt. Kennzeichnend für dieses Vorgehensmodell sind Phasen und Ergebnisse. Im Projektmanagement wird das Erreichen dieser Zwischenziele als Meilenstein bezeichnet. In Abb. 2.4 wird beispielsweise die Phase „Prozesse analysieren/optimieren" mit dem Meilenstein „Prozessmodell erstellt" abgeschlossen.

2.4.1 Projektidee

Die Frage, wann ein Projekt (vgl. Kap. 3) beginnt und wann die erste Phase endet, ist häufig nicht exakt zu beantworten. Viele Projekte haben einen langen Vorlauf:
– Ideen werden generiert, wieder verworfen und später wieder aufgegriffen.
– Erste Gespräche mit Projektinteressenten werden geführt, geraten ins Stocken und werden wieder fortgesetzt.

Wenn Anwendungssysteme bereits im Einsatz sind, endet der Lebenszyklus dieser Systeme durchschnittlich alle sieben (technische Anwendungen) bis 15 (betriebswirt-

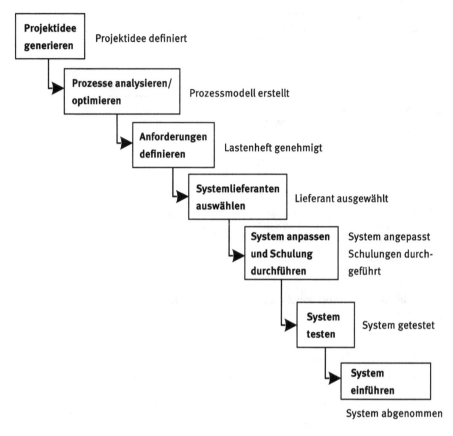

Abb. 2.4: Phasenmodell zur Auswahl und Einführung von Software (eigene Darstellung).

schaftliche Anwendungen) Jahre und es findet ein Austausch der bisherigen Systeme oder zumindest ein Übergang auf eine neue Plattform (Hardware, Betriebssystem, Basissystem) statt (vgl. Jones 2008, S. 15). Ideen werden in Projektzielen konkretisiert und festgelegt.

Ein **Projektziel** ist die Gesamtheit von Einzelzielen, die durch das Projekt erreicht werden sollen (vgl. DIN 69901-5).

Der Projektleiter ist verantwortlich für das Erreichen der Projektziele. Für den Kunden eventuell wichtiger ist allerdings das Erreichen der Unternehmensziele. Unternehmensziele sind i. d. R. die Auslöser für Projekte. Die Projektziele werden aus den Unternehmenszielen abgeleitet (vgl. Abb. 2.5).

Damit ein Ziel testbar und abnehmbar ist, muss es quantifizierbar, d. h. messbar sein. Zielvorgaben, die messbar beschrieben worden sind, werden auch operationale Ziele

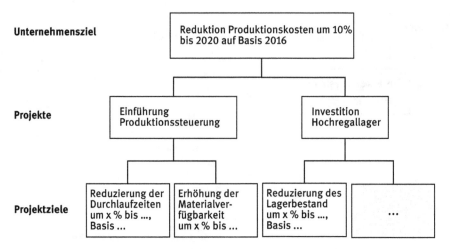

Abb. 2.5: Unterscheidung Unternehmensziel und Projektziel (eigene Darstellung).

genannt. Bei der Definition von Zielen kann man sich an dem Akronym SMART orientieren (vgl. Tab. 2.2).

Tab. 2.2: SMART (eigene Darstellung).

S	Specific, spezifisch
	einfach und verständlich, nicht allgemein, sondern konkret
M	Measurable, messbar
	operationalisiert
A	Achievable, akzeptabel
	erreichbar und sozial ausführbar (akzeptiert)
R	Relevant, realistisch
	sachlich erreichbar und bedeutsam
T	Timely, terminiert
	zeitlich planbar

2.4.2 Geschäftsprozessanalyse und -optimierung

Im Rahmen der Geschäftsprozessanalyse wird eine Bestandsaufnahme der Arbeitsabläufe, Aufgaben, Daten, Informationsflüsse, Belege, Formulare, eingesetzten IT-Systeme und der ausführenden Stellen und Personen durchgeführt und in einem anschließenden Schritt optimiert. Ziel der Optimierung ist es. B., die Kosten und Bearbeitungszeiten zu senken, Durchlauf oder Prozesszeiten zu reduzieren und die

Qualität in der Prozessausführung zu verbessern. Die daraus resultierende Prozessdefinition ist die Basis für die Definition der Anforderungen an die Anwendungssysteme (zur Prozessmodellierung vgl. Kap. 4).

2.4.3 Anforderungsdefinition

Auf der Basis der Projektziele und der Ergebnisse der Prozessanalyse werden die Anforderungen an das Projekt konkretisiert. Dokumentiert werden die Ergebnisse in einem Lastenheft.

Ein **Lastenheft** enthält die vom Auftraggeber festgelegten Forderungen an die Lieferungen und Leistungen eines Auftragnehmers innerhalb eines Auftrags (vgl. DIN 69 905 bzw. VDI/VDE 3694). Es ist eine systematische, schriftliche Zusammenstellung aller Anforderungen und bildet damit ein grundlegendes Dokument für alle nachfolgenden Phasen des Projekts.

Tabelle 2.3 zeigt beispielhaft eine Gliederung für ein Lastenheft.

Tab. 2.3: Gliederung eines Lastenhefts (eigene Darstellung).

Kapitel/Abschnitt	Inhalt
Ziel	Unternehmensziel, Projektziel
Zielgruppen	relevante Personengruppen für das Projekt
Ist-Zustand	Ist-Situation und zu lösende Probleme
funktionale Anforderungen	Funktionalität des neuen Systems
nicht funktionale Anforderungen	gesetzliche Vorgaben, Qualitätsanforderungen etc.
Migrationsanforderungen	z. B. Migration von Daten aus Altsystemen
Liefer- und Betriebsanforderungen	Liefergegenstand, Dokumentation, Wartung, Schulung
Projektprozess	Projekt- und Qualitätsmanagement, Abnahme, Termine etc.

2.4.4 Auswahl des Systemlieferanten

Die Auswahl eines Systemlieferanten bedeutet i. d. R. eine langfristige Bindung und bestimmt somit auch die langfristige Sicherung der Investition. Wichtige Schritte sind dabei:

– **Bedarf bestimmen**: Die Anforderungen an den Systemlieferanten sind im Lastenheft (vgl. Kap. 2.4.3) eindeutig definiert.
– **Erfolgsfaktoren festlegen**: Welche Kriterien sind für die Auswahl wesentlich?
– **Kandidaten identifizieren**: Wer steht als möglicher Lieferant zur Verfügung? Die mangelnde Transparenz des Softwaremarkts stellt ein großes Problem bei der Aus-

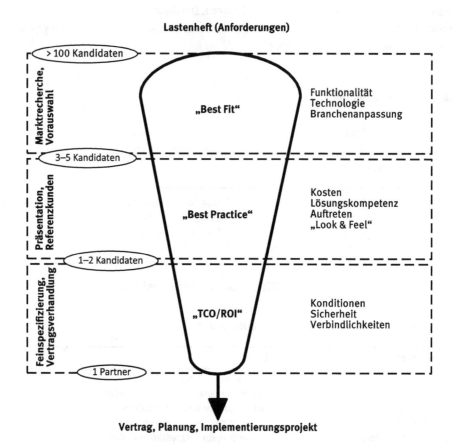

Abb. 2.6: Trichter der Systemauswahl (nach Sontow 2006, S. 7).

wahl der Produkte und Lieferanten dar. Informationsquellen sind das Internet, die Fachpresse, Messen, Referenzen oder Broschüren.

– **Lieferanten bewerten:** Wer erfüllt die Kriterien am besten? Methoden zur Bewertung sind z. B. die Nutzwertanalyse oder die Erstellung von Schwächen-Stärken-Profilen.

– **Lieferanten auswählen und Zusammenarbeit gestalten:** Festlegung von Regelungen und Vertragsbedingungen.

Sontow (2006, S. 8) schlägt ein dreistufiges Verfahren zur Auswahl von Systemlieferanten vor (vgl. Abb. 2.6). Die Anzahl der potenziellen Systemlieferanten reduziert sich von Stufe zu Stufe bis abschließend der Partner ausgewählt ist und ein Vertrag erstellt wird.

Fallbeispiel: Auswahl eines Beratungsunternehmens

Zur unternehmensweiten Einführung von ITIL 4 soll ein Beratungsunternehmen die Sonnenschein AG unterstützen. In die engere Auswahl kommen drei Unternehmen. Mithilfe der Nutzwertanalyse soll die „beste" Alternative ausgewählt werden.

1. **Entscheidungsalternativen festlegen**: Im ersten Schritt wurden bereits die infrage kommenden Alternativen bestimmt. In unserem Beispiel wurden die Unternehmen A-CONS AG, B-CONS AG und C-CONS AG ausgewählt.
2. **Bewertungskriterien definieren**: Anschließend werden die Bewertungskriterien definiert, die zur Beurteilung herangezogen werden sollen. Mehr als zehn Kriterien haben sich in der Praxis als nicht sinnvoll erwiesen. Wenn zu viele Kriterien in der Auswahl sind, ist es sinnvoll, zu gewichten und entsprechend der Gewichtung zu reduzieren. In Tab. 2.4 wurden Kriterien gesammelt und anschließend gewichtet. Für die weitere Bearbeitung wurden die mit „sehr hoch" und „hoch" bewerteten Kriterien verwendet.
3. **Gewichtungsfaktoren ermitteln**: Um die Gewichtung der einzelnen Kriterien bestimmen zu können, müssen diese zueinander in Beziehung gebracht werden. Eine Methode dafür ist der paarweise Vergleich. Beim paarweisen Vergleich werden alle Kriterien miteinander verglichen. Beim ersten Vergleich wird das Kriterium 1 „Gesamteindruck" mit 2 „Referenzprojekte" verglichen. Die beiden Kriterien werden als gleich wichtig erkannt und mit einer 1 bewertet. Ein „Wichtiger" würde eine 2 ergeben (Beispiel: Vergleich 1 mit 3) und ein „Unwichtiger" eine 0 (Beispiel: Vergleich 1 mit 5). Im Beispiel hat das Kriterium 3 „Kosten" den höchsten Wert erreicht. Es hat damit relativ zu den anderen Kriterien das höchste Gewicht in der Entscheidungsfindung (vor Kriterium 4 „Erfahrung/Kompetenz" und Kriterium 6 „Leistungsumfang"). Dieser Sachverhalt lässt sich durch den Gewichtungsfaktor ausdrücken. Der Gewichtungsfaktor eines Kriteriums ergibt sich aus dem Wert eines Kriteriums durch die Summe der Kriterienwerte. Dabei ist die Summe der Gewichtungsfaktoren immer 1. Die Gewichtungsfaktoren spiegeln den Anteil wider, den das Kriterium an der Gesamtentscheidung haben wird (vgl. Tab. 2.5).
4. **Skala der Zielerfüllung aufstellen**: Im nächsten Schritt wird eine Skala erstellt, mit der die Erfüllung der gestellten Ansprüche für jede Alternative bewertet werden kann. Ein mittelmäßiger Gesamteindruck kann in unserem Beispiel zwischen 4 und 7 Punkte ergeben. Diese detaillierte Stufung ist im Einzelfall durchaus sinnvoll und praktikabel (vgl. Tab. 2.6).
5. **Nutzwerte ermitteln**: Im letzten Schritt ist die Spalte „Zielerfüllung" für jede Alternative auszufüllen und mit dem entsprechenden Gewichtungsfaktor zu multiplizieren. Die Summe dieser Teilnutzen ergibt den Nutzwert der Alternative. Im Beispiel hat die C-CONS AG den höchsten Nutzen der drei Alternativen und wird ausgewählt (vgl. Tab. 2.7).

Tab. 2.4: Bewertungskriterien zur Auswahl eines Beratungsunternehmens (eigene Darstellung).

Kriterien	Gewichtung
Gesamteindruck (Angebot, Präsentation etc.)	hoch
Referenzprojekte	hoch
Kosten pro Personentag (inklusive Spesen)	sehr hoch
Leistungsumfang	hoch
Erfahrung/Kompetenz der Berater	hoch
spezielle Kenntnisse im Bereich der einzuführenden Software	hoch
Größe/Kapazität des Beratungsunternehmens	mittel
Branchenkenntnisse	mittel
Liquidität	mittel
vorhandene Erfahrung	mittel

Tab. 2.5: Gewichtete Kriterien (eigene Darstellung).

Kriterien	1	2	3	4	5	6	Wert	Gewichtungsfaktor
1 Gesamteindruck		1	0	0	2	0	3	0,10
2 Referenzprojekte	1		0	2	1	1	5	0,17
3 Kosten (Personentag)	2	2		1	2	1	8	0,27
4 Erfahrung/Kompetenz	2	0	1		2	1	6	0,20
5 spezielle Kenntnisse	0	1	0	0		1	2	0,06
6 Leistungsumfang	2	1	1	1	1		6	0,20

Tab. 2.6: Bewertungsskala der Nutzwerte (eigene Darstellung).

Kriterien	Wertung „schlecht" (0–3 Punkte)	Wertung „mittel" (4–7 Punkte)	Wertung „gut" (8–10 Punkte)
Gesamteindruck	sehr schlecht bis schlecht	mittelmäßig	gut bis sehr gut
Referenzprojekte	keine Referenzprojekte	wenige Referenzprojekte	Referenzprojekte bei vergleichbaren Unternehmen
Kosten	über 3.000 €	2.000 € bis 3.000 €	unter 2.000 €
Erfahrung/Kompetenz	keine bis wenig	mittelmäßig	gut bis sehr gut
spezielle Kenntnisse	keine bis wenig	mittelmäßig (in der Branche)	gut bis sehr gut (in der Branche und spezieller Anwendung)
Leistungsumfang	Muss-Anforderungen nicht erfüllbar	Soll-Anforderungen nicht erfüllbar	Anforderungen erfüllbar

Tab. 2.7: Nutzwerte (eigene Darstellung).
GF – Gewichtungsfaktor; ZE – Zielerfüllung; NW – Nutzwert

Kriterien	GF	A-CONS AG		B-CONS AG		C-CONS AG	
		ZE	NW	ZE	NW	ZE	NW
Gesamteindruck	0,10	4	0,40	2	0,20	9	0,90
Referenzprojekte	0,17	7	1,19	9	1,53	4	0,68
Kosten	0,27	6	1,62	6	1,62	3	0,81
Erfahrung/Kompetenz	0,20	5	1,00	5	1,00	8	1,60
spezielle Kenntnisse	0,06	9	0,54	5	0,30	8	0,48
Leistungsumfang	0,20	5	1,00	6	1,20	7	1,40
			5,75		**5,85**		**5,87**

2.4.5 Kundenspezifische Systemanpassung und Schulung

Ist der Vertrag unterzeichnet, beginnt der Systemlieferant das System kundenspezifisch anzupassen. Der Kunde steht für offene Fragen des Lieferanten zur Verfügung. Unklarheiten im Lastenheft werden bereinigt. In der Diskussion ergeben sich Änderungen/Anpassungen/Konkretisierungen.

Im Rahmen von Schulungen werden Anwender und Administratoren auf die spätere Nutzung vorbereitet. Die Schulungen können intern (beim Kunden) oder extern (beim Systemlieferanten) stattfinden. Unterstützt werden Präsenzschulungen häufig durch Lernprogramme, die zur Ergänzung bzw. Vertiefung eingesetzt werden.

2.4.6 Systemtest

Der Systemtest prüft und bewertet das System auf Erfüllung der für den Einsatz definierten Anforderungen. Ein Systemtest wird allerdings nicht die Fehlerfreiheit nachweisen können. Er kann lediglich feststellen, dass die spezifizierten und durchgeführten Tests erfolgreich waren. Neben der Durchführung von Tests werden in der Systementwicklung weitere Maßnahmen definiert, die die Qualität der Ergebnisse erhöhen sollen. Qualität muss implementiert werden, Qualität kann nicht ertestet werden. Deshalb werden im Rahmen des Qualitätsmanagements Konzepte und Abläufe definiert, die als Ergebnis ein qualitativ hochwertiges Ergebnis erzeugen sollen.

2.4.7 Systemeinführung und -abnahme

Bei der Einführung der Systeme unterscheidet man zwischen einer Step-by-Step-Strategie (iterative Einführung) oder einer Big-Bang-Strategie.

- **Big Bang:** Das neue System wird vollständig implementiert und zu einem einzigen, klar definierten Zeitpunkt (üblicherweise zu Zeiten, an denen die Nichtverfügbarkeit eines Systems weitgehend unkritisch ist, beispielsweise an einem Wochenende oder Jahreswechsel) in Betrieb genommen, sodass es anschließend vollständig verfügbar ist. Zur Risikominimierung erfordert diese Art der Systemeinführung umfangreiche Planungen und Vorbereitungen im Vorfeld (umfangreiche Systemtests, Schulung der Administratoren, des Operatings und der Endbenutzer).
- **Step by Step (iterative Einführung):** Bei der Step-by-Step-Einführung sind von der Umstellung nur einzelne Abteilungen oder Systemmodule betroffen. Falls ein Altsystem zur Verfügung steht, wird dieses System parallel weiterbetrieben, bis die Funktionsfähigkeit des neuen Systems nachgewiesen wurde. Durch diesen Ansatz sollen Risiken reduziert werden. Zusätzlich gibt es den Benutzern die Möglichkeit, frühzeitig Erfahrung mit Teilen des Systems zu sammeln, die bei der Entwicklung der weiteren Module berücksichtigt werden können.

Wesentlich ist die Systemabnahme: Basis für die Abnahme sind die Anforderungen, die im Lastenheft definiert wurden. Auf dieser Basis werden Testfälle generiert und die Ist-Ergebnisse mit den spezifizierten Soll-Ergebnissen verglichen. In einem Abnahmeprotokoll werden alle offenen Punkte und Fehler aufgelistet. Mit der anschließenden Behebung der offenen Punkte beginnt die Gewährleistung. Das Ende der Gewährleistung beendet das Projekt und schließt den Vertrag.

2.5 Organisatorische Einbindung des Informationsmanagements

Bei der organisatorischen Realisierung des Informationsmanagements wird die Eingliederung von diesbezüglichen Stellen in Form einer oder mehrerer Abteilungen innerhalb des Unternehmens betrachtet. Stellen als kleinste organisatorische Einheit weisen i. d. R. Führungs- und Durchführungsaufgaben auf. Dementsprechend wird in diesem Kontext die organisationale Einbindung der Informationswirtschaft im Unternehmen betrachtet.

Für die Abteilung „Informationswirtschaft" existieren in der Praxis zahlreiche, zum Teil synonym verwendete Bezeichnungen, wie z. B. „Organisation und Datenverarbeitung", „IT-Abteilung", „EDV-Abteilung", „Informationsverarbeitung" oder auch „Informationsmanagement". Aufgrund der Unterschiedlichkeit der in Unternehmen durch die Informationswirtschaft zu erfüllenden Aufgaben, Verantwortungen und Kompetenzen ist eine allgemeingültige Aufbauorganisation nicht möglich. Es gibt allerdings typische Eingliederungsalternativen, die sich im Rahmen der Entwicklung des Informationsmanagements in Unternehmen herausgebildet haben. Die organisatorische Entwicklung lässt sich in vier Phasen unterscheiden (vgl. hierzu Heinrich 2011, S. 237 ff sowie Gabriel 2003, S. 154 ff).

- **Erste Phase:** Die Einbindung der Informationswirtschaft als Teil einer Fachabteilung – insbesondere des Rechnungswesens – dominierte die frühe Phase der computerunterstützten Informationsverarbeitung. Die Datenverarbeitung oder EDV diente der Rationalisierung von stark formalisierten Aktivitäten mit großem Datenvolumen (vgl. (1) in Abb. 2.7).

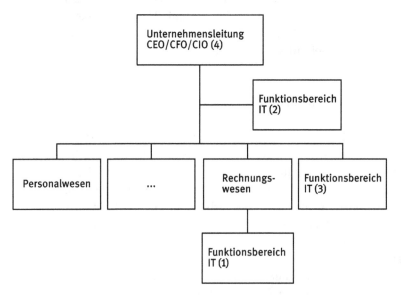

Abb. 2.7: Einbindung der Informationswirtschaft im Unternehmen: aufbauorganisatorische Entwicklung (eigene Darstellung).

- **Zweite Phase:** Mit der zunehmenden Verbreitung und der wachsenden Leistungsfähigkeit der Informationstechnik wurden immer mehr Aufgaben außerhalb der organisatorisch übergeordneten Abteilung (i. d. R. dem Rechnungswesen) durch die IT unterstützt. Das hiermit verbundene Wachstum, die zunehmende Vielfalt und auch die Bedeutung der IT machte eine Integration notwendig, sodass zentrale Abteilungen entweder als Stab der Unternehmensleitung oder als eigenständige Hauptabteilung eingerichtet wurden (vgl. (2) und (3) in Abb. 2.7).
- **Dritte Phase:** Im Laufe der Zeit wurden auch schlecht strukturierte Aufgaben immer besser durch die IT unterstützt. Die Anwendungssysteme wuchsen in die Planungs- und Steuerungsaufgaben hinein. Die organisatorische (in Form von Prozessen) und personale Ebene gewannen an Bedeutung. Aufbauorganisatorisch blieb die IT analog zur zweiten Phase als Stabsabteilung oder Hauptabteilung be-

stehen. Die Entwicklung und Umsetzung der Systeme wurde in Organisations- und Investitionsprojekten realisiert. Es wurden Projektorganisationen mit neuen Koordinationsmechanismen in Form von Lenkungsausschüssen und Steuerkreisen institutionalisiert.

– **Vierte Phase:** Die aktuelle Phase ist durch eine ganzheitliche Betrachtung und Erfüllung aller informationswirtschaftlichen Aufgaben gekennzeichnet. Die Informationsfunktion wird als Querschnittsfunktion, sowohl in einer Zentralabteilung als auch in den einzelnen Unternehmensbereichen, realisiert. Die Verantwortung verlagert sich immer weiter auf die Benutzer selbst, die durch die IT-Abteilung unterstützt werden. In vielen Unternehmen wird, der Bedeutung der IT gemäß, neben den traditionellen CEO (Chief Executive Officer) und CFO (Chief Financial Officer), ein CIO (Chief Information Officer) installiert, der die Belange der Informationswirtschaft in der Geschäftsleitung vertritt (vgl. (4) in Abb. 2.7).

2.6 Outsourcing der Informationswirtschaft

Outsourcing ist eine Form, die Fertigungstiefe zu verringern. Im Bereich der IT bedeutet dies, IT-Leistungen an Fremdsteller auszulagern. Nach Heinrich u. a. (2014, S. 256 f) lassen sich die Gründe für das Outsourcing in vier Bereiche gliedern:

1. **Wirtschaftlichkeit:** Entscheidendes Argument für Unternehmen ist i. d. R. eine erwartete Kostensenkung und damit eine Verbesserung der Wirtschaftlichkeit.
2. **Strategie:** Unternehmen, deren Geschäftszweck nicht in der Informationsverarbeitung liegt, setzen durch Outsourcing Ressourcen frei und können sich auf die Kernkompetenzen konzentrieren.
3. **Ressourcen:** Durch die Zusammenarbeit mit spezialisierten Dienstleistern wird der Zugriff auf Ressourcen und damit Know-how bzw. der Zugang zu neuen Technologien erleichtert.
4. **Organisation und Koordination:** Insbesondere in Unternehmen mit einem angespannten Verhältnis zwischen IT und Fachabteilungen wird Outsourcing betrieben. Ziel ist eine bessere Kostenkontrolle, klare Verantwortungsbereiche mit definierten Schnittstellen und damit eine Erhöhung der Transparenz.

Unter der **Reichweite des Outsourcings** versteht man den Umfang, die Aufgaben und Elemente, die an Outsourcing-Geber übertragen werden. Vier prinzipielle Formen des Outsourcings lassen sich unterscheiden:

– **Interner IT-Service:** Hier wird die IT an eine eigenständige Unternehmenstochter ausgelagert. Als Vorteile eines konzerninternen IT-Dienstleisters im Vergleich zu einem externen Dienstleister werden genannt:
  – Kosten: fehlende Transparenz bei externen Dienstleistern, hohe Gewinnmargen
  – Unternehmenskultur: interner IT-Service ist mit der Unternehmenskultur und den Prozessen vertraut

- – geringeres Risiko in puncto Datensicherheit und Datenschutz
- – reduziertes Abhängigkeitsverhältnis
- – konzerninternes Wissen geht nicht verloren
- **Selektives Outsourcing**: Beim selektiven Auslagern werden nur Teile der IT-Leistungen an externe Dienstleister vergeben, z. B.
  - – der Betrieb einer Hotline,
  - – einzelne Aufgaben der Softwareentwicklung,
  - – IT-Schulung.
- **Totales Outsourcing**: Beim totalen Outsourcing wird die komplette Verantwortung über alle Aufgaben an einen Dienstleister übertragen. Beim totalen Outsourcing können auch das Personal und die Infrastruktur an den Outsourcing-Geber übertragen werden.
- **Business Process Outsourcing**: Bei dieser Art des Outsourcings geht ein ganzer Unternehmensprozess an ein Drittunternehmen. Beispielsweise lässt sich der Unternehmensprozess „Einkauf" auslagern, d. h., das Drittunternehmen verhandelt und besorgt für den auslagernden Betrieb beispielsweise günstigere Konditionen bei der Beschaffung. Weitere Beispiele sind HR-Management, das Rechnungswesen oder die Buchhaltung. Oft handelt es sich um IT-intensive Prozesse, die an entsprechend spezialisierte Dienstleister abgegeben werden.

Neben der Reichweite ist der **Standort des Outsourcing-Gebers** eine weiteres Unterscheidungsmerkmal für die Arten des Outsourcings. Tabelle 2.8 klassifiziert die hier üblichen Outsourcing-Bezeichnungen (Merkmal: geografische Nähe).

Tab. 2.8: Outsourcing nach geografischer Nähe (eigene Darstellung).

Offshore	Die räumliche Distanz ist beträchtlich. Kultur, Zeitzone und Sprache unterscheiden sich.
Nearshore	Der Outsourcing-Geber befindet sich im benachbarten Ausland bzw. in einem Land mit ähnlicher Kultur, Zeitzone und Sprache.
Onshore	Der Outsourcing-Geber liegt in der näheren Umgebung, bzw. im gleichen Land wie der Outsourcing-Nehmer.
Onsite	Der Outsourcing-Geber erbringt seine Leistungen am Standort des Outsourcing-Nehmers.

2.7 Übungsaufgaben

2.7.1 Verständnisfragen

1. Skizzieren Sie das Modell von Heinrich zur Beschreibung der Aufgaben des Informationsmanagements.
2. Welche Vorteile bringt ITIL für ein Unternehmen aus Sicht der Unternehmensführung, der IT-Abteilung und der Leistungsnehmer mit sich?
3. Beschreiben Sie ein Vorgehensmodell zur Auswahl und Einführung von Systemen.
4. Welche Möglichkeiten gibt es, das Informationsmanagement im Unternehmen organisatorisch einzubinden?
5. Weshalb werden IT-Leistungen mittels Outsourcing ausgelagert?
6. Welche Arten von Outsourcing sind Ihnen bekannt?

2.7.2 Fallstudienaufgabe zur Sonnenschein AG

1. Definieren Sie die Rolle des CIOs der Sonnenschein AG (Aufgabe, Verantwortung, Befugnis).
2. Die IT der Sonnenschein AG ist ausgelagert. Wo sehen Sie die Risiken?
3. Die Geschäftsleitungen der Sonnenschein AG und der ausgelagerten IT-Tochter haben sich aufgrund der Spannungen zwischen den beiden Unternehmen darauf geeinigt, die Leistungen in einem SLA zu spezifizieren. Erstellen Sie ein SLA für die Sonnenschein AG.

2.7.3 Fallstudienaufgabe zur Luminous GmbH

Die Fallstudienaufgabe zur Luminous GmbH findet sich auf der Website des Lehrbuchs (http://www.einfuehrung-wi.de) unter „Zusatzmaterialien".

3 IT-Projektmanagement

Lernziele   ⚡
- Sie kennen die Aufgaben des Managements von IT-Projekten.
- Sie können die Projektmanagementphasen erläutern und diese im Rahmen von Projektphasenmo-
  dellen einordnen.
- Sie kennen die wesentlichen Rollen, Events und Berichte von Scrum.

3.1 Fallstudie: Reiseveranstalter Sonnenschein AG

Aufgrund des anhaltenden Wachstums im Online-Markt hat sich die Unternehmensleitung der Sonnenschein AG dazu entschieden, einen neuen Onlineshop zu entwickeln. Dieser soll als Ergänzung zum bestehenden Online-Angebot dienen und preis-
bewusste Kunden an das Unternehmen binden und gezielt ansprechen. Die Unternehmensleitung möchte bis in zwei Jahren 20 % des Umsatzes mit dem Onlineshop generieren. Der Onlineshop soll in sechs Monaten freigeschaltet werden. Das Budget für
die Entwicklung beträgt 220 T€. Die Architektur des Onlineshops ist in Abb. 8.4 dargestellt. Der Onlineshop wird in der ausgelagerten IT-Abteilung der Sonnenschein AG
entwickelt und technisch betreut. Für die Betreuung auf der Produktseite sind die Abteilung für Kundenbindung (CRM) und der Vertrieb zuständig (vgl. Kap. 7.5).

3.2 Projekte und Projektmanagement

Ein **Projekt** ist nach DIN69901-5:2009 ein „Vorhaben, das im Wesentlichen durch Einmaligkeit der Be-   **!**
dingungen in ihrer Gesamtheit gekennzeichnet ist, wie z. B. Zielvorgabe, zeitliche, finanzielle, perso-
nelle oder andere Begrenzungen, eine projektspezifische Organisation."

In der Definition von Projekten wird bewusst eine gewisse Unschärfe in Kauf genommen. Inwieweit z. B. eine Aufgabe einmalig ist, unterscheidet sich von Unternehmen
zu Unternehmen (vgl. Wagner u. a. 2011, S. 27). Eine Zusammenfassung aller zu bewertenden Kriterien zeigt Abb. 3.1.

Jedes Unternehmen wird definieren, was in seinem Kontext als Projekt zu betrachten ist oder nicht. Im Bereich der IT fallen zahlreiche große und kleine Aufgabenpa-
kete an, die Teil großer Entwicklungsvorhaben sein können oder nur kleinere Pro-
grammkorrekturen beinhalten. Damit Termine und Ressourcen insgesamt betrachtet
werden können und Änderungen systematisch in die IT-Produkte einfließen, können

https://doi.org/10.1515/9783110722260-003

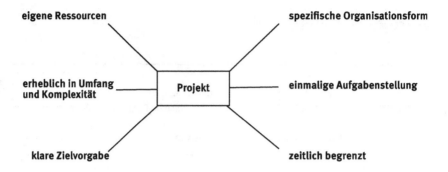

Abb. 3.1: Projektkriterien nach DIN 69901-5:2009.

bei der Planung und Steuerung dieser Vorhaben auch „Ein-Tages-Aktivitäten" oder „Ein-Personen-Aktivitäten" wie Projekte behandelt werden.

! **Projektmanagement** ist nach DIN 69901-5:2009 die „Gesamtheit von Führungsaufgaben, -organisation, -techniken und -mitteln für die Initialisierung, Definition, Planung, Steuerung und den Abschluss von Projekten."

3.3 Projektarten

Projekte sind per Definition einmalig, was u. a. ein spezifisch auf dieses Projekt zugeschnittenes, Projektmanagement verlangt. In der Praxis trifft man allerdings immer wieder auf Ähnlichkeiten zwischen Projekten. Ähnliche Projekte lassen sich in Projektarten klassifizieren und können mit Projektmanagementstandards bearbeitet werden. **Projektmanagementstandards** definieren spezifische Vorgehensweisen, Methoden und Tools und unterstützen den Anwender bei der Ausgestaltung der organisatorischen Strukturen. In der Literatur gibt es eine Vielzahl von Klassifizierungen für Projekte (vgl. Gessler 2011, S. 43).

Im Beispiel in Tab. 3.1 wird nach Projektauftraggeber und Projektgegenstand bzw. -inhalt unterschieden. In der Regel besteht mit einem externen Kunden ein Vertragsverhältnis. Für ein externes Projekt sind spezifische rechtliche Aspekte zu berücksichtigen. Häufig gibt es in diesen Projekten einen Projektleiter auf Auftraggeber- und einen auf Auftragnehmerseite. Interne Projekte werden durch das Unternehmen eigenfinanziert. Es gibt einen internen Projektleiter.

Auf der horizontalen Ebene werden die Projekte nach Projektinhalt bzw. Projektgegenstand unterschieden. In der Regel treten alle drei Arten in Unternehmen auf (Entwicklungsprojekte, Investitionsprojekte und Organisationsprojekte). Diese Unterscheidung ist sinnvoll, da für die Realisierung der Projekte häufig unternehmensspezifisch, auf die Projektart abgestimmte, Phasenmodelle eingesetzt werden.

Tab. 3.1: Klassifizierung von Projekten (eigene Darstellung).

		Projektgegenstand		
		Investitionsprojekte	Entwicklungsprojekte	Organisationsprojekte
Auftraggeber	externer Kunde	Analog zu internen Projekten mit externen Auftraggebern		
	interner Auftraggeber	Einrichten einer neuen Fertigungsstraße	Entwicklung eines neuen Produktes	Umsetzung einer neuen Vertriebsstruktur

In der Praxis treten häufig Mischformen auf. Zum Beispiel ist die Einführung eines neuen ERP-Systems zunächst ein Investitionsprojekt. Allerdings können bei der Einführung auch organisatorische Veränderungen notwendig werden. Zusätzlich können auch Entwicklungsarbeiten anfallen.

3.4 Projektmanagementprozesse

Der Systembezug eines Projekts kann durch den **Projektlebenszyklus** beschrieben werden. Ein Projekt hat einen definierten Anfang und ein definiertes Ende. Im Vorfeld des Projekts werden Projektideen generiert und bewertet. Mit dem Übergang in die Systemnutzung endet das Projekt (vgl. Abb. 3.2).

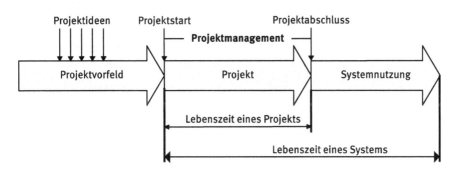

Abb. 3.2: Lebenszyklus eines Projekts (eigene Darstellung).

Die Aktivitäten, die im Rahmen des Projektlebenszyklus anfallen, werden in Projektphasen unterteilt. Diese Unterteilung in Phasen kann – abhängig von der Branche, der Projektart oder der Organisation – unterschiedlich sein. Jede Phase wird mit einem Meilenstein abgeschlossen. Ein **Meilenstein** ist ein besonderes Ereignis im Projektverlauf, zu dem bestimmte Ergebnisse (Leistungen) vorliegen müssen. Ein Projektphasenmodell zur Auswahl und Einführung von Software wurde in Kap. 2.3.2 in Abb. 2.4 vorgestellt.

Der Projektmanagementprozess wird ebenfalls in Phasen eingeteilt. Diese Phasen dürfen allerdings nicht mit den beschriebenen Projektphasen verwechselt werden. Die Projektphasen definieren den Wertschöpfungsprozess – sie beziehen sich auf den Projektinhalt. Die Projektmanagementphasen beziehen sich auf die Aktivitäten des Projektmanagement. Nach DIN 69901-2:2009 werden die Phasen „Initialisierung", „Definition", „Planung", „Steuerung" und „Abschluss" unterschieden (vgl. Abb. 3.3).

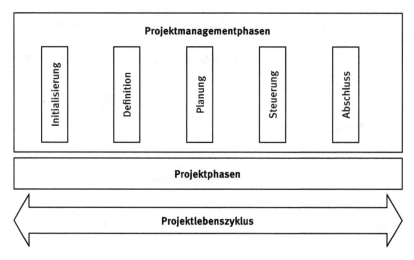

Abb. 3.3: Projektphasen, Projektmanagementphasen, Projektlebenszyklus (eigene Darstellung).

Die Projektmanagementphasen laufen nicht streng sequenziell ab. Projekte werden initiiert und definiert. Auf der Basis des Projektauftrages wird das Projekt geplant und anschließend gesteuert. Abweichungen in der Realisierung können im Rahmen der Steuerung zu Änderung der Definition oder der Planung führen. Mit dem Projektabschluss wird das Projekt beendet (vgl. Abb. 3.4).

Der beschriebene Projektmanagementprozess wiederholt sich und wirkt in jeder Phase, wenn auch in unterschiedlicher Intensität, d. h. in jeder Phase des Projekts wird initiiert, definiert, geplant, gesteuert und die Phase zum Abschluss gebracht. Abbildung 3.5 soll diesen Zusammenhang verdeutlichen.

Während der Generierung der Projektidee liegt der Schwerpunkt auf der Initialisierung, Definition und der Erstellung einer ersten groben Planung des Projekts, das Projekt wird vorbereitet. In den Realisierungsphasen liegt der Schwerpunkt der Projektmanagementaktivitäten auf der Steuerung und dem Managen des Phasenübergangs, d. h. dem Abschließen einer Phase, der Initialisierung, Definition und Detailplanung

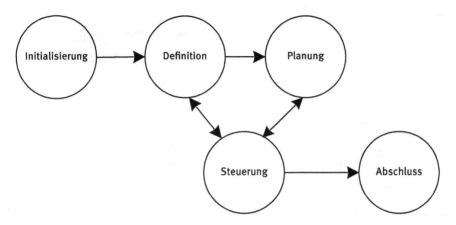

Abb. 3.4: Projektmanagementphasen (eigene Darstellung).

der Folgephase. In der letzten Projektphase fallen zusätzliche Aktivitäten im Projektabschluss an (vgl. Abb. 3.6).

Das beschriebene Prozessmodell bildet die Grundlage für das Management einzelner Projekte. Die Prozesse müssen allerdings angepasst werden. Dies geschieht entweder anhand der Projektarten (vgl. Kap. 3.3) in Form einer Standardisierung oder wird durch den Projektleiter projektspezifisch vorgenommen.

In den folgenden Abschnitten werden die wesentlichen Aktivitäten der Projektmanagementphasen von der Initialisierung bis zum Abschluss skizziert. Grundlage der

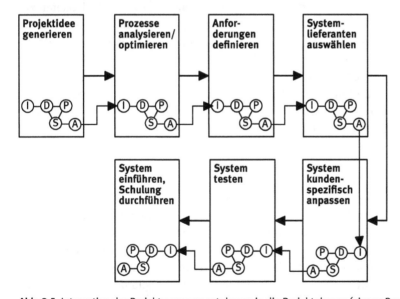

Abb. 3.5: Integration der Projektmanagementphasen in die Projektphasen (eigene Darstellung).

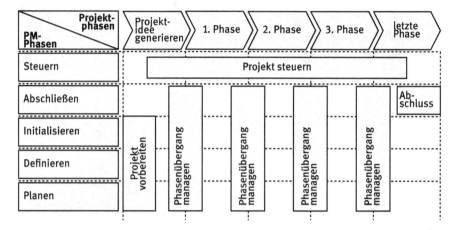

Abb. 3.6: Detaillierung des Zusammenhangs von Projektmanagementphasen und Projektphasen (eigene Darstellung).

Definitionen ist die DIN 69901-2:2009, in der die Projektmanagementphasen definiert wurden.

3.4.1 Initialisierung

In der DIN 69901-2:2009 versteht man unter der Initialisierungsphase die Gesamtheit der Tätigkeiten zur formalen Initialisierung eines Projekts (u. a. Zuständigkeiten klären, Projektziele skizzieren). Damit liegt der Schwerpunkt der Initialisierungsaktivitäten am Beginn des Projekts. Der Auslöser kann von intern (z. B. neue Anforderungen der Benutzer) oder von extern (z. B. gesetzliche Forderungen) erfolgen. Die Unternehmensleitung bzw. der Entscheider beauftragt die Konkretisierung der Projekt-idee (Analyse, Bewertung, Zielvision entwickeln). Die Initialisierung wiederholt sich zu Beginn jeder Projektphase und ist damit die Projektmanagementstartaktivität jeder Projektphase (Phasenübergang managen).

3.4.2 Definition

Die Definitionsphase beinhaltet die Gesamtheit der Tätigkeiten und Prozesse zur Definition eines Projekts (u. a. Zieldefinition, Aufwandsschätzung und Machbarkeitsbewertung). Nachdem das Kernteam für die Definitionsphase festgelegt wurde, werden die Ziele und Anforderungen des Projekts (der einzelnen Projektphasen) spezifisch und messbar (SMART – vgl. Tab. 2.2) formuliert und in die geforderte Form gebracht. Die Interessensgruppen (Stakeholder) werden identifiziert, klassifiziert und die Einbindung in das Projekt wird geplant. Die Meilensteine werden festgelegt und die Auf-

Tab. 3.2: Projektauftrag (eigene Darstellung).

Element	erster Auftrag	spätere Phasen
Projektname	ja	ja
Projektnummer	ja	ja
Projektleiter	ja	ja
Auftraggeber	ja	ja
Anlass für das Projekt	ja	ja
Kurzbeschreibung	ja	ja
Ziele, erwarteter Nutzen	grob	ja
Rahmenbedingungen	ja	ja
geplanter Endtermin	falls abschätzbar	ja
Meilensteine	fallweise	ja
Arbeitspakete	nein	ja
Budgetrahmen	i. d. R.	ja
Projektorganisation	ja	ja
Reporting/Kommunikation	ja	ja
Unterschriften	ja	ja

wendungen abgeschätzt. In der ersten Projektphase (Projektidee generieren) werden mit Abschluss der Definition in einem Projektauftrag die Ergebnisse zusammengefasst und mit der Freigabe die Planung begonnen. In Tab. 3.2 sind Inhalte eines Projektauftrages aufgelistet.

Bei jedem Phasenübergang werden im Rahmen der Definition die Phasenziele konkretisiert, die Aufwände detailliert und die Machbarkeit überprüft (Phasenübergang managen).

3.4.3 Planung

Die Planung beinhaltet die Gesamtheit der Tätigkeiten und Prozesse zur formalen Planung eines Projekts (u. a. Termine und Arbeitspakete planen, Kosten- und Finanzmittelplan erstellen, Risiken analysieren, Ressourcenplan erstellen). Damit wird in der Planungsphase im Wesentlichen festgelegt, was wann, wie und durch wen gemacht werden soll. In Abb. 3.7 sieht man die einzelnen Schritte der Planung in der Übersicht. Basis der Projektplanung sind die Projektziele/der Projektauftrag oder ein abgestimmtes Anforderungsdokument. Im ersten Schritt wird der Projektstrukturplan entwickelt. Der Projektstrukturplan ist eine vollständige, hierarchische Darstellung aller Elemente (Teilprojekte, Arbeitspakete, Vorgänge) eines Projekts. Die Arbeitspakete werden extern oder intern bearbeitet. Für die internen Arbeitspakete wird der Aufwand abgeschätzt, die Abarbeitungsreihenfolge (Ablaufplan) festgelegt und die Projektorganisation an die Anforderungen angepasst. Der Ablaufplan und die Aufwandsschätzung sind die Basis für den Terminplan, den Ressourcenplan und den Kostenplan. Der Kostenplan zeigt den terminlichen Verlauf des Kostenanfalls. Wird dieser mit den eingehenden Erlösen abgeglichen, kann ein Liquiditätsplan erstellt werden, der den Kapitalbedarf über die Projektlaufzeit darstellt (vgl. Abb. 3.7).

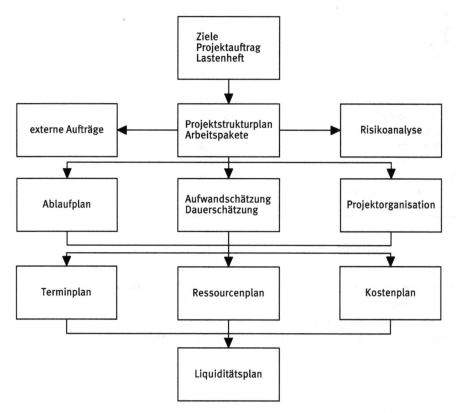

Abb. 3.7: Projektplanung: Übersicht (eigene Darstellung).

Die Planung ist kein streng sequenzieller Prozess. Die Aufwandsschätzung, die Terminplanung und die Ressourcenplanung werden i. d. R. in mehreren Iterationen (z. B. in jeder Projektphase) präzisiert (Phasenübergang managen).

3.4.4 Steuerung

Die Projektsteuerung beinhaltet die Gesamtheit der Tätigkeiten und Prozesse zur formalen Steuerung eines Projekts (u. a. das Steuern von Terminen, Ressourcen, Kosten und Finanzmitteln, Risiken, Qualität, Ziele). Die Projektsteuerung ist ein Regelkreis, dessen Basis die Sollwerte, die in der Planung vorgegeben werden, sind. Die Überwachung ermittelt die Istwerte und vergleicht diese mit den Sollwerten. Bei Abweichungen werden in der Steuerung Entscheidungen über das weitere Vorgehen getroffen. Die Aufgaben werden im Folgenden detailliert beschrieben. In Abb. 3.8 ist der Regelkreis grafisch dargestellt.

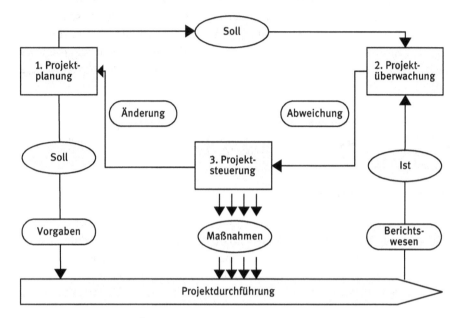

Abb. 3.8: Projektsteuerung: Übersicht (eigene Darstellung).

1. **Projektplanung**
   – Sollwerte für die Durchführung und die Überwachung werden ermittelt
   – Änderungen und Gegenmaßnahmen während der Durchführung fließen als neue Vorgaben in die Planung ein
   – Planung findet auch während der Durchführung statt
2. **Projektdurchführung**
   – geplante Aufgaben und Vorgänge werden bearbeitet
   – Aktueller Ist-Zustand wird regelmäßig in Form von Berichten an die Projektüberwachung weitergeleitet
3. **Projektüberwachung**
   – Istwerte werden mit den Sollwerten verglichen
   – Abweichungen werden an die Projektsteuerung gemeldet
4. **Projektsteuerung**
   – Abweichungen zwischen Soll- und Istwerten werden analysiert
   – als Reaktion auf Abweichungen werden Maßnahmen definiert
   – notwendige Änderungen werden zusätzlich als neue Planvorgaben an die Projektplanung weitergeleitet

3.4.5 Abschluss

Die Abschlussphase beinhaltet die Gesamtheit der Tätigkeiten und Prozesse zur formalen Beendigung eines Projekts (u. a. Erstellung des Projektabschlussberichts, Nachkalkulation, Erfahrungssicherung, Vertragsbeendigung). Jede Phase bzw. jedes Projekt wird formell mit der Bewertung und Dokumentation der Phasen-/Projektergebnisse abgeschlossen, wobei überprüft wird, ob die Ziele erreicht und die Erwartungen der Kunden erfüllt wurden. Abbildung 3.9 fasst die Aktivitäten des Projektabschlusses zusammen.

Abb. 3.9: Projektabschluss: Übersicht (eigene Darstellung).

- Das Ergebnis der **Produktabnahme** wird in einem Abnahmebericht dokumentiert. Hierbei wird die Übergabe des Produkts an den Auftraggeber genauso geregelt, wie die Übernahme des Produkts vonseiten des Auftraggebers. Die Abnahme ist eine entscheidende Station im Verlauf eines Projekts. Das Risiko fällt vom Auftragnehmer an den Auftraggeber zurück.
- Mit der **Projektabschlussanalyse** wird eine systematische Auswertung der im Projekt erreichten Ergebnisse durchgeführt. Damit kann die Abschlussanalyse einen wichtigen Beitrag für Folgeprojekte leisten.
- **Erfahrungssicherung:** Durch ein konsequentes unternehmensspezifisches Wissensmanagement (vgl. Kap. 11) im Sinne eines lernenden Unternehmens kann eine optimale Nutzung der Ressource „Wissen" erreicht und die Kompetenz sowie Leistungsfähigkeit in Folgeprojekten kontinuierlich gesteigert werden.
- Die Aktivitäten in der abschließenden **Projektauflösung** sind:
  - das Erstellen eines Projektabschlussberichts,
  - die Durchführung offizieller Abschlusssitzungen in den verschiedenen Projektgremien,
  - die Herausnahme des Projekts aus dem Projektportfolio,
  - das Überleiten der Projektteammitglieder (Rückintegration),
  - das Auflösen und Verwerten aller projekteigenen Ressourcen.
- In der Literatur wird der Zeitpunkt des Abschlusses nicht einheitlich festgelegt. So wird die **Gewährleistung** häufig nicht mehr als Teil des Projekts gesehen. Es sprechen allerdings einige Gründe dafür, die Gewährleistung bei externen Projekten zum Projekt zu rechnen:
  - Die Kosten der Gewährleistung sind Projektkosten, damit ist eine abschließende Erfolgsrechnung erst am Ende des Projekts zu erstellen.

- Restzahlungen werden in der Regel am Ende der Gewährleistung fällig.
- Der Projektleiter sollte der Ansprechpartner gegenüber dem Kunden bleiben.
- Die in der Gewährleistung durchzuführenden Arbeiten sollten aus Gründen der Effizienz durch Mitarbeiter der Projektgruppe durchgeführt werden.

3.5 Agiles Projektmanagement mit Scrum

3.5.1 Agilität und Scrum

Im Februar 2001 wurde von einer Gruppe von 17 Softwareentwicklern und methodischen „Vordenkern" das **agile Manifest** unterzeichnet. Es besteht aus Werten, die die Basis für agile Methoden bilden sollen:

1. **Individuen und Interaktionen sind wichtiger als Prozesse und Werkzeuge:** Zwar sind wohldefinierte Entwicklungsprozesse und Entwicklungswerkzeuge wichtig, wesentlicher sind jedoch die Qualifikation der Mitarbeitenden und eine effiziente Kommunikation zwischen ihnen.
2. **Funktionierende Software sind wichtiger als umfassende Dokumentation:** Gut geschriebene und ausführliche Dokumentation kann zwar hilfreich sein, das eigentliche Ziel der Entwicklung ist jedoch die fertige Software.
3. **Zusammenarbeit mit dem Kunden sind wichtiger als Vertragsverhandlungen:** Statt sich an ursprünglich formulierten und mittlerweile veralteten Leistungsbeschreibungen in Verträgen festzuhalten, steht vielmehr die fortwährende konstruktive und vertrauensvolle Abstimmung mit dem Kunden im Mittelpunkt.
4. **Reagieren auf Veränderung sind wichtiger als das Befolgen eines Plans:** Im Verlauf eines Entwicklungsprojekts ändern sich viele Anforderungen und Randbedingungen ebenso wie das Verständnis des Problemfelds. Das Team muss darauf schnell reagieren können.

Sutherland (2010, S. 7), Unterzeichner des agilen Manifests und einer der Entwickler der Methode „Scrum", fasst Agilität wie folgt zusammen:

„Agile principles emphasize building working software that people can get hands on quickly, versus spending a lot of time writing specifications up front. Agile development focuses on crossfunctional teams empowered to make decisions, versus big hierarchies and compartmentalization by function. It also focuses on rapid iteration, with continuous customer input along the way."

Der Begriff „Scrum" entstammt der Sportart Rugby und bedeutet im Deutschen „Gedränge". Er umschreibt einen Spielzug, in dem sich die zwei gegnerischen Mannschaften in einem Gedränge gegenüberstehen und versuchen, den Ball zu erkämpfen. Entscheidend für den Erfolg des Spielzugs ist die Teamfähigkeit. In diesem Zusammenhang das erste Mal verwendet wurde der Begriff „Scrum" von Takeuchi u. Nonaka

(1986, S. 4) in einem Harvard-Business-Review Artikel. Sutherland (2010, S. 7) entwickelte, inspiriert durch diesen Artikel, Scrum und wendete 1993 die Methode bei der Easel Corporation erfolgreich an. Schwaber (1995, o. S.) stellte dann 1995 die Methode auf der OOPSLA-Konferenz (Object-Oriented Programming, Systems, Languages, and Applications) der Öffentlichkeit vor.

3.5.2 Scrum

Im aktuellen „Scrum Guide" stellen die beiden Gründer Schwaber und Sutherland Scrum als Rahmenwerk für einen leichtgewichtigen Managementprozess vor (vgl. Schwaber u. Sutherland 2011, S. 3). Innerhalb dieses Rahmenwerks werden bestimmte Abläufe, Rollen und Artefakte (Ergebnisse) sowie deren Beziehungen zu- und Abhängigkeiten voneinander beschrieben. Prozess und Fortschritt werden jedem Mitarbeiter transparent gemacht, d. h., jedes Teammitglied hat Einsicht in alle Ergebnisse. Die Ergebnisse werden regelmäßig kontrolliert und der Fortschritt wird überprüft, sodass Abweichungen des Solls schnell erkannt und Anpassungen durchgeführt werden können. Hierfür finden regelmäßige Meetings/Events statt (vgl. Schwaber u. Sutherland 2011, S. 4).

Scrum strukturiert die Entwicklung in Iterationen, die **Sprint** genannt werden. Die Iterationen dauern, je nach Projekt, zwischen einer und vier Wochen. Die Sprints haben eine feste Dauer (Timebox) und enden unabhängig davon, ob die geplanten Aufgaben abgeschlossen werden konnten oder nicht. Zu Beginn eines Sprints wählt das Team (Sprint Planning Meeting) die Elemente (Kundenanforderungen) aus einer priorisierten Liste (Product Backlog) aus und verpflichtet sich, die Aufgaben bis zum Ende des Sprints zu erledigen. Die ausgewählten Elemente (Sprint Backlog) ändern sich während eines Sprints nicht. In einem täglichen Meeting (Daily Scrum Meeting) wird kurz der Fortschritt und das weitere Vorgehen besprochen. Am Ende des Sprints werden die Ergebnisse überprüft (Sprint Review) und der Prozess reflektiert (Sprint Retrospektive) (vgl. Abb. 3.10).

Zusammengefasst unterscheidet Scrum:
- drei Rollen: Product Owner, Scrum Master, Team
- vier Meetings/Events: Sprint Planning Meeting, Sprint Review, Sprint Retrospektive und Daily Scrum Meeting
- drei Ergebnisse: Product Backlog, Sprint Backlog, Produktinkrement.

Rollen
Scrum definiert drei Rollen im Prozess: Das Team, den Product Owner und den Scrum Master. Jeder Mitarbeiter einer Organisation kann, unabhängig von seiner Position, eine der drei Rollen einnehmen. Zusätzlich werden die Rollen des Kunden (Customer), des Users und des Managements beschrieben.

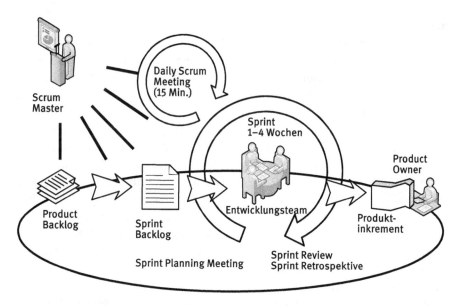

Abb. 3.10: Scrum-Prozess nach Sutherland (2010, S. 11).

- **Team:** Die Aufgabe des Teams besteht darin, bis zum Ende eines Sprints die Anforderungen aus dem Product Backlog in ein auslieferbares Produktinkrement umzusetzen. Idealerweise ist ein Scrum Team interdisziplinär mit Spezialisten aus allen benötigten Bereichen besetzt, die alle in Vollzeit für das Projekt arbeiten. Das Team besteht aus sieben plus/minus zwei Mitgliedern.
- **Product Owner:** Der Product Owner bildet das Bindeglied zwischen Kunden, bzw. Markt und dem Entwicklungsteam. Er steht in ständigem Kontakt zum Kunden und anderen Interessensgruppen. Er beschreibt die Anforderungen ausführlich im Product Backlog, für dessen Bearbeitung er allein verantwortlich und autorisiert ist. Im Laufe des Projekts werden sich Anforderungen ändern, deshalb aktualisiert der Product Owner das Product Backlog. Der Product Owner nimmt am Ende jedes Sprints das Produktinkrement offiziell als „fertig" ab. Er entscheidet, wann ein Projekt beendet wird.
- **Scrum Master:** Für jedes Team wird ein Scrum Master ernannt. Seine Aufgabe besteht darin, sicherzustellen, dass die Scrum-Regeln eingehalten werden. Er hilft dem Team, in die Selbstorganisation hineinzuwachsen.

Scrum Meetings

Jedes Scrum-Meeting/-Event hat den Zweck, die bisherigen Ergebnisse zu analysieren und entsprechende Anpassungen vorzunehmen. Die zugrunde liegende Philosophie sind Transparenz, Überprüfung und Adaption. Durch den wiederholenden Charakter der Meetings soll Regelmäßigkeit in das Projekt gebracht werden, die Treffen und die Kommunikation werden zum Ritual.

- **Sprint-Planungssitzung:** Die Sprint-Planungssitzung ist das Start Meeting jedes Sprints. Die Sprint Planung geschieht in zwei Schritten. Im ersten Schritt wird die inhaltliche Komponente des nächsten Sprints festgelegt. Als Input dienen die Anforderungen des Product Backlog, die Teamkapazität für den nächsten Sprint (Einberechnung von Abwesenheits- und Urlaubszeiten der Teammitglieder, etc.) und die angenommene Entwicklungsgeschwindigkeit. Auf dieser Basis kann das Team entscheiden, welche und wie viele Elemente es umsetzen möchte. Im zweiten Schritt erstellt das Entwicklungsteam das Sprint Backlog. Zu den Anforderungen werden die Aktivitäten festgelegt, die zur Umsetzung notwendig sind (vgl. Schwaber u. Sutherland 2011).
- **Daily Scrum:** Das Daily Scrum ist ein 15-minütiges Meeting, an dem die Teammitglieder, der Scrum Master und optional auch der Product Owner teilnehmen. Jedes Teammitglied soll darin die folgenden Fragen beantworten:
  - Was habe ich seit dem letzten Meeting erreicht?
  - Wie sieht meine Arbeit bis zum nächsten Meeting aus, was möchte ich bis dahin erreichen?
  - Was hat mich bei meiner bisherigen Arbeit behindert oder könnte mich heute behindern?

  Mithilfe dieser Fragen synchronisieren sich die Anwesenden. Das Daily Scrum unterstützt das Team dabei, sich selbst zu organisieren und folgt dem grundlegenden Prinzip „inspect and adapt".
- **Sprint Review:** Beendet wird jeder Sprint mit einem Sprint-Review Meeting. Teilnehmer sind die Projektbeteiligten sowie projektexterne Interessensgruppen, die Feedback liefern können. Das Review dient der Überprüfung und Abnahme des Produktinkrements durch den Product Owner. Auf Basis der gesammelten Informationen wird das Product Backlog nach dem Sprint Review aktualisiert.
- **Sprintretrospektive:** Im Gegensatz zum Sprint Review, das auf eine inhaltliche Überprüfung des Sprintergebnisses ausgerichtet ist, zielt die Sprintretrospektive auf eine Analyse von Zusammenarbeit und Anwendung der Prozesse während des vorangegangenen Sprints ab. In der Sprintretrospektive werden die Erfolge und Verbesserungsmöglichkeiten des letzten Sprints herausgearbeitet.

Ergebnisse

Scrum definiert drei Ergebnisse:

- **Product Backlog:** Im Product Backlog (vgl. Abb. 3.11) werden alle für die Fertigstellung des Projekts erforderlichen funktionalen und nicht funktionalen Anforderun-

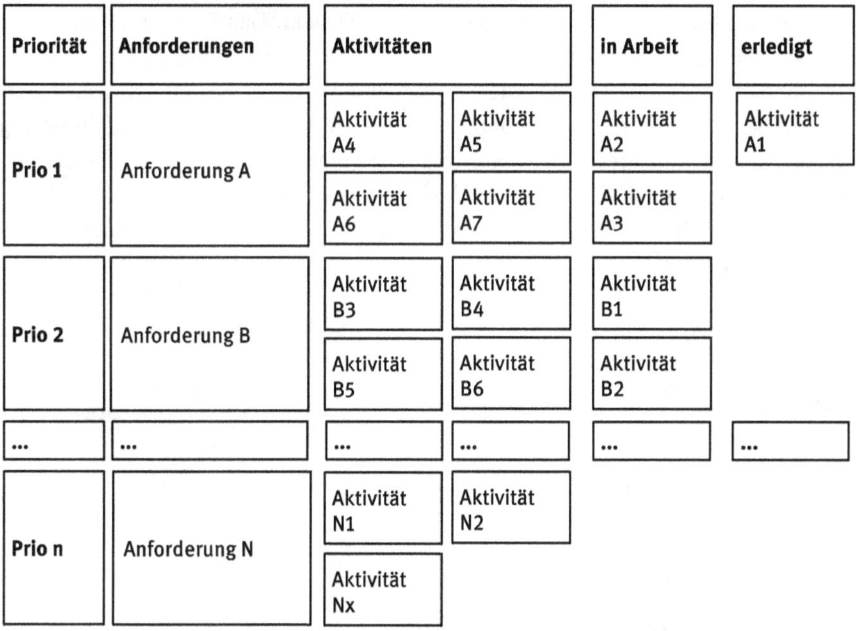

Priorität	Anforderungen	Aktivitäten		in Arbeit	erledigt
Prio 1	Anforderung A	Aktivität A4	Aktivität A5	Aktivität A2	Aktivität A1
		Aktivität A6	Aktivität A7	Aktivität A3	
Prio 2	Anforderung B	Aktivität B3	Aktivität B4	Aktivität B1	
		Aktivität B5	Aktivität B6	Aktivität B2	
...	...	...	...	...	...
Prio n	Anforderung N	Aktivität N1	Aktivität N2		
		Aktivität Nx			

Abb. 3.11: Visuelle Darstellung eines Sprint Backlogs (eigene Darstellung).

gen festgehalten sowie alle Verbesserungen und Tests, die an dem Produkt vorgenommen werden müssen. Die einzelnen Anforderungen werden als Product Backlog Items bezeichnet. Die Items enthalten jeweils eine inhaltliche Beschreibung, eine Aufwandsschätzung sowie eine Priorität.

- **Sprint Backlog:** Jedem einzelnen Sprint liegt ein Sprint Backlog zugrunde. Das Sprint Backlog ist eine Zusammenstellung der Elemente aus dem Product Backlog, die in einem Sprint in das Produktinkrement umgewandelt werden. Zudem enthält das Sprint Backlog eine Liste von Aktivitäten, die zur Realisierung der Anforderungen notwendig sind. Das Team schätzt im Sprint Backlog ab, welcher Aufwand mit der Realisierung der Anforderungen verbunden ist.
- **Produktinkrement:** Das Ergebnis eines Sprints ist ein Produktinkrement. Die Grundphilosophie von Scrum ist, dass Produktinkremente potenziell auslieferbar sind und vom Kunden unmittelbar genutzt werden können.

3.6 Hybrides Projektmanagement

Ein typisches Merkmal klassischer Ansätze sind standardisierte Vorgehensweisen. Solche Standards beschreiben konkret und detailliert Phasen, Meilensteine, Rollen, Aufgaben und Ergebnisse. Einen zentralen Aspekt agiler Vorgehensweisen bildet die Projektkultur. Sie basiert im Wesentlichen auf selbstorganisierten Teams und der vollständigen Integration der Kundensicht in das Projekt. Das Team, einschließlich aller am Projekt beteiligten und interessierten Externen, rückt in den Mittelpunkt. Im Projektmanagement stehen sich die klassische und die agile Welt oft scheinbar konträr gegenüber. Dabei bieten beide Seiten Vorteile, die – situationsabhängig richtig eingesetzt – Projekten große Vorteile bringen können. Klassische Projektmanagementmethoden eignen sich dabei besonders für die Umsetzung komplizierter Situationen. Das agile Modell ist hingegen eher in komplexen Situationen anzuwenden (vgl. Habermann 2013, S. 92ff).

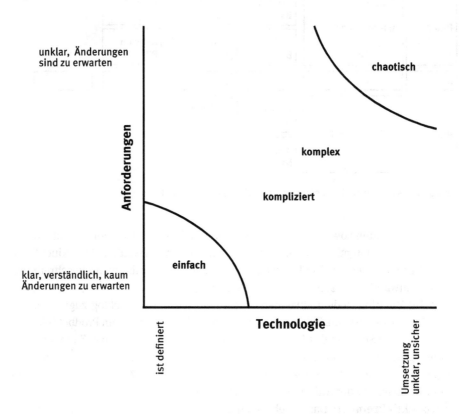

Abb. 3.12: Stacey-Matrix (in Anlehnung an Kuster u. a. 2019, S. 37)

Eine Entscheidungshilfe bei der Beantwortung der Frage, welches Vorgehen sinnvoll ist, kann die **Stacey-Matrix** liefern. Eine Situation ist **einfach**, wenn die Anforderungen klar definiert sind und auch der Weg zur dorthin klar ist. Das Unternehmen hat z. B. bereits Routine mit dieser Art von IT-Projekt. Bei **komplizierten** Situationen sind die Anforderungen oder auch der Lösungsweg teilweise unklar oder unsicher. Solche Situation sind typischerweise mit klassischen Projektmanagementvorgehen beherrschbar. Bei **komplexen** Entscheidungssituationen sind neben den Anfor-

Tab. 3.3: Varianten des Projektmanagements

Variante	Kurzbeschreibung	Beispiel
Klassisches Projektmanagement	Keine Nutzung agiler Methoden etc.; Projektmanagementphasen in Kombination mit klassischen Vorgehensmodellen	Wasserfallmodell
Hybrides Modell: Adaption/Einbindung agiler Methoden etc.	Klassische Projektplanung; einzelne agile Elemente werden eingebunden	Selbstorganisierte Teams
Hybrides Modell: Agiles Projektmanagement in Teilprojekten etc.	Objekte oder Phasen/Aufgaben werden agil bearbeitet	Agiles Vorgehen in der Implementierung und klassisches Vorgehen in den anderen Phasen
Agiles Projektmanagement	Agiles Projekt: Einsatz agiler Vorgehensmodelle, agiler Methoden etc.	Scrum

derungen auch die Lösungswege unklar, z. B. hat der Kunde nur eine vage Vorstellung der Anforderungen oder das Unternehmen noch wenig Erfahrung mit dem Lösen vergleichbarer Aufgaben. In dieser Situation empfiehlt sich ein agiles Vorgehen: In Iterationen werden Lösungswege entwickelt, die Ergebnisse überprüft und entsprechend reagiert. **Chaotische** Situationen entstehen, wenn nur grobe Ziele definiert wurden. Konkrete Anforderungen wurden noch nicht definiert und natürlich ist dementsprechend auch die Technologie unklar (siehe Abbildung 3.12).

In der Praxis werden heute agile und klassische Vorgehen häufig kombiniert. Das Ergebnis sind hybride Modelle, welche situations- bzw. projektspezifisch klassische und agile Vorgehen, Methoden und Werkzeuge kombinieren. Damit erweitert sich die Möglichkeiten das Projektmanagement spezifisch anzupassen.

Neben dem klassischen und agilen Projektmanagement gibt es zwei prinzipielle Möglichkeiten diese zu kombinieren:

- Hybrides Modell: Adaption bzw. Einbindung agiler Methoden, Techniken und Werkzeuge in ein klassisches Projekt durch gezielt Übernahme für bestimmte Aufgaben.
- Hybrides Modell: Agiles Projektmanagement in Teilprojekten, Phasen, Teilaufgaben oder Arbeitspaketen eines klassischen Projekts.

In Tabelle 3.3 werden die möglichen Varianten des Projektmanagements in ihren wesentlichen Merkmalen überblicksartig dargestellt.

3.7 Übungsaufgaben

3.7.1 Verständnisfragen

[?] 1. Wie lassen sich Projekte klassifizieren?
2. Welche Projektmanagementphasen kennen Sie?
3. Wie hängen Projektmanagementphasen und Projektphasen zusammen?
4. Welche Rollen kennt Scrum?
5. Welche Werte unterscheiden „konventionelles" Projektmanagement von agilem Projektmanagement?

3.7.2 Fallstudienaufgabe zur Sonnenschein AG

---

[i] Sie sind Mitarbeiter des ausgelagerten IT-Unternehmens und soeben zum Projektleiter ernannt worden. Erstellen Sie einen Projektauftrag für den Abschluss der Definition.

3.7.3 Fallstudienaufgabe zur Luminous GmbH

---

[i] Die Fallstudienaufgabe zur Luminous GmbH findet sich auf der Website des Lehrbuchs (http://www.einfuehrung-wi.de) unter „Zusatzmaterialien".

---

4 Geschäftsprozessmodellierung

Lernziele in diesem Kapitel
- Sie können erläutern, was Business Engineering bedeutet und was es mit Geschäftsprozessen zu tun hat.
- Sie können erläutern, was Geschäftsprozesse sind und welche Bedeutung sie haben.
- Sie kennen die Grundelemente zweier wichtiger Methoden zur Modellierung von Geschäftsprozessen.

4.1 Fallstudie: Reiseveranstalter Sonnenschein AG

Zu den von der Sonnenschein AG vertriebenen Produkten gehören auch Hotelunterkünfte (siehe Tab. 1.1). Leider gab es in der letzten Zeit immer wieder Probleme mit dem Buchungsprozess für den Vertriebskanal „Onlineshop": Hotels wurden gar nicht reserviert oder mit falsch erfassten Kundenwünschen – was zu nicht unbeträchtlichem Ärger mit den Kunden führte, vom Imageschaden mal ganz zu schweigen. Ganz offensichtlich, so der für Hotels zuständige Produktmanager,

> „funktioniert dieser Geschäftsprozess nicht richtig. Hier muss endlich einmal klar definiert werden, was wann von wem zu tun ist. Jedes vernünftige Unternehmen hat seine Geschäftsprozesse sauber definiert und lässt sie durch seine IT sinnvoll unterstützten! Gutes Business Engineering sieht anders aus!"

Aus diesem Grund erstellt der zuständige Produktmanager eine Prozessbeschreibung, die den Buchungsprozess textlich wie folgt festlegt:

> „Um den Buchungsprozess zu starten, muss der Kunde einen entsprechenden Buchungswunsch formulieren. Dazu wählt er aus unserem Reservierungssystem das Hotel aus, das er buchen möchte. Hat der Kunde spezielle Wünsche, wie Nichtraucherzimmer, Kinderbett etc., dann werden diese zusätzlich erfasst. Danach muss der Kunde seine Kundendaten angeben. Sind diese erfasst, kann er die Buchung vornehmen und erhält eine Reservierungsbestätigung."

https://doi.org/10.1515/9783110722260-004

4.2 Business Engineering

! Unter **Business Engineering** versteht man die ingenieurmäßige Vorgehensweise bei der Gestaltung eines Unternehmens unter Berücksichtigung von Unternehmensstrategie, Geschäftsprozessen und betrieblichen, IT-basierten Informationssystemen (vgl. Fettke u. Loos 2005, S. 18).

„Ingenieurmäßig" bedeutet dabei, dass durch den Einsatz von Methoden, Techniken und Werkzeugen eine planmäßige Umsetzung von Geschäftsprozessen in betrieblichen Informationssystemen stattfindet. Es gibt mehrere Ansätze des Business Engineerings. Im Folgenden soll ARIS, der in der Praxis wohl am häufigsten anzutreffende Ansatz, vorgestellt werden.

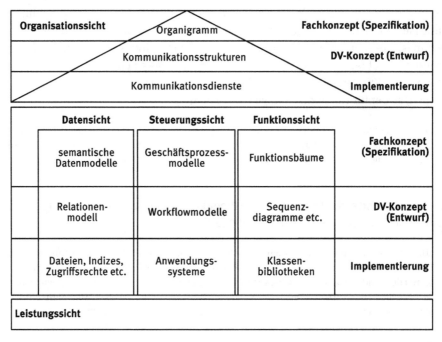

Abb. 4.1: ARIS-Haus (nach Scheer 2002).

ARIS nach Scheer (2002) steht für „Architektur integrierter Informationssysteme" und umfasst fünf **Beschreibungssichten** bei der Unternehmensgestaltung, die im **ARIS-Haus** (ARIS-HOBE – ARIS House of Business Engineering) zusammengefasst sind (vgl. Abb. 4.1):
– **Organisationssicht**: Beschreibung der Organisationseinheiten und ihrer Beziehungen.

- **Datensicht**: Beschreibung der Informationsobjekte und von deren Attributen sowie der Beziehungen zwischen den Informationsobjekten
- **Steuerungssicht**: Verbindung der anderen Beschreibungssichten, um die Zusammenhänge und das dynamische Verhalten zu veranschaulichen
- **Funktionssicht**: Beschreibung der Funktionen und der zwischen ihnen bestehenden statischen Beziehungen
- **Leistungssicht**: Beschreibung aller materiellen und immateriellen Input- und Outputleistungen einschließlich der Geldflüsse; Leistungen sind Anstoß und Ergebnis von Geschäftsprozessen.

Zusätzlich wird jede Beschreibungssicht in drei Ebenen untergliedert **(Beschreibungsebenen)**:
- **Fachkonzept**: Ausgangspunkt der Modellierung jeder Beschreibungssicht von ARIS ist die Identifizierung und Definition der fachlich-betriebswirtschaftlichen Anforderungen.
- **DV-Konzept**: Dieses Fachkonzept wird anschließend in ein IT-Architekturmodell überführt.
- **Implementierung**: Die anschließende Umsetzung in ein Informationssystem wird in dieser Ebene beschrieben.

Die drei Beschreibungsebenen stellen zusammen ein grob vereinfachtes Phasenmodell für ein IT-Projekt dar und definieren somit die drei wichtigen Entwicklungsschritte bei der Entwicklung bzw. Einführung eines neuen Informationssystems. ARIS-HOBE veranschaulicht dabei, welche wichtigen Elemente des soziotechnischen Systems (vgl. Kap. 1.2) zu beachten sind und stellt stark die Geschäftsprozesse auf der Fachkonzeptebene der Steuerungssicht in den Vordergrund.

4.3 Arten von Geschäftsprozessen

Der Begriff des Geschäftsprozesses wird nicht einheitlich verwendet. Lehmann (2008, S. 11) weist darauf hin, dass hier „keine Einigkeit hinsichtlich seiner genauen Definition besteht". Als mögliche Schnittmenge der unterschiedlichen Vorstellungen lässt sich ein Geschäftsprozess wie folgt definieren:

Unter einem **Geschäftsprozess** versteht man eine sachlogisch-zeitliche Abfolge von Tätigkeiten (Synonyme: Aktivitäten, Vorgänge).

Wichtige Merkmale sind:
- Ein Geschäftsprozess wird durch ein oder mehrere Ereignisse ausgelöst und endet mit einem definierten Ergebnis.

- Geschäftsprozesse sind nicht an organisatorische Unternehmensgrenzen gebunden, vielmehr können mehrere unternehmensinterne Abteilungen oder auch unternehmensexterne Geschäftspartner sowie Ressourcen (z. B. Informationen/Dokumente und Informationssysteme) eingebunden werden.
- Die Tätigkeiten können grundsätzlich nacheinander, wiederholt, parallel oder alternativ ausgeführt werden.
- Geschäftsprozesse bilden Routinetätigkeiten ab, die weitgehend standardisierbar sind.
- Sie lassen sich in Kernprozesse und unterstützende Prozesse unterscheiden:
  - **Kernprozesse** beinhalten das unternehmensspezifische Know-how und sichern die Alleinstellungsmerkmale des Unternehmens.
  - **Unterstützende (Support-)Prozesse** bilden Tätigkeiten zur Unterstützung der Kernprozesse ab.

Um Geschäftsprozesse im Informationssystem sinnvoll abbilden zu können, ist vorab eine **Geschäftsprozessanalyse** zur Erfassung des Ist-Zustandes notwendig. Mit der Geschäftsprozessanalyse werden die genannten Merkmale eines Geschäftsprozesses mithilfe einer Methode zur Geschäftsprozessmodellierung grafisch-textuell abgebildet. Mit Methoden der Geschäftsprozessmodellierung kann auch der gewünschte Soll-Zustand eines Geschäftsprozesses auf Basis des erhobenen Ist-Zustandes modelliert werden **(Geschäftsprozessoptimierung)**, bevor er anschließend im Informationssystem abgebildet wird. Im Übrigen ist es kaum möglich, einen optimalen Geschäftsprozess zu finden, weil viele der beteiligten Aufgabenträger unterschiedliche Vorstellungen davon haben, was ein optimaler Geschäftsprozess ist, und die betrieblichen Umweltbedingungen (organisatorischer Kontext) laufend Veränderungen unterworfen sind. Dennoch können Effizienz und Effektivität von Geschäftsprozessen durch die Geschäftsprozessoptimierung oftmals verbessert werden bevor sie in Informationssystemen abgebildet werden. Hierzu zählen z. B. Durchlaufzeiten, Prozesskosten sowie Fehlerquoten.

4.4 Methoden zur Modellierung von Geschäftsprozessen

Zur Modellierung von Geschäftsprozessen werden eine Vielzahl von Methoden vorgeschlagen, die sich mehr oder weniger gut dafür eignen. Vor allem zwei Methoden werden hier immer wieder genannt: EPK und BPMN.

Weitere Methodenvorschläge sind teilweise schon älter und waren eigentlich nie für die Modellierung von Geschäftsprozessen gedacht, wie z. B. die Methode SA (Structured Analysis). Ebenso wird immer wieder auch die UML (Unified Modeling Language) mit ihren Methoden als Möglichkeit zur Modellierung von Geschäftsprozessen genannt, so z. B. die UML-Aktivitätsdiagramme. Die Praxis zeigt aber, dass UML hier nur von begrenztem Nutzen ist.

Überragende praktische Relevanz, aufgrund ihrer hervorragenden Eignung für die Modellierung von Geschäftsprozessen, hat eigentlich nur die EPK-Methode. Immer häufiger wird die BPMN-Methode eingesetzt, der großes Modellierungspotenzial bescheinigt wird. Beide sollen deshalb nachfolgend vorgestellt werden.

4.4.1 Ereignisgesteuerte Prozessketten – EPK

Die weit verbreitete EPK-Methode modelliert Geschäftsprozesse als ereignisgesteuerte Prozessketten, kurz EPK. Ein EPK-Diagramm stellt einen Geschäftsprozesses grafisch dar. Die Methode wird ausführlich beschrieben in Lehmann (2008, S. 61 ff).

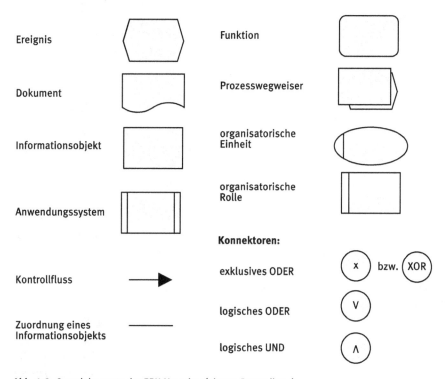

Abb. 4.2: Grundelemente der EPK-Notation (eigene Darstellung).

In Fachliteratur und Praxis bestehen verschiedene Vorschläge für Modellierungselemente von EPK-Diagrammen. Elementare Elemente der EPK-Notation sind (vgl. Abb. 4.2):
– **Ereignisse:** Ereignisse bilden den Zeitpunkt ab, zu dem ein bestimmter Zustand im Geschäftsprozess eingetreten ist. Dabei kann es sich um den Abschluss einer

Aktivität (z. B. „Auftrag eingegangen") oder das Erreichen einer Eigenschaft (z. B. „Auftrag ist geprüft und korrekt") handeln.

- **Funktionen:** Funktionen verändern den Zustand des Geschäftsprozesses. Sie fassen Aktivitäten zusammen, die im Ablauf des Geschäftsprozesses notwendige Teilergebnisse bewirken. Funktionen sind grundsätzlich als Bearbeitung von Objekten im Geschäftsprozess zu begreifen. Dies drückt sich auch in der Namensgebung einer Funktion durch Substantiv + Verb aus (z. B. „Auftrag prüfen").
- **Verknüpfungsoperatoren (auch: Konnektoren, Operatoren):** Geschäftsprozesse sind in der Regel durch die alternative oder parallele Ausführung von Funktionen geprägt. Hierzu müssen im Geschäftsprozessablauf an bestimmten Stellen entsprechende Ablaufentscheidungen getroffen werden, die durch Operatoren modelliert werden. Operatoren dienen dazu, alternative bzw. parallele Ablaufpfade im Geschäftsprozess darzustellen.
- **Kontrollflüsse:** Kontrollflüsse sind gerichtete Kanten im EPK-Modell. Sie dienen als Verbindung zwischen Ereignissen, Funktionen und Operatoren.

Gängige Erweiterungen der EPK-Notation sind:
- **Organisatorische Einheit und organisatorische Rolle:** Organisatorische Einheiten gestatten die Zuordnung von Einheiten der Aufbauorganisation zu den Funktionen des EPK-Modells. In der Regel bedeutet die Zuordnung, dass diese organisatorische Einheit für die Ausführung der jeweiligen Funktion zuständig bzw. verantwortlich ist (z. B. „Vertrieb für die Erfassung von Aufträgen"). Organisatorische Rollen sind Personentypen innerhalb organisatorischer Einheiten und führen Funktionen aus (z. B. „Auftragssachbearbeiter").
- **Informationsobjekt (Entity, Entität):** Informationsobjekte stellen Daten dar, die entweder für die jeweils zugeordnete Funktion zur Ausführung benötigt bzw. von der Funktion als Ergebnis erzeugt werden (z. B. erzeugt die Funktion „Auftrag erfassen" das Informationsobjekt „Auftrag").
- **Dokument:** Ein „Dokument" ist ein Schriftstück, virtuell oder real, das von einer Funktion verarbeitet oder erzeugt wird.
- **Anwendungssystem:** Ein Anwendungssystem stellt im Sinne von Kap. 1 ein computergestütztes Programm dar.
- **Prozesswegweiser (Prozessschnittstelle):** EPK-Modelle betrieblicher Geschäftsprozesse können, analog zur Realität, sehr schnell sehr komplex werden. Zur Reduktion der Modellkomplexität bietet sich deshalb die Zerlegung eines Geschäftsprozesses in Teilprozesse an. Ein Teilprozess kann dann in einem anderen EPK-Modell als Funktion dargestellt werden. Dazu wird allerdings nicht das Funktionssymbol, sondern der Prozesswegweiser angegeben, der den Namen des Teilprozessmodells enthält (z. B. „Artikel im Warenausgangslager bereitstellen").

Lehmann (2008, S. 65 ff) folgend lassen sich die Regeln für EPKs wie folgt systematisieren:

Funktionsregeln
- **Regel F1:** Funktionen haben genau eine eingehende und eine ausgehende Kante als Kontrollfluss.
- **Regel F2:** Auf eine Funktion folgt stets ein Ereignis und umgekehrt. Funktionen folgen somit grundsätzlich nicht hintereinander. Allerdings hat sich in der Praxis gezeigt, dass auf die strenge Einhaltung dieser Regel besser verzichtet wird, wenn das einer Funktion folgende Ereignis trivialer Art ist.
- **Regel F3:** Nur Funktionen, nicht aber Ereignisse, besitzen die Kompetenz, Entscheidungen über den weiteren Ablauf zu treffen.

Ereignisregeln
- **Regel E1:** Ereignisse haben grundsätzlich genau eine eingehende und genau eine ausgehende Kante als Kontrollfluss.

a) Verknüpfung mehrerer Ergebnisse einer Funktion

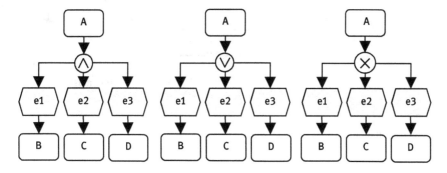

b) Verknüpfung mehrerer auslösender Ereignisse einer Funktion

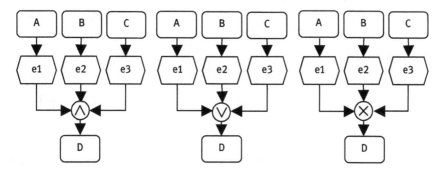

Abb. 4.3: Modellierungsmuster für EPK (Teil 1) (nach Lehmann 2008, S. 71).

c) Verknüpfung mehrerer ausgeführter Funktionen

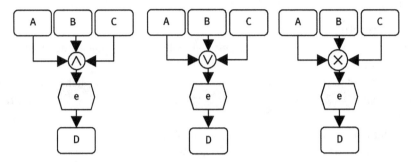

d) Verknüpfung mehrerer auszuführender Funktionen

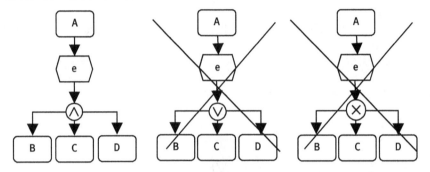

Ereignisse können nicht entscheiden! Hier müssen die
beiden Muster aus a) verwendet werden.

Abb. 4.4: Modellierungsmuster für EPK (Teil 2) (nach Lehmann 2008, S. 71).

- **Regel E2:** Startereignisse lösen einen Prozess aus und besitzen genau eine ausgehende Kante als Kontrollfluss.
- **Regel E3:** Endereignisse bilden die Ergebnisse eines Prozesses ab und besitzen genau eine eingehende Kante als Kontrollfluss.
- **Regel E4:** Auf ein Ereignis folgt stets eine Funktion (und umgekehrt; vgl. Regel F2). Ereignisse folgen nicht direkt hintereinander.
- **Regel E5:** Ereignisse haben keine Entscheidungskompetenz, diese haben nur Funktionen (vgl. Regel F3). Das bedeutet insbesondere, dass direkt nach einem Ereignis die Operatoren für LOGISCHES ODER und EXKLUSIVES ODER nicht zulässig sind (vgl. hierzu Abb. 4.3 und 4.4).

In den Abb. 4.3 und 4.4 wird anhand der Muster von Lehmann (2008, S. 71) dargestellt, wie mittels EPK die unterschiedlichen Verknüpfungen der Ergebnisse von Funktionen bzw. Aufgaben modelliert werden können.

Fallbeispiel: Rechnungsstellung einer Reise bei der Sonnenschein AG

Bucht ein Kunde bei der Sonnenschein AG eine Reise, wird diese im Reservierungssystem erfasst. Die Buchhaltung hat die Aufgabe, zu Arbeitsbeginn jedes Werktags die neu eingegangenen Reisebuchungen zu ermitteln. Für jede neue Reisebuchung muss eine Rechnung erstellt werden, die anschließend im Finanzbuchhaltungssystem verbucht wird. Anschließend werden parallel a) die Kreditkarte des Kunden entweder mit dem Rechnungsbetrag belastet oder der Rechnungsbetrag wird per Lastschrift eingezogen und b) die Rechnung für den Versand per Post und/oder E-Mail fertiggestellt (wenn der Kunde beide Versandarten wünscht, müssen beide bearbeitet werden) und anschließend versendet.

Das EPK-Diagramm in Abb. 4.5 zeigt den Ablauf der Rechnungsstellung. Auslösendes Ereignis ist ein neuer Arbeitstag, an dem zunächst ermittelt wird, ob überhaupt zu bearbeitende Reisebuchungen im Reservierungssystem eingegangen sind. Ist dies nicht der Fall, wird der Geschäftsprozess beendet, was hier im Modell mit dem Endereignis keine vorhanden modelliert wird. Das ist der schnellste, aber aus Sicht der Sonnenschein AG sicherlich nicht der wünschenswerte Fall. Viel lieber ist es dem Unternehmen, wenn das Ereignis neue vorhanden zutrifft. Dann muss eine Rechnung zunächst aus den Daten des Reservierungssystems erstellt werden. Daran anschließend wird die Rechnung im FIBU-System verbucht. Ist dies geschehen, können zwei Dinge parallel gemacht werden (oder auch nacheinander – die Reihenfolge ist egal): Zum einen muss das Konto des Kunden mit dem Rechnungsbetrag belastet werden, entweder per Kreditkarte oder per Lastschrift. Zum anderen muss die Rechnung an den Kunden verschickt werden. Der Prozesswegweiser Rechnung versenden in Abb. 4.6 stellt hierzu eine Funktion dar, die in einem eigenen EPK-Diagramm verfeinert wird. Das Diagramm für den Prozesswegweiser zeigt: Ist die Rechnung erstellt, werden aus der Kundendatenbank die notwendigen Adressdaten für die Rechnung ausgelesen. Anschließend wird die Rechnung als Versanddokument vorbereitet, indem eine PDF-Datei erstellt wird. Diese wird dann per E-Mail oder auf Papier per Post verschickt, je nachdem, was der Kunde wünscht.

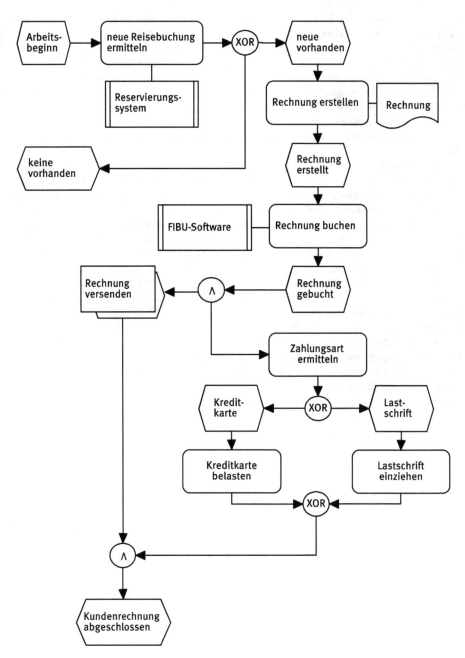

Abb. 4.5: EPK-Diagramm der Rechnungsstellung (eigene Darstellung).

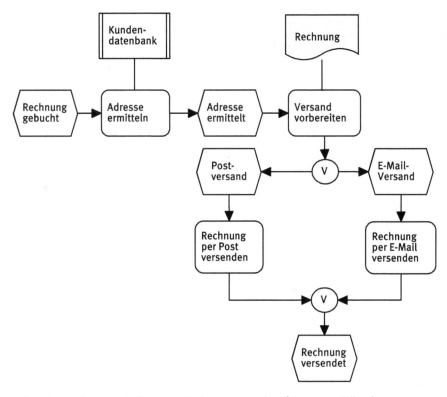

Abb. 4.6: EPK-Diagramm: Teilprozess „Rechnung versenden" (eigene Darstellung).

4.4.2 Business Process Model and Notation – BPMN

Die BPMN-Methode wurde im Jahr 2004 entwickelt. Ursprünglich stand das Akronym „BPMN" für „Business Process Modeling Notation". Mit der Version BPMN 2.0 wurde der Name in „Business Process Model and Notation" geändert. Wie mit der EPK-Methode lassen sich auch mit der BPMN-Methode betriebliche Geschäftsprozesse grafisch in Form von Diagrammen modellieren. Dazu definiert BPMN 2.0 eine Vielzahl von grafischen Notationselementen. Elementare Elemente der BPMN-Notation sind (vgl. Abb. 4.7):

- **Aufgabe (Task):** Aufgaben entsprechen den Funktionen in der EPK-Notation.
- **Teilaufgabe (Subtask):** Teilaufgaben entsprechen den Prozesswegweisern in der EPK-Notation.
- **Start-/End-/zeitliches Ereignis (Event):** Ereignisse entsprechen den Ereignissen in der EPK-Notation.
- **Kontrollfluss (Sequence Flow):** Sequenzflüsse entsprechen (weitgehend) den Kontrollflüssen in der EPK-Notation.

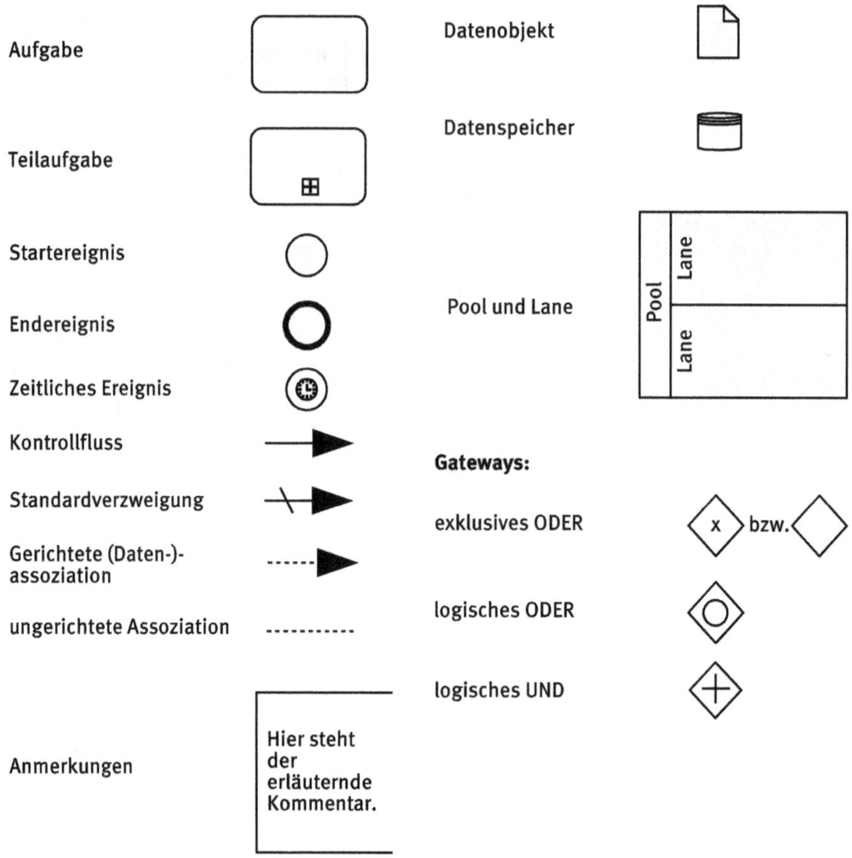

Aufgabe		Datenobjekt	
Teilaufgabe		Datenspeicher	
Startereignis			
Endereignis		Pool und Lane	
Zeitliches Ereignis			
Kontrollfluss			
Standardverzweigung		**Gateways:**	
Gerichtete (Daten-)-assoziation		exklusives ODER	x bzw.
ungerichtete Assoziation		logisches ODER	
		logisches UND	
Anmerkungen	Hier steht der erläuternde Kommentar.		

Abb. 4.7: Grundelemente der BPMN-Notation (eigene Darstellung).

– **Standardverzweigung (Default Sequence Flow):** Die Standardverzweigung ist bei alternativ möglichen Verzweigungen des Kontrollflusses der Standardfall, wenn keine andere Verzweigungsbedingung zutrifft.
– **Gerichtete Datenassoziation (Data Association):** „Datenverknüpfungen" entsprechen (weitgehend) den Zuordnungen eines Informationsobjekts in der EPK-Notation und können gerichtet sein, sagen also etwas über Ein- oder Ausgabe aus.
– **Assoziation (Association):** Eine normale Assoziation verbindet eine Aufgabe v. a. mit Datenobjekten und Datenspeichern. In diesem Fall ist es unbestimmt, ob es sich um eine Ein- oder Ausgabe handelt.
– **Inklusives Gateway:** Inklusive Gateways entsprechen dem Verknüpfungsoperator für das logische UND in der EPK-Notation.
– **Exklusives Gateway:** Exklusive Gateways entsprechen dem Verknüpfungsoperator für das EXKLUSIVE ODER in der EPK-Notation.

- **Paralleles Gateway**: Parallele Gateways entsprechen dem Verknüpfungsoperator für das LOGISCHE ODER in der EPK-Notation.
- **Pool**: Pools entsprechen den organisatorischen Einheiten in der EPK-Notation.
- **Lane**: Lanes sind mögliche Unterteilungen innerhalb eines Pools und entsprechen weitgehend den organisatorischen Rollen der EPK-Notation.
- **Datenobjekt (Data Object)**: Datenobjekte entsprechen weitgehend den Informationsobjekten in der EPK-Notation.
- **Datenspeicher (Data Store)**: Datenspeicher dienen der Speicherung von Datenobjekten und haben keine direkte Entsprechung in der EPK-Notation.
- **Anmerkungen (Text Annotation)**: Anmerkungen sind Kommentare zur Verbesserung der Verständlichkeit eines BPMN-Modells.

In Abb. 4.8 wird anhand der Muster von Lehmann (2008, S. 71) dargestellt, wie mittels BPMN die unterschiedlichen Verknüpfungen der Ergebnisse von Funktionen modelliert werden können.

a) Verknüpfung mehrerer Ergebnisse einer Funktion

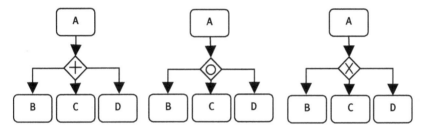

b) Verknüpfung mehrerer auslösender Ereignisse einer Funktion

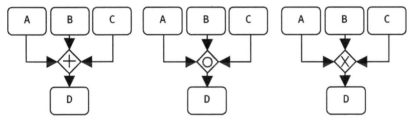

c) Verknüpfung mehrerer ausgeführter Funktionen: siehe b)

d) Verknüpfung mehrerer auszuführender Funktionen: siehe a)

Abb. 4.8: Modellierungsmuster BPMN (eigene Darstellung).

Die in Kap. 4.4.1 vorgestellten Modellierungsregeln für EPK können wie folgt auf BPMN angewendet werden:

Funktionsregeln
- **Regel F1:** Funktionen haben genau eine eingehende und eine ausgehende Kante als Kontrollfluss.
- **Regel F2:** Funktionen können direkt hintereinander modelliert werden. Gateways können, müssen aber nicht hinter bzw. vor eine Funktion modelliert werden. Ausnahmen sind Start- und Endereignis, die immer explizit als Gateways darzustellen sind.
- **Regel F3:** Nur Funktionen, nicht aber Gateways, besitzen die Kompetenz, Entscheidungen über den weiteren Ablauf zu treffen. Die entsprechenden Verzweigungsbedingungen eines Gateways werden an den Kanten (Kontrollflüssen) angegeben (vgl. dazu Fall a) und d) in Abb. 4.8).

Regeln für Ereignisse
- **Regel E1:** Startereignisse lösen einen Prozess aus und werden mit genau einer ausgehenden Kante als Kontrollfluss modelliert.
- **Regel E2:** Endereignisse bilden die Ergebnisse eines Prozesses ab und werden mit genau einer eingehenden Kante als Kontrollfluss modelliert.
- **Regel E3:** Ereignisse haben keine Entscheidungskompetenz. Diese haben nur Funktionen (vgl. Regel F3).

Regeln für Gateways
- **Regel G1:** Gateways können mehrere ein- oder ausgehende Kanten als Kontrollflüsse haben.
- **Regel G2:** Auf ein Gateway folgt normalerweise eine Funktion (und umgekehrt; vgl. Regel F2). Gateways können aber auch direkt hintereinander modelliert werden.
- **Regel G3:** Gateways haben keine Entscheidungskompetenz. Diese haben nur Funktionen (vgl. Regel F3).

Fallbeispiel: Rechnungsstellung einer Reise bei der Sonnenschein AG

Der schon von der EPK-Notation bekannte Fall soll nun mit der BPMN-Notation modelliert werden. Da die BPMN-Notation ein eigenes Notationselement für ein zeitliches Ereignis kennt, steht dieses am Anfang des Geschäftsprozesses und modelliert, dass zu Beginn eines Arbeitstags diese Aufgaben durchzuführen sind (vgl. Abb. 4.9). Zunächst wird im Reservierungssystem angefragt, ob eine Buchung vorliegt. Ist dies nicht der Fall, wird der Prozess sofort beendet. Ansonsten – im Standardfall, bei dem eine Buchung vorliegt – wird die Rechnung erstellt und anschließend im FIBU-System gebucht. Die Teilaufgabe Rechnung versenden wird in einem eigenen Diagramm verfeinert, das analog zum Prozesswegweiser des EPK-Diagramms modelliert ist (vgl. Abb. 4.10).

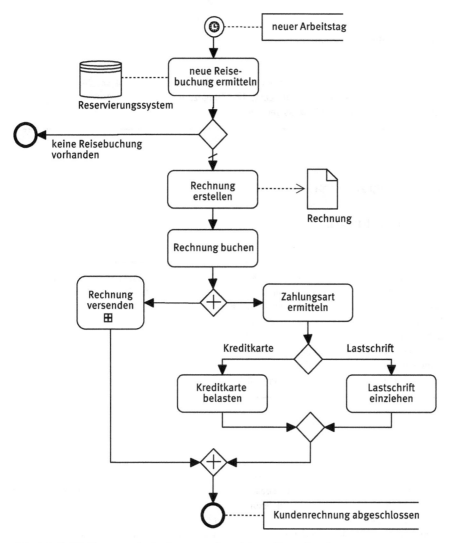

Abb. 4.9: BPMN-Diagramm der Rechnungsstellung (eigene Darstellung).

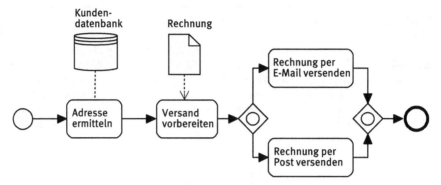

Abb. 4.10: BPMN-Diagramm: Teilprozess „Rechnung versenden" (eigene Darstellung).

Parallel zu Rechnung versenden wird – wie beim EPK-Modell schon erläutert – die Kreditkarte mit dem Rechnungsbetrag belastet oder per Lastschrift eingezogen. Sind alle Aufgaben erledigt (siehe letztes AND-Gateway), wird der Prozess beendet.

4.5 Übungsaufgaben

4.5.1 Verständnisfragen

1. Erstellen Sie mit dem Werkzeug ARIS Express (http://www.ariscommunity.com/aris-express) die in diesem Kapitel vorgestellten EPK- und BPMN-Modelle (keine Musterlösung im Anhang – schauen Sie sich einfach die Modelle in diesem Kapitel an).
2. Definieren Sie den Begriff des Geschäftsprozesses.
3. Definieren Sie den Begriff des Business Engineerings.
4. Nennen und erläutern Sie die Sichten des ARIS-Modells. Gehen Sie dabei auch auf die Ebenen ein.
5. Finden und korrigieren Sie die Fehler im BPMN-Modell der Abb. 4.11.
6. Finden und korrigieren Sie die Fehler im EPK-Modell der Abb. 4.12.

4.5.2 Fallstudienaufgabe zur Sonnenschein AG

Modellieren Sie für die textuelle Prozessbeschreibung aus Kap. 4.1 die entsprechenden EPK- und BPMN-Diagramme mit dem Werkzeug ARIS Express (http://www.ariscommunity.com/aris-express). Für die EPK-Modellierung können Sie auch das Werkzeug bflow einsetzen (http://www.bflow.org).
Eine weitere Fallstudienaufgabe zur Sonnenschein AG findet sich auf der Website des Lehrbuchs (http://www.einfuehrung-wi.de) unter „Zusatzmaterialien".

4.5.3 Fallstudienaufgabe zur Luminous GmbH

Die Fallstudienaufgabe zur Luminous GmbH findet sich auf der Website des Lehrbuchs (http://www.einfuehrung-wi.de) unter „Zusatzmaterialien".

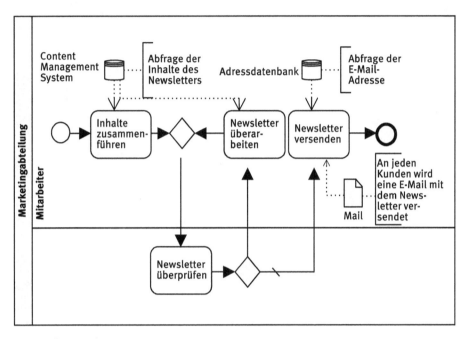

Abb. 4.11: Übungsaufgabe zu BPMN (eigene Darstellung).

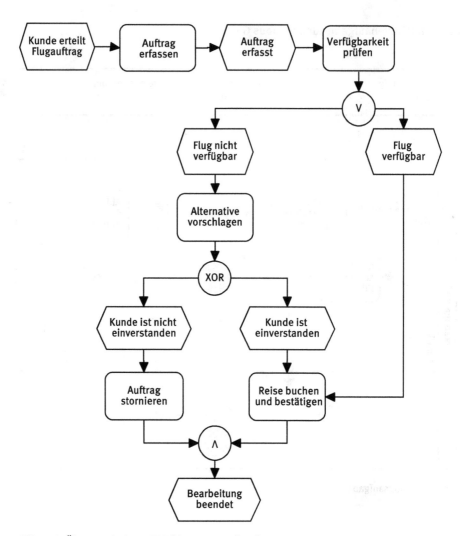

Abb. 4.12: Übungsaufgabe zu EPK (eigene Darstellung).

5 Datenmodellierung

Lernziele in diesem Kapitel

- Sie kennen ein grundlegendes Vorgehen zum Entwurf von Datenbanken.
- Sie können ein ER-Modell erstellen.
- Sie können das ER-Modell in ein relationales Modell überführen.
- Sie kennen die Funktionen eines Datenbankmanagementsystems.
- Sie kennen Formen zur Speicherung von Daten.

Eine zentrale informationstechnische Komponente betrieblicher Informationssysteme sind Datenbanken. In einer Datenbank werden alle Daten zentral gespeichert, die ein Informationssystem zur Verarbeitung (also: zur Lösung einer betrieblichen Problemstellung) benötigt. Die wichtigste Form von Datenbanken in der Praxis sind relationale Datenbanken. Als Relation wird eine Tabelle bezeichnet, in der Datensätze thematisch gruppiert gespeichert werden. Die Datenmodellierung dient der Beschreibung und Abbildung von für die Informationssysteme relevanten Objekten und den zwischen ihnen bestehenden Beziehungen.

5.1 Fallstudie: Reiseveranstalter Sonnenschein AG

Eine Kernaufgabe der Sonnenschein AG ist die Beratung von Kunden und die Buchung von Reisen. In der Vergangenheit wurden wesentliche Daten, wie z. B. Reise- und Kundendaten in manuell ausgefüllten Buchungsbelegen dokumentiert. Alle Daten, die Informationssysteme in der Sonnenschein AG benötigen, werden zukünftig in Datenbanken gespeichert.

5.2 Vorgehensmodell zum Entwurf von Datenbanken

Zur systematischen Entwicklung von Datenbanken hat sich ein stufenweises Vorgehen etabliert (vgl. Scheer 1990, S. 403 ff). Im Datenbankentwurf wird das jeweilig relevante Anwendungsumfeld beschrieben und in einem konzeptionellen Datenmodell dargestellt (vgl. Kap. 5.3). Die vorherrschende Form von Datenbanken in der Praxis sind relationale Datenbanken (vgl. Kap. 5.4). Der Aufbau von Datenbanken wird in der Architektur von Datenbanken beschrieben (vgl. Kap. 5.5). Um die betrieblichen Daten in einer anwendungsunabhängigen Form in einer Datenbank zur Verfügung zu stellen, hat sich in der Praxis ein stufenweises Vorgehen bewährt (vgl. Abb. 5.1) .
- In einem Abstraktionsvorgang werden Datenobjekte und -beziehungen des zu beschreibenden Realitätsausschnitts abgeleitet. Die wesentliche Aufgabe dieser Da-

https://doi.org/10.1515/9783110722260-005

tenanalyse besteht darin, Begriffe zu sammeln, die jeweils bestimmte unternehmensbezogene Sachverhalte repräsentieren, die Bedeutung dieser Begriffe zu klären und sie mittels einer formalen Beschreibungssprache abzubilden. Im nächsten Schritt werden die Beziehungen der Datenobjekte bestimmt. Das entstehende Datenmodell soll den relevanten Unternehmensausschnitt korrekt darstellen. Die Herausforderung in dieser Phase besteht darin, eine möglichst interpretations- und redundanzfreie Beschreibung der Bedeutung, d. h. der Semantik der Begriffe, zu finden. Man bezeichnet diese Phase deshalb als **semantische oder auch konzeptionelle Datenmodellierung**. Ein wichtiger Standard zur Modellierung ist die Entity-Relationship-Methode nach Chen (1976, S. 9 ff).

– Das konzeptionelle Datenmodell ist im nächsten Schritt in die Notation eines sog. **logischen Datenmodells** zu überführen, das sich an dem für die physische Speicherung der Daten vorgesehenen Datenbanksystem orientiert. Dabei kommt dem relationalen Modell die größte Bedeutung zu. Daneben existieren in der betrieblichen Praxis auch Datenbanken, die auf dem hierarchischen, auf dem netzwerkartigen oder objektorientierten Datenmodell basieren.

– Im dritten Schritt ist das logische Datenmodell in die **Beschreibungssprache eines Datenbanksystems** zu überführen und die physische Datenbank zur Aufnahme der Daten einzurichten.

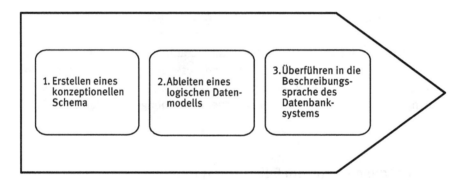

Abb. 5.1: Vorgehen zum Entwurf von Datenbanken (in Anlehnung an Scheer 1990, S. 403 ff).

5.3 Konzeptionelle Datenmodelle

Alle Anforderungen des Benutzers an die zu entwickelnde Datenbank werden erfasst und abgesprochen (Anforderungsdefinition). Von besonderer Bedeutung ist dabei die Frage, welche Informationen in der Datenbank gespeichert werden sollen. Um dies zu klären wird ein konzeptionelles Datenmodell erstellt.

Konzeptionelle Datenmodelle werden meist mittels einer grafisch orientierten, formalen Modellierungssprache beschrieben. Die am weitesten verbreitete Modellierungssprache Entity Relationship Model (ERM) geht auf Chen (1976, S. 9 ff) zurück.

Im Grundmodell des ERMs werden die für ein zu entwickelndes Anwendungssystem relevanten Sachverhalte durch Entitys (Objekte), deren Attribute und deren Beziehungen zueinander beschrieben.

Entity-Typen

Entity-Typen sind reale oder abstrakte Informationsobjekte mit einer eigenständigen Bedeutung.

Entity-Typen sind von Interesse, weil sie z. B.
1. eine Person repräsentieren, die an einem Geschäftsvorgang beteiligt ist, etwa einen Kunden oder einen Mitarbeiter,
2. eine Organisationseinheit darstellen, z. B. eine Abteilung oder eine organisatorische Rolle,
3. einen realen oder abstrakten Gegenstand im Unternehmen bezeichnen, z. B. eine Reise, einen Artikel, ein Betriebsmittel, einen Auftrag oder eine Rechnung, Aktionen im Unternehmen auslösen, z. B. eine Auftragsdurchführung.

Im ERM ist zu unterscheiden, ob unter „Entity" nur ein einzelnes Informationsobjekt, z. B. ein einzelner, konkreter Kunde, verstanden wird, oder ob man alle Entitys des gleichen Typs, d.h. die gesamte Klasse „Kunde", meint. Im letztgenannten Fall spricht man von einem Entity-Typ (Objekttyp). Ein Entity ist somit als einzelne, konkrete Ausprägung eines Entity-Typs zu verstehen.

Grafisch werden Entity-Typen im **Entity-Relationship-Diagramm** durch Rechtecke repräsentiert (vgl. Abb. 5.2).

Beispiel: Reisebüroanwendung
Wesentliche Aufgabe eines Reisebüros ist die Buchung von Reisen für ihre Kunden. Aus dieser Aufgabenstellung heraus ergeben sich als relevante Entity-Typen „Kunden" und „Mitarbeiter" (Individuen), „Reisen" (reale Objekte) und der „Reiseveranstalter" (Organisationseinheit).

Mitarbeiter	Reise-veranstalter	Kunde	Reise

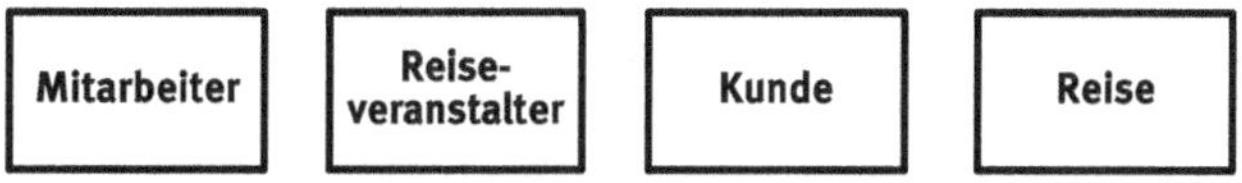

Abb. 5.2: Entity-Typen (eigene Darstellung).

Attribute

⚠ Anhand von **Attributen** werden Eigenschaften von Entity-Typen beschrieben. Ihre konkreten Ausprägungen, die Attributwerte, definieren ein einzelnes Objekt.

So kann man den Entity-Typ „Autor" mit den Attributen „Autorennummer", „Name", „Anschrift" und „Alter" charakterisieren. Manche Attribute können wiederum eine Kombination mehrerer einzelner Attribute darstellen. Das zusammengesetzte Attribut „Anschrift" kann in die einzelnen (atomaren) Attribute „Straße", „Hausnummer", „Postleitzahl" und „Ort" zerlegt werden.

Kennzeichnend für einen Entity-Typ ist, dass sämtliche Entitys eines Entity-Typs anhand der gleichen Attribute beschrieben werden. Eine Abgrenzung zwischen den einzelnen Ausprägungen (Entitys, Objekte) eines Entity-Typs ergibt sich durch die Werte, welche die Attribute in einem konkreten Anwendungsfall annehmen.

Bei der Datenmodellierung muss die Zuordnung von Attributen – neben der näheren Beschreibung eines Entitys - auch gewährleisten, dass ein Entity eindeutig identifiziert werden kann. Dies erreicht man mithilfe eines (Primär-)Schlüsselattributs (oder Primärschlüssels). Dabei handelt es sich um ein Attribut (oder eine Kombination von Attributen), das für ein bestimmtes Entity nur genau einen Wert (Wertkombination) annehmen kann.

Attribute werden in einem Entity-Relationship-Diagramm gewöhnlich durch Ellipsen spezifiziert, die durch Linien mit den Rechtecken der entsprechenden Entity-

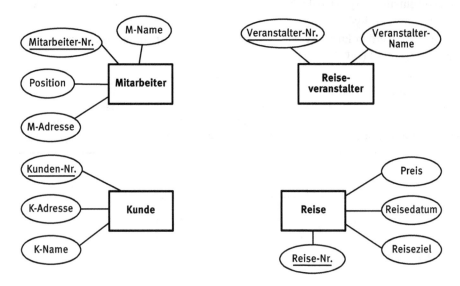

Abb. 5.3: Entity-Typen mit Attributen (eigene Darstellung).

Typen verbunden sind. Schlüsselattribute werden zur besonderen Kennzeichnung unterstrichen (vgl. Abb. 5.3).

Relationships

Mit **Relationships** erfasst und beschreibt man Beziehungen, die zwischen zwei oder mehreren Entity-Typen bestehen.

Ein einfaches Beispiel ist die Beziehung „Mitarbeiter betreut Kunden". Die beiden Entity-Typen „Mitarbeiter" und „Kunden" werden durch die Relationship (Beziehungstyp) „betreut" in eine logische Beziehung zueinander gesetzt, die einen wirklichen Ablauf bzw. einen realen Sachverhalt kennzeichnet. Da die Beziehung „betreut" nicht nur einen Mitarbeiter mit einem Kunden verknüpft, sondern für eine Vielzahl von Mitarbeitern und Kunden Gültigkeit besitzt, spricht man auch von Beziehungstypen. Grundsätzlich sind die Beziehungen so allgemein zu bezeichnen, dass sie auf alle Entitys der jeweils verknüpften Entity-Typen zutreffen (vgl. Abb. 5.4).

Beziehungstypen können, ebenso wie Entity-Typen, mit Attributen näher charakterisiert werden. So lässt sich z. B. die Relationship „bucht" mit dem Buchungsdatum näher beschreiben. Die Relationship „bucht" kann dann z. B. über die Kombination aus Kundennummer und Reisenummer eindeutig identifiziert werden.

Eine Beziehung impliziert immer eine bestimmte Leserichtung. Stellt man in dem genannten Beispiel die Entitys um, müsste die Relationship mit „wird betreut von" und „wird gebucht von" bezeichnet werden. Entity-Typen werden i. d. R. durch Sub-

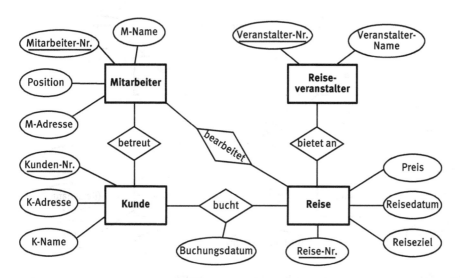

Abb. 5.4: Entity-Typen mit Attributen und Relationen (eigene Darstellung).

jekte definiert, Beziehungstypen durch Prädikate. Relationships werden in Form von Rauten dargestellt.

Komplexität bzw. Kardinalität im ERM

Präzisiert wird die semantische Aussagekraft eines Datenmodells durch die Angabe der Komplexität des Beziehungstyps.

> **!** Unter der **Komplexität** bzw. **Kardinalität** ist eine quantitative Spezifikation für die Menge der auftretenden Beziehungen zu verstehen.

Grundsätzlich lassen sich 1:1-, 1:n- sowie n:m-Beziehungen unterscheiden:

1. Eine 1:1-Beziehung liegt vor, wenn eine Ausprägung eines Entity-Typs genau einer Ausprägung eines anderen Entity-Typs zugeordnet werden kann und umgekehrt. Dies ist z. B. zwischen den Entity-Typen „Mitarbeiter" und „PC" der Fall, wenn einem Mitarbeiter exklusiv ein PC zugeordnet wird.
2. Die Relationship „Mitarbeiter betreut Kunde" ist eine 1:n-Beziehung. Ein Mitarbeiter betreut mehrere Kunden, allerdings ist festgelegt, dass ein Kunde immer vom selben Mitarbeiter betreut werden soll.
3. Die Beziehung zwischen Kunde und Reise ist eine n:m-Beziehung. Ein Kunde kann mehrere Reisen buchen genauso wie eine Reise von mehreren Kunden gebucht werden kann.

Abbildung 5.5 zeigt die Erweiterung des betrachteten Beispiels um die Kardinalitäten.

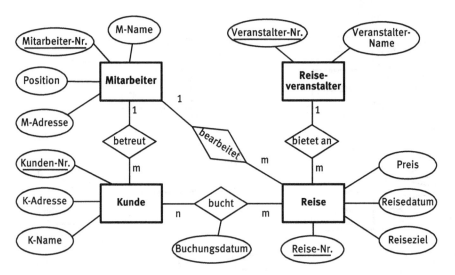

Abb. 5.5: Entity-Typen mit Attributen, Relationen und Kardinalitäten (eigene Darstellung).

5.4 Logische Datenmodelle

Es wird festgelegt, welche Art von Datenbank zum Einsatz kommen soll. Anschließend wird das systemunabhängige konzeptionelle Datenmodell in ein auf die gewählte Datenbankart zugeschnittenes Datenmodell **(logisches Datenmodell)** überführt.

Wir verwenden eine relationale Datenbank und überführen das ER-Modell daher in ein relationales Datenmodell **(Relationenmodell).** Wird eine objektorientierte, hierarchische oder netzwerkartige Datenbank verwendet, muss das konzeptionelle Datenmodell stattdessen in ein hierzu passendes logisches Datenmodell übersetzt werden.

5.4.1 Das Relationenmodell

Das von Codd (1970, S. 377 ff) erstmals publizierte Relationenmodell ist das am weitesten verbreitete Datenmodell. Grundlage des Modells ist die Relation.

Relationen

Eine **Relation** ist eine Menge von Tupeln. Typischerweise werden die Tupel tabellenförmig dargestellt, sodass jedes Tupel einer Tabellenzeile entspricht.

Eine Relation entspricht (meistens) einem Entity-Typ. Die Spalten der Tabelle entsprechen den Attributen. Jedes Entity (Objekt) eines Entity-Typs wird in einer Zeile der Tabelle dargestellt. In Abb. 5.6 wurde der Entity-Typ Kunde als Tabelle dargestellt und drei Entitys (Objekte) hinzugefügt. Die Kundennummer ist der **Primärschlüssel**, der jedes Entity eindeutig identifiziert. Die Reihenfolge der Attribute ist beliebig. Die Struktur einer Relation kann folgendermaßen dargestellt werden, wobei der Primärschlüssel unterstrichen wird:

Kunde(<u>Kunden-Nr.</u>, K-Name, K-Adresse)

Kunde		
Kunden-Nr.	**K-Name**	**K-Adresse**
1	Max Müller	Bahnhofstr. 61, 87435 Kempten
2	Lisa Maier	Marienplatz 2, 88212 Ravensburg
3	Thomas Schulz	Goethestr. 9, 70174 Stuttgart

Abb. 5.6: Relation Kunde (eigene Darstellung).

Beziehungen

Um 1:1- oder 1:n-Beziehungen im Relationenmodell realisieren zu können, werden die Tabellen um Primärschlüssel der in Beziehung stehenden Relation erweitert. In unserem Beispiel (vgl. Abb. 5.7 und 5.8) bearbeitet ein Mitarbeiter mehrere Reisen, eine Reise wird allerdings von genau einem Mitarbeiter bearbeitet. Damit besteht zwischen Mitarbeiter und Reise eine 1:n-Beziehung. Umgesetzt wird diese Beziehung im Relationenmodell durch die Erweiterung der Relation Reise um den Primärschlüssel der Relation Mitarbeiter, der Mitarbeiternummer Die Erweiterung wird als **Fremdschlüssel** bezeichnet.

Mitarbeiter				
M-Nr.	**M-Name**	**K-Adresse**	**Position**	**Sprachen**
1	Susanne Schnell	Bahnhofstr. 61, 87435 Kempten	Kundenbetreuer	Deutsch, Englisch, Französisch
2	Jonas Groß	Marienplatz 2, 88212 Ravensburg	Kundenbetreuer	Deutsch, Englisch, Türkisch

Abb. 5.7: Relation Mitarbeiter (eigene Darstellung).

Reise				
Reise-Nr.	**Reiseziel**	**Reisedatum**	**Preis**	**M-Nr.**
1	Barcelona	1.4.20xx	2.000 €	1
2	London	1.6.20xx	1.500 €	2
3	Wien	20.7.20xx	1.250 €	1

Abb. 5.8: Relation Reise, erweitert um den Fremdschlüssel Mitarbeiter-Nr. (eigene Darstellung).

Eine n:m-Beziehung wird durch eine neue Relation realisiert, die ausschließlich die Beziehung darstellt. In unserem Beispiel kann ein Kunde mehrere Reisen buchen. Eine Reise kann aber auch von mehreren Kunden gebucht werden. In der neuen Relation bucht stellen die Primärschlüssel als Fremdschlüssel die Beziehung dar. Damit wird die Kombination der Attribute „Kundennummer" und „Reisenummer" der Primärschlüssel der Beziehungsrelation. Ergänzt wird die Relation um das beschreibende Attribut „Buchungsdatum" (vgl. Abb. 5.9).

bucht		
Kunden-Nr.	**Reise-Nr.**	**Buchungsdatum**
1	1	12.3.20xx
1	3	24.6.20xx
2	2	12.2.20xx
3	2	14.4.20xx

Abb. 5.9: Relation bucht (eigene Darstellung).

Der Kunde mit der Kundennummer 1, Max Müller, hat jeweils eine Reise nach Barcelona und Wien gebucht. Die Kunden mit der Kundennummer 2, Lisa Maier, und der Kundennummer 3, Thomas Schulz, reisen jeweils nach London.

5.4.2 Normalisierung

Eine effiziente Gestaltung des relationalen Datenbankmodells erfordert es, dass beim Speichern von Daten in einer Relation möglichst wenig redundante Datenelemente enthalten sind. Dadurch werden Anomalien beim Einfügen, Ändern und Löschen einzelner Objekte vermieden.

Den Prozess des Erzeugens redundanzfreier Strukturen nennt man **Normalisierung**.

Die Normalisierung wird in drei Schritten durchgeführt.

Erste Normalform

Eine Relation ist in der **ersten Normalform**, wenn jedes Attribut atomar (nicht weiter zerlegbar) ist.

In Abb. 5.7 sind die Adresse und der Name **zusammengesetzte Attribute** und die Sprachen ein **mehrwertiges Attribut**. Damit die Relation sich in der ersten Normalform befindet, werden die zusammengesetzten Attribute „atomarisiert" (vgl. Abb. 5.10) und für das mehrwertige Attribut wird eine neue Relation erstellt (vgl. Abb. 5.11).

Mitarbeiter							
M-Nr.	**Vorname**	**Nachname**	**Straße**	**Haus-Nr**	**PLZ**	**Stadt**	**Position**
1	Susanne	Schnell	Bachstr.	1	87435	Kempten	Kundenbetreuer
2	Jonas	Groß	Seestr.	5	87435	Kempten	Kundenbetreuer

Abb. 5.10: Relation Mitarbeiter – erste Normalform (eigene Darstellung).

Sprachen	
M-Nr.	**Sprache**
1	Deutsch
1	Englisch
1	Französisch
2	Deutsch
2	Englisch
2	Türkisch

Abb. 5.11: Relation Sprachen – erste Normalform (eigene Darstellung).

Zweite Normalform

> **!** Eine Tabelle ist in der **zweiten Normalform,** wenn sie sich in der ersten Normalform befindet und die Werte aller Nichtschlüsselattribute vom gesamten Primärschlüssel bestimmt werden und nicht bereits von einem Teil des zusammengesetzten Schlüssels.

Das bedeutet, dass Tabellen, bei denen der Primärschlüssel aus nur einem Attribut besteht, automatisch in der zweiten Normalform sind. Zur Verdeutlichung der zweiten Normalform wollen wir unsere Relation bucht um die Attribute Reiseziel und K-Nachname erweitern (vgl. Abb. 5.12).

Das Buchungsdatum wird bestimmt durch den Primärschlüssel (Kunden-Nr. und Reise-Nr.), das Attribut „Barcelona" allerdings bereits durch den Teilschlüssel Reise-Nr., das Attribut K-Name durch den Teilschlüssel Kunden-Nr.. Damit ist die Relation in Abb. 5.12 nicht in der zweiten Normalform im Gegensatz zur Relation in Abb. 5.9.

Dritte Normalform

> **!** Eine Relation ist in der **dritten Normalform,** wenn sie in der zweiten Normalform ist und kein Attribut, das nicht zum Primärschlüssel gehört, von diesem transitiv abhängt.

bucht				
Kunden-Nr.	**Reise-Nr.**	**Buchungsdatum**	**Reiseziel**	**K-Nachname**
1	1	12.3.20xx	Barcelona	Müller
1	3	24.6.20xx	Wien	Müller
2	2	12.2.20xx	London	Maier
3	2	14.4.20xx	London	Schulz

Abb. 5.12: Relation bucht – nicht in der zweiten Normalform (eigene Darstellung).

Wir ergänzen hierfür die Relation Reise um Informationen des Reiseveranstalters (vgl. Abb. 5.13).

Reise						
Reise-Nr.	**Reiseziel**	**Reisedatum**	**Preis**	**M-Nr.**	**Veranstalter-Nr**	**V-Name**
1	Barcelona	1.4.20xx	2.000 €	1	4711	TVI
2	London	1.6.20xx	1.500 €	2	4711	TVI
3	Wien	20.7.20xx	1.250 €	1	4712	TomCok

Abb. 5.13: Relation Reise – nicht in der dritten Normalform (eigene Darstellung).

Der Primärschlüssel ist weiterhin die Reisenummer. Die Relation ist in der zweiten Normalform. Allerdings hängt der Name des Reiseveranstalters (V-Name) nur transitiv vom Primärschlüssel ab. Das Nichtschlüsselattribut „Veranstaltername" (V-Name) wird bestimmt durch das Nichtschlüsselattribut Veranstalter-Nr. Die Attribute eines Reiseveranstalters werden deshalb aus der Relation Reise entfernt und in eine neue Relation Reiseveranstalter überführt. Um den Zusammenhang zwischen einer Reise und dem jeweiligen Reiseveranstalter zu modellieren, wird außerdem das Primärschlüsselattribut „Veranstalternummer" der Relation Reiseveranstalter als Fremdschlüssel in der Relation Reise aufgenommen:

Reise (Reise-Nr., Reiseziel, Reisedatum, Preis, Mitarbeiter-Nr., Veranstalter-Nr.)

Reiseveranstalter(Veranstalter-Nr., V-Name).

5.5 Physischer Datenbankentwurf

Die Realisierung der logischen Datenmodelle erfolgt durch Datenbanksysteme.

! **Datenbanksysteme** dienen der effizienten, rechnergestützten Organisation, Speicherung, Manipulation, Integration und Verwaltung großer Datenmengen. Neben der Datenbank, die die Daten speichert, ist das **Datenbankmanagementsystem** (DBMS) die zweite Kernkomponente eines Datenbanksystems.

Wesentliche **Funktionen eines DBMS** sind:
– die Speicherung, das Überschreiben und die Löschung von Daten (Durchführung lesender und schreibender Datenzugriffe über definierte Datenbankzugriffe).
– die Verwaltung der Daten auf der Basis des Datenmodells,
– die Gewährleistung der Datensicherheit, des Datenschutzes und der Datenintegrität,
– die Ermöglichung des Mehrbenutzerbetriebs,
– die effiziente Ausnutzung des Speichers und ein optimierter Zugriff auf die Daten (Zugriffs-/Antwortzeiten),
– die Bereitstellung von Kennzahlen über Technik und Betrieb.

Bei der Speicherung der Daten gibt es zwei prinzipiell zu unterscheidende Vorgehensweisen (vgl. Laudon u. a. 2010, S. 304). Informationssysteme können für die Verwendung einer zentralen Datenbank konzipiert werden, die von einem zentralen Rechner

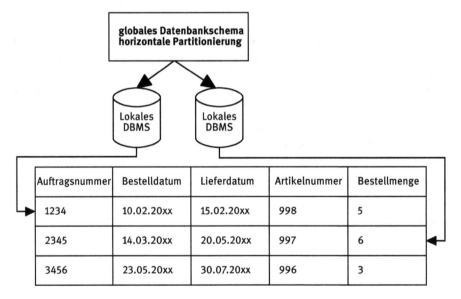

Abb. 5.14: Horizontale Partitionierung (in Anlehnung an Laudon u. a. 2010, S. 304).

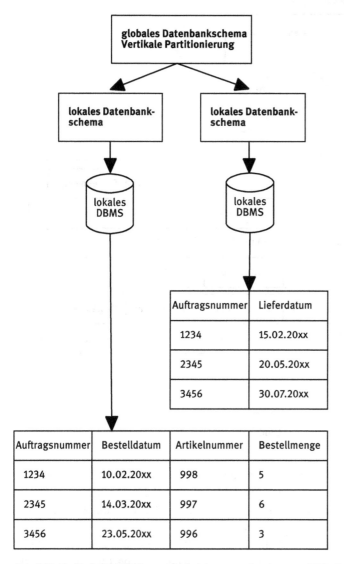

Abb. 5.15: Vertikale Partitionierung (in Anlehnung an Laudon u. a. 2010, S. 304).

oder von mehreren Rechnern in einer Client-Server-Umgebung bearbeitet wird. Die Daten werden in dieser Form an einem zentralen Ort bereitgestellt und bearbeitet.

Verwendet man eine verteilte Datenbank, werden die Daten an mehreren physischen Orten gespeichert, die über Netzwerke miteinander verbunden sind. Bei einer **horizontalen Partitionierung** wird an jedem Speicherort die identische Struktur mit den für den Standort relevanten Objekten gespeichert (vgl. Abb. 5.14). Dies entspricht z. B. der Speicherung der relevanten Kundendaten in den einzelnen Reisebürofilialen.

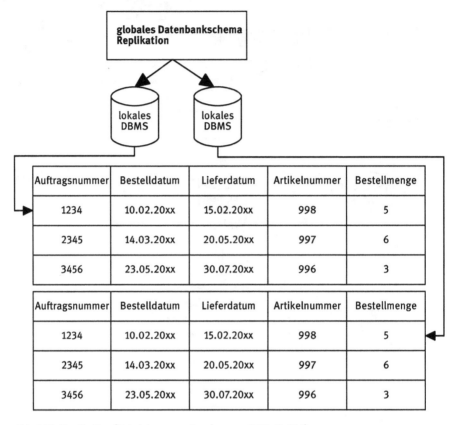

Abb. 5.16: Replikation (in Anlehnung an Laudon u. a. 2010, S. 304).

Bei einer **vertikalen Partitionierung** werden nur die für die Anwendung relevanten Attribute auf mehrere Speicherorte aufgeteilt (vgl. Abb. 5.15). Ein Beispiel wäre der anwendungsspezifische Zugriff auf Personaldaten in der Personalabteilung, in Abteilungen oder in Projekten.

Bei der dritten Strategie wird die komplette Datenbank auf alle Standorte **repliziert** (vgl. Abb. 5.16). Da die Daten hier mehrfach gespeichert werden, stellt die Synchronisation der Daten eine wesentliche Herausforderung (Replizierungsstrategie) dar.

5.6 Übungsaufgaben

5.6.1 Verständnisfragen

1. Erläutern Sie die wesentlichen Unterschiede zwischen einem ER-Modell und einem relationalen Modell.
2. Welche Ziele verfolgt die Normalisierung?
3. Welche Funktionen erfüllt ein Datenbankmanagementsystem?.

5.6.2 Fallstudienaufgabe zur Sonnenschein AG

1. Die Filialen wollen die Kunden über Angebote informieren. Erstellen Sie für diesen Anwendungsfall ein ER-Modell.
2. Überführen Sie dieses ER-Modell in ein relationales Modell.
3. Welches Vorgehen schlagen Sie zur Speicherung der Daten vor?.

5.6.3 Fallstudienaufgabe zur Luminous GmbH

Die Fallstudienaufgabe zur Luminous GmbH findet sich auf der Website des Lehrbuchs (http://www.einfuehrung-wi.de) unter „Zusatzmaterialien".

6 Data Science

Lernziele in diesem Kapitel
- Sie können erläutern, was man unter Data Science versteht.
- Sie können die typischen Phasen von Data-Science-Projekten nennen und erläutern.
- Sie können beispielhafte Methoden der Data Science nennen und erläutern.

6.1 Fallstudie: Reiseveranstalter Sonnenschein AG

Die Entscheidungen der Produktpolitik der Sonnenschein AG basieren sehr stark auf den individuellen Erfahrungen der einzelnen Personen im Produktmanagement. Für die Geschäftsleitung sind diese Entscheidungen nicht immer nachvollziehbar. Man stellt sich deshalb im Top Management die Frage, ob es nicht möglich wäre, die Trends der Reisebranche (z. B. über „angesagte Länder"), mittels Internetrecherchen und den eigenen Datenbeständen zu prognostizieren, um so die Produktentscheidungen rational nachvollziehbar zu machen. Die Assistentin der Geschäftsleitung, eine Wirtschaftsinformatikerin und ehemalige Kommilitonin von Ihnen, die heute bei der Sonnenschein AG arbeitet, hat dazu den Vorschlag gemacht, dass man mittels Data Science dieses Problem „spielend" lösen könne. Es sei eh an der Zeit, so die Assistentin, dass man die Entscheidungen mehr datenbasiert treffe.

6.2 Begriffsbestimmung

Die Begrifflichkeit „Data Science" ist in der Wirtschaftsinformatik relativ neu und überschneidet sich mit anderen, seit geraumer Zeit mehr oder weniger etablierten Begriffen wie „Business Intelligence", „Data Analytics" und „Data Mining", wie sie in Kap. 9.4 erläutert werden.

Eine genaue Abgrenzung dieser Begriffe untereinander ist kaum möglich, was hauptsächlich zwei Gründen geschuldet ist: Zum Einen entwickelt sich das Gebiet der Analyse von Daten zur Zeit sehr dynamisch. Erinnert sei dabei an die Fortschritte bei den Algorithmen der Künstlichen Intelligenz. Zum Anderen wird das Themengebiet stark durch Unternehmen mit ihren Software- und Beratungsangeboten bestimmt, die gerne eigene Begrifflichkeiten prägen, um sich auf dem Markt abzuheben.

In den letzten Jahren zeichnet sich ab, dass der Begriff der Data Science zunehmend zum dominierenden Oberbegriff für die Analyse von Daten wird. Was dabei im Einzelnen unter Data Science verstanden wird, ist nicht immer ganz klar definiert. Eine gute Definition für Data Science findet sich aber in Schulz u. a. (2020, S. 6). In An-

https://doi.org/10.1515/9783110722260-006

lehnung an diese Definition soll aus Sicht der Wirtschaftsinformatik der Begriff wie folgt definiert werden:

! **Data Science** ist ein interdisziplinäres Fachgebiet, in welchem mit Hilfe eines wissenschaftlichen Vorgehens, semiautomatisch und unter Anwendung bestehender oder zu entwickelnder Analyseverfahren relevante Informationen aus überwiegend komplexen Datenbeständen extrahiert und für datengetriebene Entscheidungsprozesse nutzbar gemacht werden.

6.3 Aufgaben und Ablauf

Im Rahmen der Data Science kommen Methoden der Statistik sowie der Künstlichen Intelligenz zum Einsatz, wie sie in Kap. 6.4 vorgestellt werden. Dafür braucht es ein planmäßiges Vorgehen: Was sind die Aufgaben und wie wird der Data-Science-Prozess organisiert?

Für die Ablauforganisation wird häufig das **CRISP-DM-Prozessmodell** (*Cross-Industry Standard Process for Data Mining*; kurz: CRISP-DM) verwendet (vgl. Shearer 2000, S. 13 ff). CRISP-DM schlägt folgende sechs Phasen vor (vgl. Abb. 6.1):

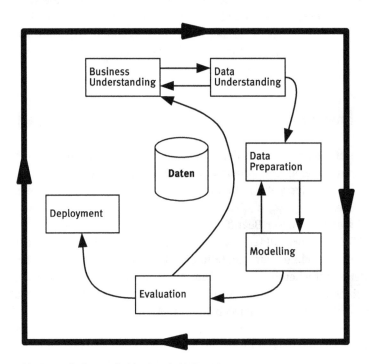

Abb. 6.1: Aufgaben und Ablauf nach CRISP-DM

- **Business Understanding**: Um das zu analysierende betriebliche Problem zu verstehen, tauschen sich die Data-Science-Spezialisten mit den Fachanwendern aus.
- **Data Understanding**: Nachdem die betriebliche Problemstellung verstanden wurde, wird durch die Data-Science-Spezialisten untersucht, inwieweit die zur Verfügung stehende Datenbasis für die Lösung des Problems geeignet ist.
- **Data Preparation**: Die zu analysierenden Daten werden für den nächsten Schritt der Modellierung des Data-Science-Modells vorbereitet. Dazu gehören z. B. die Transformation von Datentypen und die Klärung der Frage, was mit fehlenden Datenwerten passieren soll.
- **Modelling**: In dieser Phase wird das einzusetzende Data-Science-Verfahren auf die Daten angewandt. Es entsteht somit ein Data-Science-Modell.
- **Evaluation**: Die Ergebnisse (Muster) des Data-Science-Modells werden auf ihre Anwendbarkeit zur Lösung des betrieblichen Problems überprüft. Sind die Ergebnisse plausibel, kann damit das Problem gelöst werden. Bestehen Zweifel an der Verwendbarkeit des Modells, sind Rücksprünge in vorgelagerte Phasen notwendig, um dort Anpassungen vorzunehmen. So könnte sich die Datenbasis als unbrauchbar herausstellen, was zu einem Rücksprung in die Phase „Data Preparation" führen würde.
- **Deployment**: Ist das Data-Science-Modell positiv evaluiert, kann es im Unternehmen – einmalig oder fortlaufend – für die betriebliche Problemstellung eingesetzt werden.

Die einzelnen Phasen können mehrfach durch Rücksprünge (in der Abb. 6.1 als entgegengesetzte Pfeile dargestellt) durchlaufen werden.

6.4 Methoden

Data Science umfasst verschiedene Methoden, welche bei der Durchführung der Prozessschritte „Modellierung" und „Evaluation" im CRISP-DM-Prozessmodell genutzt werden können. Die wichtigsten Methoden beschäftigen sich mit der
- Segmentierung,
- Klassifikation,
- Prognose,
- Abweichungs- und
- Assoziationsanalyse.

Einige dieser Methoden werden in den nachfolgenden Abschnitten erläutert. Daran anschließend wird in Kap. 6.5 ein Anwendungsbeispiel vorgestellt.

6.4.1 Segmentierung

! Die **Segmentierung** (auch als *Clusteranalyse* oder *Clustering* bezeichnet) beschreibt die Aufteilung einer Menge von Objekten in Gruppen, deren Mitglieder sich in einer bestimmten Art und Weise ähneln.

Dazu werden die Objekte anhand ihrer Attribute zu Clustern zusammengefasst. Dabei gilt, dass sich Objekte innerhalb eines Clusters so ähnlich wie möglich sein sollen, das heißt der Abstand zwischen zwei Punkten des selben Clusters ist gering. Zwei Objekte unterschiedlicher Cluster sollen hingegen so unterschiedlich wie möglich sein, was dazu führt, dass der Abstand zwischen ihren Punkten wesentlich größer ist, als der clusterinterne Abstand.

Für die Segmentierung werden hauptsächlich folgende **Arten von Clusteringverfahren** eingesetzt:
- **Partitionierende Verfahren:** Bei den partitionierenden Verfahren wird die Anzahl der Startcluster vorgegeben und die entsprechend zu partitionierenden Objekte nach dem jeweiligen Distanzmaß zugewiesen. Dabei wird versucht die einzelnen Gruppierungen durch das systematische Verschieben von Objekten von Cluster zu Cluster zu verbessern, bis eine Gruppierung nicht mehr weiter verbessert werden kann.
- **Hierarchische Verfahren:** Hierarchische Clusteringverfahren fassen zu gruppierende Elemente schrittweise zu immer größeren Clustern zusammen und schaffen dadurch eine Sequenz ineinander verschachtelter Partitionen. Dabei entstehen Baumstrukturen, bei denen ein Knoten im Baum jeweils einem Cluster entspricht. Durch die Baumstruktur werden gruppierte Elemente schrittweise zu immer größeren Clustern zusammengefasst. Dabei können bereits zusammengefasste Elemente im weiteren Fusionsprozess nicht mehr getrennt werden.
- **Dichtebasierte Verfahren:** Bei dichtebasierten Verfahren werden Cluster als Gebiete im mehrdimensionalen Raum dargestellt. Dabei liegt der Fokus auf Clustern mit unregelmäßigen Formen. Die Methoden der dichtebasierten Verfahren erkennen Cluster als Regionen mit einer hohen Dichte an Objekten und trennen diese von Regionen mit geringer Objektdichte.

Den bekanntesten Algorithmus stellt wohl der **k-Means-Algorithmus** dar, der zu den partitionierenden Verfahren gehört:
- Zuerst wird die Anzahl zu findender Cluster (k) festgelegt.
- Die Daten werden als Datenpunkte in einem Vektorraum eingeordnet.
- Sogenannte Centroids, die als Cluster-Repräsentanten dienen, werden zufällig platziert. Dabei entspricht die Anzahl der Centroids dem Parameter k.
- Die Datenpunkte werden den räumlich nächsten Clusterpunkten zugeordnet, z. B. mit der euklidischen Distanz. Daraus entsteht ein erstes Cluster.

- Innerhalb eines Clusters wird der jeweilige Centroid aus dem Mittelwert aller Punkte im Cluster, neu berechnet.
- Daraufhin erfolgt erneut eine Zuordnung jedes Datenpunktes zum räumlich nächsten Repräsentanten.
- Diese Schritte werden so lange wiederholt, bis sich die Anzahl der Datensätze in den Clustern nicht mehr verändert.

Ein großer Vorteil des k-Means-Algorithmus ist seine einfache Implementierbarkeit, wodurch er sich individuell in vielen unterschiedlichen Szenarien einsetzen lässt. Außerdem ist die Anzahl der Iterationen sehr klein (~ 5–10) und damit ist der Algorithmus im Vergleich zu anderen Verfahren sehr effizient. Ein Nachteil des k-Means-Algorithmus ist jedoch, dass k, also die Anzahl der Cluster, oft schwer zu bestimmen ist. Dadurch kann es vorkommen, dass Ausreißer (Objekte, die keinem bestimmten Muster angehören) zu eigenständigen Clustern werden. Ein Anwendungsbeispiel für den Einsatz des k-Means-Algorithmus wird in Kap. 6.5 vorgestellt.

6.4.2 Klassifikation

Ähnlich der Segmentierung beruht auch die Klassifikation auf dem Zusammenfassen von Daten in bestimmte Gruppen. Der entscheidende Unterschied der beiden Verfahren liegt darin, dass bei der Klassifikation eine selbstständige Einteilung neuer Datensätze in die entsprechenden Klassen stattfindet.

Die Klassen können auf Basis vorhandener Daten durch den Data-Science-Experten manuell oder auf Grundlage der Segmentierung erstellt werden (vgl. Kapitel 6.4.1). Die wesentlichen Verfahren für die Klassifizierung von Objekten sind
- Entscheidungsbäume,
- Neuronale Netze und
- die Bayes-Klassifikation.

Als Beispiel für die Klassifizierung wird im Folgenden das Entscheidungsbaumverfahren anhand Russell u. Norvig (2012, S. 814ff) vorgestellt. Ein einfacher Entscheidungsbaum soll für das Problem formuliert werden, ob es sich lohnt, in einem Restaurant auf einen Tisch zu warten. Dazu wurden zwölf Datensätze ausgewählt und anhand eines Data-Science-Tools analysiert. Hier ist das Ziel, eine Definition für das *Zielprädikat* WARTEN zu lernen. Bei der Einrichtung dieses Beispiels als Lernproblem müssen wir zuerst festlegen, welche Attribute zur Verfügung stehen, um Beispieldatensätze aus der Domäne schreiben zu können:

1. *Alt*: ob es ein geeignetes alternatives Restaurant in der Nähe gibt (J=ja; N=nein)
2. *Bar*: ob das Restaurant einen gemütlichen Barbereich hat, wo man warten kann (J=ja; N=nein)

3. *WE*: handelt es sich um ein Wochenende (J=ja; N=nein)?
4. *Hung*: sterben wir bereits vor Hunger (J=ja; N=nein)?
5. *Gäste*: wie viele Menschen sind bereits im Restaurant (keine, wenige, voll)?
6. *Preis*: zu welcher Preisklasse gehört das Restaurant (€, €€, €€€)?
7. *Regen*: regnet es (J=ja; N=nein)?
8. *Reser.*: ob wir eine Reservierung vorgenommen haben (J=ja; N=nein)
9. *Typ*: die Art des Restaurants (französisch, italienisch, thailändisch, Burger)
10. *WZ*: die von der freundlichen Bedienung geschätzte Wartezeit (0-10 min, 10-30 min, 30-60 min, >60 min)
11. *Warten*: unsere Entscheidung, ob wir warten werden (J=ja; N=nein)

Grundsätzlich besteht ein (boolescher) Entscheidungsbaum aus einem Vektor mit Eingabeattributen (X) und einem einzigen booleschen Ausgabewert (y). In Tabelle 6.1 sehen wir die Menge von Beispielen $(X_1,y_1),...,(X_{12},y_{12})$ für unseren Restaurantfall. Diese Datensätze wollen wir als Trainingsmenge unseres zu erstellenden Entscheidungsbaums nutzen.

Tab. 6.1: Beispieldatensätze aus der Restaurantdomäne (nach Russell u. Norvig 2012, S. 816)

	Attribute										Ziel
Nr.	Alt	Bar	WE	Hung	Gäste	Preis	Regen	Reser.	Typ	WZ	Warten
X_1	J	N	N	J	Einige	€€€	N	J	Franz.	0-10	J
X_2	J	N	N	J	Voll	€	N	N	Thai	30-60	N
X_3	N	J	N	N	Einige	€	N	N	Burger	0-10	J
X_4	J	N	J	J	Voll	€	J	N	Thai	10-30	J
X_5	J	N	J	N	Voll	€€€	N	J	Franz.	>60	N
X_6	N	J	N	J	Einige	€€	J	J	Ital.	0-10	J
X_7	N	J	N	N	Keine	€	J	N	Burger	0-10	N
X_8	N	N	N	J	Einige	€€	J	J	Thai	0-10	J
X_9	N	J	J	N	Voll	€	Ja	N	Burger	>60	N
X_{10}	J	J	J	J	Voll	€€€	N	J	Ital.	10-30	N
X_{11}	N	N	N	N	Keine	€	N	N	Thai	0-10	N
X_{12}	J	J	J	J	Voll	€	N	N	Burger	30-60	J

In Abbildung 6.2 sehen wir, wie der Algorithmus für die Erstellung des Entscheidungsbaums grundsätzlich gestartet wird. Wir haben zwölf Trainingsdatensätze, die wir in positive und negative Mengen einteilen. Anschließend können wir entscheiden, welches Attribut wir im Baum zuerst verwenden. Abbildung 6.2 (a) zeigt, dass *Typ* ein schlechtes Attribut ist, weil es uns vier mögliche Ergebnisse liefert, die wiederum dieselbe Anzahl positiver und negativer Beispiele haben. In Abbildung 6.2 (b) dagegen sehen wir, dass *Gäste* ein relativ wichtiges Attribut ist, denn wenn sein Wert gleich *Keine* oder *Einige* ist, dann erhalten wir Beispielmengen, für die wir definitiv antworten können (*Nein* bzw. *Ja*). Ist der Wert gleich *Voll*, erhalten wir eine gemischte Menge an Beispielen. Im Allgemeinen ist nach der Aufteilung der Beispiele mit dem ersten Attributtest jedes Ergebnis ein neues Entscheidungsbaumlernproblem – mit weniger Beispielen und einem Attribut weniger. Dieses Verfahren wird solange rekursiv fortgesetzt, bis die Trainingsmenge klassifiziert wurde.

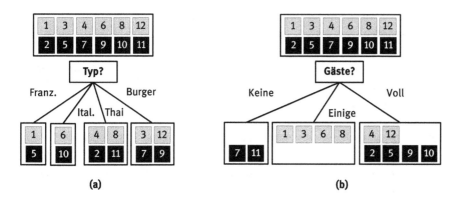

Abb. 6.2: Aufteilung nach dem Attribut *Typ* (a) oder *Gäste* (b) (nach Russell u. Norvig 2012, S. 817)

Aber wie werden die Attribute sinnvoll für die Baumerstellung ausgewählt? Das in diesem Entscheidungsbaumlernen verwendete Schema für die Auswahl von Attributen ist darauf ausgelegt, die Tiefe des fertigen Baums zu minimieren. Die Idee dabei ist, das Attribut auszuwählen, das so weit wie möglich geht, eine genaue Klassifizierung der Beispiele bereitzustellen. Ein perfektes Attribut unterteilt die Beispiele in Mengen, die alle positiv oder alle negativ sind. Das Attribut Gäste ist nicht perfekt, aber es ist *relativ gut*. Ein *wirklich unbrauchbares* Attribut, wie etwa Typ, hinterlässt die Beispielmengen mit etwa demselben Verhältnis an positiven und negativen Beispielen wie in der Originalmenge.

Informationsgehalt

Alles was wir brauchen, um einen Entscheidungsbaum zu generieren, ist eine formale Bewertung von „relativ gut" und „wirklich unbrauchbar" und der Algorithmus für die Erstellung des Entscheidungsbaums kann aus der Trainingsmenge den Baum erstellen. Das Maß sollte einen Maximalwert anzeigen, wenn das Attribut perfekt ist, und einen Minimalwert, wenn das Attribut überhaupt keinen Nutzen bringt. Ein geeignetes Maß ist die **erwartete Informationsmenge**, die das Attribut bereitstellt, wobei wir den Begriff im mathematischen Sinne verwenden, wie er in der Informationstheorie definiert wird. Um das Konzept zu verstehen, machen wir ein einfaches Beispiel aus der Wahrscheinlichkeitsrechnung: Wir werfen eine Münze und beantworten die Frage, ob „Zahl" oder „Kopf" zu liegen kommt. Ein Bit Information ist ausreichend, um eine solche Ja/Nein-Frage zu beantworten. Wenn die möglichen Antworten v_i die Wahrscheinlichkeiten $P(v_i)$ haben, ist der Informationsgehalt I der tatsächlichen Antwort im Allgemeinen gegeben durch:

$$I(P(v_1), ..., P(v_n)) = \sum_{i=1}^{n} -P(v_i) \times ldP(v_i) \tag{6.1}$$

Hier müssen wir kurz in die Informationstheorie abschweifen, um Sinn und Zweck des Begriffs *Informationsgehalt* zu erläutern (vgl. Jahnke 1979, S. 71ff): Der Definition des Informationsgehalts eines von einem Empfänger erhaltenen Zeichens liegt die Überlegung zugrunde, dass die durch das Zeichen übermittelte Information um so größer ist, je geringer die Auftrittswahrscheinlichkeit dieses Zeichens ist. Ferner wird die Forderung erhoben, dass die durch den Empfang zweier unabhängiger Zeichen erhaltene Information gleich der Summe der Einzelinformationen sein soll. Damit stehen nur die Logarithmusfunktionen zur Wiedergabe der Abhängigkeit zwischen dem Informationsgehalt und der Auftrittswahrscheinlichkeit zur Verfügung. Wegen der in der Informatik üblichen Dualschreibweise für die Informationsdarstellung (Bits) ist der logarithmus dualis hier einschlägig. Prinzipiell könnte aber auch jeder andere Logarithmus verwendet werden.

Der Informationsgehalt I_i eines Zeichens a_i des endlichen Alphabets $M = \{a_i | i = 1, 2, ..., z\}$ ist durch

$$I_i = ld\left(\frac{1}{p_i}\right) = -ldp_i \quad [bit] \quad \wedge_{i=1}^{z} \tag{6.2}$$

gegeben, wobei p_i die Auftrittswahrscheinlichkeit des Zeichens a_i ist.

Um diese Gleichung zu überprüfen, erhalten wir für einen stochastisch unabhängigen Münzwurf:

$$I\left(\frac{1}{2}, \frac{1}{2}\right) = -\frac{1}{2} \times ld\frac{1}{2} - \frac{1}{2} \times ld\frac{1}{2} = 1 \text{ Bit}$$

Wenn die Münze so manipuliert wird, dass sie zu 99% Kopf erzielt, erhalten wir

$$I\left(\frac{1}{100}, \frac{99}{100}\right) = 0,08 \text{ Bit}$$

Wenn die Wahrscheinlichkeit von Kopf gegen 1 geht, geht die Information der tatsächlichen Antwort gegen 0. Damit wird dann ausgesagt, dass eine Prognose des Münzwurfs keine neue Information liefert, da das Ergebnis a priori bekannt ist.

Information Gain

Für das Entscheidungsbaumlernen ist die Frage, die beantwortet werden muss: *Was ist die korrekte Klassifizierung für ein gegebenes Beispiel?* Ein korrekter Entscheidungsbaum beantwortet diese Frage. Eine Schätzung der Wahrscheinlichkeiten der möglichen Antworten, bevor eines der Attribute überprüft wurde, erhält man durch das Verhältnis der positiven und negativen Beispiele in der Trainingsmenge. Angenommen, die Trainingsmenge enthält p positive und n negative Beispiele. Eine Schätzung der in einer korrekten Antwort enthaltenen Informationen lautet dann:

$$I\left(\frac{p}{p+n}, \frac{n}{p+n}\right) = -\frac{p}{p+n} \times ld\frac{p}{p+n} - \frac{n}{p+n} \times ld\frac{n}{p+n} \tag{6.3}$$

Für die Restaurant-Trainingsmenge gilt $p = n = 6$. Wir brauchen also 1 Bit Information.

Ein Test auf ein einzelnes Attribut vermittelt uns diese Information im Allgemeinen nicht, sondern nur einen Teil. Meistens müssen wir also mehrere Attribute zur Klassifizierung kombinieren. Wir können aber für jedes Attribut genau messen, wie viel Information es erbringt, indem wir feststellen, wie viel Information wir *nach* dem Attributtest noch brauchen. Ein Attribut A unterteilt allgemein die Trainingsmenge E in k Untermengen $E_1, ..., E_k$ gemäß ihren Werten für A, wobei A k verschiedene Werte haben kann. Jede Untermenge E_i hat p_i positive Beispiele und n_i negative Beispiele. Wenn wir also diesen Zweig verfolgen, brauchen wir zusätzliche

$$I\left(\frac{p_i}{p_i + n_i}, \frac{n_i}{p_i + n_i}\right)$$

Bits an Information, um die Frage zu beantworten, wie viel Information wir noch brauchen, um den Entscheidungsbaum zu erstellen. Ein zufällig aus der Trainingsmenge ausgewähltes Beispiel hat den i-ten Wert für das Attribut mit der Wahrscheinlichkeit $\frac{p_i+n_i}{p+n}$. Wir brauchen also nach dem Testen des Attributs A durchschnittlich

$$\text{Rest}(A) = \sum_{i=1}^{k} \frac{p_i + n_i}{p + n} \times I\left(\frac{p_i}{p_i + n_i}, \frac{n_i}{p_i + n_i}\right) \tag{6.4}$$

Bits an Informationen, um das Beispiel zu klassifizieren. Der **Informationsgewinn** aus dem Attributtest ist die Differenz zwischen der ursprünglichen Informationsanforderung und der neuen Anforderung:

$$\text{Gewinn}(A) = I\left(\frac{p}{p+n}, \frac{n}{p+n}\right) - \text{Rest}(A) \tag{6.5}$$

Der Gewinn (A) wird auch als **Information Gain** bezeichnet und kann als Entscheidungskriterium für die Auswahl der Attribute als Knoten im Entscheidungsbaum verwendet werden. Die Heuristik besagt dabei, dass das Attribut mit dem höchsten Gewinn als nächster Knoten zu wählen ist.

Mit dem Kriterium des Information Gain können wir nun für die beiden Attribute Typ und Gäste aus Abb. 6.2 berechnen, welches sich besser für die Klassifikation eignet:

$$\text{Gewinn}(\text{Typ}) = 0 \text{ Bit}$$

$$\text{Gewinn}(\text{Gäste}) \approx 0,541 \text{ Bit}$$

Wie man schon anhand von Abb. 6.2 intuitiv vermuten konnte, eignet sich das Attribut Gäste besser für die Klassifikation als das Attribut Typ, weil es den höheren Information Gain liefert.

Wird mittels des Data-Science-Tools RapidMiner für die Beispieldatensätze aus Tab. 6.1 der Entscheidungsbaum generiert, erhält man als Ergebnis die Klassifikation aus Abb. 6.3. Der mit RapidMiner erstellte Entscheidungsbaum in Abb. 6.3 klassifiziert die zwölf Datensätze in der Reihenfolge Gäste ->Hung->Typ->WE. Damit ergibt sich folgender Entscheidungsablauf für die Frage, ob es sich lohnt, auf einen Tisch zu warten:

1. Gibt es einige Gäste, dann wartet man. Gibt es keine Gäste, wartet man nicht.
2. Ist das Restaurant voll, dann wird danach entschieden, ob man hungrig ist. Ist man nicht sehr hungrig, wartet man nicht.
3. Ist man hungrig, dann ist entscheidend, um was für einen Restauranttyp es sich handelt. Bei einem Burgerrestaurant wartet man. Bei einem Italiener wartet man nicht.
4. Bei einem Thai-Restaurant wartet man nur, wenn es sich um ein Wochenende handelt.

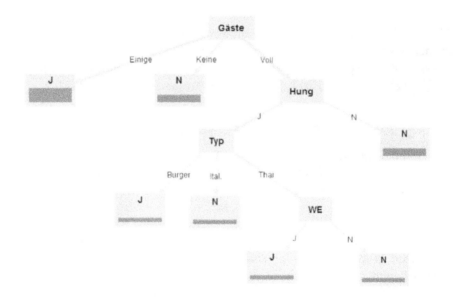

Abb. 6.3: Entscheidungsbaum für das Restaurantproblem in RapidMiner

Der Entscheidungsbaum aus Abb. 6.3 ist natürlich nur ein didaktisches Beispiel und nicht verallgemeinerbar. Das Beispiel zeigt lediglich, wie sich mittels Entscheidungsbaumverfahren mit Hilfe des Information Gain verschiedene Kundenklassen einrichten lassen.

6.4.3 Prognose

Die zwei wichtigsten Methodengruppen in der Data Science sind diejenigen, die Datensätze klassifizieren (s. Kap. 6.4.2), sowie solche, die prognostizieren (vgl. Dhar 2013, S. 64 ff). Einige Methoden können sowohl der Klassifikation wie der Prognose zugeordnet werden, wie das Beispiel des Entscheidungsbaumverfahrens für einen Restaurantbesuch aus Kap. 6.4.2 zeigt: Der Entscheidungsbaum kann dafür genutzt werden, die Restaurantentscheidung einer Person vorherzusagen. Dazu wird diese Person anhand des Entscheidungsbaums klassifiziert.

Ein häufig eingesetztes Verfahren für die Prognose ist der k-Nearest-Neighbors-Algorithmus, der neben der Klassifikation auch für Regressionsanalysen eingesetzt wird. Die **Regressionsanalyse** beschreibt ein statistisches Verfahren zur Modellierung von Beziehungen zwischen unabhängigen und abhängigen Variablen. Es wird dabei angenommen, dass der Wert einer abhängigen Variable durch eine bzw. mehrere unabhängige Variablen bestimmt ist. Existiert zwischen den beiden Variablen ein Zusammenhang, nimmt der Wert der unabhängigen Variable Einfluss auf den der abhängigen Variable. Ist dieser Zusammenhang gegeben, kann er zur Erstellung einer Prognose verwendet werden.

Beim **k-Nearest-Neighbors-Algorithmus (kurz: k-NN-Algorithmus)** wird die Klassenzuordnung eines neuen Objekts x, welches oftmals durch einen Merkmalsvektor beschrieben wird, anhand eines Mehrheitsentscheids vorgenommen. Dabei wird im Voraus durch eine natürliche Zahl k festgelegt, wie viele bereits klassifizierte Objekte in der Nähe des einzuordnenden Beispiels an der Mehrheitsentscheidung beteiligt sind. Das neue Objekt wird anschließend derjenigen Klasse zugeordnet, welche die größte Anzahl an nächsten Nachbarn zu diesem neuen Objekt besitzt. Dazu wird für alle bereits in Klassen eingeteilte Objekte die Ähnlichkeit zum neuen Objekt berechnet.

Für die Beurteilung der Ähnlichkeit bzw. Nähe eines Objekts zu seinen Nachbarn werden sog. **Ähnlichkeits- bzw. Distanzmaße** verwendet. In der Praxis sind aufgrund der unterschiedlichen Datentypen (numerisch, nominal, etc.) verschiedene Distanzmaße nötig, um die Ähnlichkeit zwischen verschiedenen Objekten quantifizieren zu können. Wichtige Vertreter der Distanzmaße sind
- die euklidische Distanz,
- die Manhattan-Distanz sowie
- die Hamming-Distanz.

Der Ablauf des k-NN Algorithmus sowie die Berechnung der unterschiedlichen Distanzmaße soll anhand des folgenden Beispiels vorgestellt werden: Gesucht ist die Einkommensklasse einer Person anhand der Attribute Name, Alter, Familienstand, Eigenheim sowie akademischer Abschluss. Dabei wird in die Klassen Einkommen: hoch, Einkommen: mittel sowie Einkommen: niedrig unterschieden. Die Tab. 6.2 hält die Ausprägungen für die einzelnen Attribute pro Person mithilfe von Zahlen fest, wobei eine 1 stellvertretend für „ja", eine 0 für „nein" steht.

Tab. 6.2: Beispiel k-NN

Name	Alter	verheiratet	Eigenheim	Akademiker	Einkommen
Jakob	59	1	1	1	hoch
Lena	55	1	0	0	gering
Manuel	37	1	1	1	hoch
Jana	26	0	0	0	gering
Niklas	24	1	0	0	mittel
Bastian	22	1	1	1	mittel

Im Folgenden soll ermittelt werden, welcher Einkommensklasse die Person „Marie" (vgl. Tab. 6.3) zuzuordnen ist.

Tab. 6.3: Neue Person „Marie"

Name	Alter	verheiratet	Eigenheim	Akademiker	Einkommen
Marie	26	1	0	1	?

Notwendig für den k-NN-Algorithmus sind die Distanzmaße zur Bestimmung der Ähnlichkeit eines neuen Objekts x zu den bestehenden Objekten y mit bekannter Klassenzugehörigkeit. Als Distanzmaß kann eine Funktion d bezeichnet werden, wenn sie folgende **Axiome** (Bedingungen) erfüllt:

$$d(x,y) = d(y,x)$$

Der Abstand zwischen den Objekten x und y ist gleichbleibend, unabhängig davon, ob die Distanz ausgehend von x oder y bestimmt wird.

$$d(x,y) = 0 \leftrightarrow x = y$$

Gibt es keinen Abstand zwischen x und y, muss es sich um dasselbe Objekt handeln.

$$d(x,z) \leq d(x,y) + d(y,z)$$

Die Distanz zwischen x zu z ist kleiner als die Summe der Distanzen zwischen x und y sowie x und z.

Aus diesen drei Axiomen lässt sich ableiten, dass jede Distanz größer gleich Null sein muss:

$$d(x,y) \geq 0$$

Euklidische Distanz

Die euklidische Distanz beschreibt den Abstandsbegriff, welcher im Alltag verwendet wird. Mit ihr wird die mit dem Lineal gemessene Länge derjenigen Strecke, welche zwei Punkte (in der Ebene sowie im Raum) miteinander verbindet, berechnet.

Zur Berechnung des Abstands wird folgende Formel, welche sich aus dem Satz des Pythagoras ableiten lässt, verwendet:

$$d_E(x, y) = \sqrt{\sum_{i=1}(x_i - y_i)^2} \tag{6.6}$$

Somit ergibt sich für unser Beispiel zwischen Marie und Jakob folgender Abstand, wenn für die Berechnung nur die numerischen Attribute Alter, verheiratet, Eigenheim sowie Akademiker verwendet werden:

$$d_E(\text{Jakob, Marie}) = \sqrt{(59 - 26)^2 + (1 - 1)^2 + (1 - 0)^2 + (1 - 1)^2} = \sqrt{1090}$$

Manhattan-Distanz

Anders als die euklidische Distanz beschreibt die Manhattan-Distanz die Summe der absoluten Differenzen der einzelnen (numerischen) Attributsmerkmale:

$$d_M(x, y) = \sum_{i=1}|x_i - y_i| \tag{6.7}$$

In unserem Beispiel ergibt sich die folgende Manhattan-Distanz zwischen Jakob und Marie:

$$d_M(\text{Jakob, Marie}) = |59 - 26| + |1 - 1| + |1 - 0| + |1 - 1| = 34$$

Hamming-Distanz

Die Hamming-Distanz ist eine Metrik zur Berechnung der Unterschiedlichkeit von Zeichenketten und dient der Fehlererkennung durch die Verarbeitung von alphabetischen oder alphanumerischen Werten. Dadurch unterschiedet sie sich von der Euklid- sowie Manhattan-Distanz, welche die Berechnungen anhand numerischer Werte durchführen. Ausgangspunkt für die Hamming-Distanz bilden Zeichenketten mit fester Länge, deren Abstand sich aus der Summe der unterschiedlichen Zeichen zusammensetzt:

$$d_H(x, y) = \sum_{i=1}(x^{(i)}, y^{(i)}) \tag{6.8}$$

wobei

$$p(x, y) = \begin{cases} 0, & \text{falls } x = y \\ 1, & \text{sonst} \end{cases}$$

In unserem Beispiel könnte die Hamming-Distanz zwischen den beiden Wörtern Jakob und Marie berechnet werden, indem die Anzahl an unterschiedlichen Zeichen in den Wörtern summiert wird:

$$d_H(\text{Jakob, Marie}) = 4$$

Nachdem die häufigsten Vertreter der Distanzmaße erläutert wurden, können für die restlichen Datensätze die entsprechenden Abstände berechnet werden. In unserem Beispiel verwenden wir einfachheitshalber ausschließlich die euklidische Distanz für die Attribute Alter, verheiratet, Eigenheim sowie Akademiker, womit sich die in Tab. 6.4 erfassten Abstände ergeben.

Tab. 6.4: Euklidische Distanzen für den K-NN-Algorithmus

Name	Alter	verheiratet	Eigenheim	Akademiker	Einkommen	Distanz
Jakob	59	1	1	1	hoch	$\sqrt{1090}$
Lena	55	1	0	0	gering	$\sqrt{842}$
Manuel	37	1	1	1	hoch	$\sqrt{122}$
Jana	26	0	0	0	gering	$\sqrt{2}$
Niklas	24	1	0	0	mittel	$\sqrt{5}$
Bastian	22	1	1	1	mittel	$\sqrt{17}$

Nun gilt es, die neue Person einer Klasse zuzuordnen, wobei dies anhand eines Mehrheitsentscheids durch Einbezug der k nächsten Nachbarn erfolgt. Die Schwierigkeit hierbei liegt in der Wahl des Parameters k. Eine grobe Orientierung kann die Berechnung eines Richtwertes für k geben. Dieser wird durch die Wurzel der Gesamtanzahl an Datensätzen bestimmt. In unserem Beispiel ergibt sich dadurch $\sqrt{6}$ als Richtwert für k. Da ausschließlich natürliche Zahlen verwendet werden dürfen (Angabe der nächsten Nachbarn) runden wir das Ergebnis auf 2 ab. Die beiden Personen mit dem geringsten Abstand zu Marie sind nach Tab. 6.4 Jana und Niklas, die unterschiedlichen Einkommensklassen zugeordnet sind. In diesem Fall wird k auf den Wert 3 erhöht, wodurch Bastian ebenfalls in die Klassifikation miteinbezogen wird. Da nun zwei der drei Personen mit dem geringsten Euklid-Abstand zu Marie der Einkommensklasse „mittel" angehören und nur eine Person der Einkommensklasse „niedrig" angehört, wird Marie dementsprechend der Einkommensklasse „mittel" per Mehrheitsentscheid durch den k-NN-Algorithmus zugeordnet.

6.4.4 Abweichungsanalyse

Bei der Abweichungsanalyse (auch als *Outlier Detection* oder *Anomaly Detection* bezeichnet) werden untypische bzw. (gegenüber den zuvor erhobenen oder erwarteten Werten) auffällige Datensätze identifiziert. Damit lassen sich z. B. potenzielle Betrugsfälle bei Finanztransaktionen aufdecken.

Für das bessere Verständnis muss zunächst der Begriff des „Ausreißers" definiert werden. Dieser wird in der Statistik verwendet, um aufzuzeigen, dass ein Wert von den zuvor erhobenen Werten abweicht und nicht den „normalen" Werten entspricht. Hierbei wird zwischen drei Erkennungsmethoden einer Anomalie unterschieden:

- Die **überwachte Erkennungsmethode** ist die seltenste und auch gleichzeitig die unrealistischste Methode. Demnach sind zu sämtlichen Anomalien viele unterschiedliche Daten vorhanden. Außerdem gibt es einen großen Datenbestand an Normdaten. Anhand dieser Daten wird ein Modell trainiert. Das Modell nimmt anschließend die Einordnung von neuen Datenbeständen als Ausreißer oder normale Werte vor. Aufgrund der Tatsache, dass in der Praxis meist nicht alle Anomalien erfasst werden können, ist diese Methode meist nicht anzutreffen.
- Bei der **semi-überwachten Erkennungsmethode** wird aus Testdaten mit „normalen" Werten ein Modell entwickelt. Anschließend wird für jeden zu prüfenden Datensatz die Wahrscheinlichkeit berechnet, ob es sich um einen Ausreißer handelt.
- Bei der **unüberwachten Erkennungsmethode** wird ein Datensatz auf Anomalien unter der Annahme geprüft, dass die meisten Datensätze als normal angesehen werden. Demnach wird im Vorfeld nicht mitgegeben, welche Anomalien auftreten können oder welche Daten als normal angesehen werden.

Ein häufig genutzter Algorithmus für die unüberwachte Erkennung ist der **Local Outlier Factor**, kurz LOF. Die Grundidee hierbei ist, dass durch den Abstand zu den k nächsten Nachbarn eine „lokale Dichte" des Punktes geschätzt werden kann.

- Im ersten Schritt wird die Distanz zu den k-nächsten Nachbarn berechnet. Die Berechnung der Abstände kann beispielsweise mit der euklidischen Distanz durchgeführt (vgl. Kap. 6.4.3). Der Abstand eines bestimmten Punktes zu seinem am weitesten entfernten k-Nachbarn wird als k-Distanz k-dist bezeichnet.
- Im zweiten Schritt wird die Erreichbarkeitsdistanz berechnet.

$$\text{Erreichbarkeitsdistanz}_k(A, B) = \max\{k\text{-dist}(B), d(A, B)\}$$

Demnach ist die Erreichbarkeitsdistanz zwischen dem Punkt A und einem weiteren Punkt B entweder der reale Abstand $d(A, B)$, mindestens aber k-dist.

- Im dritten Schritt wird die lokale Erreichbarkeitsdichte lrd (*local reachability density*) berechnet. Die lokale Erreichbarkeitsdichte für den Punkt A bildet sich aus der durchschnittlichen Erreichbarkeitsdistanz und den k nächsten Nachbarn. Abschließend wird der Kehrwert gebildet.

$$\text{lrd}(A) = 1 / \frac{\sum_{B \in k} \text{Erreichbarkeitsdistanz}_k(A, B)}{k}$$

- Im vierten Schritt wird die durchschnittliche lokale Erreichbarkeitsdichte der Nachbarn mit der eigenen lokalen Erreichbarkeitsdichte ins Verhältnis gesetzt.

$$\frac{\sum_{B \in k} \text{lrd}(B)}{k} / \text{lrd}(A)$$

Ein Wert kleiner als 1 bedeutet sogar eine dichtere Region (was ein sogenannter „Inlier" wäre), während signifikant höhere Werte als 1 einen Ausreißer kennzeichnen.

6.4.5 Assoziationsanalyse

> **!** Die Assoziationsanalyse fokussiert sich auf die Suche von starken Regeln. Diese sogenannten Assoziationsregeln definieren Beziehungen zwischen gemeinsam auftretenden Produkten und entsprechen der logischen Implikation nach dem Muster: $A \longmapsto B$.

Dabei beschreibt A die Prämisse (Ursache) und B die Konklusion (Wirkung). Als Beispiel sollen uns in einem Supermarkt die Kunden dienen, die neben Brot auch Butter gekauft haben:

$$\{\text{Brot}\} \longmapsto \{\text{Butter}\}$$

Um die Aussagekraft und Relevanz der identifizierten Regeln zu messen, werden in der Praxis drei gängige Kennzahlen ermittelt, die anhand eines einfachen Beispiels für zehn Verkaufstransaktionen (siehe Tab. 6.5) erläutert werden: Support, Confidence und Lift.

Tab. 6.5: Zehn Verkaufstransaktionen

Transaktion	Brot	Butter
1	ja	ja
2	ja	ja
3	nein	ja
4	ja	ja
5	ja	ja
6	ja	nein
7	nein	ja
8	ja	ja
9	nein	ja
10	ja	nein

1. **Support**
   Der Support beschreibt den relativen Anteil an allen Transaktionen, für die die Regel Brot → Butter gilt. Berechnet wird diese Kennzahl mithilfe der Anzahl an Transaktionen, in der beide Produkte vorkommen, geteilt durch die Gesamtzahl aller Transaktionen.

$$\frac{\sum \text{Datensätze mit erfüllter Regel}}{\text{Gesamtanzahl}} = \frac{\text{Brot} \cap \text{Butter}}{\text{Alle Transaktionen}} = \frac{5}{10} = 0,5 = 50\%$$

2. **Confidence**
   Errechnet wird die Confidence anhand der Anzahl an regelerfüllenden Transaktionen, geteilt durch die Anzahl der Transaktionen, die die Prämisse der Regel erfüllen.

$$\frac{\sum \text{Datensätze mit erfüllter Regel}}{\sum \text{Datensätze mit erfüllter Prämisse}} = \frac{\text{Brot} \cap \text{Butter}}{\text{Brot}} = \frac{5}{7} \approx 0,71 = 71\%$$

Der Confidencewert stellt die bedingte Wahrscheinlichkeit dar, mit der ein Käufer Butter wählt, nachdem er Brot gewählt hat.

Ein Nachteil des Confidencewertes ist es, dass nur die Prämisse berücksichtigt wird. Wird allgemein beispielsweise auch häufig Butter gekauft, ist die Wahrscheinlichkeit höher, dass Butter und Brot zusammen gekauft werden. Da Butter und Brot häufig in allen Transaktionen vorkommen, könnte die Assoziation zwischen den beiden Produkten nur ein Zufall sein (es besteht keine Kausalität). Um die grundsätzliche Popularität beider Komponenten zu berücksichtigen, wird eine dritte Kennzahl namens Lift verwendet.

3. **Lift**
   Der Lift beschreibt die generelle Bedeutung einer Regel. Der Quotient aus der Anzahl regelerfüllender Transaktionen und dem Produkt der Anzahl der erfüllten Prämissen und Konklusionen ergibt den Lift.

$$\frac{\sum \text{Datensätze mit erfüllter Regel}}{\sum \text{Datensätze m. erfüllter Prämisse} \times \sum \text{Datensätze m. erfüllter Konklusion}}$$

Der Lift ist als eine Art Multiplikator zu verstehen, weshalb sich das Ergebnis wie folgt interpretieren lässt:
- Liegt der Wert **genau bei 1**, besteht keine Abhängigkeit zwischen den Elementen.
- Liegt der Wert **über 1**, ist es wahrscheinlicher, dass Produkt 2 gewählt wird, nachdem Produkt 1 gekauft wurde.
- Liegt der Wert **unter 1**, ist es unwahrscheinlicher, dass Produkt 2 gewählt wird, nachdem Produkt 1 gewählt wurde.

Bezogen auf unser Beispiel ergibt sich folgender Lift:

$$\text{Lift} = \frac{\text{Brot} \cap \text{Butter}}{\text{Brot} \times \text{Butter}} = \frac{\frac{5}{10}}{\frac{7}{10} * \frac{8}{10}} \approx 0,89 = 89\%$$

Dies bedeutet, dass die Kaufwahrscheinlichkeit von Butter um ca. 11% reduziert wird, nachdem Brot ausgewählt wurde. Es besteht keine Assoziation zwischen den beiden Produkten (da gilt: Lift < 1).

6.5 Anwendungsbeispiel

In Kap. 6.4.1 wurde für die Erstellung des Entscheidungsbaums aus Abb. 6.3 das Softwarewerkzeug RapidMiner verwendet. In diesem Abschnitt soll nun mittels RapidMiner der CRISP-DM-Prozess aus Kap. 6.3 für das Beispiel einer Kundensegmentierung nachvollziehbar vorgestellt werden.[1] Unter einer Kundensegmentierung versteht man im Wesentlichen das Zerlegen eines Kundenstamms in homogene Käufergruppen, welche ähnliche Merkmale aufzeigen. Dies eignet sich vor allem dann, wenn zielgruppenspezifische Maßnahmen ergriffen werden sollen. Ein Verfahren, das für die Einteilung in Kundensegmente verwendet wird, ist die Segmentierung bzw. Clusteranalyse.

1. Business Understanding: Sonnenschein AG

Die Geschäftsführung der Sonnenschein AG möchte ihre Kunden besser kennen und verstehen. Dies soll helfen, den Kunden gezieltere und personalisierte Angebote zu unterbreiten. Durch diese Aktionen wird sich ein höherer Absatz erhofft, die die Sonnenschein AG langfristig organisch weiter wachsen lassen. Eine konkrete Maßnahme, die als Folge dieser Entscheidung abgeleitet wurde, ist die Kundensegmentierung. Das Marketing Team möchte die Kunden anhand des erzielten Umsatzes und der Zahl der abgeschlossenen Buchungen in drei Segmente einteilen, um segmentspezifische Buchungsanreize bieten zu können. Die Data-Science-Spezialisten sollen das Marketing-Team unterstützen, eine Einteilung der Bestandskunden in Segmente durchzuführen. Dabei soll eine Segmentierung anhand der Kundenstammdaten durchgeführt werden.

---

1 Um das Beispiel selbst nachzuvollziehen, können Sie sich die kostenlose Communityversion von RapidMiner unter community.rapidminer.com herunterladen. Die Excel-Datei mit den verwendeten Datensätze finden Sie auf der Homepage des Lehrbuchs (www.einfuehrung-wi.de).

2. Data Understanding

Für die Durchführung der Kundensegmentierung stellt der Marketingleiter den Data-Science-Spezialisten eine Excel-Datei mit 300 Kundenstammdaten zur Verfügung. Hierbei stellt jede Zeile einen einzelnen Kunden dar, dessen Merkmale in einer Vielzahl an Spalten beschrieben sind (vgl. Tabelle 6.6). Da die Excel-Datei für die Segmentierung nicht die richtige Grundlage bietet, müssen die Daten noch aufbereitet werden. Dies führt zum Schritt der Datenaufbereitung („Data Preparation").

Tab. 6.6: Kundendaten der Excel-Datei

Attribute	Erläuterung
NR, Anrede, Vorname, Nachname, Geburtsdatum, Geburtsjahr, Straße, PLZ, Stadt, Mobil, E-Mail, Newsletter	Allgemeine Stammdaten eines Kunden
Buchungen	Anzahl der Buchungen, die ein Kunde insgesamt vorgenommen hat
Umsatz	Der Umsatz, den das Unternehmen durch den Kunden eingenommen hat

3. Data Preparation

Um mit der Segmentierung der Kundendaten beginnen zu können, muss der Datenbestand zunächst in das lokale Repository von RapidMiner mittels des Import Data-Buttons importiert werden. Durch „Drag and Drop" kann dieser nun in das Prozessfenster gezogen werden, um in unserem Datenfluss die Datenquelle zu repräsentieren.

Filtern der Bestandskunden

Da sich die Kundensegmentierung lediglich auf die Bestandskunden der Sonnenschein AG beziehen soll, muss der Datenbestand um Personen ohne bisherige Buchungen bereinigt werden (solche Personen wurden beispielsweise durch Werbeaktionen in den Kundenstamm aufgenommen). Zu diesem Zweck ziehen wir den Filter Examples-Operator aus dem Operatorfenster von RapidMiner in unseren Datenfluss (vgl. Abb. 6.4).

Um einen neuen Filter hinzuzufügen, klicken wir im „Parameters"-Fenster von RapidMiner den Button Add Filters... (sichtbar bei angewähltem Filteroperator). Im folgenden Pop-Up-Fenster erstellen wir einen Filter für alle Datensätze (bzw. Kunden), deren Wert in der Spalte „Anzahl Buchungen" ungleich null ist (vgl. Abb. 6.5).

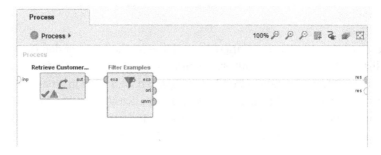

Abb. 6.4: Datenfluss mit Filteroperator in RapidMiner

Um den Filter zu übernehmen, klicken wir auf OK. Die Anzahl der Datensätze verringert sich dadurch von 300 auf 259.

Abb. 6.5: Hinzufügen eines Filters in RapidMiner

Selektieren der Segmentierungsattribute
Um uns auf die relevanten Attribute „Anzahl Buchungen" und „Umsatz" zu beschränken, nutzen wir den Select Attributes-Operator, welchen wir dem Datenfluss hinzufügen (vgl. Abb. 6.6).

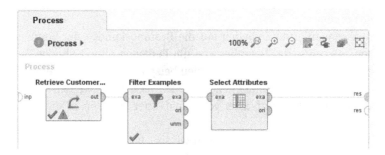

Abb. 6.6: Datenfluss mit Selectoperator in RapidMiner

Um die zu selektierenden Attribute auswählen zu können, wird zunächst in der Parameters-Sektion des Operators die Option Subset per Dropdownmenü als attribute filter type ausgewählt. Mit einem Klick auf Select Attributes öffnet sich nun erneut ein Pop-up-Fenster, welches uns die Teilmenge der zu selektierenden Attribute auswählen lässt (vgl. Abb. 6.7).

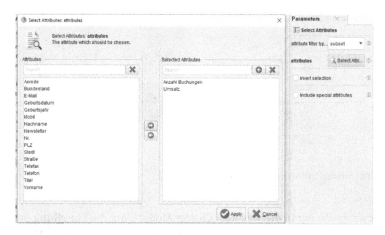

Abb. 6.7: Attributselektion in RapidMiner

4. Modelling

Für die Einteilung der Bestandskunden der Sonnenschein AG wird, wie bereits erwähnt, der k-Means-Algorithmus verwendet. Dazu suchen wir im RapidMiner den k-Means-Operator und fügen ihn mittels „Drag and Drop" in die Modellierung ein. Mit einem Klick auf den Operator öffnet sich das Fenster für die Parameter (vgl. Abb. 6.8). Hier kann die Anzahl der gesuchten Cluster k festgelegt werden. In unserem Anwendungsbeispiel setzen wir k auf 3, um drei Cluster zu identifizieren. Ist eine detailliertere Betrachtung nötig, kann k ein höherer Wert zugewiesen werden. Außerdem kann die maximale Anzahl an Durchläufen des k-Means eingetragen werden. Mit steigender Durchlaufzahl verbessert sich die Qualität der Cluster bis zu einem gewissen Punkt, an dem keine Neuzuweisung der Elemente erfolgt. Im Regelfall wird dann auch die Durchführung des Algorithmus beendet. Standardmäßig ist dieser Wert auf 10 gesetzt, welcher für unseren Anwendungsfall auch vorerst ausreichend ist.

Nachdem alle Ports, wie in Abbildung 6.9 dargestellt, miteinander verbunden sind, können wir das Programm starten.

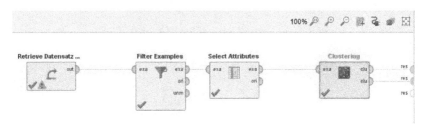

Abb. 6.8: Fenster für die Parameter des k-Means-Operators in RapidMiner

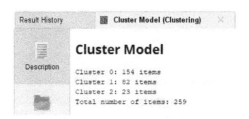

Abb. 6.9: Einteilung der Kundencluster in RapidMiner

Im Results-Reiter wechseln wir in das Fenster „Cluster Model", um die Einteilung der Kunden in die verschiedenen Cluster zu betrachten. Das Ergebnis sollte dem in Abbildung 6.10 abgebildeten Resultat entsprechen.

Cluster Model

Cluster 0: 154 items
Cluster 1: 82 items
Cluster 2: 23 items
Total number of items: 259

Abb. 6.10: Ergebnis des k-Means-Algorithmus in RapidMiner

Im linken Bildschirmrand klicken wir auf „Centroid Table", um einen genaueren Blick auf die erstellten Cluster zu werfen. Mithilfe dieser Tabelle lassen sich nun die ersten Erkenntnisse ableiten.

5. Evaluation

In der Tabelle 6.11 werden die durchschnittlichen Werte der beiden Attribute (Anzahl Buchungen, Umsatz) für jedes Cluster dargestellt.
– **Cluster 0** ist das größte Cluster, in dem die Kunden die geringsten Buchungen und den kleinsten Umsatz pro Kunde erzielten.

Attribute	cluster_0	cluster_1	cluster_2
Anzahl Buchungen	2.662	4.244	7.304
Umsatz	880.278	3040.422	6687.338

Abb. 6.11: Centroid Table in RapidMiner

- **Cluster 1** bildet in Bezug auf Anzahl der Kunden sowie Umsatz pro Kunde und Anzahl der Buchungen das Mittelfeld.
- **Cluster 2** ist das kleinste Cluster. In diesem werden die meisten Buchungen abgeschlossen und der höchste Umsatz pro Kunde erzielt.

Möchte man diese Daten jetzt genauer betrachten, eignet sich dafür ein Diagramm,
welches die Anzahl der Buchungen den Umsatzzahlen gegenüberstellt. Dazu navi-
gieren wir in den Reiter ExampleSet(Clustering). Im linken Bildschirmrand können
unter dem Reiter Chart style verschiedene Diagrammtypen ausgewählt werden. Anhand der Abbildung 6.12 ist zu erkennen, dass wir uns für den Diagrammtyp Scatter
entschieden haben, da dieser die Streuung der Elemente und deren Clusterzugehörig-
keit übersichtlich darstellt. Weiterhin müssen die übrigen Einstellungen übernommen
werden.

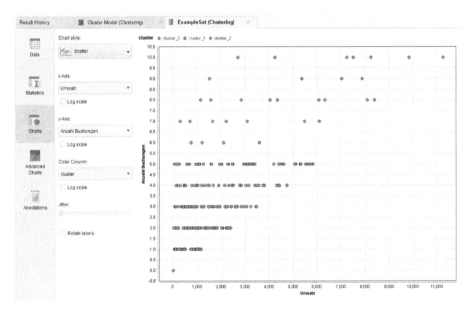

Abb. 6.12: Cluster der Kundendaten in RapidMiner

Wichtig zu beachten ist aber auch der Gesamtumsatz, den dieses Segment erzielt, der
sich wie folgt berechnet: Anzahl der Buchungen × Umsatz pro Kunde.

- Cluster 1 ist das **umsatzstärkste** Segment mit 82 × 3.040,42 = 249.314,44 Euro.
- Cluster 2 bildet das **Mittelfeld** mit einem Umsatz von 23 × 6.687,34 = 153.808,82 Euro.
- Cluster 0 ist das **umsatzschwächste** Segment mit 154 × 880,28 = 135.563,12 Euro.

6. Deployment

Mit diesen Informationen der Data-Science-Analyse können nun verschiedene segmentspezifische Marketingmaßnahmen durch die Marketingabteilung der Sonnenschein AG entworfen werden.

6.6 Übungsaufgaben

6.6.1 Verständnisfragen

1. Erläutern Sie den CRISP-DM-Prozess.
2. Erläutern Sie den Unterschied zwischen Segmentierung und Klassifikation.
3. Erläutern Sie die grundsätzlichen Schritte des k-Means-Algorithmus.
4. Erläutern Sie, wozu der Information Gain beim Attributtest genutzt wird.
5. Nennen Sie die Distanzmaße für den k-NN-Algorithmus.
6. Erläutern Sie die Grundidee des Local Outlier Factors.

6.6.2 Fallstudienaufgabe zur Sonnenschein AG

Die Assistentin der Geschäftsleitung wurde vom Top Management aufgefordert, zwei Werkzeuge für Data Science vorzustellen. Bei ihrer Recherche der möglichen Werkzeuge ist sie neben RapidMiner auf KNIME gestoßen. Das Anwendungsbeispiel für den Einsatz mit RapidMiner hat sie anhand der Ausführungen und der Excel-Datei aus Kap. 6.5 bereits selbst entwickelt. Sie sollen nun mit KNIME ebenfalls dieses Anwendungsbeispiel umsetzen.[2]

---

2 Für die Fallaufgabe laden Sie sich die kostenlose Communityversion von KNIME herunter (www.knime.com). Die Excel-Datei mit den verwendeten Datensätze finden Sie auf der Website des Lehrbuchs (www.einfuehrung-wi.de).

Teil II: **Systeme**

7 Integrierte betriebliche Informationssysteme

Lernziele in diesem Kapitel
- Sie können erläutern, was ein ERP-System ist, aus welchen Modulen es besteht und welchen Nutzen es für Geschäftsprozesse bringt.
- Sie können zwischen ERP I und ERP II unterscheiden.
- Sie können erläutern, was man unter SCM und CRM versteht, und Beispiele dafür benennen.

7.1 Fallstudie: Reiseveranstalter Sonnenschein AG

Wie bei vielen anderen Unternehmen handelt es sich auch bei der Sonnenschein AG um ein prozessorientiert organisiertes Unternehmen. Sämtliche Geschäftsabläufe in der Firma werden durch Prozesse abgebildet und entsprechend durchgeführt. Neben rein internen existieren auch diverse unternehmensübergreifende Prozesse, in die entweder Kooperationspartner wie Hotels und Fluggesellschaften oder Kunden der Sonnenschein AG integriert sind. Die Verbindung zu vielen Kooperationspartnern erfolgt über das GDS (globales Distributionssystem) Amadeus, das in der Reisebranche weit verbreitet ist. Ein großer Teil der Beschaffung in der Sonnenschein AG läuft über dieses System ab. Der Kontakt zum Kunden wird mittels E-Mail, Telefon und das Internet aufrechterhalten.

Ein wichtiger Geschäftsprozess im Rahmen der Kundenbeziehungen ist die Überprüfung der Kundenzufriedenheit. Wenn ein Kunde eine Reise durchgeführt hat, bekommt er per E-Mail automatisch den Link zum vorhandenen Online-Kundenzufriedenheitsformular. Möchte der Kunde Feedback geben, kann er dies telefonisch bei einem Mitarbeiter der Firma oder über das auf der Webseite bereitgestellte Formular tun. Das Formular wird hierzu vom Web-System geladen und kann anschließend ausgefüllt werden. Die Ergebnisse werden in einer Datenbank abgespeichert. Damit ist die Kundenzufriedenheit erfasst. Allerdings werden diese Daten momentan nicht weiter berücksichtigt. Veränderungsvorschläge und Vorlieben der Kunden fließen in keinen weiteren Geschäftsprozess ein. Besonders betroffen ist hiervon der Geschäftsprozess „Newsletter generieren". Die Kunden erhalten alle den gleichen vom System generierten Newsletter. Das zugehörige ereignisgesteuerte Geschäftsprozessdiagramm ist in Abb. 7.1 dargestellt.

Dieses Vorgehen der Sonnenschein AG führt im Allgemeinen dazu, dass die Kunden nur einmal eine Reise buchen und im darauffolgenden Jahr den Anbieter wechseln. Hier bedarf es einer Veränderung der Geschäftsprozesse der Sonnenschein AG, um zu ermöglichen, dass die Wünsche der Kunden besser berücksichtigt werden können. Sowohl im kollaborativen CRM, in diesem Fall der Newsletter, wie auch im ope-

https://doi.org/10.1515/9783110722260-007

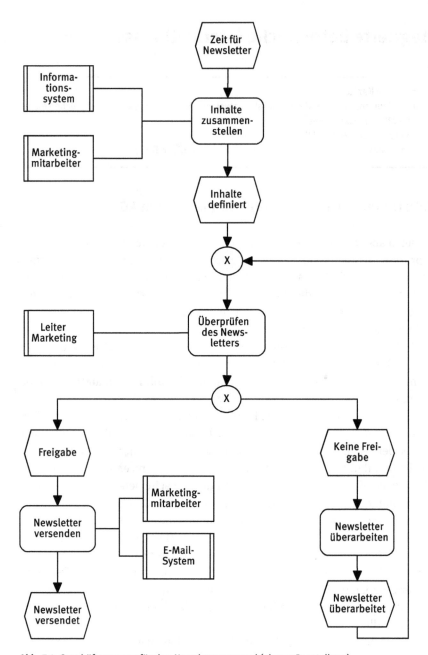

Abb. 7.1: Geschäftsprozess für den Newsletterversand (eigene Darstellung).

rativen CRM, das die Wünsche des Kunden zur Unterstützung anderer Prozesse heranziehen soll, muss also etwas geändert werden.

7.2 Überblick

Integrierte betriebliche Informationssysteme unterstützen die Geschäftsprozesse in Unternehmen. Damit ist gemeint, dass die einzelnen Tätigkeiten in einem Unternehmen durch ein Informationssystem, bestehend aus verschiedenen Modulen, integriert und unterstützt werden. Das Informationssystem bildet dazu nicht nur die notwendige Funktionalitäten ab, sondern auch die sachlogisch und zeitlich richtige Reihenfolge dieser Tätigkeiten.

Beispiel: Bestellung von Fertigungsmaterial
Zu Wochenbeginn sieht der Einkäufer im ERP-System (vgl. Kap. 7.3) nach, für welches Lager welches Fertigungsmaterial die kritische Bestellmenge erreicht bzw. bereits unterschritten hat. Dazu aktiviert er die Funktion zur Bedarfsermittlung im ERP-System, wählt anschließend für jedes zu bestellende Fertigungsmaterial den Lieferanten aus und stößt den Ausdruck der Bestellformulare an. Abschließend veranlasst er den Postversand der Bestellungen.

Zunehmend werden Geschäftsprozesse auch über Unternehmensgrenzen hinweg zwischen den Geschäftspartnern einer Wertschöpfungskette mittels integrierter betrieblicher Informationssysteme koordiniert. Abbildung 7.2 gibt einen Überblick über die Arten integrierter betrieblicher Informationssysteme.

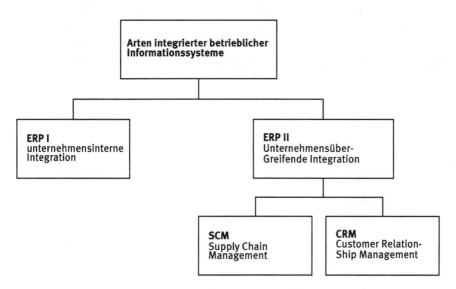

Abb. 7.2: Arten integrierter betrieblicher Informationssysteme (eigene Darstellung).

SCM- und CRM-Systeme stellen Erweiterungen von ERP-Systemen dar und dienen der Integration von Lieferanten und Kunden in die Geschäftsprozesse eines Unternehmens.

7.3 Enterprise Resource Planning

! Ein **Enterprise-Resource-Planning-System**, in der Praxis als ERP-System bezeichnet, ist ein modular aufgebautes betriebliches integriertes Informationssystem, mit dem alle operativen Tätigkeiten in einem Unternehmen erfasst und abgebildet werden können.

Durch ein ERP-System wird der gesamte betriebswirtschaftliche Prozessablauf im Unternehmen geplant, gesteuert, ausgewertet und kontrolliert. Eine prozessorientierte Organisation im Unternehmen wird für den erfolgreichen Einsatz eines ERP-Systems implizit vorausgesetzt. Das Informationssystem sorgt dafür, dass geänderte Informationen innerhalb eines Geschäftsprozesses automatisch für alle weiteren Funktionen zur Verfügung stehen.

Modular bedeutet, dass ein ERP-System i. d. R. aus verschiedenen Softwareanwendungsmodulen (auch: Komponenten) besteht, die unterschiedliche betriebliche Aufgaben unterstützen. Wichtig ist, dass diese Module nicht unabhängig voneinander, sondern integriert sind. **Integration** bedeutet, dass die Module über eine gemeinsame Datenbasis verfügen und sie die betrieblichen Geschäftsprozesse im Unternehmen aufeinander abgestimmt abbilden, sodass keine organisatorisch-technischen Brüche entstehen.

ERP-Systeme sind zumeist **Standard-Softwaresysteme**. Sie werden also nicht vom Unternehmen selbst entwickelt, sondern von einem ERP-Hersteller gekauft und auf die Anforderungen des Unternehmens zugeschnitten. Dieser Vorgang wird als **Customizing** bezeichnet. Zwei wichtige **Auswahlkriterien** für ein ERP-System sind

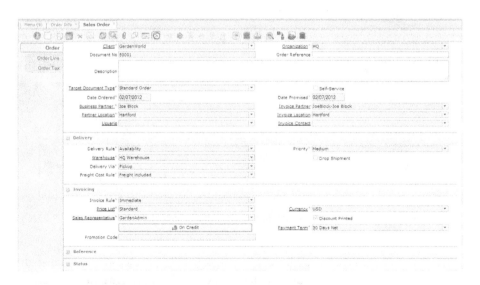

Abb. 7.3: Auftrag (Order) in ADempiere.

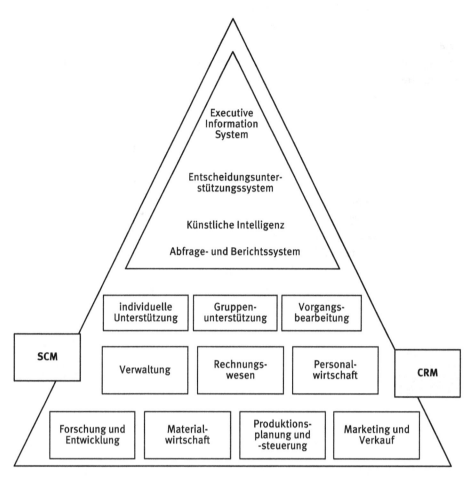

Abb. 7.4: ERP II (eigene Darstellung).

die Branche und die Unternehmensgröße, für die das Informationssystem geeignet ist: Einige ERP-Systeme sind nur auf kleine und mittelständische Unternehmen ausgelegt oder nur auf Spezifika einer bestimmten Branche. Für die Auswahl eines ERP-Systems ist auch die zugrunde liegende Informationstechnik von Bedeutung. So ist es z. B. wichtig zu wissen, welche Datenbanksysteme als zentrale Datenhaltung des ERP-Systems unterstützt werden.

Namhafte Vertreter von ERP-Systemen sind: SAP mit *SAP ERP* (vormals: R/3) bzw. *SAP S/4 Business Suite for HANA*, Microsoft mit *Dynamics AX* und Oracle mit *Oracle E-Business Suite*. Auch im Open-Source-Bereich sind mittlerweile einige ERP-Systeme verfügbar, so z. B. *Compiere* und *ADempiere* (vgl. Abb. 7.3).

Typischerweise unterstützen die **Module** eines ERP-Systems folgende Aufgabenbereiche eines Unternehmens: Vertrieb (Verkauf und Marketing), Einkauf, Materialwirtschaft, Fertigung, Rechnungswesen, Personalwirtschaft, Forschung und Entwicklung. Zusätzlich bietet ein ERP-System auch Funktionen für die Systemverwaltung (Stammdaten, Benutzer etc.), das Berichtswesen (Reporting) sowie das Workflowmanagement an. Diese typischen Module kennzeichnen ein ERP-System primär als Administrations- und Dispositionssystem. Die Module dienen der unternehmensinternen und -übergreifenden Integration von Geschäftsprozessen.

Während in den 1990er-Jahren v. a. die unternehmensinterne horizontale Integration auf Administrations- und Dispositionsebene vorangetrieben wurde, rückt zunehmend die vertikale Integration in Richtung der Planungs- und Kontrollsysteme sowie die **unternehmensübergreifende Integration** von Geschäftspartnern in den Vordergrund (vgl. Kap. 7.4 und Kap. 7.5). Als Benutzeroberflächen setzen sich zunehmend Web-Browser durch, da durch sie eine plattformunabhängige Integration möglich ist. Plattformunabhängig bedeutet, dass der einzelne Benutzer des ERP-Systems lediglich einen Web-Browser auf seinem Computer benötigt, um auf das ERP-System zugreifen zu können. Hardware und Betriebssystem spielen dabei im Idealfall keine Rolle.

Die unternehmensübergreifende Integration von Geschäftspartnern in ERP-Systemen sowie die Umstellung der ERP-Systeme auf Internettechniken wird auch als **ERP II** bezeichnet. Damit soll zum Ausdruck gebracht werden, dass es sich um die

Tab. 7.1: Vorteile von ERP-Systemen nach Gronau (2010, S. 12).

	ohne ERP-Einsatz	mit ERP-Einsatz
Durchlaufzeit	kostenintensive Engpässe (z. B. durch Personal)	Zeit- und Kostenersparnis in Geschäftsprozessen
Auftragsbe-arbeitung	Bearbeitung durch mehrere Stellen benötigt Datenhaltung an mehreren Stellen	schnellere Bearbeitung durch gemeinsame Datenhaltung
finanzielle Situation	steigende Kosten durch Überbestände und zu hohe Außenstände	Verbesserung der operativen Leistung durch Bestandskontrolle und automatisches Mahnwesen
Geschäfts-prozesse	fragmentierte Abläufe mit Mehrfachaufwand	Optimierung auf Basis von „Best-Practices-Prozessen"
Produktivität	fehlende Fähigkeit, schnell gegenüber Lieferanten und Kunden reagieren zu können	Verbesserung beim Lieferantenmanagement und Kundenservice
Supply Chain Management	keine Integration der Logistikprozesse	Verbindung der Logistikprozesse mit Lieferanten und Kunden
E-Business	Web-Schnittstellen als isolierte Systeme bzw. Einzelkomponenten	Web-Schnittstellen als Frontend des ERP-Systems
Information	keine effiziente Planung, Steuerung und Kontrolle der Ressourcen	bereichsübergreifendes Management aufgrund zentraler Datenhaltung
Kommunikation	keine effiziente Kommunikation mit Kunden und Lieferanten	Kommunikation, z. B. auf Basis von Workflows, mit Kunden und Lieferanten

zweite Generation von ERP-Systemen handelt, die nunmehr nicht nur unternehmensinterne Geschäftsprozesse, sondern auch unternehmensübergreifende Prozesse mit Kunden und Lieferanten integrieren können (vgl. Abb. 7.4). Demgemäß werden ERP-Systeme, die lediglich unternehmensinterne Prozesse integrieren, als **ERP I** bezeichnet.

Den Schwerpunkt der Integration von Geschäftspartnern in ERP-II-Systemen bildet das Lieferkettenmanagement (Supply Chain Management) und das Kundenbeziehungsmanagement (Customer Relationship Management). Beide werden in den Kap. 7.5 und 7.6 erläutert. Tabelle 7.1 nach Gronau (2010, S. 12) zeigt überblicksartig die Vorteile von ERP-Systemen.

7.4 Supply Chain Management

SCM (Supply Chain Management; dt. Lieferkettenmanagement oder Versorgungskettenmanagement) beschreibt die aktive Gestaltung aller Prozesse, um Kunden oder Märkte wirtschaftlich mit Produkten und Dienstleistungen zu versorgen.

Im Unterschied zur Logistik beinhaltet SCM neben den physischen Aktivitäten auch die begleitenden Auftragsabwicklungs- und Geldflussprozesse. Bei einer Lieferkette (Supply Chain) geht es um das Zusammenspiel aller an der Herstellung eines Erzeugnisses beteiligten Geschäftspartner.

Abbildung 7.5 zeigt ein typisches Beispiel für das Supply Chain Management im Handel.

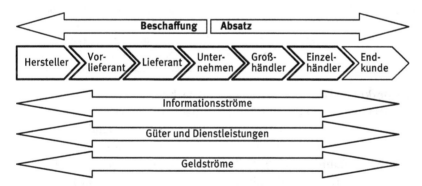

Abb. 7.5: SCM in einem Handelsunternehmen (eigene Darstellung).

SCM ist primär ein betriebswirtschaftliches Konzept der Geschäftsprozessintegration innerhalb der Wertschöpfungskette zwischen den einzelnen Unternehmen auf den unterschiedlichen Wertschöpfungsstufen und dem Endkunden.

Die wirtschaftsinformatorische Bedeutung des SCMs ergibt sich aus der Notwendigkeit, dieses Konzept durch Informationssysteme zu unterstützen. Nur durch diese Unterstützung ist das SCM-Konzept überhaupt realisierbar. ERP-II-Systeme erweitern deshalb die ERP-I-Systeme um die hierfür notwendigen Funktionalitäten, die insbesondere die unternehmensübergreifende Produktionsplanung und die Logistik betreffen. Die Integration monetärer Prozessabläufe („Geldströme") wird v. a. in Großunternehmen zunehmend ebenfalls im Rahmen des SCMs integriert. Die daraus resultierenden Kostenvorteile, z. B. bei Bankgebühren, rechtfertigen für die dort gegebenen Zahlungsvolumina die Integration finanzieller Ströme in das SCM. Die Integration der Informationsströme ist sowohl für die Integration der Güter-/Dienstleistungsströme als auch der Geldströme eine notwendige Voraussetzung. So müssen in Handelsunternehmen z. B. die Abverkaufsdaten zeitnah über ERP-II-Systeme an die Lieferanten übermittelt werden können, um bei kleinen Lagermengen (also niedrigen Lagerkosten) dennoch jederzeit lieferfähig zu sein.

ⓘ Fallbeispiel: OLYMP

Aus: Stuttgarter Zeitung vom 21.01.2006 (Ausschnitt)

Jede Woche verliert der Hersteller von Markenhemden Olymp einen Kunden, weil wieder ein Fachhändler aufgeben musste. Diese Entwicklung kann nur überwinden, wer mit den alten Kunden mehr umsetzt und neue hinzugewinnt. Olymp schafft beides. Nach einer Umfrage des Branchendienstes Markt Intern ist Olymp seit dreieinhalb Jahren die bestverkaufte Hemdenmarke im deutschen Fachhandel. Hochwertige Gewebe, knitterfreie Hemden – das sind Verkaufsargumente, die den Händlern ihre Arbeit erleichtern. Zusätzlich setzt Olymp auf eine extrem enge Zusammenarbeit. Wenn ein Kunde an der Kasse in einem Kaufhaus ein Hemd bezahlt, muss kein Mitarbeiter einen Verkaufszettel ausfüllen und einen Bestellzettel schreiben. Die Kasse des Einzelhändlers funkt automatisch an das Lager von Olymp und am nächsten Tag geht eine entsprechende Nachlieferung raus. „Das Schlimmste im Einzelhandel sind die Nichtverkäufe", sagt Geschäftsführer Bezner. „Wenn ein Kunde einen Artikel nachfragt und nicht bekommt, ist das schlecht für alle Beteiligten. Wir garantieren eine ständige Lieferfähigkeit."

Wesentliche **Merkmale von SCM-Systemen** sind nach Mertens (2012, S. 358 ff):

– **Genormte Datenkommunikation:** Innerhalb der Versorgungskette ist eine informationstechnische Integration nur dann möglich, wenn die verbundenen Informationssysteme gleich strukturierte Daten (Datenstrukturen) verwenden.
– **Supply Network Planning (SNP):** Aufbauend auf überbetrieblich abgestimmten Bedarfsvorhersagen (Demand Planning) werden mit SNP Pläne für die Produktion, die Beschaffung und die Distribution mit mittlerem Planungshorizont (zwischen 1 bis 12 Monaten) bestimmt.
– **Systemgesteuerte Abfragen:** Die Abfrage, aus welchen Lagern oder Produktionsstätten ein Auftrag in der Lieferkette bedient werden kann, muss informationstechnisch gesteuert erfolgen.

Ein zentrales Ziel des Supply Chain Managements besteht darin, den sog. **Peitschen-schlag-** oder **Bullwhip-Effekt** gar nicht erst eintreten zu lassen. Mit diesem Effekt werden die Auswirkungen von Nachfrage-Schwankungen beschrieben. Dargestellt werden die negativen Konsequenzen, die aus der Ungewissheit bezüglich des zukünftigen Nachfrageverlaufs der Abnehmer heraus für ein Unternehmen entstehen. Das Problem dabei ist, dass ohne Supply Chain Management die Absatz- und Terminplanung der liefernden Stufe grundsätzlich keine Informationen über Bestände in der nachgelagerten Wertschöpfungskette hat, während die abnehmende Stufe über keine Informationen hinsichtlich der Ressourcen der liefernden Stufe verfügt. Falls sich einzelne Kettenglieder nur am Bestellverhalten ihrer direkten Kunden orientieren, können Auftragsschwankungen aufgrund von Preisvariationen, z. B. Sonderangeboten, Sammelbestellungen (zur Erzielung von Mengenrabatten) oder erwarteten Lieferengpässen zu Überreaktionen der vorgelagerten Kettenglieder führen. Zur Abfederung der Planungsungenauigkeiten werden auf jeder Stufe Sicherheitsbestände vorgehalten, um kostspielige Fehlbestände zu vermeiden. Leichte Nachfrageschwankungen im Handel schaukeln sich dabei wie ein Peitschenschlag in vorgelagerten Stufen auf, und zwar umso stärker je mehr Stufen (Kundenkäufe, Handelsbestellungen, Herstellerbestellungen, Lieferantenbestellungen) beteiligt sind (vgl. Bächle u. Lehmann 2010, S. 74).

Über die Verhinderung des Peitschenschlageffekts hinaus verfolgt das Supply Chain Management noch eine ganze Reihe von Zielsetzungen (vgl. Bächle u. Lehmann 2010, S. 74 f):
– Steigerung der Kundenzufriedenheit
  – Erhöhung der Termintreue
  – Verkürzung von Durchlauf- und Lieferzeiten
  – Erhöhung des Lieferbereitschaftsgrads
– Kosteneinsparungen
  – bessere Kapazitätsauslastung
  – Abbau von Lagerbeständen (und damit geringere Kapitalbindung)
  – Senkung von Transaktionskosten
– Erhöhung der Prognose- und Planungsgenauigkeit durch Transparenz über die gesamte Wettschöpfungskette
  – optimierte Bestellmengen und Bestellhäufigkeit durch umfassende Übersicht über Bestände
  – optimierte Beladungsmengen und Beladungsfrequenz der Transportfahrzeuge durch Volumen- und Routenoptimierung
  – optimierte Ein- und Auslagerungsprozesse durch exakte Lagerplatzverwaltung
  – optimierte Produktionsreihenfolgen und Kapazitätsauslastungen
– Vermeidung von Produktionsverzögerungen, zwischenbetrieblichen Lieferzeiten, Nachbesserungen und Reklamationen
– Reduzierung von Marktrisiken, d. h. des Risikos finanzieller Verluste, aufgrund der Änderung von Marktpreisen, wie z. B. Aktienkurse, Zinsen oder Wechselkurse
– Steigerung der Anpassungsfähigkeit an veränderte Marktbedingungen

– Beschleunigung von Innovationen

Diese Aufzählung lässt einerseits die enormen Potenziale des Supply-Chain-Management-Ansatzes erkennen, betont andererseits aber auch die besonderen Herausforderungen im Hinblick auf die Gestaltung der Zusammenarbeit und die Systemunterstützung der Partnerunternehmen in der Wertschöpfungskette. Schließlich sollen alle Beteiligten gleichermaßen von der Zusammenarbeit profitieren.

7.5 Customer Relationship Management

! **CRM** (Customer Relationship Management; dt. Kundenbeziehungsmanagement) ist, wie SCM, ein betriebswirtschaftliches Konzept. Ziel des CRM ist der systematische Aufbau und die Pflege dauerhafter und profitabler Kundenbeziehungen. Aufgabe der Wirtschaftsinformatik ist die Bereitstellung geeigneter Informationssysteme als Teil eines ERP-II-Systems, um die notwendigen Daten integriert allen Aufgabenträgern bereitzustellen.

CRM-Systeme speichern alle Kundendaten (Stammdaten des Kunden, Kontakte zum Kunden, Aufträge des Kunden etc.) in einer zentralen Kundendatenbank, die idealerweise Teil der zentralen Datenspeicherung eines ERP-II-Systems ist.
Wesentliche **Merkmale von CRM-Systemen** sind:
– Aufbau einer umfassenden Kundendatenbank;
– Verbesserung der Datenqualität durch zentrale und zeitnahe Erfassung;
– Data Mining/Business Intelligence zur Identifizierung umsatzrelevanter Zusammenhänge in den Kundendaten (vgl. hierzu insb. Kap. 9);
– Verbesserung der internen und externen Kommunikation zwischen den einzelnen (Vertriebs-)Mitarbeitern und mit dem Kunden;
– einfache Datenpflege durch zentrale Datenhaltung.

Prozessorientierte Ziele, die mit CRM-Systemen verfolgt werden, sind:
– Koordination sämtlicher Kundenschnittstellen
– Erfolgskontrolle aller Aktivitäten
– Entlastung der Vertriebsmitarbeiter von Routinearbeiten
– schnelle Prozessabwicklung

Üblicherweise werden drei **Arten** von CRM-Systemen unterschieden:
– **Kollaboratives CRM**: Lösungen (z. B. E-Mail), die eine direkte Interaktion bzw. Kommunikation zwischen Kunden und Unternehmen ermöglichen. Das kollaborative CRM wird oftmals auch als Teil des operativen CRM betrachtet und deshalb nicht explizit ausgewiesen.
– **Operatives CRM**: IT-Lösungen, die eine Integration in bestehende Geschäftsprozesse erfordern, z. B. zur Unterstützung der operativen Aufgaben im Vertrieb im

Kampagnenmanagement oder der Kundensegmentierung auf Basis der Kundendatenbank.

– **Analytisches CRM**: Lösungen der Business Intelligence für die Analyse der im operativen CRM generierten Daten.

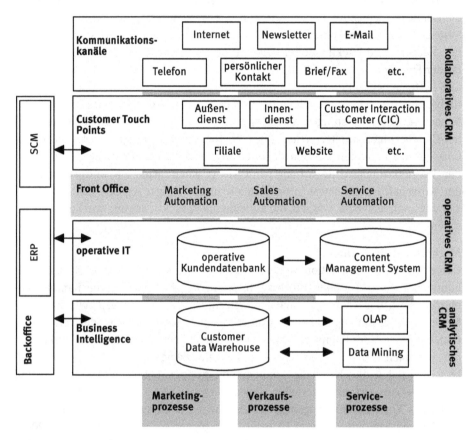

Abb. 7.6: CRM-Arten (nach Hippner u. a. 2006, S. 48).

Abbildung 7.6 nach Hippner u. a. (2006, S. 48) zeigt die Integration der drei CRM-Arten untereinander und von CRM-Arten mit SCM- sowie ERP-System(en). Die Begriffe „Data Mining", „OLAP" und „Data Warehouse" verweisen auf den engen Zusammenhang zur Business Intelligence, die in Kap. 9 behandelt wird. Wir wollen an dieser Stelle abschließend noch einen kurzen Blick auf die drei Automation-Begriffe in Abb. 7.6 werfen.

Sales Automation

Sales Automation definieren wir in Anlehnung an Winkelmann (2004, S. 304) wie folgt: „Sales Automation (Vertriebsautomatisierung) bedeutet die informationstechnologische Unterstützung der Vertriebsaufgaben eines Unternehmens."

Derartige IT-Systeme unterstützen die Vertriebsarbeit und ersetzen teilweise menschliche dispositive Entscheidungen. Sie werden als Computer-Aided-Selling-Systeme (CAS-Systeme) oder Sales-Force-Automation-Systeme (SFA-Systeme) bezeichnet. Effizienz und Effektivität der Sales Automation werden von Anzahl und Qualität der Funktionen eines CAS-Systems bestimmt (vgl. Winkelmann 2004, S. 316 ff). CAS-Systeme beinhalten Funktionalitäten für die Unterstützung der operativen Vertriebsaufgaben, wie Tourenplanung, Beschwerdemanagement, Adressverwaltung. Je nach Anzahl unterstützter Vertriebsaufgaben wird zwischen schmalen und breiten CAS-Systemen unterschieden. Eine weitere Unterscheidung in tiefe und flache CAS-Systeme fokussiert auf den Detaillierungsgrad der Unterstützung einer einzelnen Vertriebsaufgabe. Die Vorteile von CAS-Systemen liegen v. a. in der Steigerung der Wirtschaftlichkeit sowie in der Realisierung wichtiger Aspekte des Kundenbeziehungsmanagements, wie z. B. die individuelle Berücksichtigung von Kundenwünschen.

Marketing Automation

Unter Marketing Automation versteht man die Steuerung und Unterstützung der kundenbezogenen Geschäftsprozesse im Marketing, insbesondere im Kampagnenmanagement. Das Kampagnenmanagement umfasst die Planung, Abwicklung und Steuerung aller Aktivitäten bei der Durchführung einer Marketing- oder Verkaufsaktion. Der Prozess des Kampagnenmanagements stellt einen Kreislauf von Funktionen dar, der nach stetiger Verbesserung und Effizienzsteigerung strebt. Dieser Regelkreis lässt sich in die Phasen der Kampagnenplanung, Kampagnendurchführung und Kampagnenauswertung unterteilen. Daraus ergeben sich die wichtigsten Funktionen eines Kampagnenmanagementsystems, wie z. B. Budgetplanung, Zeitplanung und Automatisierung von Geschäftsregeln und -prozessen (vgl. Englbrecht u. a. 2004, S. 339 ff).

Service Automation

Service Automation umfasst Funktionalitäten zur informationstechnischen Steuerung und Unterstützung der Serviceprozesse im Unternehmen, um deren effizienten und effektiven Ablauf sicherzustellen und Kundenbeziehungen zu festigen. Teilgebiete der Service Automation sind: Self Service Automation und FrontOffice Service Automation. Self Service Automation bietet dem Kunden selbstständig abrufbare Serviceleistungen an, wie z. B. den Abruf des Bestellstatus eines Auftrags. Front Office Service Automation unterstützt die Servicemitarbeiter im direkten Kundenkontakt durch Bereitstellung servicerelevanter Informationen, wie z. B. Informationen zu Lieferterminen (vgl. Schöler 2004, S. 377 f).

7.6 Ausblick

Integrierte betriebliche Informationssysteme sind keine monolithischen Softwareblöcke. Sie bestehen zunehmend aus einer Vielzahl von mehr oder weniger gut integrierten Anwendungssystemen. Dieser Trend wird sich in den nächsten Jahren noch deutlich verstärken. Deshalb wird die Aufgabe des IT-Managements zunehmend darin bestehen, die Anwendungssysteme von unternehmensweiten und -übergreifenden Informationssystemen stärker als bislang zu verzahnen. Ein Modell zur Verdeutlichung ist Gartners **Pace Layer Framework** (vgl. dazu Gartner Inc. 2012). Es ordnet die Anwendungssysteme drei Schichten zu, die sich v. a. in Bezug auf ihre jeweilige Veränderungsdynamik und ihren Verwendungszweck unterscheiden (vgl. Abb. 7.7 und Tab. 7.2):

– **Systems of Record**: Anwendungssysteme dieser Schicht verwalten wenig veränderliche Daten. Hierzu gehören Stammdaten, wie Personaldaten, Kundendaten, Lieferantendaten, Auftragsdaten. Derartige Anwendungssysteme eines umfassenden Informationssystems dienen v. a. dem Berichtswesen, wie es im betrieblichen Rechnungswesen üblicherweise zu finden ist. Auf dieser Ebene kann problemlos Standardsoftware zum Einsatz kommen, da derartige Geschäftsprozesse (bzw. Geschäftsprozessteile) keine besonderen unternehmensspezifischen Besonderheiten aufweisen.

Tab. 7.2: UBIS-Schichtenmodell: Merkmale (nach Gartner Inc. 2012).

Merkmale	Schicht 1: Stammdaten	Schicht 2: Differenzierung	Schicht 3: Innovation
Prozessmerkmale	strukturiert, wiederholbar	konfigurierbar, autonom	dynamisch, ad hoc
Datenmerkmale	strukturiert, wenig veränderlich, hohe Datenqualität, v. a. interne Daten, Datenmanagement	interne und externe Daten, einige unstrukturierte bzw. dynamische Daten	strukturierte und unstrukturierte Daten, sehr viele externe Daten
Veränderlichkeit der Daten	statisch/stabil = Stammdaten	Stamm- und Bewegungsdaten	Bewegungsdaten, sehr dynamisch
Analyseziel	Berichtswesen, historische Auswertungen	Planung und Kontrolle	Prognosemodelle, Simulationen/Szenarien
Sicherheit	zentrales Management von Daten und Zugriffsrechten	verteiltes Management von Daten und Zugriffsrechten	föderiertes und komplexes Management von Daten und Zugriffsrechten
Zusammenarbeit	gering	mittel	hoch

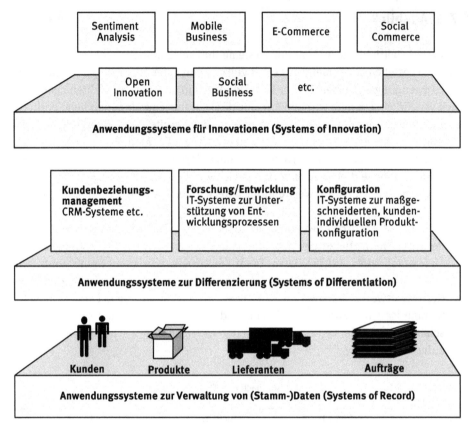

Abb. 7.7: UBIS-Schichtenmodell (mit Beispielen) (nach Gartner Inc. 2012).

- **Systems of Differentiation:** Anwendungssysteme dieser Ebene nutzt das Unternehmen zur Differenzierung seiner Geschäftsprozesse. So kann sich ein Unternehmen z. B. durch besonders schnelle Auftragsbearbeitungsprozesse mittels IT-Unterstützung vom Wettbewerb abheben. Die dafür benötigten Daten sind stärker veränderlich, wie es z. B. für Auftragsbearbeitungsdaten typisch ist. Man spricht hier zumeist von Bewegungsdaten. Die Anwendungssysteme selbst verarbeiten die Daten meist selbstständig (autonom). Sie sind zudem stark an die Anforderungen des Unternehmens angepasst.
- **Systems of Innovation:** Anwendungssysteme dieser Schicht sind hinsichtlich ihrer Veränderlichkeit sehr dynamisch. Sie sind innovativ und dienen der Kommunikation mit den Kunden. Die dabei verarbeiteten Daten sind stark veränderlich und werden von einer Vielzahl unterschiedlicher Anwendungen generiert bzw. verarbeitet, sodass es hier typischerweise keine zentrale Datenhaltung gibt. Vielmehr greifen die Anwendungen auf eine Vielzahl von Datenhaltungssystemen (meistens Datenbanken) zu, was als föderierte Datenhaltung bezeichnet wird.

7.7 Übungsaufgaben

7.7.1 Verständnisfragen

1. Nennen Sie für das Beispiel „Bestellung von Fertigungsmaterial" aus Kap. 7.2
   - auslösendes Ereignis,
   - Ergebnis des Geschäftsprozesses,
   - beteiligte Organisationseinheiten,
   - Informationsobjekte,
   - Tätigkeiten in der richtigen Reihenfolge.
2. Erläutern Sie die beiden Begriffe ERP I und ERP II.
3. Wie wird die horizontale Integration in einem ERP-System umgesetzt?
4. Nennen und erläutern Sie drei Merkmale von SCM.
5. Nennen und erläutern Sie die prozessorientierten Ziele von CRM.

7.7.2 Fallstudienaufgabe zur Sonnenschein AG

Bearbeiten Sie die folgenden Fragen mit Bezug auf die Fallstudie aus Kap. 7.1:
1. Warum eignet sich ein ERP-System auch für die Sonnenschein AG?
2. Wo liegt der Nutzen eines SCM-Systems für die Sonnenschein AG?
3. Was muss die Sonnenschein AG intern ändern, um die Kundenwünsche besser berücksichtigen zu können?

Eine weitere Fallstudienaufgabe zur Sonnenschein AG findet sich auf der Website des Lehrbuchs (http://www.einfuehrung-wi.de) unter „Zusatzmaterialien".

7.7.3 Fallstudienaufgabe zur Luminous GmbH

Die Fallstudienaufgabe zur Luminous GmbH findet sich auf der Website des Lehrbuchs (http://www.einfuehrung-wi.de) unter „Zusatzmaterialien".

8 E-Business- und E-Commerce-Systeme

Lernziele in diesem Kapitel
- Sie können die Begriffe E-Business, E-Commerce, M-Business M-Commerce und Web 2.0 erläutern.
- Sie wissen, welche Arten von Informationssystemen diesen Begriffen zuzuordnen sind.
- Sie können die Entwicklungslinien der IT erläutern.

8.1 Fallstudie: Reiseveranstalter Sonnenschein AG

Aufgrund des anhaltenden Wachstums im Online-Markt hat sich die Unternehmensleitung der Sonnenschein AG dazu entschieden, einen neuen Onlineshop zu entwickeln. Dieser soll als Ergänzung zum bestehenden Online-Angebot dienen und preis-
bewusste Kunden ansprechen. Der Onlineshop wird in der ausgelagerten IT-Abteilung
der Sonnenschein AG entwickelt und technisch betreut. Für die Betreuung auf der
Produktseite sind die Abteilung für Kundenbindung (CRM) und der Vertrieb zuständig. Die Unternehmensleitung hat bereits durch externe Berater ein Schema entwer-
fen lassen, nach welchem der gewünschte Onlineshop im Idealfall funktionieren soll
(vgl. Abb. 8.4).

8.2 Überblick

Außenwirksame Informationssysteme überwinden die Unternehmensgrenze und dienen der Integration von Unternehmen bzw. Kunden. Integration bedeutet dabei, dass
eine Kooperation der Unternehmen innerhalb der Wertschöpfungskette vom Vorlie-
feranten über den Hersteller bis zum Endkunden angestrebt wird. Die nachfolgende
Abbildung 8.1 verdeutlicht diesen Sachverhalt.

Außenwirksame Informationssysteme zielen also auf die Überwindung von Unternehmensgrenzen und stehen damit in enger Beziehung zu ERP-II-Systemen (vgl.
Kap. 7). Nach der Integrationsrichtung werden die dafür eingesetzten Netzwerke unterschieden in:
- **Internet:** Dabei handelt es sich um ein weltweit frei zugängliche Netzwerk miteinander verbundener Rechner bzw. Rechnernetze. Das Internet ist allgemein zugänglich und kann von jedem genutzt werden. Im Internet macht ein Unternehmen typischerweise seinen Onlineshop für Endkunden zugänglich. Das Internet stellt also die typische Kommunikationsinfrastruktur für B2C-Anwendungen im E-Business
dar, da hier beliebig viele Endkunden erreichbar sind.
- **Intranet:** Ein Intranet stellt ein unternehmensinternes Netzwerk auf Basis der
Internettechnologie dar und ist nur Unternehmensmitarbeitern zugänglich. Ge-

https://doi.org/10.1515/9783110722260-008

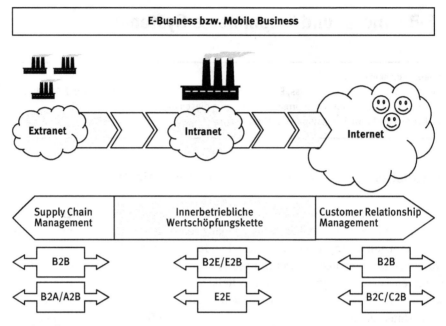

Abb. 8.1: Überblick außenwirksamer Informationssysteme (eigene Darstellung).

schäftspartner aus dem Extranet und anonyme Anwender aus dem Internet können auf das firmeninterne Intranet nicht zugreifen. Ein typisches Anwendungsbeispiel sind Enterprise Information Portals (EIP) als zentraler Einstiegspunkt zu allen Informationen im Unternehmen.
– **Extranet:** Das Extranet stellt ein Netzwerk auf Basis der Internettechnologie dar, das nur einer geschlossenen Benutzergruppe zugänglich gemacht wird. Anwendungen und Informationen in einem Extranet sind also nicht frei für jedermann zugänglich. Ein typischer Anwendungsfall sind B2B-Marktplätze, die nur für bestimmte Zulieferer und ihre Geschäftskunden zugänglich sind. Extranets sind durch Benutzernamen, Passwörter und Verschlüsselung der kommunizierten Daten gekennzeichnet.

Wie Abb. 8.1 zeigt, stellen die Informationssystemarten SCM und CRM ebenfalls außenwirksame Informationssysteme dar. Sie wurden bereits in Kap. 7 im Rahmen von ERP II behandelt. Ihr betrieblicher bzw. überbetrieblicher Einsatz stellt ein wichtiges Merkmal des E-Business dar.

Üblicherweise lassen sich außenwirksame Informationssysteme nach dem primären Einsatzzweck in E-Business und E-Commerce untergliedern. Aufgrund der zunehmenden Verwendung mobiler Informationstechniken finden auch die Begriffe M-Business und M-Commerce Verwendung.

8.3 E-Business und E-Commerce

8.3.1 E-Business

Electronic Business (E-Business) ist die kontinuierliche Optimierung der Position eines Unternehmens ❗ unter Einsatz digitaler Technologien und des Internets als hauptsächlichem Kommunikationsmittel (vgl. Schwarze u. Schwarze 2002, S. 28). Wichtigstes Ziel ist die prozessorientierte Verbesserung von Informations-, Kommunikations- und Transaktionsbeziehungen innerhalb des Unternehmens sowie zwischen dem Unternehmen und seiner Umwelt (Geschäftspartner, Kunden, Staat).

Aus Sicht des wirtschaftsinformatorisch ausgerichteten Systemarchitekten lässt sich E-Business in drei relevante Teilbereiche untergliedern (**Solution Space** – vgl. Abb. 8.2), die bei Entwicklung und Betrieb von außenwirksamen Informationssystemen zu beachten sind:

- **Problem Space**: Anwendungsfelder des E-Business; hierzu zählen u. a. CRM, SCM sowie Electronic Commerce.
- **Technology and Product Space**: Methoden, Techniken, Werkzeuge und Produkte einzelner Anbieter für die Umsetzung von E-Business-Lösungen aus dem Problem Space.
- **Design Space**: Basistechniken für Realisierung, Betrieb und Wartung einer E-Business-Lösung.

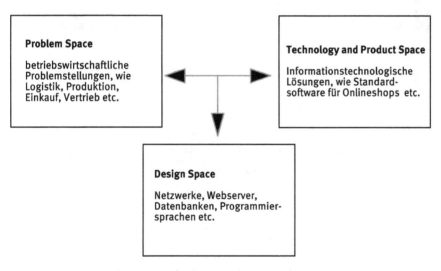

Abb. 8.2: E-Business Solution Space (nach Nartovich u. a. 2001).

Aus Sicht der Akteure des E-Business (vgl. Abb. 8.3) ist primär der Problem Space von Relevanz, der sich bezüglich der Informations-, Kommunikations- und Transaktionsbeziehungen wie folgt kennzeichnen lässt (vgl. Bächle u. Lehmann 2010, S. 6 ff):

- **Consumer-to-Consumer (C2C)**: Beziehungen zwischen Endkunden; typisches Informationssystem: Auktionssoftware; Beispiel: Ebay (www.ebay.de)
- **Consumer-to-Business (C2B)/Business-to-Consumer (B2C)**: Beziehungen zwischen Endkunden und Unternehmen; typisches Informationssystem: Onlineshop-Software; Beispiel: Amazon (www.amazon.de)
- **Business-to-Business (B2B)**: Beziehungen zwischen Geschäftspartnern (Unternehmen); typisches Informationssystem: Portalsoftware; Beispiel: SupplyOn (www.supplyon.de)
- **Administration-to-Business (A2B)/Business-to-Administration (B2A)**: Beziehungen zwischen Behördeneinrichtungen und Unternehmen; typisches Informationssystem: Steuer-Software; Beispiel: Elster für Umsatzsteuer-Voranmeldung (www.elster.de)
- **Administration-to-Citizen (A2C)/Citizen-to-Administration (C2A)**: Beziehungen zwischen Behördeneinrichtungen (Administration) und Bürgern (Citizen); ty-

Nachfrager von Leistungen

		Consumer/Citizen	Business	Administration	Employee
Anbieter von Leistungen	**Consumer/ Citizen**	**Consumer to Consumer** Bsp: Internet Kleinanzeigen	**Consumer to Business** Bsp: Jobbörsen	**Citizen to Administration** Bsp: elektronische Steuererklärung	**Citizen to Employee** Bsp: E Mail an Kundenberater
	Business	**Business to Consumer** Bsp: Online Shop	**Business to Business** Bsp: Einkaufsportal	**Business to Administration** Bsp: elektronische Steuererklärung	**Business to Employee** Bsp: Arbeits-aufträge (Workflow)
	Administration	**Administration to Citizen** Bsp: elektronischer Steuerbescheid	**Adminstration to Business** Bsp: Ausschreibungen	**Administration to Administration** Bsp: elektronisches Grundbuch	**Administration to Employee** Bsp: Vorschriften zur Arbeits-sicherheit
	Employee	**Employee to Consumer** Bsp: E Mail vom Kundenberater	**Employee to Business** Bsp: Urlaubsantrag per Intranet	**Employee to Administration** Bsp: Steuerzahlung	**Employee to Employee** Bsp: Wikieinträge im Intranet

Abb. 8.3: Klassifikation der Teilbereiche des E-Business nach Akteuren (eigene Darstellung).

pisches Informationssystem: Steuer-Software; Beispiel: Elster für Steuererklärung (www.elster.de)

- **Administration-to-Administration (A2A):** Beziehungen zwischen Behördeneinrichtungen. Typisches Informationssystem: WCMS (Web Content Management System). Beispiel: Government Site Builder (www.itzbund.de)
- **Employee-to-Business (E2B)/Business-to-Employee (B2E):** Einen weiteren Teilbereich des E-Business stellen Interaktions-, Kommunikations- und Transaktionsbeziehungen zwischen dem einzelnen Unternehmen und seinen Mitarbeitern dar.
- **Employee-to-Administration (E2A)/Administration-to-Employee (A2E):** Beziehungen zwischen Mitarbeitern und Behörden betreffen z. B. die elektronische Übermittlung der Lohnsteuerkarte oder die im Internet verfügbaren Richtlinien und Gesetze, z. B. zum Arbeitsschutz.
- **Employee-to-Customer (E2C)/Customer-to-Employee (C2E):** Beziehungen zwischen Kunden und Unternehmensmitarbeitern (z. B. Servicemitarbeiter oder Call-Center); typisches Beispiel: Kontaktmöglichkeiten in Online-Shops zum Servicebereich eines Unternehmens.
- **Employee-to-Employee (E2E):** Beziehungen zwischen Mitarbeitern eines Unternehmens können z. B. den Informations- oder Wissensaustausch betreffen; typisches Beispiel: Wikis (vgl. 10)

A2A, A2C/C2A, A2B/B2A sowie A2E/E2A werden auch unter dem Begriff **E-Government** zusammengefasst.

8.3.2 E-Commerce

Electronic Commerce (E-Commerce) ist die Nutzung des Internets, um Unternehmen den Prozess der Verkaufens und Kunden den Prozess des Kaufens zu ermöglichen (vgl. Schwarze u. Schwarze 2002, S. 35).

E-Commerce hat also einen engeren Fokus als E-Business. E-Business versucht, alle Geschäftsprozesse eines Unternehmens (Kernprozesse und unterstützende Prozesse; vgl. Kap. 7) unter Nutzung von Internettechnologien zu optimieren. E-Commerce stellt einen Teilausschnitt des E-Business dar und betrachtet ausschließlich die Vorgänge des Verkaufens aus Sicht des Unternehmens bzw. des Kaufens aus Sicht des Kunden.

Wichtige Vertreter außenwirksamer Informationssysteme im E-Commerce sind Onlineshops (synonym: Webshops). Der Onlineshop stellt Waren und digitale Produkte zum Verkauf bereit. Bei einem Shopsystem handelt es sich grundsätzlich um Software mit einer Warenkorbfunktionalität. Der Käufer wählt das Produkt aus und legt es in den Warenkorb. Hinter einem Onlineshop steht ein physisches Geschäft, das die Bestellung abwickelt.

Ein **Shopsystem** bildet die Softwaregrundlage von Onlineshops. Shopsysteme sind typischerweise dynamische Webanwendungen, die auf einer Datenbank basieren. Folgende Softwarekomponenten sind üblicherweise vorhanden (vgl. Abb. 8.4):

Abb. 8.4: Architektur eines Onlineshops für die Sonnenschein AG (nach Meier u. Stormer 2005, S. 4).

- **Redaktionssystem:** Hierbei handelt es sich um ein vereinfachtes Web Content Management System zur Pflege der Inhalte der Website (vgl. Kap. 10.4).
- **Portal-/Shop-Software:** Kernprodukt, das die wichtigsten Grundfunktionalitäten für den Onlineshop zur Verfügung stellt, z. B. Warenkorb, Suchfunktion, Produktkatalog etc.
- **Banner Management:** Administration der Werbeschaltungen auf der Website des Onlineshops.
- **Payment/Billing:** Bezahlfunktion für unterschiedliche Zahlungsvarianten, z. B. Kreditkarten.

Weitere wichtige Bestandteile eines Onlineshops sind insbesondere Schnittstellen zum vorhandenen ERP-System und zum Data Warehouse (auch als Backend-Systeme bezeichnet). Business-Intelligence-Komponenten des Data Warehouse erlauben eine gezielte Personalisierung des Produktangebots und der Werbung für den einzelnen

Endkunden durch automatisierte Kaufempfehlungen mittels einer sog. Recommendation Engine. Empfehlungen der Art „Kunden, die diesen Artikel gekauft haben, kaufen auch diesen Artikel" (sog. Cross-Selling-Angebote) setzen die analytische Auswertung der gespeicherten Kundendaten mittels analytischem CRM (vgl. Kap. 7.5) und Business-Intelligence-Systemen (vgl. Kap. 9) voraus. Amazon, Pionier auf dem Gebiet des E-Commerce, kann dafür als Beispiel dienen.

8.4 M-Business und M-Commerce – mobiles Internet

Mobile Business (M-Business) bezeichnet jede Art von geschäftlicher Transaktion, bei der die Geschäftspartner mobile Kommunikationstechniken einsetzen. Es handelt sich um eine Variante des E-Business unter besonderer Berücksichtigung mobiler Endgeräte. Analog hierzu wird **M-Commerce** als eine Variante des E-Commerce unter besonderer Berücksichtigung mobiler Endgeräte verstanden.

Unter mobilen Kommunikationstechniken versteht man die verschiedensten Arten drahtloser Kommunikation, also Mobilfunk, WLAN, Bluetooth oder auch Infrarotübertragung. Als mobile Endgeräte kommen bei M-Business insbesondere Smartphones und Tablets zum Einsatz. Dabei ist zu beobachten, dass gerade diese beiden Arten von Endgeräten immer mehr integriert werden, sodass zunehmend eine strenge Differenzierung kaum noch möglich sein wird.

Drei wichtige Merkmale des M-Business sind:

1. **Ubiquität:** Angebote an den Kunden sind jederzeit überall verfügbar (anytime, anyplace), da die mobilen Endgeräte zumeist immer angeschaltet und online bleiben.
2. **Kontextspezifität:** Durch die Möglichkeit der Lokalisierung des Benutzers eines mobilen Endgeräts lassen sich standortabhängige (kontextabhängige) Mehrwertdienste in das Angebot integrieren.
3. **Datenproaktivität** durch „always on": Dienste, wie z. B. aktuelle Wetterinformationen oder Börsenkurse, lassen sich aktiv auf das mobile Endgerät übertragen (Push-Technik), das permanent online sein kann.

Vor allem in China, das bei E-Commerce und M-Commerce neben den USA der führende Innovationstreiber ist, hat sich in den letzten Jahren eine neues Geschäftsmodell etabliert, das als „Online-to-Offline" bezeichnet wird. Dieses Geschäftsmodell verbindet die Vorzüge von stationärem Handel, E-Commerce und M-Commerce erfolgreich miteinander (vgl. Liu 2016, S. 181ff).

Online-to-Offline (kurz: O2O) bezeichnet ein Geschäftsmodell, das den realen Handel mit dem digitalen Handel verbindet. Zentral dabei ist die Übertragung von Online-Aktionen in Offline-Aktionen (vgl. Lee 2019, S. 97).

So kann man in China zum Beispiel warme Fertiggerichte ganz selbstverständlich online bestellen und sich anschließend von einem Lieferdienst frisch zubereitet zustellen lassen. Ein weiteres Beispiel ist die Idee von Mitfahrdiensten wie Uber aus den USA, die über Apps im M-Commerce nutzbar sind. Auch die Idee des „Collect and Meet", die während der Coronapandemie in Deutschland aufkam, ist dem O2O zuordenbar, ohne das Dienstleistungsniveau zu erreichen, wie es für O2O auf dem chinesischen Markt kennzeichnend ist.

8.5 Die „Generationen" des Webs

Technisch betrachtet basiert E-Business auf einer Vielzahl von Internettechnologien. Deren Zielsetzungen können, etwas vereinfacht dargestellt, in zwei Teilziele zerlegt werden:
1. Datenaustausch und Integration von Informationssystemen,
2. multimediale Anreicherung der Mensch-Maschine-Schnittstelle

Abbildung 8.5 zeigt schematisch die Entwicklungslinie der zunehmenden multimedialen Anreicherung von E-Business- bzw. Webanwendungen:
- **Einfache Textnachrichten**: Bis zur Entwicklung des ersten Webbrowsers war die Kommunikation im Internet ausschließlich textbasiert.
- **E-Mails** wurden erst Ende der 1980er-Jahre populär. Sie erlaubten das Versenden von Attachments.
- **Statische Webseiten** waren die ersten Anwendungen des 1991 vorgestellten Webbrowsers. Dynamische Inhalte waren mit diesem noch nicht möglich. Manch einer wird sich an die Vielzahl der animierten Grafiken im GIF-Format erinnern, welche die statischen Seiten etwas auflockern sollten.
- **Dynamische Webseiten** wurden ab Mitte der 1990er-Jahre entwickelt, um z. B. Onlineshops flexibler zu gestalten.
- **Benutzerkonten und -profile** waren direkt eine logische und konsequente Fortentwicklung der dynamischen Webseiten.
- Als **Social Software** werden Softwaresysteme bezeichnet, welche die menschliche Kommunikation und Zusammenarbeit unterstützen. Der Begriff etablierte sich ca. 2002 im Zusammenhang mit neuartigen Anwendungen wie Wikis und Blogs. Den Systemen ist gemein, dass sie den Aufbau und die Pflege sozialer Netzwerke und virtueller Gemeinschaften (sog. Communitys) unterstützen und weitgehend mittels Selbstorganisation funktionieren (vgl. Bächle 2006, S. 121 ff).
- **Social-Networking-Systeme** dienen dem Aufbau von Communitys und setzen dazu Social Software ein.
- **Mobile Endgeräte** kamen in den letzten Jahren für E-Business-Anwendungen immer mehr auf und zeigen deutlich eine zunehmende Konvergenz von Internetanwendungen mit Mobiltelefonsystemen, die zu einer multimedialen Anreicherung

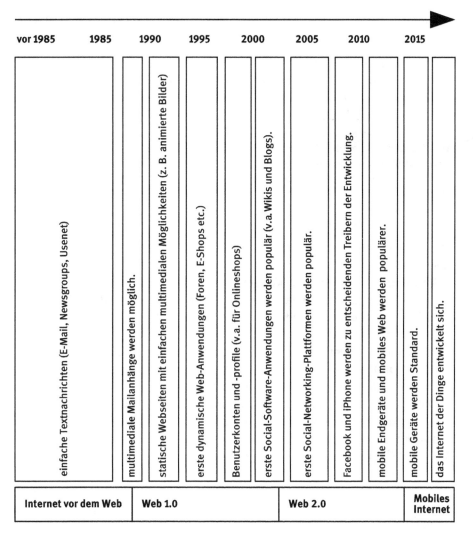

Abb. 8.5: Vom Web 1.0 zum Web 2.0 (eigene Darstellung)

der Kommunikation mit mobilen Endgeräten führt. Internet-Flat-Angebote führen dabei dazu, dass die schon aus den 1990er-Jahren stammende Vision des „anytime, anywhere" sowie „always on" heute zunehmend Wirklichkeit wird.

– **Augmented Reality** und **Semantisches Web** sind die nächsten Schritte. Sie werden auch als Web 3.0 bezeichnet. Augmented Reality meint die Anreicherung unserer Umwelt mittels Informationstechnik. Ein Beispiel dafür sind Applikationen, die Informationen über Gegenstände in der Umwelt des Benutzers aus Datenbanken, z. B. eines Wikis im Internet, abfragen und dem Benutzer auf dem Bildschirm seines mobilen Endgeräts anzeigen. Sind diese Applikationen außerdem in der Lage,

Informationen über Orte, Personen und Dinge miteinander in Beziehung zu setzen, spricht man vom semantischen Web.

Im Folgenden wird der aktuell verfügbare Entwicklungsstand des Internets, nämlich das Web 2.0 , für E-Business-Anwendungen näher betrachtet (vgl. hierzu Bächle u. Lehmann 2010, S. 104):

! Mit dem Begriff **Web 2.0** sind Internettechniken und -dienste gemeint, welche die Veränderung des Webs (als Web 1.0 bezeichnet) zu desktopähnlichen Internetanwendungen (Rich Internet Applications) unterstützen, bei denen die Interaktion der Internetnutzer eine zentrale Rolle spielt. Generierung, Tausch sowie Verknüpfung von Inhalten und Wissen durch die Internetnutzer stehen hierbei im Vordergrund. Social Software stellt dabei eine der wichtigsten Komponenten dar (vgl. Hippner u. Wilde 2005; Bächle 2006).

O'Reilly (2005) definiert in seinem Initialbeitrag zu Web 2.0 sieben konstitutive Prinzipien:

1. **The Web as Platform:** Das Web stellt die zentrale Informations- und Kommunikationsplattform dar, die das Erstellen von Anwendungen und Inhalten erlaubt, welche mittels offener Standards und Protokolle weitgehend beliebig untereinander integrier- und miteinander vernetzbar sind.
2. **Harnessing Collective Intelligence:** Hierunter wird verstanden, dass die Kumulation von Informationen in Gruppen zu Aussagen und Entscheidungen führen kann, die oft besser sind, als sie von einem Einzelnen getroffen werden könnten. Die Gruppe weiß mehr als der Einzelne und stellt dieses Wissen der Allgemeinheit zur Verfügung. Dies wird auch als „Wisdom of Crowds" bezeichnet (Gruppen- bzw. kollektive Intelligenz).
3. **Data is the next Intel Inside:** Die Kumulation von Daten bzw. Informationen ist wichtiger als die Funktionalität einer Anwendung. Aggregierte, kumulierte und vernetzte Informationen, u. a. gesammelt nach dem Prinzip der Gruppenintelligenz, können marktbeherrschende Positionen aufgrund von Netzwerkeffekten ermöglichen.
4. **End of the Software Release Cycle:** Web-2.0-Anwendungen stehen als z. B. webbasierte Dienste zur Verfügung und werden nicht als kommerzielle Standardsoftware verstanden. Dienstleistungen, die beispielsweise über Mash-Ups einfach in andere Internetanwendungen eingebunden werden können, sind deshalb wichtiger als monolithische Softwareprodukte, die festgelegten Release-Zyklen folgen.
5. **Lightweight Programming Models:** Gemäß des vierten Prinzips sind Web 2.0-Anwendungen einem laufenden Veränderungsprozess unterworfen. Viele Web-2.0-Anwendungen werden deshalb bewusst als „Beta" bezeichnet. Einfache, leichtgewichtige und flexibel veränderbare IT-Architekturen und Entwicklungs-Frameworks sind deshalb für die Softwareentwicklung von Web-2.0-Anwendungen unabdingbar.

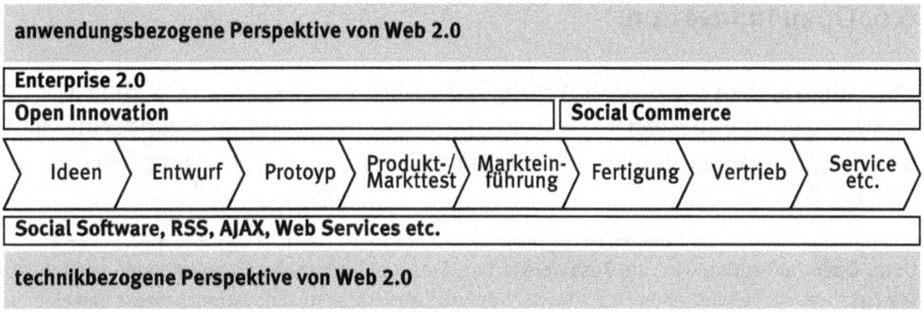

Abb. 8.6: Perspektiven des Web 2.0 (nach Bächle 2008, S. 130)

6. **Software Above the Level of Single Device**: Aufgrund der zunehmenden Konvergenz der Kommunikationsmedien sollten nicht nur PCs, sondern auch andere, z. B. mobile Endgeräte, von Web-2.0-Anwendungen angesprochen werden.
7. **Rich User Experience**: Anwendungen des Web 2.0 sollten so benutzerfreundlich wie Desktop-Anwendungen sein und über analoge ergonomische Merkmale verfügen (z. B. Drag and Drop).

Mittlerweile werden mit Web 2.0 weitere Begriffe in Verbindung gebracht, die sich klassifikatorisch der anwendungs- bzw. technikbezogenen Perspektive des Web 2.0 zuordnen lassen. Ökonomisch von Interesse sind dabei vor allem die Begriffe der anwendungsbezogenen Perspektive. Wie sie in den Kontext von Web 2.0 einzuordnen sind und was sie inhaltlich bedeuten, wird nachfolgend genauer betrachtet. Dabei wird Abb. 8.6 aus Bächle (2008, S. 130) als Referenzmodell verwendet:

– **Technikbezogene Perspektive**: Web 2.0 ist ein klassisches Beispiel für die zunehmende Bedeutung der IT zur Umsetzung von Geschäftsmodellen. Ohne die technischen Potenziale von RSS, Web Services, AJAX usw. wären die ökonomischen Möglichkeiten von Web 2.0 zwar denkbar, aber kaum umsetzbar.
– **Anwendungsbezogene Perspektive**: Sie umfasst die ökonomischen Nutzungspotenziale des Web 2.0. Zwei Begriffe sind dabei von besonderer Relevanz: Die Nutzung des kreativen Kundenpotenzials durch Open Innovation und die Aktivierung des Kunden im Verkaufsprozess durch Social Commerce. In beiden Fällen wird versucht, den bisherigen Konsumenten auch zum Produzenten von Informationen zu machen. Diese Doppelrolle wird dementsprechend oftmals mit dem Kunstwort „Prosumer" zum Ausdruck gebracht. Die Erweiterung des ökonomischen Potenzials von Web 2.0 für den unternehmensinternen Einsatz wird unter dem Begriff „Enterprise 2.0" diskutiert (vgl. Bächle u. Lehmann 2010, S. 155 ff sowie Kap. 10).

8.6 Open Innovation

Open Innovation ist kein neuer Ansatz. Tatsächlich wurde er schon von Hippel (1978) diskutiert, erlebte aber erst im Zuge der Open-Source-Software-Bewegung seine empirische (vgl. Raymond 2000) und institutionenökonomische Bestätigung (vgl. Benkler 2002).

> **!** Unter **Open Innovation** wird die Zusammenarbeit zwischen Unternehmen und Kunden verstanden. Die Zusammenarbeit bezieht sich auf Wertschöpfungsaktivitäten im Innovationsprozess und zielt auf die Entwicklung neuer Produkte für einen größeren Abnehmerkreis ab (vgl. Piller u. Reichwald 2006, S. 95).

Typische Merkmale von Open Innovation sind dabei:
- **Produktinnovation und -gestaltung durch/mit Kunden:** Ideenfindung und Produktentwicklung finden in Kooperation mit den Kunden statt oder gehen sogar initial von einzelnen Kunden (sog. Lead User) aus.
- **Toolkits:** Für den Innovationsprozess werden den Kunden geeignete Softwarewerkzeuge zur Verfügung gestellt, die auch eine einfache Übernahme der Innovationsergebnisse in den Wertschöpfungsprozess des Unternehmens sicherstellen.
- **Communitys:** Innovation wird als Kommunikationsprozess mit und zwischen den Kunden verstanden und als solcher auch durch den Aufbau von Communitys gefördert.

Open Innovation stellt also eine Erweiterung des klassischen Ansatzes der Produktentwicklung dar. Dabei werden extern generierte Ideen nicht einfach vom Unternehmen mehr oder weniger systematisch aufgegriffen. Vielmehr werden der Kreativprozess der Ideengenerierung und die anschließende Entwicklung von Prototypen durch die Kunden systematisch mit den Möglichkeiten von Web 2.0 vom jeweiligen Unternehmen gefördert. Entscheidende Impulse hierfür kann das zweite Web-2.0-Prinzip der Gruppenintelligenz liefern. Wichtig ist außerdem der Einsatz von Software als Toolkit, die gemäß des siebten Prinzips nach O'Reilly (2005) einfach und intuitiv zu bedienen sein muss. Strategisch entscheidend ist aber das dritte Web-2.0-Prinzip: Bei Open Innovation dominiert die wertschöpfende Information, gewonnen aus dem Innovations- und Kreativitätspotenzial der Kunden.

Für Open Innovation sind nach Gassmann u. Enkel (2006, S. 132 ff) drei Strategietypen anwendbar (vgl. Abb. 8.7):
- **Outside-in** reichert das interne Wissen des Unternehmens mit externem Wissen von Kunden, Lieferanten oder Partnern an. Auch durch aktiven Technologietransfer aus anderen Unternehmen und Forschungseinrichtungen wird internes Wissen erweitert.

- **Inside-out** unterstützt die externe Kommerzialisierung durch Lizenzierung, um Ideen schneller auf den Markt zu bringen und um Technologien besser zu multiplizieren.
- **Coupled Process** beinhaltet eine Kopplung der Integration (Outside-in) und Externalisierung (Inside-out) von Wissen zum Zweck der gemeinschaftlichen Entwicklung in interorganisationalen Netzwerken.

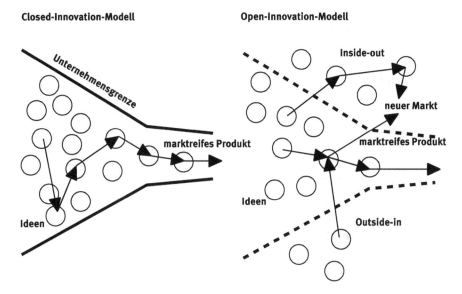

Abb. 8.7: Closed Innovation versus Open Innovation (nach Chesbrough 2003)

Das klassische Beispiel für Open Innovation beschreibt Raymond (2000) anhand der Open-Source-Softwareentwicklung. Das kreative Kundenpotenzial wird von Unternehmen aber auch erfolgreich für die Entwicklung kommerzieller Produkte genutzt, wie die folgenden Beispiele einer Outside-in-Strategie zeigen:

- **Local Motors:** Local Motors ist ein Unternehmen, das sich auf die Entwicklung und Herstellung von Fahrzeugen mittels Open Innovation spezialisiert hat. Dazu werden in einer Online-Community das Design und die Fahrzeugtechnik entworfen. Langfristig verfolgt Local Motors die Vision, dass die Fahrzeuge vor Ort beim Kunden in kleinen Werkstätten gebaut werden können. Im Jahr 2012 veranstalteten BMW und Local Motors den gemeinsamen Ideenwettbewerb „Urban Driving Experience Challenge", der mit 30.000 US-Dollar dotiert war. Dabei ging es darum, Fahrzeugmerkmale und -funktionen zu definieren, die das urbane Fahrerlebnis im Jahr 2025 prägen werden. Ziel dieses Projekts, bei dem BMW das weltweite Know-how der mehr als 20.000 Mitglieder der Online-Community von Local Motors nutzte, war es, neue Inspirationen und Perspektiven für zukünftige Mobilitätslösungen zu gewinnen. Dabei wurden über 3.500 Beiträge eingereicht, von denen sich 286 Ideen nach einem Reviewprozess als verwendbar erwiesen.

– **IBM Jam** und **SAPiens:** IBM wie SAP nutzen gezielt die Expertise ihrer Kunden zur Entwicklung innovativer Ideen. Dazu setzen die Unternehmen spezialisierte Social Software als Toolkit-Lösungen im Rahmen von Ideenwettbewerben ein.

– **InnoCentive:** InnoCentive bietet als Intermediär eine Web-2.0-Plattform an, auf der Unternehmen ihre Problemstellungen für innovative Lösungen öffentlich ausschreiben können. Die Lösungen werden vom ausschreibenden Unternehmen bewertet und monetär prämiert.

8.7 Social Commerce

! **Social Commerce** (auch als Social Shopping bezeichnet) ist eine relativ neue Ausprägung des elektronischen Handels (Electronic Commerce), bei der die aktive Beteiligung der Kunden und die persönliche Beziehung der Kunden untereinander im Vordergrund stehen.

Zwei typische Merkmale von Social Commerce, die in Kombination auftreten müssen, sind:

1. **Social Navigation:** Hierunter wird die Möglichkeit verstanden, sich durch Kommentare und Bewertungen anderer Nutzer im Internet im eigenen Kaufverhalten leiten zu lassen. Kommentar- und Bewertungsfunktionen waren schon vor dem Aufkommen des Begriffs wesentliche Bestandteile der Onlineshops verschiedener Internethändler wie Amazon. Neuartig ist die gezielte Integration von Social-Software-Varianten, wie Social-Bookmarking-Diensten oder die Vernetzung in der Blogosphäre.

2. **Social Filtering/Collaborative Filtering:** Typischerweise werden hierunter automatisierte Verfahren der Ähnlichkeitsbestimmung zwischen Interessenprofilen einzelner Nutzer verstanden. Auch dieser Ansatz wird bei verschiedenen Internethändlern schon seit mehreren Jahren erfolgreich für Kaufempfehlungen mittels Recommendation Engines genutzt. Neu im Kontext des Social Commerce sind Websites, auf denen es ausschließlich darum geht, dass eine Gruppe von Nutzern die sie interessierenden Produkte auf einer Plattform einstellt und kommentiert. Hier werden die Kompetenz und das Wissen der Nutzer im Sinne des zweiten Web-2.0-Prinzips der Gruppenintelligenz nutzbar gemacht.

Ein oft zitiertes Beispiel ist Spreadshirt.de (http://www.spreadshirt.de): Auf dieser Social-Commerce-Plattform wird Nutzern die Möglichkeit gegeben, einen eigenen Onlineshop für T-Shirts mit selbst erstellten Motiven zu betreiben. Tatsächlich aber gibt es mittlerweile wesentlich mehr Onlineshops, die dem Social Commerce zugerechnet werden können. Die bislang bestehenden Onlineshops, auch des Social Commerce, sind in ihrer Funktionalität entweder dem Web 1.0 oder dem Web 2.0 zuordenbar:

– Onlineshops des Web 1.0 weisen typische Funktionen auf, wie Produktkatalog, Suchfunktion, Warenkorb und Bezahlfunktion.
– Onlineshops des Web 2.0 weisen darüber hinausgehende Funktionen der Information und Kommunikation auf, wie Kaufempfehlungen, Kommentar- und Bewertungsfunktionen.

Viele Onlineshop-Lösungen integrieren Social-Networking-Plattformen, um den Kunden bei der Produktwahl zu unterstützen. So ist es z. B. denkbar, dass dem Kunden im Onlineshop angezeigt wird, welche Freunde aus dem eigenen sozialen Netzwerk einer Social Networking-Plattform (z. B. Facebook) ebenfalls dieses Produkt gekauft haben oder Erfahrungen mit diesem oder ähnlichen Produkten besitzen. Diese Freunde können dann direkt aus dem Onlineshop heraus kontaktiert werden. Schnittstellenstandards wie **OpenSocial** machen dies technisch möglich.

8.8 Übungsaufgaben

8.8.1 Verständnisfragen

1. Grenzen Sie folgende Begriffspaare voneinander ab: E-Business vs. E-Commerce und M-Business vs. M-Commerce.
2. Erläutern Sie, worin sich E-Business und M-Business unterscheiden.
3. Erläutern Sie, warum SCM und CRM als Informationssysteme des E-Business verstanden werden können.
4. Erstellen Sie eine Systematik der Teilbereiche des E-Business
    a) aus Sicht der Akteure,
    b) aus Sicht eines Systemarchitekten.
5. Erläutern Sie anhand einer Grafik die wichtigsten Komponenten eines Onlineshops.
6. Erläutern Sie die Begriffe „Ubiquität", „Kontextspezifität" und „Datenproaktivität".
7. Erläutern Sie den Begriff „Web 2.0".

8.8.2 Fallstudienaufgabe zur Sonnenschein AG

Anhand des Schemas aus Abb. 8.4 soll eine passende Shoplösung für das Unternehmen gefunden werden. Da ein Onlineshop für das niedrige Preissegment entwickelt werden soll, sind auch die Kosten für die Entwicklung des Onlineshops so gering wie möglich zu halten. Um dieses Ziel zu erreichen, stehen folgende Möglichkeiten zur Diskussion:

– Evaluation und Implementierung eines Open-Source-Onlineshops,
– Evaluation und Implementierung einer fertigen Shoplösung.

Folgende Fragestellungen müssen beantwortet werden, damit der Onlineshop für die Sonnenschein AG eingesetzt werden kann:

Betrachtung der Kundenseite:
1. Deckt die Shopsoftware alle Vorgänge aus dem in Abb. 8.4 gezeigten Schema vollständig ab?
2. Ist die Benutzung der Shopsoftware einfach?

Betrachtung der Verwaltungsseite:
1. Sind alle Funktionen des in Abb. 8.4 dargestellten Schemas vorhanden?
2. Kann das Design der Shopsoftware an das Corporate Design der Sonnenschein AG angepasst werden?
3. Welche Vorkenntnisse benötigt der Mitarbeiter, der die Software implementiert?
4. Ist die Pflege der Daten einfach zu handhaben?
5. Besitzt die Shopsoftware Schnittstellen zu anderen Informationssystemen?

Als Wirtschaftsinformatiker/-in wurden Sie von der Unternehmensleitung beauftragt, die Evaluation einer der beiden Open-Source-Softwarelösungen **OpenCart** bzw. **Magento** durchzuführen. Dazu gehen Sie folgendermaßen vor:
1. Installation des Webservers: Laden Sie sich das jeweils neueste Installationsprogramm des Webservers **Apache** auf Ihren Rechner oder einen USB-Stick und führen Sie das Installationsprogramm aus (https://www.apachefriends.org/de/index.html).
2. Installation des zu evaluierenden Onlineshops:
   - Installation des Onlineshops **Magento**: Laden Sie sich das Installationsprogramm des Onlineshops Magento herunter und führen Sie das Installationsprogramm aus (https://www.apachefriends.org/de/add-ons.html).
   - Installation des Onlineshops **OpenCart**: Laden Sie sich das Installationsprogramm des Onlineshops OpenCart herunter und führen Sie das Installationsprogramm aus (https://www.apachefriends.org/de/add-ons.html).

Nachdem der Onlineshop einsatzbereit ist, bewerten Sie diesen anhand der oben gestellten Fragen. Fassen Sie Ihre Ergebnisse in einem Fazit zusammen und begründen Sie Ihre Entscheidung. Möglicherweise ist für Sie auch die Methode der Nutzwertanalyse sinnvoll, die in Kap. 2 vorgestellt wurde. Sollte Ihnen eine Installation eines der beiden Onlineshops nicht möglich sein, können Sie ausnahmsweise versuchen, die Demoshops von Magento bzw. OpenCart für Ihre Evaluation zu nutzen. Sie finden die Demoshops (soweit sie verfügbar sind) auf den Homepages der beiden Onlineshops.

Eine weitere Fallstudienaufgabe zur Sonnenschein AG findet sich auf der Website des Lehrbuchs (http://www.einfuehrung-wi.de) unter „Zusatzmaterialien".

8.8.3 Fallstudienaufgabe zur Luminous GmbH

Die Fallstudienaufgabe zur Luminous GmbH findet sich auf der Website des Lehrbuchs (http://www.einfuehrung-wi.de) unter „Zusatzmaterialien".

9 Managementunterstützungssysteme

Lernziele in diesem Kapitel
- Sie lernen verschiedene Arten von Informationssystemen zur Unterstützung des Managements kennen.
- Sie können die Merkmale der einzelnen Arten von Managementunterstützungssystemen erläutern.
- Sie können die Komponenten von Business-Intelligence-Systemen erläutern und diese von klassischen Informationssystemen der Managementunterstützung abgrenzen.

9.1 Fallstudie: Reiseveranstalter Sonnenschein AG

Die Sonnenschein AG setzt sich aus den Abteilungen „Produktentwicklung", „Beschaffung", „Marketing", „Vertrieb", „Personalwesen", „Rechnungswesen/Finanzwesen "und der „IT" zusammen. Jede dieser Abteilungen setzt für die Unterstützung und Integration interner Geschäftsprozesse ein Informationssystem ein, das aus selbst entwickelten Anwendungen besteht. Dies hat zur Folge, dass die Systeme der unterschiedlichen Abteilungen voneinander isoliert sind und somit keine horizontale und vertikale Integration möglich ist. Des Weiteren benötigen verschiedene Abteilungen dieselben Daten, jedoch verwendet jede Abteilung eigene Bezeichnungen bzw. Abkürzungen für die Daten. Ein Beispiel hierfür stellen die beiden Abteilungen „Beschaffung" und „Vertrieb" dar. Die von der Beschaffung eingekauften Kontingente entsprechen denen, die der Vertrieb später als Reiseangebote offeriert. Die Tab. 9.1 und 9.2 stellen einen Auszug aus den Informationssystemen der beiden Abteilungen dar, anhand dessen die unterschiedlichen Bezeichnungen für die Daten ersichtlich sind. So gibt z. B. die Beschaffung in ihrer Datenbank den Nettopreis ein, wohingegen der Vertrieb den Gesamtpreis angibt, der zusätzlich Steuern und Servicegebühren enthält.

Tab. 9.1: Datenbezeichnungen in der Beschaffung (eigene Darstellung).

Land	Region	Unterkunft	Kontingente	Preis
FRA	Côte d'Azur	Hotel ****	30 Zimmer	ab 100,– €
ITA	Toscana	Hotel ***	18 Zimmer	ab 85 ,– €

Außerdem sendet die Beschaffung ihre Daten bisher per E-Mail an die entsprechenden Vertriebsstätten, die dann ihrerseits die Daten manuell in ihr Informationssystem einpflegen. Dabei kam es in der Vergangenheit häufiger zu Inkonsistenzen, die z. B. durch Tippfehler oder mangelnde Aktualisierung hervorgerufen wurden. Dadurch wurden

https://doi.org/10.1515/9783110722260-009

Tab. 9.2: Datenbezeichnungen im Vertrieb (eigene Darstellung).

Land	Landesteil	Kategorie	Kontingente	Preis
Frankreich	Côte d'Azur	Hotel, 4 Sterne	30 Einzel-/Mehrbett	ab 200,– €
Italien	Toscana	Hotel, 3 Sterne	18 Einzel-/Mehrbett	ab 170 ,– €

z. B. den Reisenden falsche Informationen übermittelt und durch die redundante Datenhaltung unnötig Ressourcen in Anspruch genommen. Aufgrund der Fehlinformationen hat ein Großteil der Kunden nur einmal eine Reise über die Sonnenschein AG gebucht und anschließend den Anbieter gewechselt.

Die Vorstände der Sonnenschein AG möchten sicherstellen, dass den Kunden keine falschen Informationen mehr übermittelt werden und dass die Marktposition des Unternehmens weiter gefestigt wird. Des Weiteren benötigt das Management die Daten einzelner Abteilungen, um bestimmte Entscheidungen treffen zu können. Deshalb ist es wichtig, dass die Daten konsistent sind. Aufgrund der derzeitigen Konstellation kann jedoch nicht gewährleistet werden, dass die Daten eindeutig identifizierbar sind und ein konsistentes Analyseergebnis liefern. Aufgrund dessen wurden zwei Datenbankadministratoren damit beauftragt, sich mit den Verantwortlichen der einzelnen Abteilungen in Verbindung zu setzen, um gemeinsam eine adäquate Lösung für dieses unternehmensweite Problem zu finden. Letztendlich kamen die Datenbankadministratoren zu dem Schluss, dass ein zentrales Informationssystem eingeführt werden muss, mit dessen Datenbestand alle Abteilungen effizient arbeiten können, und das es bestimmten Personengruppen erlaubt, Analysen von gezielt ausgewählten Daten durchzuführen.

9.2 Überblick

Managementunterstützungssysteme (MUS) sind relativ alt. Die ersten Informationssysteme dieser Art reichen bis in die 1960er-Jahre zurück, als das Management v. a. regelmäßige Berichte über die finanzielle Situation des Unternehmens benötigte. Im Laufe der Jahre wurden weitere MUS entwickelt, die z. B. Simulationen/Modellrechnungen für komplexere und weniger gut strukturierte Fragestellungen erlauben.

Abbildung 9.1 und Tab. 9.3 geben einen Überblick über die Arten und die chronologische Entwicklung von MUS. In den Kapiteln 9.3 bis 9.5 werden die einzelnen Arten von MUS genauer erläutert.

Tab. 9.3: Chronologische Entwicklung von MUS (nach Fels u. a. 2015, S. 257).

Phase	Merkmale
1960er-Jahre	Entwicklung von **Abfrage- und Berichtssystemen** mit dem Ziel der effizienten Datenverarbeitung, v. a. im Rechnungswesen; Vision des automatischen Entscheidungsgenerators
1970er-Jahre	Entwicklung von **Entscheidungsunterstützungssystemen** mit statistischen Algorithmen und komplexen, starren Strukturen für eng begrenzte Anwendungsfälle
1980er-Jahre	Entwicklung von **Expertensystemen** zur Lösung von eng begrenzten Anwendungsfällen mit Algorithmen der Künstlichen Intelligenz
1990er-Jahre	Entwicklung von **Executive-Information-Systemen** zur Unterstützung des Top-Managements mit grafisch aufbereiteten, komplexen Analysen; Abtrennung von operativen Systemen
2000er-Jahre	**Business Intelligence** mit OLAP für mehrdimensionale, interaktive Abfragen und Integration unterschiedlicher Datenquellen sowie Data Mining
2010er-Jahre bis heute	**Big Data** zur Auswertung hoher Datenvolumen; vielfältige Datenquellen und -formate für Echtzeitanalysen bei massiv paralleler Datenverarbeitung

9.3 Klassische Managementunterstützungssysteme

Abfrage- und Berichtssysteme erlauben die einfache Auswertung von Dateien und Datenbanken sowie die ansprechende Präsentation der Ergebnisse in fester oder variabler Form.

Abfragen müssen seitens des Benutzers aktiv gestartet und Auskünfte aktiv eingeholt werden. Berichte werden systemseitig aufgrund von Vorgaben periodisch oder aperiodisch erzeugt. Ad-hoc-Analysen lassen sich mit Abfrage- und Berichtssystemen nur schwer realisieren, weil sie auf einer vorgefertigten Berichtsstruktur basieren.

Ein **EUS** (Entscheidungsunterstützungssystem; DSS – Decision Support System) hilft v. a. Fachspezialisten (Beratern, Stäben) bei der Entscheidungsvorbereitung.

Schwerpunkt eines EUS ist die Planung im Sinne einer Untersuchung möglicher Handlungsalternativen durch mathematische Methoden und Modelle (Operations Research, kurz: OR).

Es können zwei Arten von EUS unterschieden werden (vgl. Mertens 2009, S. 13):

- **Modellgestützte EUS** stellen Modelle und Methoden für Simulationen („Was wäre wenn") zur Verfügung. Modelle bilden einen Ausschnitt der Realität in vereinfachter Form ab. Methoden beschreiben eine systematische Vorgehensweise zur Lösung eines Problems.

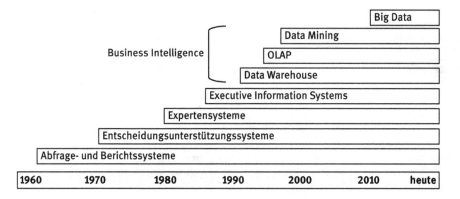

Abb. 9.1: Arten von Managementunterstützungssystemen (nach Mülder 2010, S. 65).

– **Datengestützte EUS** (auch: Data Support Systems) unterstützen das Management, indem sie die Identifikation und Analyse nützlicher Informationen erlauben, die zuvor in großen Datenbeständen verborgen waren. Derartige Informationssysteme werden heute unter dem Begriff „Business Intelligence" zusammengefasst (vgl. Kap. 9.4).

! Ein **Expertensystem** (XPS; E**x**pert **S**ystem) ist ein Programm der Künstlichen Intelligenz (KI; AI – Artifical Intelligence) mit einem komplexen, eng abgegrenzten Problembereich. Es bildet für diesen Problembereich die Expertise eines Menschen (Experten) ab (vgl. Beierle u. Kern-Isberner 2014, S. 12).

Die KI als Forschungszweig der Informatik beschäftigt sich grundsätzlich mit der Frage, wie rationales Verhalten durch Computersysteme so nachgebildet werden kann, dass sie intelligentes Verhalten zeigen (vgl. Russell u. Norvig 2012, S. 22 ff). Mit der digitalen Transformation (vgl. Kap. 13) gewinnt dieser Ansatz der Informatik zunehmend an Bedeutung, so z. B. bei „smarten Produkten".

Expertensysteme, die auf einen jeweils speziellen Anwendungsbereich beschränkt sind, stellen einen Anwendungsfall der KI-Forschung dar. Ein Expertensystem besteht aus den folgenden Komponenten:

1. **Regelbasis** – besteht aus einer Menge von Regeln (Wenn – dann);
2. **Faktenbasis** – besteht aus einer Menge von Fakten (Wissensdatenbank);
3. **Regelinterpreter** – führt die Inferenzschritte durch, d. h. er leitet aus den vorhandenen Fakten mithilfe von logischen Inferenzregeln (z. B. Resolution) neue Fakten ab, die dann in die Faktenbasis aufgenommen werden.

Expertensysteme werden u. a. zur Entscheidungsunterstützung bei Kreditvergaben, zur medizinischen Diagnose sowie zur Fehlersuche bei technischen Systemen eingesetzt. Abbildung 9.2 zeigt ein Expertensystem zur Fehlerdiagnose bei Fahrzeugmotoren auf Basis der frei verfügbaren Expertensystem-Entwicklungsumgebung CLIPS (clipsrules.sourceforge.net).

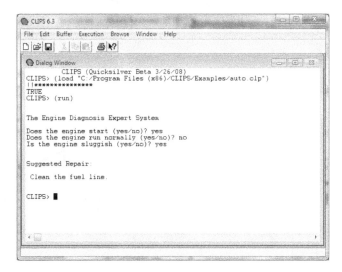

Abb. 9.2: Ein Expertensystem für die Motorendiagnose auf Basis von CLIPS.

Ein **EIS** (Executive Information System; synonym: Führungsinformationssystem – FIS) ist ein besonders einfach bedienbares, grafisch orientiertes Abfrage- und Berichtssystem für das obere Management.

Schwerpunkte eines EIS sind:
– umfassende, kompakte Darstellung der Bedingungslage (betriebliche Situation und Umfeld)
– Controlling von Schlüsselkennzahlen, z. B. in Form einer Balanced Scorecard.

9.4 Business-Intelligence-Systeme

Bereits in Kap. 6 wurden die Methoden der Data Science für die datengetriebene Entscheidungsfindung in Unternehmen vorgestellt. „Business Intelligence" ist ein dazu verwandter Begriff, der aber den Fokus primär auf die Analyse der operativen Daten des Unternehmens legt, wie sie typischerweise in Geschäftsprozessen verarbeitet bzw. erzeugt werden.

> ❗ Allgemein umfasst der Begriff der **Business Intelligence (BI)** analytische Konzepte, Prozesse und Werkzeuge, um Unternehmens- und Wettbewerbsdaten in konkretes Wissen (engl. *intelligence*) umzuwandeln, das für strategische Entscheidungen genutzt werden kann. Es werden unternehmensinterne und -externe Daten als Quellen herangezogen.

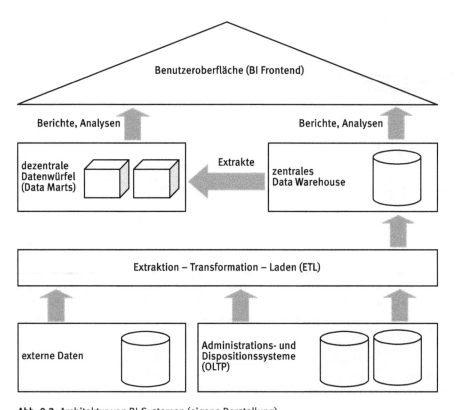

Abb. 9.3: Architektur von BI-Systemen (eigene Darstellung).

Abbildung 9.3 zeigt die Architektur eines BI-Systems. BI-Systeme lassen sich v. a. zur Ergänzung von EUS und EIS sinnvoll nutzen. Derartige Informationssysteme werden auch als **Analytische Informationssysteme** bezeichnet.

> ❗ Ein **Data Warehouse** ist eine Datenbank, die in aggregierter Form aktuelle und historische Daten speichert, die für Managemententscheidungen potenziell von Interesse sind. Teilbereiche oder deren Kopien eines Data Warehouse werden als **Data Mart** bezeichnet. Sie werden insbesondere zur Steigerung der Performance eingerichtet (z. B. Data Mart für den Vertrieb).

Die Daten stammen aus einer Vielzahl von internen und externen Datenquellen. Hierzu zählen z. B. OLTP-Systeme (insbesondere das ERP-System), Börsendienste oder Datenbanken mit statistischen Eckdaten der Branche. Anforderungen an ein Data Warehouse sind nach Inmon (2005, S. 29 ff):

1. **Themenorientierung**: Themenorientierte Speicherung bedeutet, dass die Daten nach vorab festgelegten Themengebieten (z. B. Vertrieb, Produktion) im Data Warehouse gespeichert werden.

2. **Vereinheitlichung**: Da die Daten aus einer Vielzahl völlig unterschiedlicher Quellen stammen können, müssen die Datenformate vereinheitlicht werden. Ein typischer Fall ist die Verwendung unterschiedlicher Datumsformate, wie `tt.mm.yyyy` oder `yyyy-mm-tt`.

3. **Beständigkeit**: ERP-Systeme bearbeiten und verändern Daten. In einem Data Warehouse werden Daten unverändert abgespeichert. Änderungen an den Daten sind nicht vorgesehen, da sie nur der Analyse/Auswertung dienen.

4. **Zeitraumbezug**: Die Daten in einem Data Warehouse können nach Zeiträumen ausgewertet werden (z. B. Jahresumsatz, Quartalsumsatz). Dazu müssen sie bei der Speicherung im Data Warehouse mit einem Zeitstempel versehen werden, der angibt, innerhalb welcher Zeit sie gültig sind.

Als **ETL** wird der Prozess der Extrahierung der Daten aus den OLTP-Systemen und ihrer Transformation in die für das Data Warehouse vorgesehenen Formate (z. B. Vereinheitlichung der Datumsformate) bezeichnet. Daran anschließend werden die Daten durch das ETL-Programm in das Data Warehouse geladen und stehen den Analytischen Informationssystemen zur Verfügung.

Die einzelnen ETL-Schritte erfüllen dabei folgende Aufgaben (vgl. Mülder 2010, S. 75 ff, Ballard u. a. 2005 sowie Abb. 9.4):

- **Bereinigung**: Die Daten aus den OLTP-Systemen und externen Datenquellen werden hinsichtlich ihrer Datenqualität untersucht. So muss z. B. geklärt werden, ob leere Datenfelder mit einem Standardwert belegt werden können.

- **Harmonisierung**: In diesem Schritt erfolgt die Vereinheitlichung von Begriffen, Kodierungen etc. So müssen unterschiedliche Begriffe für den gleichen Sachverhalt (sog. Synonyme) auf einen Begriff zurückgeführt werden.

- **Verdichtung**: Die bereinigten und harmonisierten Daten werden in diesem Schritt für die späteren Analysen verdichtet. Dies erhöht die Abfrageperformance im Data Warehouse.

- **Anreicherung**: Die verdichteten Daten werden in diesem Schritt um zusätzlich berechnete Kennzahlen ergänzt. So lässt sich z. B. der Gewinn aus den vorhandenen Umsatz- und Kostendaten hier errechnen und im Data Warehouse abspeichern.

Komplexe Managemententscheidungen basieren zumeist auf mehreren Entscheidungsdimensionen. Ein Manager will z. B. den Umsatz des letzten Berichtsquartals

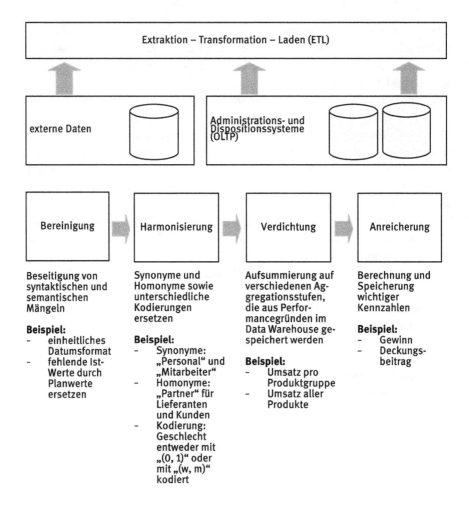

Abb. 9.4: ETL (eigene Darstellung).

nach Monaten, Regionen und Produktgruppen analysieren können, was durch OLAP ermöglicht wird.

> **!** **OLAP** (Online Analytical Processing) erlaubt die mehrdimensionale Abfrage von Daten im Data Warehouse.

Die Mehrdimensionalität wird üblicherweise anhand eines Datenwürfels (Data Cube; OLAP Cube) veranschaulicht, wie ihn Abb. 9.5 zeigt. Dabei stellen die Kanten die Dimensionen und die Zellen die betriebswirtschaftlichen Kennzahlen dar. In Abb. 9.5

wird deutlich, dass die Zellenwerte den Umsatz repräsentieren. Außerdem sind zwei Umsatzwerte für die Regionen 2 und 3 hervorgehoben.

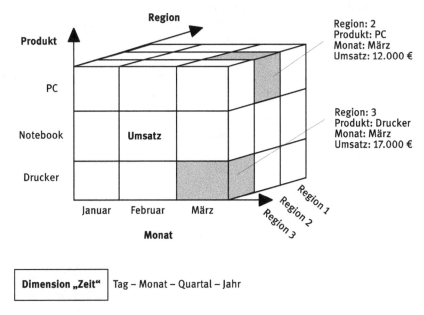

Abb. 9.5: Datenwürfel (Data Cube) (eigene Darstellung).

Abbildung 9.5 zeigt, dass sich mit OLAP komplexe Analysen (hier anhand von drei Dimensionen) realisieren lassen. Für die Dimension Zeit werden außerdem die möglichen Aggregationsebenen für die Umsatzzahlen (Tag, Monat, Quartal und Jahr) dargestellt. Die Daten für OLAP stammen zumeist aus einem Data Warehouse. OLAP wurde als Antwort auf die wachsenden Datenmengen und die zunehmende Komplexität der Analyseanforderungen konzipiert. Es soll den Entscheidungsträgern eine möglichst einfache Analysemöglichkeit bieten.

Die Anforderungen an OLAP-Werkzeuge werden oftmals mit dem Akronym FASMI (Fast Analysis of Shared Multidimensional Information) zusammengefasst:

– **Geschwindigkeit** (*fast*): Das OLAP-System soll die meisten Anfragen in fünf Sekunden beantworten, wobei die Antworten auf die häufigsten Anfragen deutlich schneller und auf die komplexeren Anfragen spätestens nach 20 Sekunden geliefert werden sollen.
– **Analysemöglichkeit** (*analysis*): Das OLAP-System soll eine anwenderfreundliche und intuitive Analyse der Daten ermöglichen. Der Anwender soll beliebige Berechnungen formulieren und verschiedene Präsentationsformen nutzen können. Dabei ist es ausreichend, wenn diese Möglichkeiten durch ein externes Werkzeug, z. B. Excel, ermöglicht werden.

- **Sicherer Mehrbenutzerbetrieb** (*shared*): Ein sicherer Mehrbenutzerbetrieb bis auf Zellenebene wird gefordert. Für den schreibenden Zugriff müssen Sperrverfahren sowie stabile Sicherungs- und Wiederherstellverfahren vorhanden sein.
- **Multidimensionalität** (*multidimensional*): Dem Anwender soll eine multidimensionale konzeptionelle Sicht auf die Daten ermöglicht werden. Er soll bei der Anfrage die Dimensionen beliebig kombinieren können.
- **Kapazität** (*information*): OLAP-Systeme werden nach der Größe der Datenmenge, die sie verwalten können, bewertet. Dabei wird Skalierbarkeit gefordert, damit die Antwortzeiten bei steigenden Datenmengen stabil bleiben.

Um die multidimensional gespeicherten Daten im Rahmen von OLAP flexibel analysieren zu können, stellen OLAP-Systeme verschiedene Operationen für die Datenanalyse zur Verfügung (vgl. Bauer u. a. 2013, S. 123 ff):

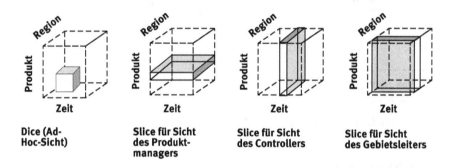

Abb. 9.6: Slice und Dice (in Anlehnung an Bauer u. a. 2013, S. 124).

- **Pivotierung/Rotation:** Bei dieser Operation wird der Datenwürfel durch Vertauschen der Dimensionen um seine Achsen gedreht (rotiert). Dadurch kann der Anwender die Daten aus beliebigen Perspektiven analysieren.
- **Roll-up, Drill-down und Drill-across:** Beim Roll-up werden die Daten entlang einer Dimension verdichtet. In Abb. 9.5 lässt sich die Dimension Region wie folgt mit Roll-up verdichten: Niederlassung – Gebiet – Land. Entlang dieses Konsolidierungspfades können die interessierenden Kennzahlen immer stärker verdichtet werden. So lassen sich z. B. Umsatzkennzahlen von einzelnen Verkaufsniederlassungen auf Länderebene zu Vergleichszwecken verdichten. Ebenso wäre ein Roll-up für die Dimension Zeit möglich. Drill-down stellt die dazu komplementäre Operation dar. Während Roll-up- und Drill-down-Operationen entlang der Klassifikationshierarchie erfolgen, meint Drill-across den Wechsel zwischen Datenwürfeln.
- **Slice und Dice:** Individuelle Sichten auf einen Datenwürfel lassen sich durch die Operationen „Slice" und „Dice" erzeugen. Wie Abb. 9.6 zeigt, wird bei der Opera-

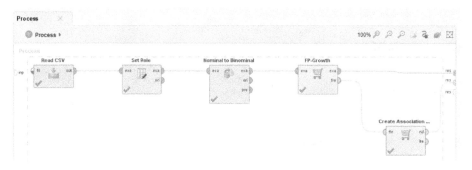

Abb. 9.7: Warenkorbanalyse: Festlegung der Prozessschritte in RapidMiner.

tion „Dice" ein Teilwürfel erzeugt. Damit lassen sich Ad-hoc-Anfragen generieren, die z. B. die Umsätze für ein bestimmtes Quartal und ein bestimmtes Produkt in einer bestimmten Niederlassung anzeigen. Mit der Operation „Slice" können einzelne Scheiben aus dem Datenwürfel geschnitten werden, die auf spezifische Dimensionen beschränkt sind. Damit sind aufgabenspezifische Sichten definierbar, wie z. B. die Sicht eines Controllers, der sich für die Umsätze eines bestimmten Quartals für alle Regionen und alle Produkte interessiert.

Als **Data Mining** wird in Analytischen Informationssystemen (MUS) die Erforschung und Analyse großer Datenbestände hinsichtlich sinnvoller Muster oder Regelmäßigkeiten bezeichnet.

Data Mining bezeichnet also die Auswertung vorhandener Daten mit dem Ziel, bisher nicht explizit hergestellte Zusammenhänge offen zulegen. Dabei kommen Methoden der Statistik sowie der Künstlichen Intelligenz zum Einsatz, wie sie bereits in Kap. 6 vorgestellt wurden.

- **Statistische Methoden**: Methoden der Statistik sind z. B. Regressionsanalyse, Faktorenanalyse und Clusteranalyse. Sie erlauben die Ermittlung von Zusammenhängen zwischen Daten, ihre Einteilung in möglichst wenige, nicht überlappende Gruppen sowie die Bildung von Hierarchien.
- **Methoden der Künstlichen Intelligenz (KI)**: Methoden der KI sind z. B. Expertensysteme (vgl. Kap. 9.3) sowie Künstliche Neuronale Netze (KNN). KNN versuchen, die Verarbeitungsmuster eines biologischen Gehirns nachzubilden, und können selbstständig Schlussfolgerungen ziehen. KNN lernen Muster aus großen Datenmengen, indem sie die Daten durchlaufen, nach Beziehungen suchen, Modelle aufbauen und die eigenen Fehler am Modell immer wieder korrigieren. Die Qualität eines KNNs hängt allerdings entscheidend davon ab, wie gut es vorab anhand von Trainingsdaten auf das Anwendungsgebiet trainiert wurde.

Ein typisches Anwendungsbeispiel für Data Mining ist in Handelsunternehmen und Onlineshops die Warenkorbanalyse der gekauften Produkte. Hier interessiert z. B.,

╳ 🛒 **AssociationRules (Create Association Rules)** ╳

AssociationRules

```
Association Rules
[Artikel 2 = Tiefkühlgericht] --> [Artikel 3 = Bier, Artikel 4 = Dosengemüse] (confidence: 0.179)
[Artikel 3 = Bier] --> [Artikel 2 = Tiefkühlgericht, Artikel 4 = Dosengemüse] (confidence: 0.253)
[Artikel 3 = Bier] --> [Artikel 4 = Dosengemüse] (confidence: 0.368)
[Artikel 4 = Dosengemüse] --> [Artikel 2 = Tiefkühlgericht, Artikel 3 = Bier] (confidence: 0.379)
[Artikel 4 = Dosengemüse] --> [Artikel 3 = Bier] (confidence: 0.552)
[Artikel 2 = Tiefkühlgericht, Artikel 3 = Bier] --> [Artikel 4 = Dosengemüse] (confidence: 0.647)
[Artikel 3 = Bier, Artikel 4 = Dosengemüse] --> [Artikel 2 = Tiefkühlgericht] (confidence: 0.688)
[Artikel 2 = Tiefkühlgericht, Artikel 4 = Dosengemüse] --> [Artikel 3 = Bier] (confidence: 0.815)
```

Abb. 9.8: Warenkorbanalyse: Ermittelte Assoziationsregeln in RapidMiner.

ob es bestimmte Kaufmuster gibt, die darauf schließen lassen, welche Produkte in Kombination gekauft werden. Darauf aufbauend lassen sich entsprechende Kaufempfehlungen aussprechen. Die Abb. 9.7 und Abb. 9.8 zeigen ein Beispiel für die Warenkorbanalyse mit dem Softwarewerkzeug RapidMiner. Abbildung 9.7 macht deutlich, wie die einzelnen Schritte des Data Mining-Prozesses in RapidMiner definiert werden: Ausgehend von der Festlegung der Datenquelle und verschiedenen Zwischenschritten (zur korrekten Bereitstellung der Daten) werden im letzten Prozessschritt sog. Assoziationsregeln bestimmt, die aufzeigen, welche Produktkombinationen auffallend häufig zusammen gekauft werden. Abbildung 9.8 zeigt einen Ausschnitt der ermittelten Assoziationsregeln.

Die Regel [Artikel 2 = Tiefkühlgericht, Artikel 4 = Dosengemüse] --> [Artikel 3 = Bier] bedeutet z. B., dass ein Kunde, der Tiefkühlkost und Dosengemüse kauft, mit ziemlicher Sicherheit auch Bier kaufen wird. Die Angabe der sog. „Confidence", die sich zwischen 0 und 1 bewegen kann, sagt dabei etwas über die Verlässlichkeit dieser Regel aus. Der Wert entspricht mathematisch der relativen Häufigkeit, mit der diese Regel bei den bisher analysierten Einkäufen zutraf. Ein Wert nahe 1 sagt aus, dass die Wahrscheinlichkeit hoch ist, dass die Regel auch tatsächlich zutrifft.

Abbildung 9.9 zeigt den Unterschied zwischen einer „klassischen" Anfrage mit Abfrage- und Berichtssystemen und einem MUS mit Data-Mining-Methoden.

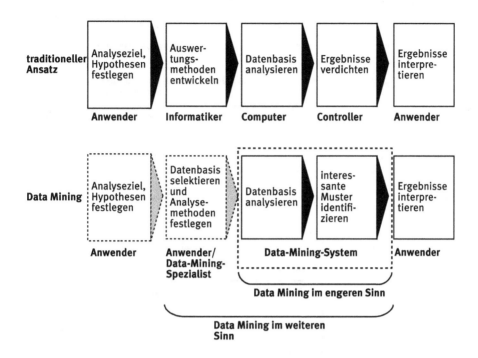

Abb. 9.9: Vergleich der Analyseansätze (in Anlehnung an Abts u. Mülder 2000, S. 262).

9.5 Big Data

9.5.1 Merkmale und Anwendungsbeispiele

Business Intelligence geht mittlerweile über die Verarbeitung von Daten in einem Data Warehouse hinaus. Wie schon Abb. 7.7 des Pace Layer Frameworks in Kap. 7 zeigte, sind die Anwendungsmöglichkeiten für Informationssysteme und damit die Quellen der Datenentstehung sehr vielfältig. Insbesondere Schicht 3 (Innovation) in Abb. 7.7 zeigt, dass Daten nicht nur innerhalb und zwischen Unternehmen erzeugt, ausgetauscht und verarbeitet werden. So generieren die Informationssysteme der Schicht 3 im Pace Layer Framework eine Vielzahl unterschiedlicher Daten aus verschiedenen Datenquellen, für die im Allgemeinen folgende Merkmale typisch sind (vgl. Quintero u. a. 2016, S. 4 ff):

- **Masse** (*volume*): Diese Daten fallen im Terabyte- bis Petabytebereich (10^{12} bis 10^{15} Byte) an. Aufgrund der digitalen Transformation (siehe Kapitel 13) steigen die zu verarbeitenden Datenmengen in den nächsten Jahren überproportional stark an.
- **Vielfalt** (*variety*): Die Daten stammen aus einer Vielzahl von internen und externen Datenquellen, wie ERP-Systemen, sozialen Netzwerken etc. Diese Daten liegen in unterschiedlichen Datenformaten vor, die sich in unstrukturierte (z. B. Videos,

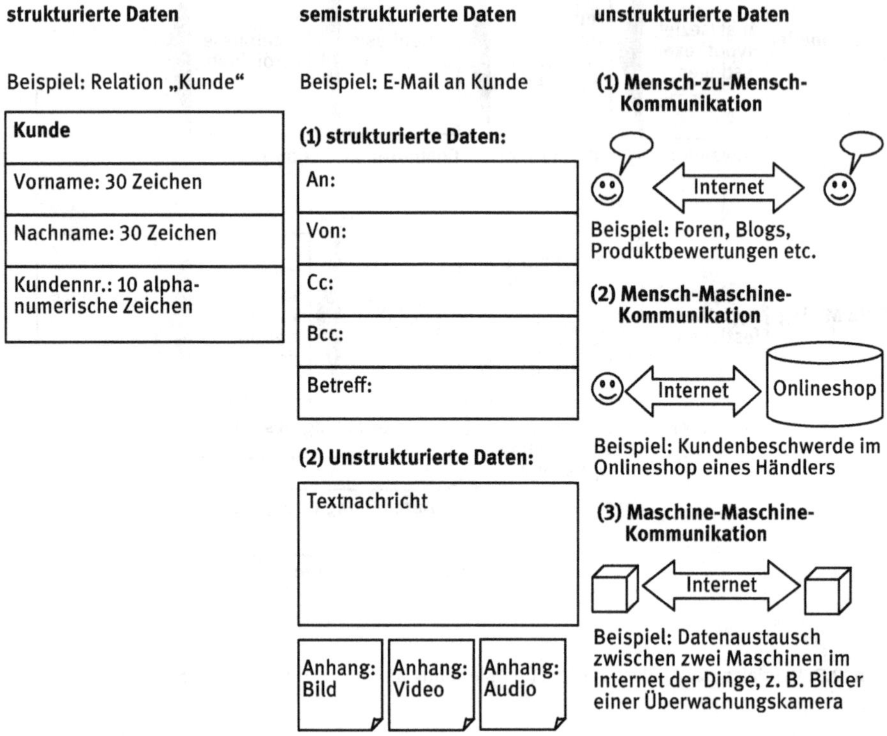
strukturierte Daten
Beispiel: Relation „Kunde“
Kunde
Vorname: 30 Zeichen
Nachname: 30 Zeichen
Kundennr.: 10 alpha-numerische Zeichen
semistrukturierte Daten
Beispiel: E-Mail an Kunde
(1) strukturierte Daten:
An:
Von:
Cc:
Bcc:
Betreff:
(2) Unstrukturierte Daten:
Textnachricht
Anhang: Bild
Anhang: Video
Anhang: Audio
unstrukturierte Daten
(1) Mensch-zu-Mensch-Kommunikation
Internet
Beispiel: Foren, Blogs, Produktbewertungen etc.
(2) Mensch-Maschine-Kommunikation
Internet
Onlineshop
Beispiel: Kundenbeschwerde im Onlineshop eines Händlers
(3) Maschine-Maschine-Kommunikation
Internet
Beispiel: Datenaustausch zwischen zwei Maschinen im Internet der Dinge, z. B. Bilder einer Überwachungskamera

Abb. 9.10: Big Data: Beispiele für das Merkmal der Vielfalt (in Anlehnung an Klein u. a. 2013, S. 320).

Bilder, Blogs, Beiträge in sozialen Netzwerken), semistrukturierte (z. B. maschinengenerierte Logdaten) und strukturierte (z. B. Datensätze in ERP-Systemen) Daten unterscheiden lassen (vgl. Abb. 9.10). Bezüglich dieser Vielfalt wird deshalb auch von polystrukturierten Daten gesprochen (vgl. BITKOM-Arbeitskreis Big Data 2012, S. 21).

- **Geschwindigkeit** (*velocity*): Es müssen oftmals große Datenströme in Echtzeit erfasst und ausgewertet werden. Dabei muss die Leistungsfähigkeit der Verarbeitung analog zum Datenwachstum steigen, um die Echtzeitanforderung erfüllen zu können.
- **Richtigkeit** (*veracity*): Die Daten sollten eine hohe Datenqualität (Richtigkeit) aufweisen, um für betriebliche Entscheidungen nutzbar zu sein. Laut Quintero u. a. (2016, S. 4) kostet schlechte Datenqualität die US-Wirtschaft circa 3,1 Billionen US-Dollar pro Jahr.

Mit diesen Merkmalen lässt sich die Idee von Big Data wie folgt definieren:

Unter **Big Data** versteht man Datenbestände, die mindestens die folgenden vier charakteristischen ❗
„V" aufweisen **(4-V-Modell)**: 1) umfangreicher Datenbestand im Tera- bis Zettabytebereich **(Volume)**,
2) Vielfalt von strukturierten, semistrukturierten und unstrukturierten Datentypen **(Variety)**, 3) hohe
Geschwindigkeit in der Verarbeitung von Data Streams **(Velocity)** sowie 4) eine hohen Datenqualität
richtiger Daten **(Veracity)**.

Es gilt allerdings zu beachten, dass der Begriff „Big Data" momentan noch nicht
abschließend definiert ist. Vielmehr handelt es sich um einen recht allgemeinen
Sammelbegriff, der unterschiedliche technologische Vorstellungen des Datenma-
nagements und der Datenanalyse von großen Datenmengen subsumiert.

Ein weiteres Merkmal von Big Data ist zudem, dass die Daten nicht einfach nur
gespeichert werden. Vielmehr sollen sie auch für betriebliche Entscheidungen ausgewertet werden. Hierzu werden typischerweise Methoden der Data Science eingesetzt
(vgl. Kap. 6). Als letztes Merkmal ist deshalb die Analyse hinzuzufügen (vgl. BITKOM-
Arbeitskreis Big Data 2012, S. 21):

– **Analyse** (*analytics*) umfasst die Methoden zur möglichst automatisierten Erkennung und Nutzung von Mustern, Zusammenhängen und Bedeutungen. Zum Einsatz kommen u. a. statistische Verfahren, Vorhersagemodelle, Optimierungsal-
gorithmen, Data Mining, Text- und Bildanalytik. Im Vordergrund stehen die Geschwindigkeit der Analyse (Realtime, Near Realtime) und gleichzeitig die einfache
Anwendbarkeit, ein ausschlaggebender Faktor beim Einsatz von analytischen Methoden in vielen Unternehmensbereichen.

Tabelle 9.4 zeigt Einsatzgebiete und möglichen Nutzen von Big Data.

9.5.2 Technische Grundlagen

Kennzeichnend für Big Data ist die Verwendung spezifischer Informationstechnolo-
gien, deren Grundlagen nachfolgend überblicksartig dargestellt werden: In-Memory-
Systeme, NoSQL-Datenbanken sowie das Hadoop® Framework.

In-Memory-Systeme

In-Memory-Systeme halten Daten vollständig im Hauptspeicher eines Rechners vor und nicht, wie bei ❗
relationalen Datenbanksystemen üblich, auf der Festplatte.

Dies ermöglicht deutlich schnellere Verarbeitungszeiten (Nano- statt Millisekunden
im Vergleich zu klassischen Datenbanksystemen). Problematisch ist allerdings, dass
bei einem Ausfall des Hauptspeichers (z. B. durch Stromausfall) alle Daten im Hauptspeicher verloren gehen können. Zudem ist der Hauptspeicher nach wie vor eine teu-

Tab. 9.4: Beispielhafte Einsatzgebiete und möglicher Nutzen von Big Data (nach Schön 2016, S. 299 ff).

Einsatzgebiete	Möglicher Nutzen
Marketing, Vertrieb, E-Commerce	bessere Ausrichtung auf Kundenbedürfnisse, z. B. anhand von Trends, die mithilfe von Daten aus Online-Foren, sozialen Netzwerken oder anderen Online-Plattformen, Clickstreams, Logdaten von Webseiten oder anderen Einträgen ermittelt werden; zudem Auswertung von weiteren markt- und kunden-bezogenen Daten aus internen und externen Quellen
Produktion, Waren- und Anlagenwirtschaft, Logistik	maschinelles Lernen über vernetzte Sensordaten, intelligente Bausteine (= intelligente Komponenten, die Geräte mit interner Rechenfähigkeit wie zum Beispiel Computer, Smartphones, Autos, aber auch Küchengeräte und Flugzeuge beschreiben) und RFID-Scans und Smart Factory (Industrie 4.0): Vernetzung der Produkte, Anlagen, Gebäude, Logistik über intelligente Objekte, die im Internet der Dinge miteinander vernetzt sind und sich selbstständig steuern (vgl. Kap. 13).
Finanzen, Rechnungswesen, Controlling	Analyse von Detaildaten aus den Bereichen „Finanzen" bzw. „Rechnungswesen" und „Controlling" sowie von externen Daten
Management allgemein	Auswertung von markt-, umwelt-, umfeld- sowie unternehmens-bezogenen internen und externen Daten
Gesundheitswesen	Daten aus medizinischen Überwachungsgeräten, Gesund-heits-Apps, elektronischen Krankenakten, elektronischen Gesundheitskarten etc., um bessere Prognosen und Analysen über Erkrankungen, Behandlungen etc. zu ermöglichen
Banken und Versicherungen	Erfassung des Fahrverhaltens zur individuellen Berechnung von Versicherungspolicen; Betrugserkennung bei Finanztrans-aktionen etc.

re Hardwarekomponente. Es werden zwei Arten von In-Memory-Datenbanken unterschieden (vgl. BITKOM-Arbeitskreis Big Data 2014, S. 45 ff):

– **Reine In-Memory-Systeme:** Alle Daten werden vollständig im Hauptspeicher gespeichert. Zur Sicherung werden Festplatten als persistente (dauerhafte) Speicher genutzt.

– **Hybride In-Memory-Systeme:** Nur ein Teil der Daten wird im Hauptspeicher vorgehalten, die restlichen Daten werden auf einer Festplatte gespeichert. Dieser Ansatz wird als Temperaturmodell genannt: Relevante Daten im Hauptspeicher werden als Hot-Data, weniger relevante Daten auf der Festplatte werden als Cold-Data bezeichnet. Von Vorteil ist, dass nur diejenigen Daten im teuren Hauptspeicher vorgehalten werden müssen, die aktuell benötigt werden. Gerade bei analytischen Fragestellungen wird meistens nur ein Bruchteil der insgesamt verfügbaren Daten benötigt.

NoSQL-Datenbanken

NoSQL-Datenbanken sind nichtrelationale Datenbanken. „NoSQL" steht nicht für „No SQL" sondern für „Not Only SQL" (vgl. Fasel u. Meier 2016, S. 11 ff). **!**

Wie in Kap. 5 erläutert, speichern die heute vorherrschenden relationalen Datenbanken ihre Daten in Relationen ab. Der Zugriff auf diese Daten erfolgt mithilfe einer Datenbankabfragesprache, die gemeinhin als SQL (Structured Query Language) bezeichnet wird. Relationale Datenbanken sind sehr gut für strukturierte Daten, wie z. B. einen Kundenauftragsdatensatz, geeignet. Für die im Rahmen von Big Data immer häufiger zu verarbeitenden polystrukturierten Daten stellt diese Speicherungsform keine Lösung dar bzw. ist sie nur sehr bedingt geeignet. Aus diesem Grund werden für Big-Data-Anwendungen neben den relationalen Datenbanken mit ihrer Abfragesprache SQL auch nichtrelationale Datenbanken verwendet, die andere Datenspeicherungsformen und Abfragesprachen nutzen.

Hadoop®

Die **Hadoop®-Software-Bibliothek** von Apache™ ist ein Framework, das die verteilte Verarbeitung großer Datensätze über Cluster von Rechnern mit einfachen Programmiermodellen ermöglicht. **!**

Als Framework bezeichnet man eine Sammlung von Techniken und Werkzeugen in der Softwareentwicklung. Zum Framework Hadoop® gehören insbesondere (vgl. BITKOM-Arbeitskreis Big Data 2014, S. 38 ff)
- **HDFS** (Hadoop® Distributed File System): verteiltes Dateisystem zur Speicherung großer Datenmengen auf mehreren Rechnern
- **YARN** (Yet Another Resource Negotiator): Ressourcenmanagement-Tool, das es ermöglicht, die Ressourcen eines Clusters von Rechnern für verschiedene Aufgaben (analog zu einem Betriebssystem) dynamisch zu verwalten
- **MapReduce**: YARN-basiertes Programmiermodell zur parallelen Verarbeitung von polystrukturierten Daten in großen Clustern von Rechnern

Apache Spark™

Apache Spark™ ist ein Open-Source-Framework zur Verarbeitung großer Datenmengen auf mehreren Rechnern (sog. Cluster Computing). **!**

Apache Spark™ kann unabhängig oder in Verbindung mit Hadoop® als technologische Plattform für Big Data verwendet werden. Das Framework umfasst folgende Komponenten (vgl. Quintero u. a. 2016, S. 6 ff):
- **Spark Core**: grundlegende Verwaltungsfunktionen, wie Aufgabenverteilung an die einzelnen Rechner, Management der Ein-/Ausgaben etc.

- **Spark SQL:** Datenabfragesprache von Apache Spark™
- **Spark Streaming:** Management der Datenströme von externen Datenquellen in einem Spark-System
- **Machine Learning Library (MLib):** Algorithmen für das maschinelle Lernen im Sinne der Künstlichen Intelligenz zur Verbesserung der Analysen in Big Data
- **GraphX:** Komponente für Berechnungen von Graphen

9.6 Übungsaufgaben

9.6.1 Verständnisfragen

1. Erläutern Sie die unterschiedlichen Arten von MUS.
2. Was versteht man unter modell- und datengestützten EUS?
3. Welcher Zusammenhang besteht zwischen MUS und Analytischen Informationssystemen?
4. Erläutern Sie den Aufbau eines BI-Systems.
5. Erläutern Sie die Anforderungen an ein Data Warehouse nach Inmon.
6. Erläutern Sie den Begriff „OLAP".
7. Erläutern Sie den Anwendungsnutzen von Slice und Dice.
8. Worin unterscheiden sich klassische Analyseansätze von Data Mining?
9. Erläutern Sie Big Data.

9.6.2 Fallstudienaufgabe zur Sonnenschein AG

1. Welche betrieblichen Probleme werden dadurch erzeugt, dass die in der Fallstudie in Kap. 9.1 dargestellten Daten nicht in einem gemeinsamen Standardformat vorliegen?
2. Um welche Art von Informationssystem handelt es in der in Kap. 9.1 dargestellten Fallstudie sich und wie soll die Architektur des Informationssystems aussehen?
3. Sollten die in der Fallstudie in Kap. 9.1 dargestellten Probleme von DB-Spezialisten oder Fachspezialisten aus den Fachabteilungen gelöst werden?

Eine weitere Fallstudienaufgabe zur Sonnenschein AG findet sich auf der Website des Lehrbuchs (http://www.einfuehrung-wi.de) unter „Zusatzmaterialien".

9.6.3 Fallstudienaufgabe zur Luminous GmbH

Die Fallstudienaufgabe zur Luminous GmbH findet sich auf der Website des Lehrbuchs (http://www.einfuehrung-wi.de) unter „Zusatzmaterialien".

10 Zusammenarbeitssysteme

Lernziele in diesem Kapitel   ⚡
- Sie können den Begriff der Zusammenarbeit erläutern.
- Sie können erläutern, welche Arten von Zusammenarbeitssystemen es gibt und wozu sie eingesetzt werden.
- Sie können die unterschiedlichen Arten, und ihren jeweiligen Einsatzzweck erläutern.

10.1 Fallstudie: Reiseveranstalter Sonnenschein AG

Große Aufregung in der Buchhaltung der Sonnenschein AG! Wieder einmal erwies sich der Quartalsabschluss als Katastrophe. Durch mangelhafte Abstimmung unter den Mitarbeitern war der Zusatzaufwand im Vorfeld des Abschlusses enorm. Zahlreiche E-Mails gingen hin und her, um zu klären, wer für was zuständig ist. Man beschuldigte sich gegenseitig per E-Mail und nahm sämtliche Kolleginnen und Kollegen der Abteilung in Cc. Als die Mitarbeiter schließlich den Abteilungsleiter grundsätzlich in Cc setzen, wird diesem klar: „Ich muss etwas ändern!"

10.2 Überblick

Die in der Fallstudie geschilderten Probleme sind nicht untypisch für Aufgaben, für die es noch keine Standardlösung gibt, die mittels eines standardisierten Geschäftsprozesses jedoch systematisch realisiert werden könnte. Typische Aufgaben dieser Art zeigt Tab. 10.1.

Nach Leimeister (2014, S. 4 f) liegen die Potenziale der Zusammenarbeit z. B. in der Erhöhung der Qualität von Arbeitsergebnissen, im vereinfachten Zugang zu Experten-

Tab. 10.1: Typische Aufgaben, die im Rahmen der Zusammenarbeit anfallen (eigene Darstellung).

Typische Aufgaben der Zusammenarbeit
Bearbeitung von Eingangs- und Ausgangspost
Bearbeitung von Geschäftsbriefen
Terminplanung, z. B. für Sitzungen
Dokumentenablage und -archivierung
Kommunikation mit Geschäftspartnern und Kollegen
Bearbeitung einer Vielzahl von Berichten und Formularen
Beschaffung von unternehmensinternen und -externen Informationen
Wissensaustausch mit Geschäftspartnern und Kollegen
Suche nach neuen Lösungen

https://doi.org/10.1515/9783110722260-010

wissen, in der Einsparung von Ressourcen sowie in der Unterstützung von Gruppen-entscheidungen. Der Begriff der Zusammenarbeit umfasst dazu die drei Teilaspekte „Kooperation", „Koordination" und „Kollaboration", die wir im Folgenden genauer voneinander abgrenzen wollen.

Aufgaben, die dadurch gekennzeichnet sind, dass sie von Gruppen gemeinschaft-lich gelöst werden müssen, lassen sich durch Zusammenarbeitssysteme unterstützen.

! **Zusammenarbeitssysteme** unterstützen Kollaboration, Kooperation und Koordination von Gruppen-arbeit.

! **Kollaboration** ist die „weniger oder gar nicht koordinierte Zusammenarbeit, im Vergleich zur Koope-ration, die wir als stärker koordinierte Zusammenarbeit verstehen" (Illik 2014, S. 126). Demnach ist Kooperation also als wesentlich strukturierter zu verstehen als Kollaboration: **Kooperation = Kollabo-ration + Koordination**

Tabelle 10.2 gibt einen Überblick über die Arten von Gruppen im betrieblichen Kontext die sich durch Zusammenarbeitssysteme unterstützen lassen.
Abbildung 10.1 gibt einen Überblick über unterschiedliche Arten von Zusammenar-beitssystemen.

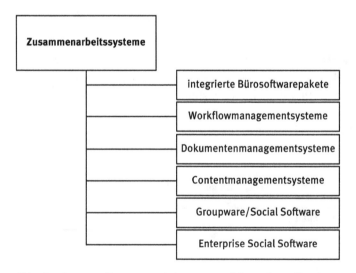

Abb. 10.1: Arten von Zusammenarbeitssystemen (eigene Darstellung).

Tab. 10.2: Merkmale unterschiedlicher Formen von Gruppen nach Wenger u. Snyder (2000, S. 142).

Art	Zweck	Mitgliedschaft	Zusammenhalt	Lebensdauer
Community of Practice	Erfahrungsaustausch zur Wissensentwicklung	freiwillig	Interesse, Pflichtgefühl, Identifikation mit der Expertise der CoP	so lange, wie sich Mitglieder engagieren
Arbeitsgruppe	Produktion von Produkt/Dienstleistung in einem standardisierten Prozess	fremdbestimmt; jeder, der an den Gruppenleiter berichtet	Stellenbeschreibung und Zielvorgaben	bis zur nächsten Reorganisation
Projektteam	Erreichung eines Projektziels	durch Abordnung	Projektmanagement	bis zum offiziellen Projektende
Netzwerk	Sammlung und Austausch betrieblicher Informationen	Freunde und Geschäftskollegen	bilaterale Information	so lange, wie man einen Grund zur Vernetzung sieht

10.3 Integrierte Bürosoftwarepakete und Workflowmanagement

Ein integriertes **Bürosoftwarepaket** (auch: Office-Paket) ist eine Zusammenstellung aufeinander abgestimmter Bürosoftwarekomponenten, die unterschiedliche Büroaufgaben unterstützen. **!**

Zu integrierten Bürosoftwarepaketen gehören i. d, R. Textverarbeitungs-, Tabellenkalkulations-, Präsentations- und (kleinere) Datenbank-Programme. In den meisten Fällen zeichnen sich die einzelnen Programme durch eine innerhalb des Pakets konsistente Benutzeroberfläche aus.

Das am weitesten verbreitete Office-Paket stammt von Microsoft (MS Office). Die Dateiformate der verschiedenen MS-Office-Versionen haben sich – dank der weiten Verbreitung von MS Office – im Bereich der Bürosoftwarepakete zum Quasi-Standard entwickelt. Das Dateiformat für MS Office ist das Microsoft-Office-Open-XML-Format und soll die Austauschbarkeit von Dateien auch mit alternativen Office-Paketen verbessern. Beispiele für alternative Office-Pakete sind die Open-Source-Software OpenOffice (www.openoffice.org) und LibreOffice (www.libreoffice.org).

> **!** Ein **Workflowmanagementsystem** (kurz: WFMS) ermöglicht die Modellierung arbeitsteiliger Prozesse, die dann nach einmal definierten Regeln rechnergesteuert ablaufen und überwacht werden. Ein Workflow ist eine inhaltlich abgeschlossene, zeitlich und sachlogisch zusammenhängende Folge von Funktionen, die zur Bearbeitung eines betriebswirtschaftlich relevanten Objekts notwendig sind und deren Funktionsübergänge von einem Informationssystem gesteuert werden.

WFMS sind oftmals Bestandteil betrieblicher Standardsoftwarepakete, wie z. B. in SAP ERP, Microsoft Exchange oder HCL Notes (bis 2019: IBM Lotus Domino). Hauptaufgabe eines WFMS ist die Koordination der Aktivitäten und Ressourcen innerhalb einer Arbeitsgruppe.

Modellierungsaspekte eines Workflows:
- **Funktionsaspekt:** legt fest, welche Tätigkeiten im Rahmen eines Workflows auszuführen sind und welche Beziehungen zwischen den einzelnen Funktionen bestehen; es gibt Super-, Sub- und Elementarworkflows.
- **Steuerungsaspekt:** stellt Elemente zur Definition von Kontrollflusskonstrukten zur Verfügung; diese werden genutzt, um die Subworkflows eines Workflows in einer Ablaufreihenfolge anzuordnen.
- **Datenaspekt:** ermöglicht die Definition von Parametern, lokalen Variablen und Datenflüssen innerhalb eines Workflows.
- **Organisationsaspekt:** beschreibt die Aufbauorganisation, in der ein Workflow zur Laufzeit abgearbeitet wird; hier werden Zuordnungsregeln identifiziert, die zu einem Subworkflow, abhängig von kontextspezifischen Bedingungen, Aufgabenträger aus der Aufbauorganisationsstruktur ermitteln und als Bearbeiter zuordnen.
- **Operationsaspekt:** dient der Einbindung von WFMS-externen Anwendungen oder Hilfsmitteln zur manuellen Erledigung von Arbeitsschritten: Anwendungen implementieren Elementarworkflows, die nicht weiter zerlegbar sind.

> **i** **Fallbeispiel: Reisekostenabrechnung der Sonnenschein AG**
> Der Workflow „Reisekostenabrechnung für die Mitarbeiter der Sonnenschein AG" besteht aus vier Subworkflows (vgl. Abb. 10.2).

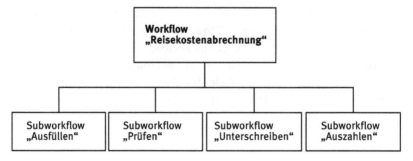

Abb. 10.2: Subworkflows (eigene Darstellung).

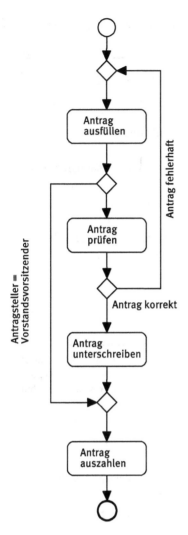

Abb. 10.3: BPMN-Diagramm (eigene Darstellung).

- Der erste Subworkflow Ausfüllen erwartet als Eingabe die Reiseidentifikation, die beim Beantragen der Reise vergeben wird. Mithilfe der Textverarbeitung wird ein Antragsformular ausgefüllt. Das System stellt fest, ob der Antragsteller der Vorstandsvorsitzende ist. In diesem Fall wird der Reisekostenbetrag ohne weitere Kontrolle überwiesen (vgl. Abb. 10.3).
- Ansonsten wird der Antrag zunächst im Subworkflow Prüfen überprüft. Wird ein Fehler oder eine Unklarheit festgestellt, so wird der Antrag mitsamt einer Mängelliste zum Antragsteller zur Berichtigung/Vervollständigung der Angaben zurückgegeben.
- Ist der Antrag korrekt ausgefüllt, wird er im Subworkflow Unterschreiben mit der digitalen Signatur des prüfenden Mitarbeiters versehen. Der hierfür zuständige Mitarbeiter kann den Antrag ggf. zur nochmaligen Überprüfung an den Antragsteller zurückschicken.

– Ist der Antrag unterschrieben, wird der Reisekostenbetrag im Subworkflow Auszahlen auf das Konto des Antragstellers überwiesen.

Wirtschaftsinformatorische **Ziele beim Einsatz eines WFMS** sind:
– Verkürzung der Durchlaufzeiten,
– Reduzierung von Arbeitsmaterial,
– Reduzierung unproduktiver Tätigkeiten durch Wegfall von Medienbrüchen,
– Erhöhung der Auskunftsfähigkeit,
– verbesserte Termineinhaltung aufgrund des jederzeit vorhersagbaren Bearbeitungsabschlusses,
– Verbesserung der Transparenz durch Zeit- und Statusberichte,
– bessere Nachvollziehbarkeit der Vorgänge,
– Erhöhung der Prozessqualität durch rechnergestützte Steuerung des Ablaufs (z. B. Einhaltung von unternehmensinternen Richtlinien).

10.4 Dokumenten- und Contentmanagement

! Ein **Dokumentenmanagementsystem** (auch: Dokumentenverwaltungssystem; kurz: DMS) unterstützt das Einfügen, Aktualisieren und Archivieren von nicht strukturierten Dokumenten in einem Repository, die Versionskontrolle, die Rechteverwaltung, das Document Imaging, elektronische Unterschriften, die Integration in Workflow-Systeme und die Suche innerhalb von Dokumenten.

Wesentliche **Aufgaben eines DMS** sind:
– Erfassung von außerhalb des Rechners vorliegenden Dokumenten,
– Transformation der erfassten Informationen in ein zur Archivierung geeignetes Format,
– Erfassung von Kenndaten zum Dokument, die ein späteres Suchen und Finden erlauben,
– sichere Ablage und Speicherung von Dokumenten und ihren Kenndaten,
– Bereitstellung von Suchmöglichkeiten nach gespeicherten Dokumenten,
– Zugriff auf gespeicherte Dokumente und Reproduktionen, z. B. am Bildschirm oder in Papierform,
– Verteilung und Weiterleitung von Dokumenten,
– Administration des Systems, insbesondere der Ablageform und der Zugriffsrechte von Benutzern.

Sieht man von der Unterstützung der Vorgangsbearbeitung (Verteilung, Weiterleitung von Dokumenten) ab, so lassen sich für den reinen Archivierungsprozess fünf Hauptfunktionen unterscheiden (vgl. Abb. 10.4).

Regelungen zur Archivierung finden sich in HGB, AO, GoB und GoBS (Grundsätze ordnungsgemäßer DV-gestützter Buchführungssysteme). Generelle Anforderungen an ein DMS sind:

– **Ordnungsgemäße Erfassung**: Alle aufzubewahrenden Dokumente eines Geschäftsvorgangs müssen ohne Informationsverlust und unverändert archiviert werden. Buchungsbelege und empfangene Handels- oder Geschäftsbriefe müssen bildlich wiedergegeben werden können. Bei anderen Unterlagen reicht eine inhaltliche Speicherung.

– **Ordnungsgemäße Aufbewahrung**: Maßnahmen gegen Verfall der Dokumente, gegen gefährdende Umwelteinflüsse und gegen Zugriff unberechtigter Personen sind zu ergreifen. Der Zugriff muss innerhalb einer angemessenen Frist möglich sein.

– **Ordnungsgemäße Wiedergabe**: Vorzulegende Dokumente müssen jederzeit innerhalb der Aufbewahrungsfrist mit angemessenem Aufwand und in angemessener Zeit inhaltlich bzw. bildlich in Übereinstimmung mit der ursprünglichen Vorlage wiedergegeben werden können.

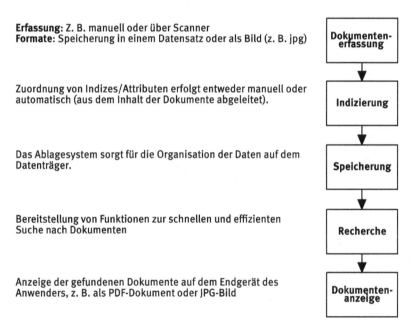

Erfassung: Z. B. manuell oder über Scanner
Formate: Speicherung in einem Datensatz oder als Bild (z. B. jpg)

Zuordnung von Indizes/Attributen erfolgt entweder manuell oder automatisch (aus dem Inhalt der Dokumente abgeleitet).

Das Ablagesystem sorgt für die Organisation der Daten auf dem Datenträger.

Bereitstellung von Funktionen zur schnellen und effizienten Suche nach Dokumenten

Anzeige der gefundenen Dokumente auf dem Endgerät des Anwenders, z. B. als PDF-Dokument oder JPG-Bild

Archivierungszeitpunkte: Frühes Archivieren (bei Posteingang), Archivierung bei der Sachbearbeitung oder spätes Archivieren (z. B. am Ende des Geschäftsprozesses)

Abb. 10.4: Archivierungsprozess bei DMS (eigene Darstellung).

Die GoBS verlangen vom Betreiber die Erstellung und Fortschreibung einer Verfahrensdokumentation, anhand derer die Revision die Einhaltung aller rechtlichen Vorschriften zur Archivierung prüfen kann.

Eine Weiterentwicklung von DMS stellen seit den späten 1990er-Jahren Contentmanagementsysteme (kurz: CMS) dar.

! Ein **Contentmanagementsystem** (CMS) ist ein betriebliches Informationssystem, das die gemeinschaftliche Erstellung und Bearbeitung von sog. Content ermöglicht und organisiert. Der Begriff des Contents umfasst neben Dokumenten (Content in Textform) auch alle anderen Arten möglicher Datenformate multimedialer Informationen im Unternehmen, also auch Bilder, Filme, Audiodateien, Grafiken.

Content-Arten werden unterschieden in:
- **strukturierten Content**: Hierunter fallen alle Informationen, die in einem Datensatz gespeichert und in einer Datei oder Datenbank abgelegt werden können.
- **schwach strukturierten Content**: Informationen und Dokumente, die zum Teil Layout und Metadaten enthalten, jedoch nicht standardisiert sind (z. B. Textverarbeitungsdateien).
- **unstrukturierten Content**: Der Inhalt kann nicht direkt erschlossen werden und es gibt keine Trennung von Inhalt, Layout und Metadaten (z. B. Bilddateien, Audiodateien, Videodateien).

Unternehmensweit einsetzbare CMS werden als **Enterprise Content Management System** (ECMS) bezeichnet. Von zunehmender praktischer Bedeutung sind auch **Web Content Management Systeme** (WCMS). Ursprünglich für die einfache und schnelle Erstellung von Webseiten entstanden, basieren sie auf Internettechnologie. Mittlerweile bieten WCMS vielfach die gleiche Funktionalität wie ECMS. Ein typischer Vertreter von CMS ist das Open-Source-System TYPO3.

---

i **Fallbeispiel: Nutzung eines ECMS für einen Workflow in der Kreditorenbuchhaltung eines Industrieunternehmens**

In der Kreditorenbuchhaltung eines großen Automobilzulieferers wird die Vorgangsbearbeitung der Lieferantenrechnungen durch ein Enterprise Contentmanagementsystem (ECMS) teilautomatisiert unterstützt. Wie das unten stehende BPMN-Diagramm in Abbildung 10.5 zeigt, wird das Papierdokument einer Lieferantenrechnung nach dem Eingang zunächst gescannt. Als Ergebnis entsteht eine Bilddatei (Image). Diese Bilddatei wird im nächsten Arbeitsschritt automatisch interpretiert, das heißt, es wird mittels Texterkennungssoftware der Inhalt der Rechnung in einen Datensatz ausgelesen (z. B. Adresse, Rechnungsdatum, -summe und -positionen). Mögliche Interpretationsfehler der Texterkennungssoftware müssen in der Folgeaktivität Rechnung vervollständigen gegebenenfalls manuell behoben werden. Fehlen noch Kontierungsdaten, wird der Datensatz an die Fachabteilung zur Vervollständigung weitergeleitet, ansonsten wird der Datensatz automatisch in das SAP-ERP-System gebucht. Daran anschließend wird die Imagedatei im ECMS Open Text gespeichert und abschließend das Papierdokument der Lieferantenrechnung vernichtet (späte Archivierung).

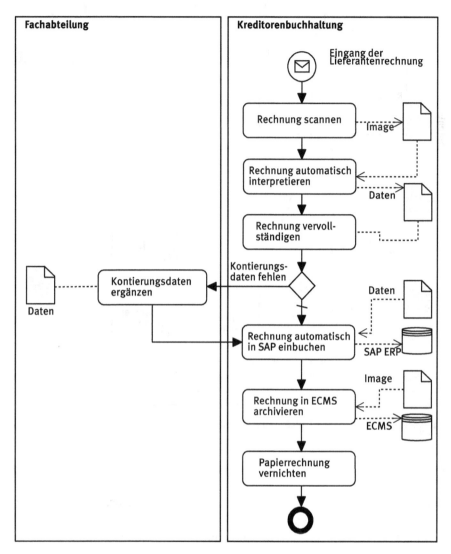

Abb. 10.5: Workflow in der Kreditorenbuchhaltung (eigene Darstellung).

Die typischen Komponenten eines WCMS sind (vgl. Abb. 10.6):
- **Authoring:** Erstellung von Contentinhalten, Ablage von extern erstelltem Content im Repository (vgl. Abb. 10.7).
- **Repository:** Ablagesystem für Contentobjekte (Dateisystem und/oder Datenbank)
- **Versionierung:** Verwaltung verschiedener Versionsstände eines Contentobjekts
- **Freigabezyklus:** Workflow für die Contentobjekte zur Regelung der Freigabeberechtigung; Beispiel: Erstellung durch Sachbearbeiter, Freigabe durch Manager

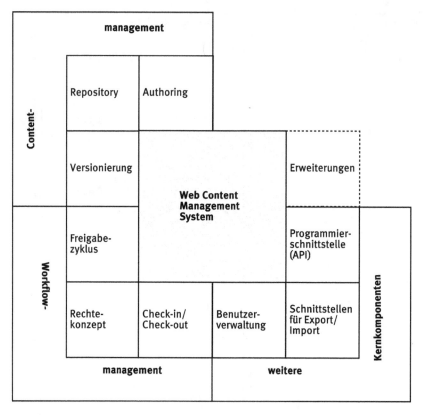

Abb. 10.6: Komponenten eines WCMS (eigene Darstellung).

- **Rechtekonzept:** Verwaltung von Benutzer- und Gruppenrechten für ein Content-objekt
- **Checkin/Checkout:** Regelung der Schreib- und Leserechte bei konkurrierenden Zugriffen auf ein Contentobjekt
- **Benutzerverwaltung:** Verwaltung der Benutzer und Benutzergruppen mit ihren Rechten.
- **Export-/Importschnittstellen:** Export bzw. Import von Contentobjekten in andere bzw. aus anderen Informationssysteme(n)
- **API:** Application Programming Interface; Schnittstelle zur Anbindung von Programmerweiterungen an das WCMS

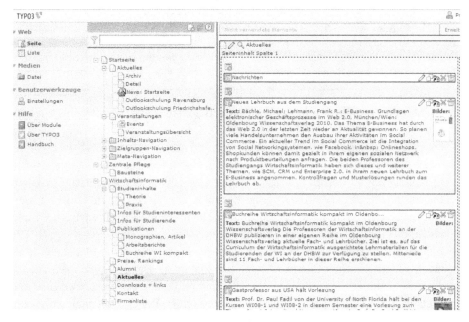

Abb. 10.7: Erstellung von Content in TYPO3.

10.5 Workgroup Computing und Social Software

Unter **Workgroup Computing** versteht man die Unterstützung von aperiodischer und schwach strukturierter Team- bzw. Gruppenarbeit, die einen hohen Grad an Zusammenarbeit (Kooperation) erfordert.

Durch Workgroup Computing wird versucht, die Zusammenarbeit mittels rechnergestützten, vernetzten Systeme zu erleichtern bzw. diese erst zu ermöglichen. Die Teammitglieder können dabei geografisch und zeitlich von einander getrennt sein, z. B.
Softwareentwickler in verschiedenen Zeitzonen oder auf verschiedenen Kontinenten.

Software für Workgroup Computing wird im Allgemeinen als **Groupware** bezeichnet.

In den letzten Jahren wurde mit der zunehmenden Nutzung des Internets auch der Begriff der Social Software für Groupware auf Basis von Internettechnologien gebräuch-
lich.

! Als **Social Software** werden Softwaresysteme bezeichnet, welche die menschliche Kommunikation und Kooperation unterstützen. Den Systemen ist gemein, dass sie den Aufbau und die Pflege sozialer Netzwerke und virtueller Gemeinschaften (sog. Communitys) unterstützen und weitgehend nach dem Prinzip der Selbstorganisation funktionieren (vgl. Bächle 2005, 2006).

Typischerweise lassen sich folgende Arten von Social Software unterscheiden (vgl. Bächle 2006, S. 121 ff, Bächle u. Lehmann 2010, S. 1 ff):

- **Forum:** Dabei handelt es sich um ein Diskussionsforum auf einer Website (Synonyme: Webforum, Board). Üblicherweise wird in einem Forum ein bestimmtes Thema behandelt, das wiederum in Unterforen bzw. Unterthemen unterteilt ist. Es können Diskussionsbeiträge (Postings) verfasst werden, die gelesen und beantwortet werden können. Mehrere Beiträge zum selben Thema werden zusammengefasst und als Faden (Thread) oder Thema (Topic) bezeichnet.

- **Instant Messaging:** Instant Messaging (IM) ist ein serverbasierter Dienst, der es ermöglicht, mittels einer Clientsoftware, dem Instant Messenger, in Echtzeit mit anderen Teilnehmern zu kommunizieren. Die Kommunikation erfolgt textuell über die Tastatur und wird als plaudern (Chatten) bezeichnet. Der Chat ist demgemäß eine textuelle Kommunikation in Echtzeit mit einem oder mehreren Gesprächspartnern. Das IM besitzt einen Unix-Vorläufer, den Talk-Befehl. Neu ist, dass man eine IM-Nummer, analog zu einer Telefonnummer, besitzt, über die man direkt kontaktiert werden kann. Weitere nützliche Funktionen sind z. B. ein privates Adressbuch mit IM-Nummern sowie die Möglichkeit, den Online-Status (z. B. „abwesend", „nicht stören") eines Kommunikationspartners abzufragen.

- **Wiki:** Bei einem Wiki (Synonyme: WikiWiki, WikiWeb) handelt es sich um eine frei zugängliche Sammlung von Webseiten, die von jedem erstellt und editiert werden können. Der Name leitet sich her von „wikiwiki", dem hawaiianischen Wort für „schnell". Wie bei Hypertexten üblich, sind die einzelnen Seiten und Artikel eines Wikis durch Querverweise (Links) miteinander verbunden. Die Bearbeitung eines Textes erfolgt i. d. R. mithilfe einer Bearbeitungsfunktion, bei der sich ein Eingabefenster öffnet. In vielen Unternehmen werden Wikis dafür eingesetzt, das Wissen der Mitarbeiter für alle in strukturierter Form schnell und einfach zur Verfügung zu stellen. Das erste Wiki, das Portland Pattern Repository, stammt aus dem Jahr 1995. Es wurde entwickelt, um die weltweite Zusammenarbeit von Forschern zu unterstützen.

- **Blog:** Ein Blog (Synonym: Weblog; für Web + Log) ist eine regelmäßig aktualisierte Webseite, die Informationen beinhaltet, welche in umgekehrt chronologischer Reihenfolge präsentiert werden. Ein Blog hat üblicherweise die Form eines Tagebuchs oder eines Journals zu einem spezifischen Thema. Im Regelfall werden Blogs von einem einzelnen Autor, dem sog. Blogger, erstellt. Leser können durch angehängte Kommentarbeiträge einen Artikel des Bloggers kommentieren. Will sich ein Blogger auf Beiträge in einem anderen Blog beziehen, kopiert er in seinen Beitrag die entsprechende Trackback-URL. Dadurch wird automatisch am Ende des Beitrags ein Link zum referenzierten Beitrag generiert. Mittels Trackbacks lässt sich somit ein Netzwerk von Beiträgen und Kommentaren aufbauen. Die verwendete Software entspricht in ihrer Funktionalität einfachen Contentmanagementsystemen. Die Gesamtheit aller Blogs wird als Blogosphäre bezeichnet.

– **Social Bookmarking:** Social-Bookmarking-Dienste ermöglichen es Nutzern weltweit, Links zu Websites zu erfassen, zu kategorisieren, zu kommentieren und anderen Nutzern zugänglich zu machen. Die Lesezeichen werden nicht auf dem eigenen Rechner (Browser Bookmarks) gespeichert, sondern auf den Servern der Social-Bookmark-Anbieter abgelegt, sodass sie standortunabhängig aufgerufen werden können. Die Internet-Lesezeichen (Social Bookmarks) können als privat markiert oder für andere User freigegeben werden. Sind Social Bookmarks öffentlich zugänglich, können Nutzer Kommentare anderer User lesen. Die Software hat dabei folgende Aufgaben: Verschlagwortung (Tagging), Annotation sowie Verlinkung mit den Bookmark-Seiten anderer Benutzer des Systems, die das gleiche Lesezeichen gesetzt haben. Das sog. Tagging wird oftmals als Folksonomy bezeichnet (für Folk + Taxonomy). Dies soll zum Ausdruck bringen, dass hier keine Begriffssystematik nach streng wissenschaftlichen Kriterien angestrebt wird. Vielmehr steht es jedem Nutzer frei, sein eigenes Begriffssystem aufzubauen. Interessant sist dabei: 1) die Bereitstellung einer Verlinkung mit anderen Nutzern des Systems, die den gleichen Bookmark gesetzt haben und 2) die Bereitstellung der von anderen Nutzern verwendeten Tags. Die daraus resultierende Vernetzung über Tags und Links bietet reichhaltigere Informationsmöglichkeiten als jede Suchmaschine. Einige Systeme heben die am häufigsten verwendeten Tags der Website optisch durch eine größere Schrift hervor (Tag Cloud).

– **Social Network:** Netzwerksoftware die den Aufbau und die Pflege von zielgerichteten Beziehungen im Web oder Intranet eines Unternehmens ermöglicht. Im Kern stellen Social Networks die Basis für die Entwicklung von Communitys dar, da sie auch den Aufbau virtueller Gruppenräume ermöglichen. Diese Beziehungen können privater oder geschäftlicher Natur sein. In Deutschland dürften die Netzwerke XING und Linkedin am bekanntesten sein, die v. a. der Vernetzung für berufliche Zwecke dienen. Für den privaten Bereich stellt Facebook mittlerweile mit knapp zwei Milliarden Nutzern (Stand: Frühjahr 2018) die größte soziale Netzwerkplattform dar.

Die Integration unterschiedlicher Arten von Social Software auf einer Plattform führt zur Idee von Enterprise 2.0.

10.6 Enterprise 2.0

Der Begriff **Enterprise 2.0** wurde von McAfee (2006, S. 21 ff) geprägt und von ihm später weiter spezifiziert (vgl. McAfee 2009). Mittlerweile ist der Begriff fest etabliert.

! „**Enterprise 2.0** is the use of emergent social software platforms by organizations in pursuit of their goals." (McAfee 2009, S. 73)

McAfee (2009, S. 73 ff) stellt drei Merkmale von Enterprise 2.0 in den Vordergrund:
- **Emergenz** (*emergent*): Damit ist die Fähigkeit zur Selbstorganisation einer Gruppe, z. B. eines Projektteams, gemeint, die durch den Einsatz von Social Software realisiert wird.
- **Plattform** (*platform*): Social Software zur Unterstützung der Gruppenarbeit soll auf einer zentralen Plattform zur Verfügung gestellt werden.
- **Integrationsfähigkeit** (*boundary spanning*): Enterprise 2.0 soll nicht nur die Zusammenarbeit einzelner Projektteams oder Abteilungen, sondern des gesamten Unternehmens sowie mit Geschäftspartnern der gesamten Wertschöpfungskette unterstützen.

Enterprise 2.0 basiert auf der Idee integrierter Social-Software-Plattformen, die die Zusammenarbeit von Gruppen zur Lösung betrieblicher und zwischenbetrieblicher, schlecht strukturierter Probleme ermöglichen. Derartige Plattformen werden als Enterprise Social Software bezeichnet.

! **Enterprise Social Software (ESS)** ist eine Plattform, die unterschiedliche Arten von Social Software unter einer einheitlichen Benutzeroberfläche integriert. Der Einsatz von ESS ist dabei nicht auf unternehmensinterne Anwendungsfälle begrenzt, sondern erlaubt die Integration von Geschäftspartnern entlang der unternehmensübergreifenden Wertschöpfungskette.

Enterprise Social Software muss drei zentrale Aufgaben erfüllen, die im sog. **3-C-Modell** zusammengefasst werden:
- *communication* – Kommunikation
- *collaboration* – Zusammenarbeit
- *coordination* – Koordination

Um die Aufgaben des 3-C-Modells zu erfüllen, umfasst Enterprise Social Software typischerweise verschiedene Funktionseigenschaften, die von McAfee (2009, S. 70 ff) unter dem Akronym SLATES zusammenfasst werden (vgl. Bächle 2016, S. 9 ff):
- **Search:** Benutzer einer Enterprise-2.0-Plattform müssen auf der Plattform einfach und flexibel nach Informationen suchen können. Die Suchfunktion muss dabei auch die Benutzerrechte, wie sie z. B. durch den Datenschutz gefordert werden, berücksichtigen. Das heißt, die Benutzer dürfen nur diejenigen Informationen ein-

sehen können, für die sie Leserechte haben. Mit der Suchfunktion kann die Plattform die Suchzeiten deutlich verringern und den Informationsgrad ihrer Benutzer signifikant erhöhen.

- **Links**: Eine der Stärken von Suchmaschinen wie Google liegt in ihrer Fähigkeit, über verlinkte Dokumente hinweg zu suchen. Tatsächlich stellt die Anzahl von ein- und ausgehenden Links offensichtlich (weil Google darüber verständlicherweise nur vage Informationen gibt) eines der zentralen Beurteilungskriterien für die Trefferrelevanz eines Dokuments dar. Auf Enterprise-2.0-Plattformen müssen deshalb die Benutzer ebenfalls – anders als z. B. in einem herkömmlichen Intranet – die Möglichkeiten haben, solche Verlinkungen von Dokumenten selbst einzupflegen. Dafür benötigen sie Schreibrechte.
- **Authoring**: Jeder Benutzer der Plattform muss die Möglichkeit haben, selbst Dokumente bzw. Inhalte zu erstellen. Die Benutzer werden damit zu Autoren. Auch hier sind die Benutzerrechte zu beachten: Wer darf wo auf der Plattform welche Dokumente erstellen bzw. bearbeiten?
- **Tags**: Enterprise-2.0-Plattformen müssen es ihren Benutzern erlauben, eigene Schlagwörter (Tags) für Dokumente bzw. Inhalte der Plattform vergeben zu können. Sie können sich damit, dem Emergenzprinzip folgend, ein eigenes mentales Wissensmodell der für sie relevanten Inhalte der Plattform aufbauen. Durch Anklicken eines solchen Schlagworts können die Benutzer schnell die für sie relevanten Inhalte filtern. Die Benutzer können ihre Schlagwörter auch hierarchisch organisieren und sich damit ihre eigenes Schlagwortsystem im Sinne einer Folksonomy aufbauen (vgl. Bächle 2006, S. 121 ff).
- **Extensions**: Nutzt eine Enterprise-2.0-Plattform intelligente Algorithmen des Data Minings, um dem Benutzer, z. B. auf Basis seiner Suchanfragen und seines Surfverhaltens, Inhalte zu empfehlen, erweitert dies die Nutzbarkeit der Plattform für die Lösungssuche bei schlecht strukturierten Problemen. Empfehlungsalgorithmen, wie sie bei Onlineshops heute Standard sind, können also die Möglichkeiten einer Enterprise-2.0-Plattform erweitern.
- **Signals**: Eine erfolgreiche Enterprise-2.0-Plattform wird täglich eine relativ hohe Anzahl an neu bereitgestellten, veränderten oder ergänzten Informationen zur Folge haben. Niemand kann dies dann noch überblicken. Aus diesem Grund muss die Plattform dem einzelnen Benutzer die Möglichkeit bieten, sich schnell und umfassend über für ihn relevante Änderungen auf der Plattform zu informieren. Dazu kann das System automatisch auf der Basis des Nutzerverhaltens (siehe Funktionseigenschaft „Extensions") oder auf Basis von abonnierbaren Inhalten den Benutzer entweder per E-Mail, per Newsreader oder durch einen sog. Activity Stream auf der persönlichen Startseite des Portalbenutzers informieren. Ein Activity Stream zeigt dem Benutzer in Form einer Liste übersichtlich, was sich an bzw. in den für ihn relevanten Inhalten und Bereichen des Portals seit seinem letzten Login geändert hat.

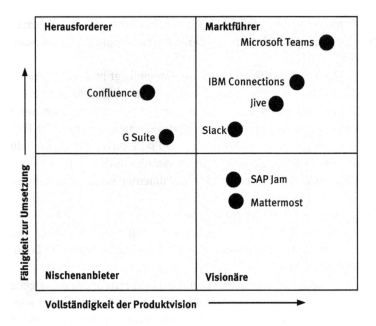

Abb. 10.8: Wichtige Anbieter von Enterprise Social Software (eigene Aktualisierung in Anlehnung an Drakos u. a. 2014, S. 3).

Abbildung 10.8 zeigt, welche Anbieter auf dem ESS-Markt z. B. welche Bedeutung haben. Bei der Betrachtung von Abb. 10.8 ist allerdings zu beachten, dass der ESS-Markt sehr dynamisch ist und die Matrix ständigen Veränderungen unterliegt.

Ziele und Nutzen von Enterprise Social Software
Abschließend werden Ziele und Nutzen von ESS in Tab. 10.3 zusammengefasst.

10.7 Übungsaufgaben

10.7.1 Verständnisfragen

1. Nennen Sie die wesentlichen Aufgaben eines DMS.
2. Erläutern Sie, was ein Workflow ist.
3. Erläutern Sie die vier Modellierungsaspekte eines Workflows.
4. Nennen Sie die Ziele eines WFMS.
5. Erläutern Sie, was man unter „Workgroup Computing" versteht.
6. Erläutern Sie, was man unter „Social Software" versteht.
7. Erläutern Sie, was man unter Enterprise 2.0 versteht.
8. Erläutern Sie die Funktionseigenschaften von ESS-Systemen.

Tab. 10.3: Ziele und Nutzen von ESS (eigene Darstellung).

Ziele/Nutzen	Beispiel
verbesserter Zugriff auf Wissen	ESS unterstützt die Generierung, Speicherung und Weitergabe von Wissen (siehe Kapitel 11).
Erhöhung der Produktivität von Gruppenarbeit/Teams	ESS unterstützt das 3-C-Modell durch die Bereitstellung integrierter Social Software.
verbesserte Zusammenarbeit mit Geschäftspartnern	ESS ist nicht nur intern, im Sinne eines Social Intranet, einsetzbar, sondern kann z. B. auch für Entwicklungspartnerschaften eingesetzt werden.
Erhöhung der Agilität und Innovation	Mit ESS können Einzelne oder Teams flexibler und kreativer auf schlecht strukturierte Probleme reagieren.
Reduzierung der E-Mail-Flut	Durch ESS kann die Anzahl der E-Mails reduziert und damit Arbeitszeit gespart werden.
Reduzierung allgemeiner Kosten	Mit ESS können z. B. virtuelle Besprechungen durchgeführt werden, die zur Reduktion von Reisekosten führen.
Erschließung neuer Geschäftsmodelle oder Absatzkanäle	ESS kann dazu genutzt werden, das CRM durch neue Kommunikations- und Absatzkanäle zu Social CRM zu erweitern.

10.7.2 Fallstudienaufgabe zur Sonnenschein AG

Lesen Sie nochmals die Fallstudie in Kap. 10.1. Ganz offensichtlich hat die Abteilung ein internes Problem in der Zusammenarbeit, das durch den falschen Einsatz von E-Mails noch verschärft wird. Erarbeiten Sie einen Vorschlag auf Basis des Einsatzes eines ESS-Systems, um das Problem zu lösen.

10.7.3 Fallstudienaufgabe zur Luminous GmbH

Die Fallstudienaufgabe zur Luminous GmbH findet sich auf der Website des Lehrbuchs (http://www.einfuehrung-wi.de) unter „Zusatzmaterialien".

Teil III: **Anwendungsfelder**

11 Wissensmanagementmodelle

Lernziele in diesem Kapitel
- Sie können die wichtigsten Wissensarten erläutern.
- Sie können anhand eines Modells Ebenen und Aufgaben des Wissensmanagements erläutern.
- Sie können erläutern, wie Informationssysteme das Wissensmanagement unterstützen.

11.1 Fallstudie: Reiseveranstalter Sonnenschein AG

Damit die Sonnenschein AG ein neues Reiseangebot auf den Markt bringen kann, muss im Vorfeld u. a. die Reise getestet und die Zielgruppe der Reise bestimmt werden. Dazu gehören unter anderem das Testen der Reise und die Bestimmung der Zielgruppe. Aus diesem Grund werden Projektteams gebildet, die aus Mitarbeitern der Abteilungen Marketing, Vertrieb und Einkauf bestehen, sowie aus Mitarbeitern, die für die Evaluation der Reise zuständig sind. Die Projekte werden vom Vertrieb geleitet, die Projektmitglieder arbeiten an mehreren Projekten gleichzeitig.

Das Management der Sonnenschein AG hat den Verlauf der Projekte ein Jahr lang beobachtet. In diesem Zeitraum konnten Schwierigkeiten im Projektverlauf ausgemacht werden.

Die Kommunikation unter den Projektmitgliedern erwies sich oftmals als problematisch: Ein Teil der Mitarbeiter befand sich zumeist auf Geschäftsreise. Zwar hatten die Projektmitglieder auf ihren Reisen Zugang zum Internet, allerdings erreichten sie dringende E-Mail häufig verspätet, insbesondere, wenn sie sich außerhalb der mitteleuropäischen Zeitzone befanden. Der Informationsfluss innerhalb der Projektteams war unzureichend. Weiterhin erwies sich als problematisch, dass die Mitarbeiter zeitgleich in mehrere Projekte eingebunden waren. Dokumente konnten oftmals nicht eindeutig einem Projekt zugeordnet werden, Informationen zum Projekt waren oftmals nur mit sehr viel Aufwand oder gar nicht auffindbar, ein Standard, wie und wo Dokumente abzuspeichern waren, existierte nicht. Erkrankte ein Projektmitglied, konnte es nicht von Kollegen vertreten werden. Der aktuelle Arbeitsstand des ausgefallenen Kollegen konnte nicht nachvollzogen und dessen Dokumente nicht gefunden werden.

Aufgrund dieser Probleme ließ die Führungsebene der Sonnenschein AG einen Zielkatalog erstellen, in dem festgeschrieben wurde, wie Informationen bei der Sonnenschein AG künftig zugänglich und austauschbar gemacht werden sollen:
- **Strukturierte Dokumentenhaltung:** Für die Projekte gibt es künftig eine zentrale Ablagestruktur, sodass jedes Dokument eindeutig einem Projekt zugeordnet werden kann. Dokumente dürfen von allen Mitarbeitern gelesen und nur von den verantwortlichen Projektmitarbeitern bearbeitet werden.

https://doi.org/10.1515/9783110722260-011

- **Suchfunktionalität:** Es wird eine Suchfunktion zur Verfügung gestellt werden, die es jedem Mitarbeiter ermöglicht, die benötigten Informationen ohne Zeitverlust ausfindig zu machen.
- **Gruppenkonzept:** Die Mitarbeiter sollen in Gruppen eingeteilt werden können. Jede Gruppe stellt ein Projektteam dar.
- **Individuelle Sicht:** Basierend auf dem Gruppenkonzept werden jedem Mitarbeiter die Informationen bereitgestellt, die für ihn relevant sind.
- **Kommunikationsmöglichkeiten:** Den Mitarbeitern werden zusätzlich zu den bereits vorhandenen Kommunikationsmitteln weitere Kommunikationsmöglichkeiten zur Verfügung gestellt, um besser erreichbar zu sein.

11.2 Grundlagen des Wissensmanagements

Im Folgenden werden die beiden Begriffe „Wissen" und „Wissensmanagement" genauer betrachtet und aus Sicht der Wirtschaftsinformatik definiert.

11.2.1 Wissen

Es herrscht keine einheitliche Auffassung darüber, was unter Wissen zu verstehen ist. Das Comité Européen de Normalisation (CEN) definiert Wissen im Europäischen Leitfaden zur erfolgreichen Praxis im Wissensmanagement (European Guide to good Practice in Knowledge Management) wie folgt:

> „Knowledge is the combination of data and information, to which is added expert opinion, skills and experience, to result in a valuable asset which can be used to aid decision making. Knowledge may be explicit and/or tacit, individual and/or collective." (CEN 2004, S. 6)

Abbildung 11.1) verdeutlicht, was unter der Kombination aus Daten und Informationen zu verstehen ist.
- **Zeichen:** Kommunikation findet mittels Zeichen statt. Für die Kommunikation bedarf es eines klar definierten Zeichenvorrats (z. B. Zeichenvorrat eines Zeichensatzes wie Unicode).
- **Daten:** Neben Zeichen sind für die Kommunikation auch Regeln (Syntax) erforderlich. In diesen Regeln ist festgelegt, wie Zeichen sinnvoll zusammengesetzt werden. Zeichen, die mittels Syntax zu Wörtern und Ausdrücken zusammengesetzt werden, nennt man Daten. In Abb. 11.1 werden verschiedene Zeichen des Zeichenvorrats Unicode gemäß der syntaktischen Regeln zu einem Datum (Singular von Daten) zusammengesetzt. Wir wissen allerdings noch nicht, um welche Information es sich hierbei handelt.

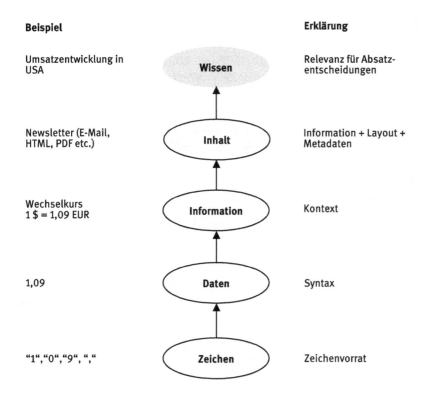

Beispiel		Erklärung
Umsatzentwicklung in USA	**Wissen**	Relevanz für Absatz-entscheidungen
Newsletter (E-Mail, HTML, PDF etc.)	**Inhalt**	Information + Layout + Metadaten
Wechselkurs 1 $ = 1,09 EUR	**Information**	Kontext
1,09	**Daten**	Syntax
"1","0","9",","	**Zeichen**	Zeichenvorrat

Abb. 11.1: Vom Zeichenvorrat zum Wissen (in Anlehnung an Krcmar 2015b, S. 12).

- **Information**: Die Bedeutung (Semantik) von Daten ergibt sich aus einer Interpre-tation im jeweils konkreten Kontext. In Abb. 11.1 ist die Information des Wechsel-kursverhältnisses zwischen Euro und Dollar gemeint.
- **Inhalt**: Der Inhalt (Content) besteht aus: 1) der Information, 2) dem Layout (z. B. For-matierungsvorgaben für PDF, E-Mail, HTML) des zu erzeugenden Dokuments und 3) den Metadaten mit zusätzlichen Informationen, wie z. B. über Autor, Erstellungsda-tum, Priorität etc. Die Konkretisierung des Inhalts findet über die Generierung eines Dokuments statt. In Abb. 11.1 kann der Wechselkurs als Information in einem News-letter stehen. Dieser Newsletter kann technisch unterschiedlich aufbereitet sein.
- **Wissen**: Informationen sind nur dann Wissen, wenn sie für Entscheidungssitua-tionen nutzbar sind, sie also dabei helfen, Entscheidungen zu treffen. In Abb. 11.1 ist der Wechselkurs nur dann als Wissen zu bezeichnen, wenn wir ihn für Absatz-entscheidungen im US-Markt benötigen.

Arten des Wissens
Wissensarten lassen sich unterscheiden in explizites und implizites sowie individuel-les und kollektives Wissen.

- **Individuelles Wissen** kennzeichnet Wissen, das der einzelne Mitarbeiter besitzt, jedoch nicht notwendigerweise die Gesamtorganisation.
- **Kollektives Wissen** steht in organisatorischen Einheiten – wie Arbeitsgruppen, Projektteams, Abteilungen, Business Units – zur Verfügung und ist damit überindividuell.
- **Explizites Wissen** lässt sich formalisieren, z. B. durch Verschriftlichung. Es kann einfach gespeichert und weitergegeben werden.
- **Implizites Wissen** ist jener Teil des Wissens, der nicht vollständig kodifiziert werden kann (vgl. Kap. 11.2.1), es lässt sich also nicht vollständig in Worten und Bildern zum Ausdruck bringen. Solches Wissen wird auch als klebrig (sticky) bezeichnet, weil es von Person A nicht an Person B vermittelt werden kann.

Tabelle 11.1 fasst die wesentlichen Merkmale der Wissensarten „implizites" und „explizites Wissen" nochmals zusammen.

Tab. 11.1: Merkmale von implizitem und explizitem Wissen (nach Hislop 2013, S. 21).

implizites Wissen	explizites Wissen
nicht kodifizierbar	kodifizierbar
subjektiv	objektiv
persönlich – an eine Person gebunden	unpersönlich – an keine Person gebunden
kontextabhängig	kontextunabhängig
schwer teilbar mit Dritten	einfach an Dritte transferierbar

Tabelle 11.2 zeigt Beispiele für explizites und implizites Wissen auf individueller und kollektiver Ebene im Projektkontext.

Tab. 11.2: Beispiele für implizites und explizites Wissen in Projekten (nach Schindler 2001, S. 31).

	Individualebene	Teamebene	Organisations-ebene	Interorganisa-tionale Ebene
explizites Wissen	Fakten über Kunden, Schriftwechsel	kollektives Teamwissen, kodifiziert, z. B. in Projektdoku-menten	Handbücher, z. B. zum Projekt-management	Projektverträge, Absprachen mit Kunden im Projekt
implizites Wissen	persönliche Einstellung gegenüber den Teamkollegen oder der Pro-jektleitung	gemeinsame Werte und Normen der Projektkultur	von teamfremden Organisations-mitgliedern wahr-genommener Pro-jektauftritt	Formen des Um-gangs in der Zusammenarbeit bei der Projekt-durchführung

Kodifizierung von Wissen

Soll Wissen weitergegeben werden, muss es kodifiziert werden. Diese Kodifizierung findet zumeist in Form von Dokumentationen statt. Dabei kommen Sprache (Texte), Zahlen sowie Grafiken zum Einsatz. Der Vorteil der Kodifizierung von Wissen liegt darin, dass zuvor lediglich implizit vorhandenes Wissen nun

- allgemein zugänglich gemacht wird,
- einfach (digital) gespeichert werden kann,
- leicht weiterzugeben ist und
- einfacher mit anderem Wissen kombinierbar ist.

Problematisch bei der Kodifizierung von Wissen ist, dass dabei Wissensbestandteile des impliziten Wissens verloren gehen, die insbesondere mit den Erfahrungen und dem Kontextwissen des jeweiligen Wissensträgers in Zusammenhang stehen. Zudem ist die Darstellung von Wissen in Sprache, Zahlen und Grafiken immer auch fehleranfällig. Kodifiziertes Wissen ist nicht mehr so reichhaltig wie das ursprüngliche, implizite Wissen. Kasper u. a. (2010, S. 367 ff) bezeichnet dies als Ausdünnung des Wissens (Thinning Knowledge) und unterscheidet drei Arten der Kodifizierung von Wissen (vgl. Tab. 11.3).

Tab. 11.3: Arten der Kodifizierung von Wissen (in Anlehnung an Kasper u. a. 2010, S. 377).

	methodisches Vorgehen	Beispiel	mögliche Komponenten einer ESS
topografisch	Spezifikation, wo sich welches Wissen befindet, statt Dokumentation des Wissens	Mitarbeiterverzeichnisse mit Zusatzinformationen über Kenntnisse etc.	Profilseiten, sog. „Yellow Pages"
statistisch	Reduzierung des Wissens auf Zahlen	Balanced Scorecard	Integration eines Business-Intelligence-Systems
grafisch-visuell	Reduzierung des Wissens in Grafiken	Balkendiagramme etc.	Tag Clouds

Im weiteren Verlauf werden wir ausschließlich individuelles und kollektives Wissen betrachten, das implizit oder explizit verfügbar ist.

11.2.2 Wissensmanagement

Das Comité Européen de Normalisation (CEN) definiert Wissensmanagement im Europäischen Leitfaden zur erfolgreichen Praxis im Wissensmanagement (European Guide to good Practice in Knowledge Management) wie folgt:

„Knowledge Management is the management of activities and processes for leveraging knowledge to enhance competitiveness through better use and creation of individual and collective knowledge resources." (CEN 2004, S. 6)

Die Definition fokussiert auf ein wissensorientiertes Management von Aktivitäten und (Geschäfts-)Prozessen in Unternehmen, um die verschiedenen Wissensarten wirksam für die Verbesserung der Wettbewerbsfähigkeit einsetzen zu können.

Merkmale des Wissensmanagements sind nach Riempp (2004, S. 76):

1. Wissensmanagement ist ein systematisches Vorgehen zur Erreichung betrieblicher Ziele, wie Gewinnsteigerung, Kostensenkung, Erhöhung von Marktanteilen, durch die Optimierung der Nutzung von Wissen.
2. Dazu wird Wissen systematisch durch Mitarbeiter identifiziert, gespeichert, erzeugt, erworben, ausgetauscht und genutzt.
3. Die zugehörigen Maßnahmen werden systematisch geplant, gesteuert und kontrolliert.
4. Primäres Handlungsfeld von Wissensmanagement sind Menschen und deren Fähigkeiten/Kompetenzen, die Kommunikation und Zusammenarbeit dieser Menschen, die sie umgebende Kultur sowie unterstützende IT-Systeme.

11.3 Modelle des Wissensmanagements

Alvesson u. Kärreman (2001, S. 995 ff) unterscheiden zwei Ansätze des Wissensmanagements: den verhaltensorientierten und den technologischen Ansatz (vgl. Abb. 11.2 sowie Hislop 2013, S. 62 ff und Lehner 2014, S. 40 f).

– **Verhaltensorientierter Ansatz:** Dieser Ansatz stellt den Menschen als den eigentlichen Wissensträger in den Vordergrund: Wie entsteht Wissen und wie kann es zwischen Menschen weitergegeben werden?
– **Technologischer Ansatz:** Dieser Ansatz stellt technische Lösungen für das Wissensmanagement in den Vordergrund. Hier geht es v. a. um IT-Lösungen für das Wissensmanagement.

Riempp fasst die Ansätze des verhaltensorientierten und technologischen Wissensmanagements in einem **integrativen Modell zum Wissensmanagement** zusammen (vgl. Abb. 11.3). Er orientiert sich dabei am PROMET-Ansatz des Business Engineerings nach Österle (1995). PROMET unterscheidet drei Modellierungsebenen im Unternehmen:

Strategie

Auf der strategischen Ebene wird zum einen die Wissensmanagementstrategie festgelegt, zum anderen wird sichergestellt, dass die Wissensmanagementstrategie dem Erreichen der Geschäftsstrategie dient. Definiert werden Maßnahmen zur langfristigen

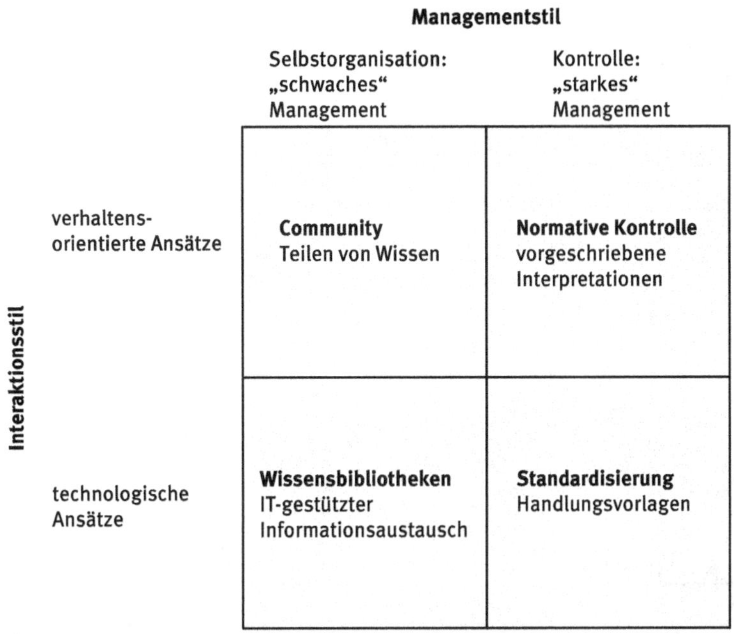

Managementstil

	Selbstorganisation: „schwaches" Management	Kontrolle: „starkes" Management
verhaltens-orientierte Ansätze	**Community** Teilen von Wissen	**Normative Kontrolle** vorgeschriebene Interpretationen
technologische Ansätze	**Wissensbibliotheken** IT-gestützter Informationsaustausch	**Standardisierung** Handlungsvorlagen

Interaktionsstil

Abb. 11.2: Arten des Wissensmanagements (in Anlehnung an Alvesson u. Kärreman 2001, S. 995 ff sowie Hislop 2013, S. 63).

Erfolgssicherung eines Unternehmens. Für die Erstellung einer Wissensmanagement-strategie sind nach North (2005, S. 253) fünf Leitfragen relevant:

1. Sind die Stakeholder bzgl. der Bedeutung der Ressource „Wissen" für den Unternehmenserfolg ausreichend sensibilisiert?
2. Welche strategischen Ziele sollen primär durch das Wissensmanagement unterstützt werden?
3. Welches Wissen ist im Unternehmen vorhanden und welches Wissen wird für die Umsetzung der strategischen Ziele benötigt?
4. Wie wird mit Wissen im Unternehmen umgegangen?
5. Wie sollte das Unternehmen gestaltet und weiterentwickelt werden, damit es im Wissenswettbewerb besteht?

Strategien ohne Erfolgskontrolle sind nicht sinnvoll. Auf der Strategieebene findet deshalb durch das Wissenscontrolling die Erfolgsmessung statt.

Prozesse

Auf der Geschäftsprozessebene werden die Prozesse des Wissensmanagements definiert und in die (Kern-)Geschäftsprozesse des Unternehmens integriert. Hier geht es zum einen um die Festlegung von Kenngrößen zur Erfolgsmessung des Wissensma-

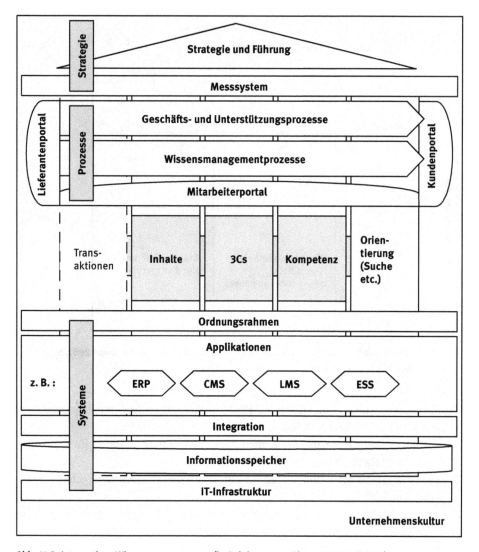

Abb. 11.3: Integratives Wissensmanagement (in Anlehnung an Riempp 2004, S. 126).

nagements. Zum anderen werden organisatorische Rollen definiert, die für eine erfolgreiche Umsetzung der Wissensmanagementstrategie notwendig sind.

Systeme

Die Ebene der Informationssysteme modelliert, welche IT-Systeme grundsätzlich zur Umsetzung der Maßnahmen der zu implementierenden Wissensmanagementstrategie notwendig sind. Dabei unterscheidet Riempp (2004, S. 126 ff) fünf Säulen:

1. **Transaktionen:** Diese Säule fasst die Funktionen zusammen, die bei der Aufgabenerfüllung typischerweise benötigt werden, wie Buchungen, Zahlungen etc. Ty-

pische IT-Systeme sind hier geschäftsprozessübergreifende Enterprise-Resource-Planning-Systeme (ERP-Systeme). Da diese Funktionen nicht Teil des Wissensmanagementansatzes sind, ist die Säule in Abb. 11.3 gestrichelt dargestellt.

2. **Inhalte:** Für die Wissensinhalte werden Contentmanagementsysteme (CMS) eingesetzt.
3. **3-C-Modell:** Zur Unterstützung der Merkmale des 3-C-Modells aus Kap. 10 kommen Groupware-Lösungen, wie Social Software zum Einsatz.
4. **Kompetenz:** Für den Erwerb und Erhalt von Kompetenzen bei den Mitarbeitern können Learning-Management-Systeme (LMS) eingesetzt werden.
5. **Orientierung:** Als integrierende Benutzerportale bieten sich ESS-Lösungen an.

Verschiedene **Applikationen** stellen die Anwendungssoftware der einzelnen Säulen bereit (vgl. Abb. 11.3). Darunter liegen Datenbanken, die als **integrierte Informationsspeicher** dienen.

11.4 Aufgaben des Wissensmanagements

Betrachten wir die drei Ebenen im integrierten Wissensmanagementmodell (vgl. Abb. 11.3), dann können wir verschiedene Aufgaben identifizieren, die sich nach Probst u. a. (2012, S. 29 ff) wie folgt darstellen lassen:

1. **Aufgaben auf der strategischen Ebene:** Auf der strategischen Ebene des integrierten Wissensmanagementmodells geht es zunächst um die Definition der Wissensziele. Der Zielbeitrag des Wissensmanagements für den strategischen Unternehmenserfolg muss außerdem laufend bewertet werden. Aus der Bewertung ergeben sich möglicherweise erforderliche Anpassungen der Wissensziele und/oder auf der Prozess- bzw. Systemebene.
2. **Aufgaben auf der Prozessebene:** Auf der Prozessebene des integrierten Wissensmanagementmodells geht es um die eigentlichen Kernaufgaben, die wir anhand von Abbildung 11.4 betrachten wollen.
   - Die **Wissensidentifikation** soll für Klarheit sorgen, welches Wissen im Unternehmen vorhanden ist und welches Wissen möglicherweise noch fehlt.
   - Der **Wissenserwerb** dient der Erschließung von Wissensquellen zur Schließung von Wissenslücken.
   - Die **Wissensentwicklung** hat die Aufgabe, neues Wissen im Unternehmen, das für die Zielerreichung relevant ist, gezielt zu entwickeln.
   - Aufgabe der **Wissensverteilung** ist es, das Wissen den Mitarbeitern zielgerichtet für ihre Aufgabenerfüllung zur Verfügung zu stellen.
   - Die **Wissensnutzung** soll sicherstellen, dass die Mitarbeiter ausreichend motiviert sind, um die zur Verfügung gestellten Wissensquellen auch tatsächlich zu nutzen.

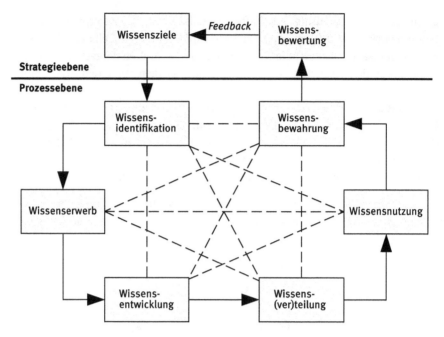

Abb. 11.4: Aufgaben des Wissensmanagements (nach Probst u. a. 2012, S. 34).

- Die **Wissensbewahrung** beschäftigt sich damit, dass Wissen auch unbeabsichtigt verlernt oder vergessen werden kann. Dies ist z. B. ein typisches Problem bei Projekterfahrungswissen, da meistens nach Abschluss eines Projekts keine systematische Identifikation und Bewahrung des gelernten Wissens stattfindet.
3. **Aufgaben auf der Systemebene:** Die Aufgaben auf der Systemebene sind nicht wissensspezifisch. Vielmehr handelt es sich hierbei um typische operative Tätigkeiten des Informationsmanagements, wie z. B. Systemauswahl etc.

Probst u. a. (2012, S. 30 ff) sprechen bezüglich der dargestellten Aufgaben auch von den **Kernprozessen bzw. Bausteinen des Wissensmanagements,** die sie grafisch entsprechend Abb. 11.4 zueinander in Beziehung setzen. Die gestrichelten Linien stellen dabei mögliche Querbezüge zwischen den Aufgaben dar, die typischerweise in einer logischen Ablaufreihenfolge stehen, die durch die Richtungspfeile dargestellt ist.

11.5 Übungsaufgaben

11.5.1 Verständnisfragen

1. Erläutern Sie den Zusammenhang von Wissensmanagement und Contentmanagement.
2. Grenzen Sie den Begriff „Wissen" vom Begriff „Information" ab.
3. Definieren Sie die Begriffe „explizites Wissen" und „implizites Wissen".
4. Erläutern Sie die Modellierungsebenen des integrativen Wissensmanagements.

11.5.2 Fallstudienaufgabe zur Sonnenschein AG

Der Vorstand der Sonnenschein AG möchte wissen, ob es sinnvoll ist, ein ESS für das Wissensmanagement im Unternehmen einzuführen. Sie werden darum gebeten, eine Studie zu folgenden Punkten zu
erstellen:
1. Wie könnte Wissensmanagement zur Lösung der in Kap. 11.1 geschilderten Probleme beitragen?
2. Welche Funktionen müssen Zusammenarbeitssysteme für das Wissensmanagement der Sonnenschein AG erfüllen?
3. Gewichten Sie diese Funktionen und erstellen Sie eine Nutzwertanalyse für zwei von Ihnen auszuwählende ESS-Produkte.

11.5.3 Fallstudienaufgabe zur Luminous GmbH

Die Fallstudienaufgabe zur Luminous GmbH findet sich auf der Website des Lehrbuchs
(http://www.einfuehrung-wi.de) unter „Zusatzmaterialien".

12 Digitale Märkte

Lernziele in diesem Kapitel
- Sie können erläutern, was unter digitalen Märkten verstanden wird.
- Sie können wichtige Eigenschaften von Märkten auf die digitale Welt übertragen.
- Sie können die Besonderheiten von digitalen Märkten im Vergleich zu physischen Märkten beschreiben.
- Sie können die Wirkung von direkten und indirekten Netzwerkeffekten erklären.
- Sie können dynamische Preise in digitalen Märkten erklären.
- Sie können Formen der interaktiven Preisfestlegung voneinander unterscheiden.

12.1 Fallstudie: Reiseveranstalter Sonnenschein

Im Vergleich zu den Vertriebskanälen „Franchising" und „Reisebüros" wächst der Umsatz über den Vertriebskanal „Onlineshop" überproportional. Dennoch ist der Bekanntheitsgrad des Onlineshops der Sonnenschein AG vergleichsweise niedrig. Viele Interessenten, die sich über das Internet zu Reiseangeboten informieren möchten, nutzen Suchmaschinen oder übergreifende Reiseportale. Um auch für diese Zielgruppe im Internet sichtbar zu sein, prüft die Geschäftsführung der Sonnenschein AG, ob es aus strategischer Sicht sinnvoll sein könnte, die eigenen Produkte in einem oder mehreren Reiseportalen anzubieten. Solche Reiseportale bieten keine eigenen Produkte an, sondern sie sind lediglich Vermittler zwischen Reiseveranstaltern und Kunden. Häufig bieten sie vielfältige Suchmöglichkeiten an. Meist finanzieren sich Portale entweder über Werbung oder über Vermittlungsprovisionen bei erfolgreichen Kaufabschlüssen. Als Zusatznutzen für die Kunden bieten die Portale oft Preisvergleiche, Qualitätsinformationen oder Kundenbewertungen an. Manchmal werden auch Zusatzdienstleistungen oder -produkte (z. B. Reiserücktrittsversicherungen oder Auslandskrankenversicherungen) mit angeboten.

12.2 Digitale Märkte als Plattformen

Digitale Märkte (Synonym: elektronische Märkte) sind das elektronische Pendant zu physischen Marktplätzen. Hauptaufgabe eines Marktes ist es, Angebot und Nachfrage nach ökonomischen Gütern (z. B. Waren, Dienstleistungen oder Informationen) auszugleichen und Transaktionen zu ermöglichen. Dabei spielt die Bestimmung eines Preises für die Güter oft eine wichtige Rolle.

Durch das Internet sind vielfältige Anwendungen entstanden, die teilweise physische Märkte sowie deren Markttransaktionen nachbilden. Darüber hinaus sind auch neuartige Marktformen entstanden. Digitale Märkte ermöglichen neue Kombinatio-

https://doi.org/10.1515/9783110722260-012

nen von Marktteilnehmergruppen, wodurch sich bestehende Branchen verändern und neue Branchen entstehen können. Nach Coase (1937) ist der Markt neben der Unternehmenshierarchie eine der beiden grundlegenden Koordinationsformen wirtschaftlicher Aktivitäten. Da die Transaktionskosten in digitalen Märkten meist geringer sind, als in physischen Märkten findet eine Verlagerung von Aktivitäten in digitale Märkte statt (vgl. Malone u. a. 1987, S. 485).

! **Digitale Märkte** sind informationstechnische Systeme, die einzelne oder alle Transaktionsphasen unterstützen oder Marktplätze vollständig in digitaler Form abbilden und somit eine marktliche Koordination ermöglichen (vgl. Schmid 1993, S. 468).

Digitale Märkte entstehen durch die Mediatisierung von Markttransaktionen, also die elektronische Abbildung der Kommunikationsbeziehungen zwischen den Marktteilnehmern (vgl. Picot u. a. 2003, S. 338). Digitale Märkte können eine oder mehrere Transaktionsphasen abdecken. Nach Schmid (1993, S. 467) gibt es folgende Transaktionsphasen: die Informationsphase, die Vereinbarungsphase und die Abwicklungsphase. In vielen Fällen sind nicht nur die Märkte digital, sondern auch die hier gehandelten Produkte. Beispiele hierfür sind Software, Musik-Streaming, Video-on-Demand oder Nutzungsgebühren für Online-Plattformen. Die Grenzen zwischen Produkt und Dienstleistung sind bei digitalen Produkten z. T. fließend.

Digitale Märkte haben hauptsächlich zwei Funktionen: 1) Sie haben eine Koordinationsfunktion, d. h. sie unterstützen die Koordinationsmechanismen eines Marktes. Hierzu zählt z. B. die Preisbildung. 2) Sie haben eine Informationsfunktion indem sie die Informationsbeschaffung der Marktteilnehmer unterstützen. Dies führt zu einer erhöhten Markttransparenz und kann somit im Vergleich zu physischen Märkten mit geringeren Informationsasymmetrien zwischen den Marktteilnehmern einhergehen.

! Als **Informationsasymmetrie** bezeichnet man unterschiedliche Informationsstände zwischen verschiedenen Marktteilnehmern. Dies kann z. B. dazu führen, dass ein Verkäufer für bestimmte Güter deutlich höhere Preise am Markt durchsetzen kann, weil nicht alle Käufer über die üblichen Preise dieser Güter informiert sind.

Digitale Märkte haben folgende Eigenschaften (vgl. Schmid 1993, S. 468), die sie von herkömmlichen physischen Märkten unterscheiden:
- Sie sind ortsunabhängig, d. h. der Zugriff ist mit Mitteln der Telekommunikation von beliebigen Orten aus möglich. In der Regel reicht hierfür ein Internetzugang aus.
- Sie sind zeitunabhängig, d. h. die Marktfunktion ist zu jeder Zeit verfügbar.
- Sie verringern die Transaktionskosten, d. h. die Nutzung des digitalen Marktes bietet wirtschaftliche Vorteile gegenüber physischen Märkten.

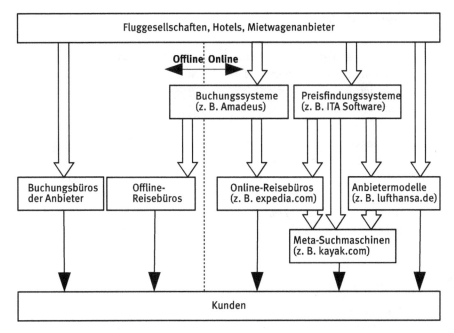

Abb. 12.1: Verschiedene Plattformen am Beispiel der Reiseverkehrswertschöpfungskette (in Anlehnung an Granados u. a. 2008, S. 81).

Ein wichtiges Kriterium zur Unterscheidung digitaler Märkte ist außerdem die Zugänglichkeit. Es gibt sowohl offene als auch geschlossene digitale Märkte. Geschlossene Märkte sind bestimmten ausgewählten Marktteilnehmern vorbehalten. Diese Form ist v. a. im Business-to-Business-Bereich verbreitet. Beispiele für geschlossene digitale Märkte sind das deutsche Wertpapierhandelssystem XETRA der Deutsche Börse AG und das Reiseverkehrsbuchungssystem Amadeus. Bei offenen digitalen Märkten können sich Anbieter und/oder Nachfrager am Markt beteiligen, sofern sie die entsprechenden Regeln akzeptieren. Hier gibt es unzählige Beispiele: ImmobilienScout24.de, eBay.com, myHammer.de, Kayak.com. Abb. 12.1 illustriert verschiedene Plattformen, die in der Reiseverkehrsbranche zum Einsatz kommen.

In vielen Fällen stellt der Betreiber eines digitalen Marktplatzes diesen als Plattform zur Verfügung, auf der unterschiedliche Akteure miteinander in Kontakt treten können. Folgende Akteurskonstellationen existieren beim Handel auf digitalen Marktplätzen: Online-Store (1 : 1), Auktion (1 : n), Ausschreibung (n : 1) und Börse (n : n).

Im Kontext digitaler Märkte ist eine **Plattform** ein System, das unterschiedliche Akteure miteinander in Kontakt treten und agieren lässt. Dabei steht die Anbahnung, der Abschluss oder die Nachbereitung von Transaktionen im Vordergrund. Somit unterscheidet sich die Interpretation des Begriffs von der technischen Sicht der Informatik, wonach zwischen Hardware-Plattformen und Software-Plattformen unterschieden wird.

12.3 Netzwerkeffekte

Es gibt Produkte, die neben ihrem originären Nutzen auch einen zusätzlichen bzw. derivativen Nutzen bieten. Wenn dieser zusätzliche Nutzen nicht direkt durch das Produkt selbst geboten wird, sondern abhängig von der Verbreitung und Nutzung des Produkts ist, spricht man von Netzwerkeffekten (oder auch: Netzeffekten). Der Begriff entstammt dem Bereich der Computernetzwerke. Das **Metcalfe'sche Gesetz** besagt, dass der Wert eines Netzwerks proportional zum Quadrat der Anzahl von dessen Knoten ist (vgl. Gilder 1993). Der Wert eines Kommunikationsnetzwerks steigt somit exponentiell, wenn weitere Nutzer (n) hinzukommen. Der Wert des Netzwerks bemisst sich somit anhand der möglichen Kommunikationsverbindungen innerhalb des Netzwerks. Die Anzahl der möglichen Kommunikationsverbindungen (C) lässt sich mit folgender Formel einfach berechnen: $C = n \times (n - 1) = n^2 - n$ (vgl. Shapiro u. Varian 2010, S. 184).

ℹ Fallbeispiel: Telefon

Wenn zwei Menschen auf der Welt ein Telefon besitzen, hat das Produkt für beide einen gewissen Nutzen, da sie sich gegenseitig anrufen können. Kommt noch ein weiterer Nutzer hinzu, steigt der Nutzen deutlich, da jeder doppelt so viele Menschen anrufen kann, als vorher und der neu hinzugekommene Nutzer auch zwei Kontaktmöglichkeiten hat. Beim vierten Nutzer sind bereits zwölf Kontaktmöglichkeiten möglich, beim fünften zwanzig. Selbst wenn Menschen dem Netzwerk beitreten, die ein bestimmter Nutzer (noch) nicht kennt, kann das den Nutzen des Netzwerks erhöhen, da die Möglichkeit besteht, dass später ein Kontaktbedürfnis entstehen wird.

Dieser Betrachtung liegt die Annahme zugrunde, dass alle Verbindungen im Netzwerk gleich wertvoll sind. Dieser Nutzenwert ist eine theoretische Größe, die sich schwer in Geldeinheiten ausdrücken lässt. In der Realität wird man bei vielen Anwendungsfällen davon ausgehen, dass unterschiedliche Verbindungen in einem Netzwerk unterschiedlich wichtig sind und viele theoretisch mögliche Verbindungen tatsächlich keinen echten Wert darstellen. Aus diesem Grund wird das Metcalfe'sche Gesetz immer wieder kritisiert. Dennoch konnte anhand von den beiden großen sozialen Netzwerken Facebook und Tencent empirisch gezeigt werden, dass sich der tatsächliche Nutzen eines sozialen Netzwerks (hier allerdings gemessen am Umsatz) sich hiermit am besten modellieren lässt (vgl. Zhang u. a. 2015, S. 246 ff).

Das einfache Beispiel in Abb. 12.2 zeigt, dass im Netzwerk A-B-C genau drei mögliche Verbindungen (durchgängige Linien) existieren. Durch Hinzufügen des Knotens D verdoppelt sich deren Anzahl (gepunktete Linien). Wenn der fünfte Knoten E hinzukommt, sind es in Summe 10 ungerichtete Verbindungen. Bei 20 Knoten wären es bereits insgesamt 190.

Je mehr Nutzer in einem Netzwerk existieren, desto höher ist der Gesamtnutzen des Netzwerks. Man spricht hier von **direkten Netzwerkeffekten**. Diese Art von Netzwerkeffekten betrifft Netzgüter. Sie existiert bei jeder Art von Gütern die der Kommu-

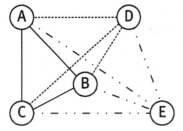

Abb. 12.2: Zunehmende Netzwerkeffekte in einem wachsenden Netzwerk (eigene Darstellung).

nikation dienen. Darüber hinaus gibt es auch **indirekte Netzwerkeffekte:** Hier führt eine Erhöhung der Nutzeranzahl eines Netzwerks zu einem Wertzuwachs bei einem komplementären Produkt. Diese Art von Netzwerkeffekten kommt v. a. dann zum Tragen, wenn technologische Standards eine Rolle spielen. Zum Beispiel führt eine zunehmende Verbreitung von Blu-Ray-Abspielgeräten dazu, dass es zunehmend attraktiver wird, Filme in diesem Format anzubieten. Man spricht hier von Systemgütern.

Direkte Netzwerkeffekte: Der Gesamtnutzen eines Netzwerks steigt mit dessen Nutzung bzw. der Anzahl der Nutzer. Betrifft: Netzgüter
Indirekte Netzwerkeffekte: Mit zunehmender Verbreitung eines Produkts steigt der Nutzen eines komplementären Gutes. Betrifft: Systemgüter

---

12.4 Mehrseitige Märkte

Im Mittelalter brachten Städte mit Marktprivileg unterschiedliche Akteure (Käufer und Verkäufer) an einem Ort (Marktplatz) zu bestimmten Zeiten (Wochenmarkt, Jahrmarkt, Messen) zusammen, um Handel zu ermöglichen. Auch heute ist der Ort ein zentrales Element eines Marktes. Bei digitalen Märkten ist der Zugang jedoch nicht ortsgebunden. Somit ist es hier deutlich einfacher, einen Marktplatz zu schaffen, an dem sehr viele Akteure aktiv sein können.

Wenn ein einzelner Verkäufer (Angebotsseite) am Markt auftritt und mehreren Käufern (Nachfrageseite) Waren oder Dienstleistungen anbietet, spricht man von einem **einseitigen** Markt. Stellt der Marktbetreiber lediglich die Plattform zur Verfügung, auf der Käufer und Verkäufer zusammenfinden können, spricht man von einem **zweiseitigen** Markt. In digitalen Märkten sind neben Käufern und Verkäufern weitere Rollen möglich. Hier spricht man deshalb von zweiseitigen Märkten (vgl. Bakos u. Katsamakas 2008, S. 171).

Eine auch im Internet weit verbreitete Konstellation ist die Dreiecksbeziehung bei werbefinanzierten Medien (vgl. Abb. 12.3). Hier ist das Medienunternehmen einerseits ein Inhalteanbieter, der redaktionelle Inhalte erstellt, aufbereitet und verbreitet.

Andererseits verkauft das Medienunternehmen Werbeplätze an Werbetreibende. Die Werbetreibenden sind an Reichweite und ggf. an einer Zielgruppenauswahl interessiert. Die Rezipienten (Medienkunden) konsumieren nun sowohl die Medieninhalte im engeren Sinne als auch die Werbeinhalte. Die Werbetreibenden erhoffen sich neben Aufmerksamkeit und Markenbildung schließlich erhöhte Umsätze bei den beworbenen Produkten.

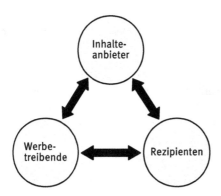

Abb. 12.3: Akteure im Markt werbefinanzierter Medien (in Anlehnung an Zerdick u. a. 2001, S. 50).

Weitere Beispiele für Online-Plattformen mit unterschiedlichen Rollen sind Gebrauchtwagenbörsen (Autokäufer und private oder gewerbliche Autoverkäufer), Auktionsplattformen (Bieter und Anbieter), Partnervermittlungsplattformen (Partnersuchende, ggf. klassifiziert nach Geschlecht und/oder weiteren bestimmten Suchkriterien), Videospielplattformen (Software-Entwickler und Spieler) und Bewertungsplattformen (Nutzer, die Erfahrungen mit Produkten oder Dienstleistungen gemacht haben und Bewertungen abgeben und Nutzer, die auf der Suche nach Bewertungen sind). In den meisten Fällen ist zusätzlich die Rolle der Werbetreibenden denkbar.

Damit ein digitaler mehrseitiger Markt funktionieren kann, ist es notwendig, dass für alle relevanten Rollen eine kritische Masse erreicht wird. Hierbei sind die genannten Netzwerkeffekte relevant. Eine Auktionsplattform ist für Verkäufer nur dann interessant, wenn ausreichend potenzielle Käufer vorhanden sind (und vice versa).

ℹ Fallbeispiel: Smartphone

Im April 2017 hatten 97 % aller verkauften Smartphones entweder iOS oder Android als Betriebssystem (vgl. Kantar 2017). Für App-Entwickler ist es somit nicht besonders attraktiv, Apps für andere Plattformen zu entwickeln, da dort der Kreis der potenziellen Anwender relativ klein ist. Andererseits spielt das Angebot an verfügbaren Apps für viele Smartphone-Käufer eine Rolle bei der Kaufentscheidung. Beide Effekte verstärken sich also gegenseitig, sobald die Netzwerkeffekte groß genug sind.

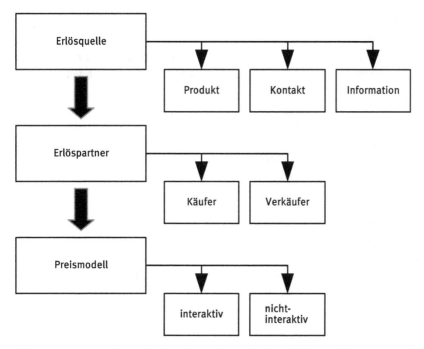

Abb. 12.4: Zusammenhang zwischen Erlösquelle und Preismodell (nach Skiera u. a. 2005).

Durch die unterschiedlichen Rollen und die technischen Besonderheiten des Internets ergeben sich zahlreiche Gestaltungsmöglichkeiten hinsichtlich der **Erlösmodelle** von digitalen Märkten (vgl. Abb. 12.4). Zunächst wird unterschieden, ob das Produkt (z. B. Berechnung einer Provision bei einem Verkauf), der Kontakt (Berechnung der Anzeigehäufigkeit von Bannerwerbung) oder die Information (Berechnung des Zugriffs auf Informationen) die Erlösquelle ist. Wenn die Erlösquelle feststeht, wird festgelegt, wer der Erlöspartner ist. Zum Beispiel kann eine Auktionsplattform vom Käufer oder vom Verkäufer (oder von beiden) eine Transaktionsgebühr oder eine Provision verlangen. Schließlich wird bestimmt, wie der Preis zustande kommt. Hier kommen interaktive oder nichtinteraktive Preismodelle infrage. Bei **interaktiven Preismodellen** ist eine Interaktion (z. B. Verhandlung) zwischen den Vertragsparteien vor dem Vertragsabschluss notwendig. Bei **nichtinteraktiven Preismodellen** legt eine Seite den Preis fest, die andere Seite hat lediglich die Wahl, anzunehmen oder abzulehnen.

In physischen Märkten wird oft mit statischen Preisen gearbeitet, da es häufig nicht praktikabel ist, für unterschiedliche Zielgruppen unterschiedliche Preise zu verlangen. Außerdem ist meist schon die Preisauszeichnung der Produkte so aufwendig, dass die Preise nur selten in kurzen Zeitabständen angepasst werden. Digitale Märkte im Internet bieten hingegen zahlreiche Möglichkeiten die Preise flexibel anzupassen.

Prinzipiell existieren **drei Arten der dynamischen Preisfestlegung** (vgl. Kannan u. Kopalle 2001, S. 64):

1. Preise können dynamisch und einseitig festgelegt werden **("posted price").** Hier werden Preise basierend auf einer prognostizierten Nachfrage durch Verkäufer gebildet.
2. Es gibt die individuelle fallweise Preisfestlegung, bei der der Preis durch Interaktion zwischen Käufer und Verkäufer festgelegt wird **("interactive pricing").** Hierfür kommen verschiedene interaktive Preismechanismen infrage.
3. Preise können über die Gestaltung von Produktbündeln variiert werden **("bundling"),** d. h., es werden zwei oder mehrere Leistungen zu einem Gesamtpreis angeboten. Der Preis einer einzelnen Komponente ist hierbei nicht mehr transparent.

Beim „posted price" (dt. Festpreis) kann der Preis nicht verhandelt werden. Das heißt, der Preis wird einseitig vom Verkäufer festgelegt (kein interaktiver Preismechanismus). Das schließt aber nicht aus, dass der Preis sich im Zeitverlauf verändern kann und somit dynamisch ist. Ein Beispiel, bei dem große Preisveränderungen zum Tragen kommen, sind Linienflüge. Je nach Abflug- und Zielort sowie Buchungsklasse, Wochentag und Abflugzeit ändert sich der Preis meist deutlich im Zeitverlauf. Üblicherweise steigen die Preise, je näher das Abflugdatum rückt. Die dabei zum Einsatz kommenden Informationssysteme werden Yield-Management- oder Revenue-Management-Systeme genannt.

Bei interaktiven Preismechanismen muss zunächst zwischen der Eins-zu-eins Interaktion zwischen Verkäufer und Käufer sowie zwischen horizontaler Interaktion unterschieden werden. Im ersten Fall stehen sich Verkäufer und Käufer einzeln gegenüber. Im letzteren Fall sind auf einer oder mehreren Marktseiten unterschiedliche Akteure beteiligt. Bei eine begrenzten Anzahl von Gütern kann hier auch ein Wettbewerb untereinander entstehen. Die verschiedenen Formen interaktiver Preismechanismen sind in Abb. 12.5 dargestellt.

Bei der Auktion treten mehrere Käufer gegenüber einem Verkäufer auf. In der Regel bekommt der Bieter mit dem höchsten Gebot den Zuschlag. Bei der Ausschreibung ist es genau andersherum. Hier bieten mehrere Verkäufer gegenüber einem Käufer und es gewinnt das niedrigste Angebot. Börsen sind dadurch gekennzeichnet, dass mehrere Verkäufer mehreren Käufern gegenüberstehen. Aufgabe der Börse ist es, den Gleichgewichtspreis zu ermitteln, zu dem die meisten Güter den Besitzer wechseln können.

Neben der weitverbreiteten Form, dass der Preis durch den Verkäufer festgelegt wird, gibt es mittlerweile auch Preismechanismen, bei denen der Käufer den Preis bestimmen kann. Aufgrund der Besonderheiten bei der Abwicklung sind diese Mechanismen besonders im Bereich digitaler Märkte interessant.

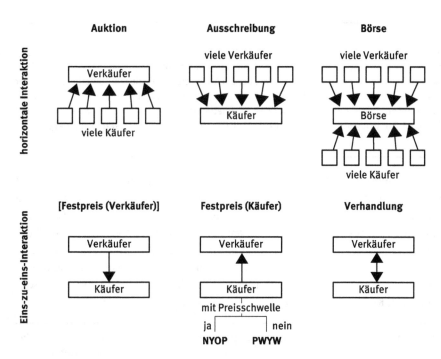

Abb. 12.5: Klassifikation interaktiver Preismechanismen (in Anlehnung an Kim u. a. 2009, S. 45).

Beim sog. **Pay-what-you-want-Modell (PWYW)** kann der Kunde selbst einen Preis bestimmen. Da es hier keine Festlegung bezüglich einer erlaubten Preisspanne gibt, kann der Kunde sogar einen Preis von Null festlegen. Dennoch gibt es Anwendungsfälle, in denen dieser Preismechanismus Vorteile (auch für den Verkäufer) bietet:

1. PWYW kann sinnvoll sein, wenn vorhandene Kapazitäten zu regulären Preisen schwer verkauft werden können (z. B. Eintritt für einen Zoo bei schlechtem Wetter).
2. PWYW ist in digitalen Märkten relevant, wenn digitale Güter mit Grenzkosten von (nahe) Null verkauft werden sollen (vgl. Krämer u. a. 2017, S. 128). Zum Beispiel gibt es bei der Produktion von digitalen Medien (Musikstücke oder Filme) fast nur Fixkosten. Besonders bei der Online-Distribution fallen (fast) keine weiteren variablen Kosten an, wenn Kopien verkauft werden. Käufer, die einen Preis von größer als Null bezahlen, tun dies meist aufgrund von sozialen Faktoren (vgl. Kim u. a. 2009, S. 46) – z. B. weil sie einen Künstler unterstützen wollen.

> **ℹ️ Fallbeispiel: Noisetrade**
>
> Auf der Plattform http://noisetrade.com bieten Künstler Musik zum Download an. Die Bezahlung erfolgt auf freiwilliger Basis. Die Nutzer der Musikplattform können nach dem PWYW-Prinzip einen beliebigen Betrag bezahlen, wenn sie ein Lied oder ein Album eines Künstlers herunterladen. Darüber hinaus hat die Plattform das Ziel, dass Künstler und Nutzer miteinander in Kontakt treten. Deshalb ist es gewünscht, dass die Nutzer persönliche Informationen preisgeben und sich zum Beispiel mit dem Facebook-Konto registrieren. Die Plattform kann diese Informationen auswerten und zielgerichtet Werbung schalten.

Name-your-own-price (NYOP) unterscheidet sich von PWYW dadurch, dass der vom Käufer vorgeschlagene Preis nur dann akzeptiert wird, wenn er über einer geheimen Preisschwelle liegt, die dem Käufer während des Bietens nicht bekannt ist (vgl. Hinz u. a. 2011, S. 81). Typischerweise ist in diesem Konzept nur ein Gebot durch den Käufer möglich. Somit hat er einen Anreiz, einen Preis zu nennen, der nahe an seiner tatsächlichen Zahlungsbereitschaft liegt. Für Verkäufer bietet dieser Preismechanismus den Vorteil, dass der Markt segmentiert werden und ein Preiswettbewerb umgangen werden kann (vgl. Krämer u. a. 2017, S. 125).

> **❗ Die Zahlungsbereitschaft** ist der maximale Preis, den ein Kunde bereit ist, für ein Produkt oder eine Dienstleistung zu bezahlen. Liegt ein Angebot zu einem höheren Preis vor, kommt kein Kauf zustande. Kunden suchen demnach nach Angeboten, bei denen der Preis möglichst weit unter der eigenen Zahlungsbereitschaft liegt. Die Zahlungsbereitschaft ist eine individuelle Größe, die von Kunde zu Kunde verschieden sein kann. Bei einem Festpreis müssen Verkäufer versuchen, den Wert so zu bestimmen, dass möglichst viele Kunden kaufen. Allerdings darf der Preis hierbei nicht unter den (Selbst-)Kosten liegen, da sonst Verluste entstehen.

> **ℹ️ Fallbeispiel: Priceline**
>
> Die Reisevermittlungsplattform Priceline (https://www.priceline.com) hat das NYOP-Konzept bekannt gemacht. Auf der Plattform werden Flüge, Mietwägen, Hotelzimmer und Kreuzfahrten angeboten und die Käufer können hierfür Gebote abgeben. Liegt das Gebot über der Preisschwelle, kommt die Buchung zustande. Wird die Preisschwelle nicht erreicht, so kann dieses Angebot (zumindest zum gleichen Reisezeitraum in dieser Destination) nicht mehr gebucht werden. Interessenten mit Präferenzen für ein bestimmtes Ziel oder ein festgelegtes Datum bieten somit entsprechend ihrer Zahlungsbereitschaft. Schnäppchenjäger, die flexibel sind, können allerdings durch aggressiveres Bieten recht niedrige Preise realisieren, die nach Angaben des Anbieters bis zu 60 % unter den regulären Marktpreisen liegen. Für die Anbieter, die diese Plattform nutzen, hat dies den Vorteil, dass Kapazitäten ausgelastet werden können, ohne dass die Preisvorstellungen bei der regulären Kundschaft beeinträchtigt werden.

12.5 Übungsaufgaben

12.5.1 Verständnisfragen

1. Worin unterscheiden sich digitale Märkte von physischen Märkten?
2. Nennen Sie fünf unterschiedliche Rollen in digitalen Märkten.
3. Erläutern Sie die wichtigsten Funktionen digitaler Märkte.
4. Nennen Sie je ein Beispiel für direkte und indirekte Netzwerkeffekte.
5. Was wächst in einem wachsenden Netzwerk schneller: der individuelle Nutzen einzelner Mitglieder oder der Gesamtnutzen des Netzwerks?
6. Worin unterschieden sich interaktive von dynamischen Preismechanismen?
7. Für welche Art von Gütern eignet sich der NYOP-Preismechanismus?
8. Wie könnte der Bezahlprozess bei einem PWYW-Preismechanismus gestaltet werden, um möglichst hohe Preise zu erzielen?

12.5.2 Fallstudienaufgabe zur Sonnenschein AG

1. Welche Art von Preismechanismus könnte die Sonnenschein AG beim Online-Vertrieb einsetzen?
2. Inwiefern spielen Netzwerkeffekte für den Online-Shop der Sonnenschein AG eine Rolle?

Eine weitere Fallstudienaufgabe zur Sonnenschein AG findet sich auf der Website des Lehrbuchs (http://www.einfuehrung-wi.de) unter „Zusatzmaterialien".

12.5.3 Fallstudienaufgabe zur Luminous GmbH

1. Angenommen, die Luminous GmbH plant, den Kunden neben dem Online-Shop auch die Möglichkeit zu bieten, über eine mobile App einkaufen zu können: Was ist bei der Entwicklung einer derartigen App aus Marktsicht zu beachten?
2. Welchen Preismechanismus empfehlen Sie der Luminous GmbH für die digitalen Vertriebswege?

Eine weitere Fallstudienaufgabe zur Sonnenschein AG findet sich auf der Website des Lehrbuchs (http://www.einfuehrung-wi.de) unter „Zusatzmaterialien".

13 Digitale Transformation

Lernziele in diesem Kapitel
- Sie können erläutern, was man unter dem Begriff der Digitalen Transformation versteht.
- Sie können erläutern, welche Merkmale die Digitale Transformation kennzeichnen.
- Sie können erläutern, welche Potenziale die Digitale Transformation birgt.

13.1 Fallstudie: Reiseveranstalter Sonnenschein AG

Die Digitale Transformation erreicht auch die Tourismusbranche. Unter dem Schlagwort „Tourismus 4.0" denkt die Branche über neue Produkte und Dienstleistungen für ihre Kunden nach. Auch der Sonnenschein AG ist klar geworden, dass das mobile Internet, Smartphones und smarte Produkte eine Chance für das Unternehmen sein könnten, seine Marktposition auszubauen. Die Geschäftsleitung hat deshalb eine jung-dynamische Unternehmensberatung damit beauftragt, eine SWOT-Analyse zur möglichen Digitalen Transformation zu erstellen.

13.2 Merkmale der Digitalen Transformation

Die IT erschließt sich immer mehr neue Anwendungsfelder. Lagen die betrieblichen Anwendungsfelder in den frühen 1960er-Jahren bei den algorithmisch gut abbildbaren Aufgaben des Rechnungswesen, werden heute auch komplexe Aufgabenstellungen von der Informationstechnologie übernommen, die bislang dem Menschen vorbehalten waren. Dabei zeigt sich, dass es v. a. die Beherrschung der Daten und Algorithmen in den Informationssystemen ist, die zukünftig für den wirtschaftlichen Erfolg eines Unternehmens ausschlaggebend sein wird. Beispiele dafür sind
- die Entwicklung autonom fahrender Fahrzeuge durch neue Marktteilnehmer wie Google und Tesla,
- die Entwicklung von intelligenten Robotern, z. B. in der Fertigung und Logistik,
- die Weiterentwicklung von Maschinen im Maschinenbau um „smarte" Erweiterungen, die auf IT basieren,
- die Vernetzung über Internettechnologien von allen möglichen Gegenständen der realen Welt.

Diese Entwicklung wird allgemein als Digitale Transformation beschrieben.

Als **Digitale Transformation** wird die Veränderung von Wirtschaft und Gesellschaft durch die zunehmende Digitalisierung bezeichnet.

https://doi.org/10.1515/9783110722260-013

Der durch die Digitale Transformation hervorgerufene gesellschaftliche und wirtschaftliche Wandel hat nicht „über Nacht" stattgefunden. Er vollzieht sich seit Aufkommen der ersten Computersysteme und ist noch nicht abgeschlossen. Zuboff (1988) befasste sich frühzeitig mit den Folgen der Digitalisierung und formulierte in Zuboff (2013) einige unvermeidliche Konsequenzen der IT, die von ihr als **Gesetze der Digitalisierung** bezeichnet werden:

- 1. Gesetz: Alles, was sich in digitale Informationen verwandeln lässt, wird auch in digitale Informationen verwandelt.
- 2. Gesetz: Was durch die IT automatisiert werden kann, wird durch die IT auch automatisiert.
- 3. Gesetz: Kann eine Technik der IT für Zwecke der Überwachung, Steuerung und Kontrolle genutzt werden, dann wird sie dafür auch genutzt.

Mit den bisherigen Erfahrungen der Digitalisierung lässt sich noch ein viertes Gesetz hinzufügen:

- 4. Gesetz: Kann eine Technik der IT für militärische oder kriminelle Zwecke genutzt werden, dann wird sie dafür auch genutzt.

Die Digitale Transformation ist mit dem technologischen Fortschritt der IT verbunden. Dieser Fortschritt zeigt eine exponentielle und damit rasante Entwicklung (vgl. dazu Brynjolfsson u. McAfee 2014, S. 48). Nach Bloching u. a. (2015, S. 47 ff) sind dafür vier Merkmale bzw. Kräfte der Digitalen Transformation verantwortlich:

1. **Digitale Daten:** Durch Erfassung, Verarbeitung und Auswertung digitalisierter Massendaten lassen sich bessere Vorhersagen und Entscheidungen treffen.
2. **Automatisierung:** Durch Kombination klassischer Technologien mit künstlicher Intelligenz entstehen zunehmend autonom arbeitende, sich selbst organisierende Systeme, welche die Fehlerquote senken, die Geschwindigkeit erhöhen und die Betriebskosten reduzieren.
3. **Vernetzung:** Durch die mobile bzw. leitungsgebundene Vernetzung der gesamten Wertschöpfungskette mittels Breitbandvernetzung werden Lieferketten synchronisiert, es verkürzen sich Produktionszeiten und Innovationszyklen.
4. **Digitaler Kundenzugang:** Durch das (mobile) Internet erlangen neue Intermediäre direkten Zugang zum Kunden und bieten ihm vollständige Transparenz und völlig neuartige Dienstleistungen.

---

i **Fallbeispiel „Google und die Digitale Transformation"**

Das 1998 gegründete Unternehmen befasst sich schon lange nicht mehr nur mit der Bereitstellung einer Suchmaschine. Wie Abb. 13.1 zeigt, nutzt Google seine im Laufe der Jahre gesammelten Daten mittlerweile dafür, neue Geschäftsmodelle zu entwickeln, die auf den vier Merkmalen der Digitalen Transformation basieren.

Diese Geschäftsmodelle mögen sich zunächst auf den Endkunden konzentrieren und befinden sich häufig noch im Einführungsstadium, aber sie zeigen, dass Google das produzierende Gewerbe längst als Wachstumsfeld für sich entdeckt hat. Google definiert seine Geschäftsmodelle auf Basis seiner Stärken „Digitale Daten" und „Digitaler Kundenzugang" (vgl. Bloching u. a. 2015, S. 21).

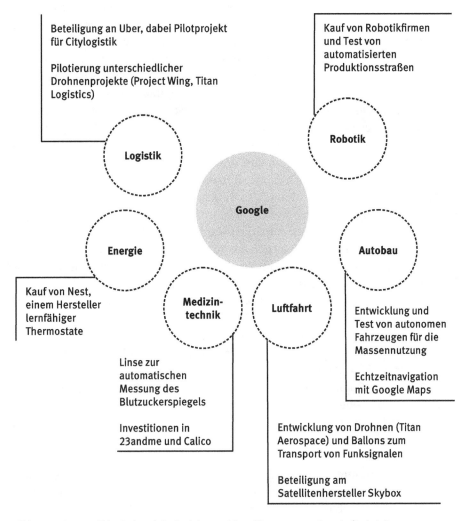

Abb. 13.1: Ausgewählte industrielle Projekte und Beteiligungen von Google (in Anlehnung an Bloching u. a. 2015, S. 21).

13.3 Radio Frequency Identification

Die **Geschichte der Informationstechnik** wird oft in Zeitabschnitte eingeteilt, in denen jeweils eine spezielle Ausprägung von Computern vorherrschend war. So bezeichnet man die Zeit zwischen 1960 und 1980 als Ära der **Großrechner** (Mainframes). Im Jahr 1981 wurde von IBM der **Personal Computer (PC)** eingeführt – damit begann die zweite Ära. Seit einigen Jahren wird die nächste, dritte Ära, auch **Post-PC-Ära** genannt, angekündigt.

Die Entwicklung war und ist geprägt von der Miniaturisierung und der Leistungssteigerung der Computerhardware. Heutige Smartcards, Computer auf einem einzigen Chip in einer Plastikkarte, haben die Rechenleistung der ersten PCs erreicht. Die zentralen Strukturen der Mainframes tendierten immer stärker zur Dezentralisierung. Früher erbrachte ein Mainframe die Rechenleistung für einen ganzen Konzern, die Benutzer waren über Terminals mit ihm verbunden. Als der PC sich zunehmend durchsetzte, wurde die Rechenlast durch eine Client-Server-Architektur teilweise auf die Personal Computer ausgelagert. Die nächste Rechnergeneration wird einerseits aus mobilen Geräten bestehen, die drahtlos in ein Netzwerk eingebunden werden, um auf Informationen zuzugreifen und sie zu verarbeiten, vergleichbar mit heutigen Smartphones. Andererseits werden immer mehr Alltagsgegenstände mit eingebetteten, vernetzten Chips ausgestattet sein, um ihre Funktionalität zu verbessern, zu erweitern und über das Netzwerk einfach zugänglich zu machen.

Wie in der PC-Ära die Mainframes, so werden auch die PCs in Zukunft nicht vollständig verschwinden. Die PCs werden lediglich in diejenigen Einsatzgebiete abgedrängt, für die sie ursprünglich entwickelt wurden, wie z. B. Textverarbeitung oder Tabellenkalkulation am Arbeitsplatz. In der Post-PC-Ära haben selbst die „Dinosaurier" der Informationstechnik, die Mainframes, ihre Daseinsberechtigung als Back-End-Server für rechenintensive Operationen und die Datenhaltung.

Die Ausbaustufen der Post-PC-Ära lassen sich anhand dreier Begriffe kennzeichnen:

- Die erste Stufe ist das **Pervasive Computing**. Hier werden Geräte, mit denen Informationen verarbeitet werden können, miniaturisiert und drahtlos mit einem Netzwerk spezialisierter Server verbunden.
- Bei **Wearable Computing**, der zweiten Stufe, werden Chips in Kleidung und Schmuck eingebettet, wodurch die bisher auf die mobilen Geräte gerichtete Aufmerksamkeit wieder der eigentlichen Umwelt des Anwenders gewidmet werden kann. Auf Informationen kann „freihändig" zugegriffen werden. Der Informationszugang bleibt weiterhin zentral auf die getragenen Gegenstände beschränkt.
- **Ubiquitous Computing** dezentralisiert in der dritten Stufe die Informationsverarbeitung vollständig, reduziert sie auf funktionsspezifische Anwendungen und lagert sie in die Umgebung und auf Alltagsgegenstände aus. Die Informationen sind nun genau dort, wo sie aktuell benötigt werden.

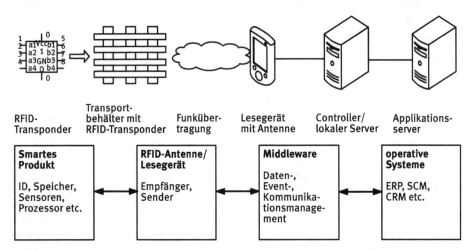

| RFID-Transponder | Transport-behälter mit RFID-Transponder | Funküber-tragung | Lesegerät mit Antenne | Controller/ lokaler Server | Applikations-server |

| **Smartes Produkt** ID, Speicher, Sensoren, Prozessor etc. | **RFID-Antenne/ Lesegerät** Empfänger, Sender | **Middleware** Daten-, Event-, Kommunika-tionsmanage-ment | **operative Systeme** ERP, SCM, CRM etc. |

Abb. 13.2: Architektur eines RFID-Systems (nach Strassner u. Fleisch 2005, S. 47).

Allen drei Stufen ist gemeinsam, dass Probleme gelöst werden müssen, die der Entwicklung von Geräten im Wege stehen. Dies sind beispielsweise die Datensynchronisation, das Auffinden von Diensten im jeweiligen Umfeld des Anwenders, die Lebensdauer der Batterien für die Stromversorgung, das Verhalten der Geräte bei Entzug der Stromversorgung und ein situationsangepasstes Verhalten.

Eine der interessantesten Entwicklungen der letzten Jahre im betrieblichen Einsatz mobiler Informationstechnik ist die Verwendung von RFID-Systemen (vgl. Abb. 13.2).

RFID (Radiofrequenzidentifikation) ist eine Methode, um Daten auf einem Transponder berührungslos und ohne Sichtkontakt lesen und speichern zu können. **!**

Dieser Transponder kann an Objekten, z. B. Transportbehältern (vgl. Fallbeispiel „RFID bei Volkswagen"), angebracht werden, die dann anhand der darauf gespeicherten Daten automatisch identifiziert werden können. Insbesondere in der Logistik lässt sich mit RFID die Prozesseffizienz steigern und Fehler bzw. Fehlerfolgekosten verringern.

Ein RFID-System umfasst folgende Komponenten:

1. **Transponder** (auch RFID-Etikett, -Chip, -Tag, -Label oder Funketikett genannt): Funkchip, der auf einem Objekt angebracht wird und mittels Funk lesbar bzw. beschreibbar ist. Die Reichweite des Transponders beträgt, je nach Bauart, wenige Meter.
2. **Schreib-/Lesegerät**: kommuniziert mit den Transpondern in Reichweite

3. **RFID-Middleware:** Die Middleware sammelt die Daten der Lesegeräte, aggregiert und filtert diese nach vorgegebenen Regeln und leitet sie bedarfsgerecht an die betrieblichen Informationssysteme weiter.

---

i **Fallbeispiel „RFID bei Volkswagen"**

Der Automobilhersteller Volkswagen verwendet zum Transport von Karosserieteilen Spezialgestelle, die je nach Fahrzeugmodell unterschiedlich sind. Die Gestelle kosten ca. 500 Euro pro Stück. Sie werden benötigt, um Karosserieteile von der Pressmaschine abzuholen und zur Produktion zu bringen. Fehlen die Gestelle an der Pressmaschine, müssen die Mitarbeiter die Maschine anhalten und leere Gestelle suchen oder teure Ersatzverpackungen verwenden. Bisher gibt es keine zuverlässigen Informationen über die jeweiligen Bestände dieser Gestelle, die in drei europäischen Werken zum Einsatz kommen. Zwar verwendet Volkswagen die selbst entwickelte Software LISON (Ladungsträger-Informationssystem Online), um ihre Behälterbestände zu verwalten, aber die Daten im System stimmen häufig nicht mit der Realität überein. Eine Ursache hierfür ist, dass Mitarbeiter vergessen, die Gestelle nach der Verwendung zu den Leergutsammelplätzen zu bringen bzw. im System zu erfassen. Die mangelnde Überwachung der Behälterbestände führt neben notwendigen Suchaktionen auch dazu, dass Volkswagen bei den jährlich stattfindenden manuellen Inventuren im Durchschnitt einen Schwund von 5 % registriert, die Auslastung der Gestelle schlecht und der Bestand ineffizient hoch ist. In einem Pilotversuch hat Volkswagen zunächst 560 Behälter, die zum Transport von Seitenteilen in der Fertigung eingesetzt werden, mit RFID-Transpondern ausgestattet und Erfassungsschleusen installiert. Der Pilotversuch verlief erfolgreich und die Nutzenanalyse ergab mögliche Einsparungen des manuellen Aufwands beim Suchen und der Durchführung von Inventuren sowie Einsparungen von Fehlerfolgekosten durch reduzierten Schwund, bessere Auslastung der Behälter und Vermeidung von Maschinenstillständen. Auf Grundlage dieser Ergebnisse hat Volkswagen entschieden, das System nun bei den ca. 13.000 Spezialgestellen einzusetzen, um später auch weniger wertvolle Behälter aufnehmen zu können. Die erwartete Amortisationszeit dieses Systems liegt bei einem Jahr (vgl. Strassner u. Fleisch 2005, S. 45 ff).

13.4 Internet der Dinge

Die Idee des Ubiquitous Computing ist mittlerweile nicht mehr nur Vision. Insbesondere durch die immer häufigere Vernetzung von Alltagsgegenständen und der dabei zumeist eingesetzten Funkübertragung beschränkt sich der Informationsaustausch über das Internet nicht mehr ausschließlich auf Computer. Die daraus entstehende Informationsinfrastruktur wird auch als „Internet der Dinge" bzw. „Internet of Things" (IoT) bezeichnet.

! Als **Internet der Dinge** bezeichnet man die Vernetzung von physischen Objekten mittels Internettechniken. Beispiele für solche physische Objekte sind Produktionsmaschinen, Produkte, Betriebsstoffe etc. Erweitert man diese internetgestützte Kommunikation von Objekten auf die Kommunikation mit betrieblichen Informationssystemen und menschlichen Aufgabenträgern, spricht man auch vom **Internet of Everything** (vgl. Mattern u. Flörkemeier 2010, S. 107).

Wichtige Merkmale und Eigenschaften von „Dingen" im Sinne des Internets der Dinge sind nach Mattern u. Flörkemeier (2010, S. 109 f):

- **Identifikation:** Die physischen Objekte sind eindeutig identifizierbar, z. B. durch die Anbringung von RFID-Etiketten.
- **Adressierbarkeit:** Die Objekte können mit einer eigenen IP-Adresse im Internet angesprochen werden.
- **Lokalisierbarkeit:** Die Objekte kennen ihren physikalischen Standort und sind für andere Akteure im Internet der Dinge auffindbar.
- **Eingebettete Informationsverarbeitung:** Die Objekte besitzen eine – zumindest eingeschränkte – eigene Rechnerkapazität in Form eines Prozessors bzw. Microcontrollers sowie eine gewisse Speicherkapazität.
- **Kooperationsfähigkeit:** Die Objekte sind in der Lage, sich mit anderen Objekten im Internet der Dinge zu verbinden, um Daten und Dienste gegenseitig zu nutzen und ihren Zustand zu aktualisieren.
- **Sensorik:** Die Objekte können Informationen über ihre Umwelt aufzeichnen, speichern, kommunizieren und darauf direkt mittels Aktoren reagieren.
- **Effektorik:** Die Objekte sind in der Lage, auf ihre Umwelt durch die Steuerung von Aktoren einzuwirken.

13.5 Industrie 4.0

Der Begriff „Industrie 4.0" (häufig synonym verwendet für: Digitale Tranformation, Internet der Dinge) geht ursprünglich auf eine Initiative der Bundesregierung zurück, mit der die digitale Vernetzung klassischer Fertigungsindustrien im Zuge der Digitalen Transformation gefördert werden soll. Im internationalen Sprachgebrauch ist der Begriff „Industrie 4.0" eher unbekannt. Hier spricht man vom **„Industrial Internet of Things"** (IIoT).

Fallbeispiel „Zukunftsprojekt Industrie 4.0"

Das Bundesministerium für Bildung und Forschung hat ein „Zukunftsprojekt Industrie 4.0" aufgesetzt und schreibt dazu:

„Die Wirtschaft steht an der Schwelle zur vierten industriellen Revolution. Durch das Internet getrieben, wachsen reale und virtuelle Welt zu einem Internet der Dinge zusammen. Mit dem Zukunftsprojekt Industrie 4.0 wollen wir diesen Prozess unterstützen.

Das Zukunftsprojekt Industrie 4.0 zielt darauf ab, die deutsche Industrie in die Lage zu versetzen, für die Zukunft der Produktion gerüstet zu sein. Sie ist gekennzeichnet durch eine starke Individualisierung der Produkte unter den Bedingungen einer hoch flexibilisierten (Großserien-) Produktion. Kunden und Geschäftspartner sind direkt in Geschäfts- und Wertschöpfungsprozesse eingebunden. Die Produktion wird mit hochwertigen Dienstleitungen verbunden. Mit intelligenteren Monitoring- und Entscheidungsprozessen sollen Unternehmen und ganze Wertschöpfungsnetzwerke in nahezu Echtzeit gesteuert und optimiert werden können." (https://www.bmbf.de/de/zukunftsprojekt-industrie-4-0-848.html; zuletzt abgerufen am 22.02.2018)

Die im Fallbeispiel „Zukunftsprojekt Industrie 4.0" erwähnte vierte industrielle Revolution geht auf folgende industriegeschichtliche Einteilung der technischen Entwicklung zurück (vgl. Kagerman u. a. 2013, S. 17):

- **1. Industrielle Revolution (Ende 18. Jhdt.):** Einführung mechanischer Produktionsanlagen mithilfe von Wasser- und Dampfkraft
- **2. Industrielle Revolution (Beginn 20. Jhdt.):** Einführung arbeitsteiliger Massenproduktion mithilfe von elektrischer Energie
- **3. Industrielle Revolution (Beginn 1970er-Jahre):** Einsatz von Elektronik und IT zur weiteren Automatisierung der Produktion
- **4. Industrielle Revolution (heute):** Einsatz von Cyber-physischen Systemen zur vollständigen Vernetzung der Produktion (Industrie 4.0)

Etwas kritisch zu hinterfragen ist, ob es sich tatsächlich um eine revolutionäre oder nicht doch eher evolutionäre Entwicklung innerhalb der Technikgeschichte handelt. Letztlich ermöglichte nämlich jede vorhergehende Technik die nachfolgenden technischen Innovationen. Wahrscheinlich wäre es deshalb besser, von vier Evolutionsschritten der industriellen Entwicklung zu sprechen. Da sich aber die Begrifflichkeit der „Revolutionen" weitgehend durchgesetzt hat, soll sie auch hier Verwendung finden.

Die vierte industrielle Revolution wird als Industrie 4.0 bezeichnet und soll wie folgt definiert werden:

! Unter **Industrie 4.0** versteht man die Anwendung des Internets der Dinge auf industrielle Wertschöpfungsprozesse. Durch die Vernetzung aller an der Wertschöpfung beteiligten Akteure zu sog. Cyberphysischen Systemen (CPS) sollen folgende Ziele erreicht werden: 1) Steigerung der Effizienz der Geschäftsprozesse, 2) Flexibilisierung der Fertigungsstrukturen und 3) Entwicklung innovativer Produkte und Dienstleistungen (vgl. Obermaier 2016, S. 3 ff, Kagerman u. a. 2013, S. 18).

Aus **betriebswirtschaftlicher Sicht** geht es dabei um die Integration und Vernetzung der technischen Produktionsplanung und -realisierung (Computer Aided Design (CAD) und Computer Aided Manufacturing (CAM)) mit der betriebswirtschaftlichen Produktionsplanung und -steuerung (PPS). Ziel ist dabei eine Flexibilisierung der Fertigung, die kundenindividuelle Fertigungsprozesse mit Losgröße 1 zu Produktionskosten der klassischen Massenfertigung ermöglicht.

Aus **technischer Sicht** geht es bei Industrie 4.0 um die Vernetzung aller an der Wertschöpfung beteiligten Akteure zu sog. Cyber-physischen Systemen (CPS).

! Bei **Cyber-physischen Systemen (CPS)** handelt sich um komplexe Systeme, die betriebliche Informationssysteme mit mechanischen bzw. elektronischen Komponenten verbinden, wobei Datentransfer und -austausch sowie Kontrolle bzw. Steuerung über ein Netzwerk auf Basis von Internettechniken in Echtzeit erfolgen (vgl. Kurbel 2016, S. 518 ff, Kagerman u. a. 2013, S. 5).

Wesentliche Bestandteile von CPS sind mobile und bewegliche Einrichtungen, Geräte und Maschinen (zunehmend auch Roboter), eingebettete Systeme (z. B. zur Maschinensteuerung) und vernetzte Gegenstände (z. B. Produkte, Produktionsmittel) auf Basis der Idee des Internets der Dinge. Da eine große Menge polystrukturierter Daten gemäß dem 4-V-Modell anfällt, werden hier auch die technischen Lösungen von Big Data genutzt (vgl. Kap. 9.5). Die Umsetzung eines CPS erfolgt oftmals durch sog. Manufacturing Execution Systeme (MES).

Manufacturing Execution Systeme (MES) integrieren alle an einer Fertigung beteiligten Akteure horizontal und vertikal entlang der Wertschöpfungskette mittels eines Netzwerks auf Basis von Internettechniken in Echtzeit. Sie fungieren als Bindeglied zwischen der Prozessleitebene (technische Maschinensteuerung) und der betriebswirtschaftlichen Unternehmensleitebene und bilden die Fertigungsleitebene. Das daraus entstehende virtuelle Gesamtsystem der Fertigung wird als CPS bezeichnet (vgl. Kurbel 2016, S. 345 ff, Obermaier 2016, S. 18).

Abbildung 13.3 zeigt die Einordnung von MES in die Gesamtarchitektur betrieblicher Informationssysteme zwischen der Prozessleitebene und der Unternehmensleitebene.

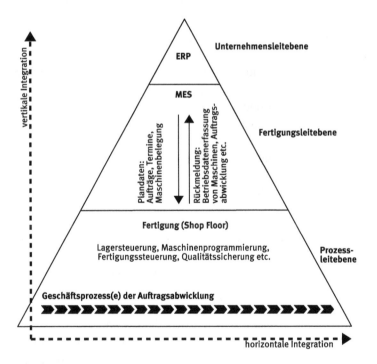

Abb. 13.3: MES als Teil der Architektur betrieblicher Informationssysteme im Unternehmen (eigene Darstellung).

Ob der Einsatz eines MES dauerhaft bei Industrie 4.0 nötig sein wird, ist eine zurzeit noch offene und viel diskutierte Frage. Tatsächlich ist es durchaus denkbar, dass sich irgendwann einmal die Produktionsanlagen und Logistiksysteme eines Unternehmens ohne menschliches Eingreifen mittels Sensoren, Aktoren, Robotern etc. selbst organisieren. Dies wird auch als Smart Factory bezeichnet.

! In einer **Smart Factory** kommunizieren die Produktionsmittel, Produkte, Werkstücke etc. mit den Fertigungsanlagen. Jeder bei der Produktion relevante Gegenstand speichert, z. B. mittels eines RFID-Chips, selbst seine Daten und kann diese im Herstellungsprozess mit den Fertigungsmaschinen austauschen. Damit wird eine weitgehende Selbstorganisation der Fertigung mit hoher kundenindividueller Flexibilität (bis zur Losgröße 1 eines Auftrags) zu Kostenbedingungen der Massenfertigung möglich (vgl. Kagerman u. a. 2013, S. 23 f, Scheer 2016, S. 38).

13.6 Potenziale der Digitalen Transformation

Die Digitale Transformation eröffnet Unternehmen zwei Möglichkeiten der strategischen Entwicklung:
- Steigerung der **Effizienz der Geschäftsprozesse:** Durch die technischen Möglichkeiten von Industrie 4.0 lässt sich die Wettbewerbsfähigkeit eines Unternehmens durch den Einsatz von MES, CPS und dem Internet der Dinge verbessern, indem sich die Herstellkosten durch eine weitere Effizienzsteigerung der Geschäftsprozesse senken lassen und dabei sogar deutlich kleinere Losgrößen bis zur kundenindividuellen Auftragsfertigung unter Beibehaltung der Kostenvorteile einer Massenfertigung möglich sind.
- **Innovative Produkte und Geschäftsmodelle:** Die Idee des Internets der Dinge führt zu „smarten", d. h. vernetzten und intelligenten Objekten. Daraus lassen sich smarte Produkte und neue Dienstleistungen entwickeln, die bestehende Geschäftsmodelle verändern bzw. neue Geschäftsmodelle ermöglichen.

Smarte Produkte zeichnen sich nach Porter u. Heppelmann (2014, S. 64 ff) durch drei Kernelemente aus:
1. **Physische Komponenten:** alle mechanischen und elektrischen Bestandteile eines Produkts
2. **Intelligente Komponenten:** Sensoren, Mikroprozessoren, Datenspeicher, Software etc. eines Produkts (also Sensorik und ggf. auch Effektorik)
3. **Vernetzungskomponenten:** alle zur digitalen Kommunikation notwendigen Komponenten (Antennen, Kabel, Kommunikationsprotokolle etc.) für die drahtgebundene und -lose Vernetzung mit anderen Akteuren im Internet der Dinge

Die Beispiele in den Kap. 13.6.1 und 13.6.2 sollen das Potenzial der Digitalen Transformation verdeutlichen.

13.6.1 Automobil- und Logistikindustrie

Die **Automobilhersteller** und ihre Zulieferindustrie befinden sich bereits in der Transformation. Sie haben die Entwicklung einer Reihe großer Programme angestoßen, u. a. der Einführung des IP-Protokolls im Fahrzeug. Das vielleicht wichtigste Anwendungsfeld der Digitalen Transformation ist dabei das hochautomatisierte und autonome Fahren. Für die Zukunft sind dabei u. a. folgende Fragen nach Bloching u. a. (2015, S. 24) wichtig:

- Wem gehören die Daten, die im und am Auto entstehen?
- Welche Softwarestandards im Fahrzeug setzen sich durch?
- Wie verändern hochautomatisiert fahrende Autos unsere Individualmobilität und unser Verhalten beim Autokauf?
- Wer wird die digitale Kommunikationsschnittstelle mit Fahrer und Fahrzeughalter besetzen?

Fallbeispiel: „Mercedes-Benz Future Truck 2025"

In der Studie Future Truck 2025 untersucht Mercedes-Benz bis zum Jahr 2025 die Möglichkeiten selbstfahrender Lkw. Der Mercedes-Benz Future Truck 2025 verfügt über ein intelligentes Assistenzsystem namens Highway Pilot, das auf Autobahnen bei einer Geschwindigkeit bis zu 85 km/h komplett selbstständig („autonom") fahren kann. Der Future Truck 2025 könnte den Straßenverkehr, die Infrastruktur, den Fahrerberuf und das Speditionsgewerbe enorm verändern und steht damit möglicherweise für das Transportsystem der Zukunft. Dank vernetzter Sensoren und Kameras kann der Fahrer das Steuern des Lkw der Technik überlassen – Fähigkeiten, die ein Prototyp des Trucks bei autonomen Fahrten auf einer Autobahnstrecke bereits erfolgreich demonstriert hat. Der autonome Lkw wird Auswirkungen sowohl für die Automobil- als auch die Logistikbranche haben (vgl. Daimler AG 2014, S. 14 ff).

Szenarien der Digitalen Transformation in der **Logistik** drehen sich nach Bloching u. a. (2015, S. 24) z. B. um die folgenden Fragen:

- Werden sich weltweite Automatisierungsstandards in einzelnen Branchen oder industrieübergreifend durchsetzen?
- Wie lässt sich die Agilität und Robustheit des Liefernetzes weiter stärken?
- Scheer (2016, S. 41) ergänzt diese Fragestellungen um die Forderung der Omnichannel-Fähigkeit: Alle Kommunikationskanäle müssen durcheinander genutzt werden können, sodass der Logistikkunde seinen Auftrag z. B. auf einem Standard-PC erteilen, auf einem Tablet ändern und auf einem Smartphone verfolgen kann.

Fallbeispiel „DHL – Vision eines Logistikzentrums 4.0"

Das Logistikunternehmen DHL testet den Einsatz von Robotertechnik in ausgewählten Logistikanwendungen. Einzelne Lager des Konzerns erproben neue Lieferkettenlösungen unter Einbeziehung kollaborativer Roboter. DHL entwirft eine Vision des Logistikzentrums der Zukunft:

- Eine künftige Supply Chain beginnt demnach beim selbstfahrenden Lkw, der be- oder entladen werden soll.
- Ein mobiler Roboter holt die Ware aus dem Regal und belädt damit den Lkw. Genauso kann ein Roboter auch einen anliefernden Lkw entladen.

– Drohnen können ebenfalls durch Roboter beladen und zur Auslieferung eingesetzt werden.
– Gewartet werden die Geräte von Wartungsrobotern.

Mitarbeiter müssen nur noch in Sonderfällen manuell eingreifen. Ihre wichtigste Aufgabe besteht im Management und der Koordination des Logistikzentrums (vgl. Bonkenburg 2016, S. 30 f).

13.6.2 Gesundheitswesen/Medizintechnik sowie Maschinen- und Anlagenbau

Im **Gesundheitswesen und der Medizintechnik** sind die bedeutendsten digitalen Umwälzungen v. a. in neuen Kontaktmöglichkeiten zum Patienten zu sehen. Das größte Potenzial stellt die verbesserte Diagnostik durch Auswertung (aggregierter und anonymisierter) Daten dar. So bieten beispielsweise Lösungen des Wearable Computing die Möglichkeit der Datenerfassung und -analyse. Ein Beispiel dafür sind Smartwatches, also Uhren, die in der Lage sind, verschiedene Körperfunktionen zu messen und diese Daten per Smartphone-App auszuwerten und z. B. an einen Arzt weiterzuleiten.

 Fallbeispiel „Forschungsprojekt iCare"
Im Jahr 2050 wird laut Schätzungen jeder siebte Bewohner in Deutschland über 80 Jahre alt sein, wodurch sich der Anteil an Demenz erkrankter Menschen erhöhen wird. Schon heute leben rund 1,3 Millionen Demenzkranke in Deutschland. Die Informatik sucht nach Lösungen, um diesen Menschen ein selbstbestimmtes Altern zu ermöglichen. Ziel des Forschungsprojekts iCare an der DHBW Ravensburg und der Universität Lausanne ist es, solch intelligente Assistenzsysteme auf Basis smarter Produkte des Internets der Dinge zu entwickeln. Das Teilprojekt DeSearch von iCare basiert darauf, an Demenz erkrankte Menschen mit Kleinstrechnern an der Kleidung auszustatten. Geben Demenzkranke ihrem Bewegungsdrang nach und laufen weg, können sie über ein auf Smartphones aktiviertes Programm geortet werden. Gleichzeitig wird eine Leitstelle direkt über den Aufenthaltsort der Vermissten informiert. Die Verarbeitung der Daten erfolgt dabei anonym und unter Einhaltung des Datenschutzes (vgl. Mettler u. a. 2017).

Der **Maschinen- und Anlagenbau** kann die Digitale Transformation dazu nutzen, eigene Produkte um digitale Dienstleistungen zu ergänzen. Teilweise schon umgesetzt ist die sog. „Predictive Maintenance", d. h. die vorausschauende Instandhaltung von Maschinen und Anlagen mittels intelligenter Datenanalysen. Dabei werden die Daten der Nutzung der bei den Kunden installierten Fertigungsanlagen online an den Maschinenbauer übermittelt. Weiteres Potenzial zeigt sich auch im sog. Build-Own-Operate-Ansatz (BOO). Der Maschinenbauer begreift sich also als Dienstleister, der seine Maschinen nicht mehr an seine Kunden verkauft, sondern die Systeme beim Kunden selbst oder in eigens dafür eingerichteten Produktionsstätten betreibt (vgl. Scheer 2016, S. 41).

 Fallbeispiel „TRUMPF – Intelligente Vernetzung von Mensch, Maschine und Bauteil"
TRUMPF ist ein weltweit führendes Hochtechnologieunternehmen, das Werkzeugmaschinen sowie Laser und Elektronik für industrielle Anwendungen herstellt. Im Werk für Stanzwerkzeuge am Standort

Gerlingen wurde 2009 die automatische Auftragsbearbeitung eingeführt. Die Kunden suchen sich in einem Onlineshop von TRUMPF eine Basiskomponente für ein Stanzwerkzeug heraus und passen dieses digital an ihre Zwecken an. Die geometrischen Daten werden mit einer Software erfasst und direkt an die Maschine gesendet. Hat eine Maschine ihren Auftrag bearbeitet, sucht sie sich selbstständig neue Arbeit. Bis zu 30 Millionen Varianten an Stanzwerkzeugen können auf diese Weise, meist schon am Tag nach Bestelleingang, an Kunden aus der Auto- oder Zulieferindustrie geliefert werden. Die nächste Stufe (seit 2015) ist der sog. Dot Matrix Code, eine 25-stellige Ziffern-Kombination, die einem Fertigungsteil vom Rohzustand bis zum fertigen Stanzwerkzeug anhaftet und ihm auch danach erhalten bleibt. Der Code speichert, was der Kunde im Onlineshop an Wünschen äußert. Der Rohling weiß, was aus ihm werden soll, denn er kennt seinen Bauplan. Der Dot Matrix Code verkürzt die Programmierzeit und damit die Produktionsphase, er macht die Herstellung papierlos und das Werkzeug durch den kompletten Entstehungsprozess hindurch verfolgbar (vgl. o. V. 2016, o. S.).

13.7 Übungsaufgaben

13.7.1 Verständnisfragen

1. Erläutern Sie, was man unter dem Begriff der Digitalen Transformation versteht.
2. Erläutern Sie die vier Phasen der industriellen Revolution.
3. Erläutern Sie die Ausbaustufen der Post-PC-Ära.
4. Erläutern Sie das Funktionsprinzip von RFID anhand eines Beispiels.
5. Erläutern Sie die Merkmale und Eigenschaften von „Dingen" im Internet der Dinge.
6. Erläutern Sie die betriebswirtschaftliche und die technische Sicht von Industrie 4.0.
7. Erläutern Sie die Bedeutung vom Internet der Dinge, von MES und CPS für Industrie 4.0.
8. Erläutern Sie die Merkmale smarter Produkte.
9. Suchen Sie im Internet nach weiteren Beispielen für Industrie 4.0 in den Bereichen „Automobilbau", „Logistik", „Gesundheit/Medizin" und „Maschinenbau".

13.7.2 Fallstudienaufgabe zur Sonnenschein AG

Erstellen Sie die von der Sonnenschein AG beauftragte SWOT-Analyse.

13.7.3 Fallstudienaufgabe zur Luminous GmbH

Die Fallstudienaufgabe zur Luminous GmbH findet sich auf der Website des Lehrbuchs (http://www.einfuehrung-wi.de) unter „Zusatzmaterialien".

14 Ethik der Digitalisierung

Lernziele in diesem Kapitel   ⚡

- Sie können erläutern, was man unter dem Begriff der Ethik versteht.
- Sie können erläutern, welche Arten ethischer Denkansätze es gibt.
- Sie können erläutern, warum die Betrachtung ethischer Fragestellungen für die Wirtschaftsinformatik wichtig ist.

14.1 Fallstudie: Reiseveranstalter Sonnenschein AG

Nachdem die Geschäftsleitung der Sonnenschein AG eine aktuelle Marktstudie zu den Auswirkungen der Digitalisierung auf die Zukunft der Tourismusbranche gelesen hatte, war klar, dass mehr für die Digitale Transformation getan werden musste, sollte das Unternehmen nicht ins Abseits geraten. Big Data, Data Analytics, Internet der Dinge und Künstliche Intelligenz wurden zu strategischen Themen in der Geschäftsleitung. Auf Basis der SWOT-Analyse (aus der Fallstudie in Kap. 13) überlegte man, welche nächsten Schritte in der Digitalisierung für die Sonnenschein AG angezeigt wären. Vor allem an „quick wins" war dem Vorsitzenden der Geschäftsleitung gelegen: Es sollte als erster Schritt der Digitalisierungsstrategie ein Projekt angegangen werden, das schnell realisierbar wäre, eine positive Außenwirkung versprechen würde und dabei intern Kosteneinsparungen ermöglichte. Nach längerer Diskussion der vom CIO erarbeiteten Vorschläge entschied man sich für ein Projekt im Bereich des Customer Service. Der CIO hatte sich dazu durch die Google I/O-Entwicklerkonferenz 2018 anregen lassen, auf der ein intelligenter Sprachassistent namens Google Duplex vorgestellt wurde, der Telefonate zur Buchung von Restaurants etc. tätigte, ohne dass erkennbar war, dass es sich dabei nicht um einen Menschen handelte. Ein solches System für den Customer Service bot der Softwarehersteller DigitalCustomer mit seinem Bot AI-CustomerService an. DigitalCustomer versprach, dass mit diesem System 98% aller Kundenanrufe im Call Center der Sonnenschein AG durch den Bot erfolgreich abgewickelt werden könnten, ohne dass die Kunden auf den gewohnten menschlich-persönlichen Service der Sonnenschein AG verzichten müssten, denn AI-CustomerService würde von den Kunden – das hätten zahlreiche Tests nachgewiesen – nicht als Maschine erkannt werden.

14.2 Begriffe und Aufgaben

Digitale Märkte (vgl. Kap. 12) und Digitale Transformation (vgl. Kap. 13) führen, zusammen mit ihren Begleiterscheinungen wie Künstliche Intelligenz und Robotik, zu ethi-

https://doi.org/10.1515/9783110722260-014

schen Fragestellungen. Damit sind Entscheidungen gemeint, die sich damit befassen, was an technisch machbaren Möglichkeiten durch die Digitalisierung gesellschaftlich gewollt bzw. akzeptabel ist. Dass es darüber keine im Voraus einheitliche Auffassung gibt, ist dem Umstand geschuldet, dass wir als moralische Wesen eine je individuelle Einstellung zu diesen Möglichkeiten haben. Unsere individuellen ethischen Einstellungen sind letztlich das Resultat unterschiedlicher familiärer, kultureller und weiterer Arten der Sozialisation sowie persönlicher Veranlagungen, Neigungen etc. Aufgabe der Ethik im Rahmen der Wirtschaftsinformatik ist es, auch zur Digitalisierung und ihren Möglichkeiten die relevanten Aspekte zur ethisch-moralischen Positionsbestimmung zu erarbeiten. Unter anderem deshalb gibt es beispielsweise eine Ethikkommission der EU, die ethische Leitlinien für eine vertrauenswürdige KI erarbeitet. Nachfolgend werden die zentralen Begriffe und einige wichtige Ansätze zur ethisch-moralischen Positionsbestimmung vorgestellt.

14.2.1 Ethos, Moral und Ethik

! **Ethos** (griech. *êthos* für Wohn- und Aufenthaltsort, Gewohnheit, Sitte, Brauch) ist nach Ulrich (2008, S. 32ff) das subjektive Moralbewusstsein von Personen oder Personengruppen. Es stellt die Gesamtheit von Gewohnheiten, Bräuchen und Verhaltensweisen dar, die in einer bestimmten Gruppe oder Gesellschaft tatsächlich gelten und befolgt werden.

Als **Berufsethos** bezeichnet man demgemäß das Ethos eines bestimmten Berufsstandes. Ein Berufsethos definiert, wer man als Person in der entsprechenden Berufsrolle sein will. Ein typisches Beispiel dafür ist der Berufsstand der Ärzte. Hier gibt es allgemein und weltweit unter den Medizinern anerkannte medizinethische Grundsätze. Letztlich handelt es sich bei einem Ethos um sozial vermittelte Verhaltensregeln, die sich in der Praxis bewährt haben und das Selbstverständnis einer Person oder Personengruppe, wie einem Berufsstand, definieren.

Umgangssprachlich wird der Begriff „Moral" in seiner Bedeutung weitgehend mit dem Begriff „Ethos" gleichgesetzt.

! **Moral** (lat. *mos, mores*) umfasst aber nicht nur das Ethos eines oder mehrerer Berufsstände, sondern die Gesamtheit der sozial geltenden moralischen Werturteile, Ideale und Grundüberzeugungen von Individuen oder gesellschaftlichen Gruppen (vgl. Ulrich 2008, S. 30ff).

Deshalb sind zwei verschiedene Moralbegriffe zu unterscheiden:
- *Moral als Verhaltensnorm einer gesellschaftlichen Gruppe*: Hier ist das Ethos nicht zwingend rechtlich oder anderweitig institutionalisiert festgelegt. Aber in einem bestimmten Zeitraum und in einer bestimmten Gesellschaft gelten diese Gewohnheiten, Bräuche und Verhaltensweisen als gültig und werden befolgt. Ein Beispiel

dafür ist die Einstellung einer gesellschaftlichen Gruppe zum notwendigen Umfang des Tierschutzes.

- *Moral als individuelle Ausrichtung*: Das Individuum muss nicht mit der gesellschaftlich anerkannten Moral völlig übereinstimmen. Es kann durchaus auch individuelle Leitsätze haben, an die es sich selbst bindet. Dies können zum Beispiel von allgemein gültigen Wertvorstellungen der Gesellschaft abweichende religiöse Vorstellungen sein. Ein Beispiel für eine moralisch individuelle Ausrichtung ist die persönliche Entscheidung, sich aus Gründen des Tierwohls vegetarisch oder vegan zu ernähren.

Nach Schockenhoff (2014, S. 23) leitet sich das Wort „Ethik" etymologisch von Ethos ab, das im Lateinischen als *mos* (Singular) bzw. *mores* (Plural) übersetzt wird. Im deutschen Sprachgebrauch wurde daraus die Moral („Ich will dich Mores lehren!"). Da „Moral und Sitte" mit negativen Assoziationen (Bevormundung, Doppelmoral etc.) verbunden sein können, spricht man im modernen Sprachgebrauch mittlerweile lieber von Ethik, auch wenn man eigentlich Moral bzw. Ethos meint (vgl. Schockenhoff 2014, S. 21ff).

Im wissenschaftlichen Sprachgebrauch wird allerdings zwischen Moral und Ethik unterschieden. Moralisches Verhalten ist wertneutral. Es kennzeichnet alle Urteile, Regeln, Haltungen etc. die das menschliche Verhalten leiten. Aber es bewertet dieses menschliche Verhalten nicht. Umgangssprachlich wird mit „moralischem" Verhalten allerdings durchaus ein Werturteil verbunden. Das liegt aber daran, dass es eine ethische Vorstellung gibt, die zu diesem Verhalten eine wertende Positionsbestimmung möglich macht. Diese Positionsbestimmung ist die Aufgabe der wissenschaftlich fundierten Ethik.

Die **Ethik** fragt nicht, wie Menschen sich faktisch verhalten (das tut die Moral), sondern wie sie sich verhalten *sollen* (vgl. Marckmann u. a. 2012, S. 23).

!

14.2.2 Aufgaben der Ethik

Die wissenschaftliche Disziplin der Ethik fragt philosophisch reflektierend nach der Begründung und der Geltung moralischer Vorstellungen, also danach, was einen konkreten Ethos mit seinen Gewohnheiten, Bräuchen und Verhaltensweisen eigentlich legitimiert, was also vernünftigerweise als moralisch richtig oder falsch zu gelten hat (vgl. Ulrich 2008, S. 36). Die Ethik hat damit eine normative Funktion für den Konsens in einer gesellschaftlichen Gruppe darüber, was als falsch oder richtig im moralischen Sinn gilt bzw. gelten soll. Sie formuliert „konsensfähige Kriterien und ethische Standards, die Handlungsorientierung bieten (in diesem Sinne hat sie eine Regeln vorgebende, normative Funktion)" nach Grimm u. a. (2019, S. 9).

Die Ethik befasst sich also mit der Frage *Was soll ich tun?* Diese Frage lässt sich aber nicht immer normativ beantworten. (Post-)Moderne Gesellschaften und gesellschaftliche Gruppen sind durch eine Pluralität an Lebensentwürfen und Wertvorstellungen geprägt, so dass traditionelle Normensysteme (beispielsweise religiös begründete Wertesysteme) kritisch hinterfragt bzw. abgelehnt werden. Das daraus resultierende Fehlen allgemein anerkannter, umfassender Normensysteme bedeutet für die Ethik, dass sie bei ihrer Aufgabe differenzieren muss zwischen evaluativen Fragen des guten Lebens und normativen Fragen des moralisch Richtigen (vgl. Marckmann u. a. 2012, S. 24).

- *Evaluative Aussagen der Ethik* haben den Status von Ratschlägen und Empfehlungen. Sie beziehen sich auf philosophisch begründete Vorstellungen eines guten, gelingenden Lebens und befassen sich mit der Moral als individueller Ausrichtung im Sinne einer Lebenskunst, wie sie zum Beispiel in Schmid (2016, S. 88ff) diskutiert wird. In der Lebenskunst nimmt die Grundfrage der Ethik (*Was soll ich tun?*) eine individualistische Frageform an: *Wie kann ich mein eigenes Leben führen?* Diese Frage ist allerdings ohne die Berücksichtigung normativer Aussagen der Ethik kaum beantwortbar.
- *Normative Aussagen der Ethik* beanspruchen Allgemeingültigkeit über das moralisch richtige Handeln in einer gesellschaftlichen Gruppe. Sie sind damit unabhängig von individuellen Vorstellungen moralisch richtigen Handelns. Die Ethik befasst sich hier mit einer Moral als Verhaltensnorm einer gesellschaftlichen Gruppe und ist damit für die Wirtschaftsinformatik von zentraler Bedeutung. Hierzu gehören alle normativen Ansätze der Ethik, die im nachfolgenden Abschnitt 14.3 erläutert werden.

14.3 Normative Ansätze der Ethik

Ohne in diesem Lehrbuch tiefer in die Materie der ethischen Ansätze einsteigen zu wollen, muss an dieser Stelle doch zwischen den wichtigsten **Denkschulen ethischer Ansätze** kurz unterschieden werden, um damit die normativen Ansätze der Ethik richtig einordnen zu können. Dazu wird zwischen allgemeiner und angewandter Ethik unterschieden:

- Die **allgemeine Ethik** beschäftigt sich mit den allgemeinen, philosophischen Grundfragen der Ethik und lässt sich in drei Gruppen mit je eigenen Gegenstandsbereichen unterteilen:
  - Hier ist zunächst die **deskriptive Ethik** zu unterscheiden, die das moralische Verhalten unterschiedlicher zeitlicher Epochen oder innerhalb einer bestimmten Kultur in ihrer Entwicklung beschreibt.
  - Eine weitere allgemeine Ethik stellt die **Metaethik** dar. Ihr Thema ist die Frage nach dem Status von moralischen Regeln. Damit ist beispielsweise gemeint, ob

die jeweilige Moral einer gesellschaftlichen Gruppe universell oder kulturabhängig ist (vgl. Horster 2012, S. 23).

- Zur allgemeinen Ethik gehören außerdem alle Ansätze der **normativen Ethik**, die sich mit den Regeln zur moralischen Normenbildung beschäftigen. Beispiele für derartige Ansätze sind die nachfolgend in diesem Abschnitt erläuterte Tugendethik, die Kantische Ethik sowie der Utilitarismus und die Diskursethik.
- Die **angewandte Ethik**, auch Bereichsethik genannt, behandelt ethische Themen in spezifischen Bereichen. Als Grundlage dient die allgemeine Ethik, die mit ihren Theorien einen unspezifischen Grundstein bildet. Bei der angewandten Ethik geht es um eine konkrete Fragestellung in einem bestimmten Anwendungsbereich. Meistens begründet sich eine angewandte Ethik aus einem resultierenden Problem, bei dem die allgemeine Ethik als inadäquat oder unzureichend spezifisch für die Problemlösung gilt. Für die Wirtschaftsinformatik einschlägige Beispiele sind die Informationsethik, KI-Ethik, Roboterethik und Maschinenethik (vgl. Fischer u. a. 2008, S. 92ff, Misselhorn 2019, S. 47).

14.3.1 Tugendethik

Ausgangspunkt der Tugendethik ist die Natur des Menschen, die ihn nicht ausreichend auf seine moralische Lebensaufgabe vorbereitet, weshalb er die Fähigkeit zu einem tugendhaften und damit gelingenden Leben durch stetige Übung erst erwerben muss (vgl. Schockenhoff 2014, S. 149). Die moderne Tugendethik stellt eine Fortentwicklung philosophischer Überlegungen der Antike, insbesondere hellenistischer Philosophen, dar. Die Entwicklung der hellenistisch geprägten Tugendlehre in der Antike, die von Aristoteles über Plato bis wahrscheinlich den Pythagoreern zurückreicht, soll an dieser Stelle nicht nachgezeichnet werden (siehe hierzu zum Beispiel Schockenhoff 2014, S. 79ff, 103). Entscheidend ist vielmehr das daraus entstandene Schema der vier Kardinaltugenden nach Plato (428/427–348/347 v. Chr.), auf die sich alle Verstandestugenden bzw. dianoëtischen Tugenden und sittlichen (praktischen) Tugenden im Sinne des Aristoteles (384–322 v. Chr.) rückführen lassen (vgl. Aristoteles 2010, I,12 (S. 270)). Plato unterscheidet drei für die Praxis relevante Grundkräfte („Seelenvermögen") des Menschen: Die Vernunft, das Mutartige und das Begehren. Die Vernunft nimmt dabei den höchsten Rang ein, da sie in der Lage ist, das wahre Gute bzw. die Idee des Guten mit den Augen des Geistes zu schauen.

Aristoteles identifiziert neben den ursprünglich vier Kardinaltugenden in der Tugendtafel seiner *Nikomachischen Ethik* eine Vielzahl weiterer Tugenden für ein gelingendes Leben (vgl. Schockenhoff 2014, S. 130ff). Dennoch hat sich bis in die Neuzeit, insbesondere vermittelt durch die Arbeiten des Thomas von Aquin (1225–1274) zur christlichen Ethik (v. a. in seiner *summa theologica*), die spätestens seit Plato bewährte Unterteilung in vier **Kardinaltugenden** durchgesetzt, denen sich alle anderen Tugenden zuordnen lassen:

- Klugheit
- Gerechtigkeit
- Tapferkeit
- Mäßigung

Jede der vier Kardinaltugenden entspricht einer der Grunddimensionen des Menschseins und hat ihren Sitz in einem Seelenvermögen, dem sie dazu verhelfen soll, richtige Entscheidungen zu treffen, ein tugendhaftes Handeln zu ermöglichen und so zu einem gelungenen Leben im Sinne der Eudaimonie beizutragen. Der altgriechische Begriff der *Eudaimonie* bezeichnet „das Glück" im Sinne eines gelingenden Lebens als Ziel der Lebenskunst. Dabei sind die Wirkungen nicht ausschließlich auf das Einzelsubjekt beschränkt. Vielmehr zeitigen die Folgen eines tugendhaften Lebens sowohl soziale als auch politische Auswirkungen.

Ziel der hellenistisch-antiken Tugendethik ist damit ein gelingendes Leben, das durch eigene Kraft im Sinne von Einübung und willensmäßiger Anstrengung erreicht werden kann. Mit den normativen Kardinaltugenden lassen sich also evaluative Aussagen für die Lebensführung gewinnen, die der einzelne Mensch im Sinne der Lebenskunst („Wie kann ich mein eigenes Leben führen?") individuell umsetzen kann. Ein Beispiel, das für die Auswirkungen der Wirtschaftsinformatik auf das menschliche Leben nicht unerheblich ist, findet sich in Schmid (2016, S. 133ff): Lebenskunst im Cyberspace.

14.3.2 Kantische Ethik

Immanuel Kant (1724–1804) gilt als Hauptvertreter der europäischen Aufklärung. Von ihm stammt die bekannteste Kurzdefinition der Aufklärung: „Aufklärung ist der Ausgang des Menschen aus seiner selbstverschuldeten Unmündigkeit. Unmündigkeit ist das Unvermögen, sich seines Verstandes ohne Leitung eines anderen zu bedienen. Selbstverschuldet ist diese Unmündigkeit, wenn die Ursache derselben nicht am Mangel des Verstandes, sondern der Entschließung und des Mutes liegt, sich seiner ohne Leitung eines anderen zu bedienen. Sapere aude! Habe Mut, dich deines eigenen Verstandes zu bedienen! ist also der Wahlspruch der Aufklärung" (Kant 1784, S. 481).

Genauso bekannt ist der von Kant formulierte, normenethische **Kategorische Imperativ:** „Handle nur nach derjenigen Maxime, durch die du zugleich wollen kannst, daß sie ein allgemeines Gesetz werde" (Kant 2012, S. 207).

Eine Handlung ist also moralisch, wenn man sie für richtig erkannt hat und deshalb will, dass sich jeder genauso verhält, wie man selbst handelt. Dabei gilt: Nur diejenigen Maximen, die sich als allgemeines Gesetz denken lassen und damit verallgemeinert werden können, gelten als moralische Maximen. Generelle Maximen, wie „Spare in der Zeit, dann hast du in der Not" sind nicht universalisierbare Ratschläge und deshalb keine moralisch verpflichtende Norm (vgl. Fenner 2020, S. 138). Nur universalisierbare Handlungsweisen werden zur moralischen Pflicht/Norm, wie „Die Tötung eines Menschen aus Habgier ist moralisch verwerflich".

Grundlage für den Kategorischen Imperativ ist der freie Wille sowie der gute Wille des Menschen und die Vernunft, da aus rationalen Gründen die Handlungsalternative gewählt wird, durch die man zugleich will, dass sie für alle geltend ist. Freier Wille bedeutet, dass der Mensch sich unabhängig von seinen persönlichen Neigungen für die moralisch richtige Handlungsalternative entscheiden kann.

Die richtige Absicht hinter der Entscheidung ist ausschlaggebend, ob eine Handlung moralisch richtig oder falsch ist. Im Fokus von Kant stehen nicht die tatsächlichen Folgen einer Handlung, sondern die Absicht in Form eines guten Willens, da die Folgen zu zufällig sind, um von einem Einzelnen abgewogen zu werden. Konnte jemand die Folgen einer Handlung nicht vorhersehen, kann man ihm keinen Vorwurf machen. So kann man einem Ersthelfer an einer Unfallstelle keinen Vorwurf machen, wenn die verunfallte Person trotz seiner redlichen und ernsthaften Bemühungen verstirbt. Anders sieht es aus, wenn der Ersthelfer nur halbherzig handelt, weil er eigentlich keine Zeit dafür hat und sich nur nicht dem juristischen Vorwurf der unterlassenen Hilfeleistung aussetzen will. Ein derartige Handlungsabsicht ist, unabhängig von ihren Auswirkungen auf die verunfallte Person, moralisch falsch.

14.3.3 Utilitarismus

Mit dem Utilitarismus (lat. *utilitas* für Nutzen, Nützlichkeit) wird das normenbildende, **utilitaristische Prinzip** verbunden: „Diejenige Handlung ist die beste, die das größte Glück der größten Anzahl zeitigt" (Hutcheson 1986, S. 71). Der Utilitarismus ist somit eine konsequentialistische Ethik, da er die allgemeine Nutzenmaximierung von Handlungskonsequenzen als moralisches Entscheidungskriterium heranzieht. Insbesondere in der angloamerikanischen Philosophie stellt dieser ethische Ansatz nach wie vor die maßgebliche Richtschnur für moralisches Handeln dar und beeinflusst stark das marktliberale Denken, wie es im Rahmen der Digitalisierung (vgl. die Kapitel 12 und 13) anzutreffen ist.

Historisch betrachtet wurde der Utilitarismus von Jeremy Bentham (1748–1832) entwickelt (vgl. Bentham 1823). Dieser normenethische Ansatz wird als **klassischer Utilitarismus** bezeichnet. Ihn kennzeichnet, dass „das größte Glück der größten Zahl" als hedonistischer Maßstab für die Normenbildung gilt. Dabei wird nicht unterschieden, um welche Art von Glück bzw. Lust es sich handelt. Das Glücksgefühl eines suchtkranken Menschen bei Ausübung seiner Sucht ist für die Nutzenmaximierung des utilitaristischen Prinzips gleichwertig zum Glücksgefühl eines Kindes, das sein ersehnten Eis bekommt. Bentham vertritt damit ein rein quantitatives Verständnis des utilitaristischen Prinzips: Die Aufsummation von Lust und Unlust muss nach diesem ethischen Prinzip zu einer positiven Summe führen (also zu einem Mehr an Lust), um eine Handlung ethisch zu rechtfertigen. In diesem Sinne ist es also egal, was man tut, wichtig ist nur, dass es „unter dem Strich" zu einem Lustzugewinn führt. Aus diesem Grund wird dieser Ansatz des klassischen Utilitarismus als **Quantitativer Hedonismus** bezeichnet. Wird auch die Qualität von Lust und Unlust berücksichtigt, so spricht man vom **Qualitativen Hedonismus.** Diesen Ansatz verfolgt das 1861 veröffentlichte Werk „Utilitarism" (vgl. Mill 2009) von John Stuart Mill (1806–1873). Hier wird berücksichtigt, dass es Formen des Lustgewinns gibt, die möglicherweise weniger wichtig oder sogar moralisch abzulehnen sind (wie das Glücksgefühl des Suchtkranken bei Ausübung seiner Sucht im obigen Beispiel).

Davon zu unterscheiden ist der **Präferenzutilitarismus** (vgl. Abb. 14.1). Hier wird berücksichtigt, dass der Mensch nach der Erfüllung seiner wichtigsten Ziele und Interessen strebt, also Präferenzen bei der Wahl seiner Handlungen bzgl. ihrer utilitaristisch zu bewertenden Konsequenzen hat. Präferenzen sind relativ stabile Interessenlagen, Vorlieben und Neigungen eines Menschen, die er bei seiner Nutzenmaximierung im Sinne des Präferenzutilitarismus berücksichtigt (vgl. Fenner 2020, S. 94). In der jüngeren Vergangenheit zählt Singer (1994) zu den bekannteren Vertretern des Präferenzutilitarismus.

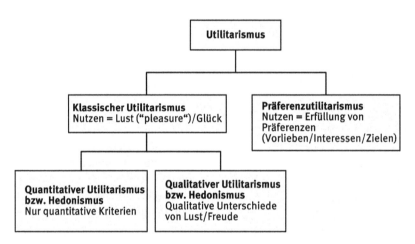

Abb. 14.1: Arten des Utilitarismus (in Anlehnung an Fenner 2020, S. 95).

14.3.4 Diskursethik

In der Diskursethik geht es im Grunde um eine Diskussion (Diskurs), bei der Teilnehmer mit rationalen Argumenten versuchen, eine moralisch fundierte Positionsbestimmung vorzunehmen. Ihr prominentester Vertreter ist Habermas (1983). Dabei gilt es, von seiner Meinung und Ansicht zu überzeugen und nicht andere Diskursteilnehmer zu überreden. Ziel der Diskursethik ist, dass das beste und schlüssigste

Argument eine Norm legitimiert. Wichtig ist, dass diese diskutierte Norm von allen Teilnehmern anerkannt werden muss. Dies ist spätestens dann der Fall, wenn die anderen Diskursteilnehmer kein gutes Gegenargument mehr aufbringen, welches das vorangegangene Argument entkräften könnte. Zu beachten ist auch, dass ein neues Argument eine weitere Diskussion über sich selbst anstoßen kann. Dadurch kann es zu Diskussionskaskaden kommen, die es im weiteren Verlauf der Diskurstiefe immer wieder zu erörtern gilt. Daraus ergibt sich ein prozeduraler Diskurs mit einer Ergebnisoffenheit. Weiterhin ergibt sich daraus, dass eine Norm nur dann Gültigkeit erlangen kann, wenn alle Beteiligten die (negativen) Nebenwirkungen akzeptieren, unter dem Gesichtspunkt, dass eine allgemeine Interessenbefriedigung zustande kommt (vgl. Kessler 2003, S. 258ff und Habermas 1983, S. 75).

Zusammenfassend gelten in der Diskursethik und in einem Prozess zur Legitimation von Normen folgende Regeln und zu beachtende Gesichtspunkte:

- Eine legitime Norm gilt nur, wenn niemand mit guten und rationalen Argumenten die Norm bestreiten kann und sie von allen akzeptiert wird.
- Die Verallgemeinerungsfähigkeit der Norm muss vorhanden sein.
- Die (negativen) Nebenwirkungen müssen von allen Diskursteilnehmern akzeptiert werden.
- Ein prozeduraler Diskurs führt in der Regel zu weiteren Prinzipien und Normen, die es wiederum neu zu erörtern gilt.
- Die Diskursteilnehmer sollen mit ihren Argumenten überzeugen und nicht überreden.

Für eine allgemeine, rationale Akzeptanz diskursiv ermittelter Normen muss der Argumentationsprozess bestimmten Eigenschaften bzw. Regeln folgen. Unter anderem definiert Kessler (2003, S. 258ff) in Anlehnung an Habermas (1996, S. 46ff) folgende Regeln für einen guten Diskurs:

- Verwenden von rationalen und widerspruchsfreien Argumenten.
- Sicherstellung der Begriffskonsistenz und einer für alle Teilnehmer verständlichen Sprache.
- Gewährleistung der Zurechnungsfähigkeit und Wahrhaftigkeit aller Teilnehmer.
- Gleichberechtigung aller Teilnehmer, unabhängig von Geschlecht, Religion, etc.
- Freie Teilnahme aller Diskursteilnehmer.
- Gewährleistung einer freien Meinungsäußerung, also ein „herrschaftsfreier" Diskurs.

Nachfolgend ein frei gewähltes Beispiel für einen möglichen Diskurs über die Frage, ob es ausschließliche Online-Wahlen in Deutschland geben sollte. Ziel ist es, eine gültige und moralisch vertretbare Norm zu finden.

- „Deutschland könnte einen Schritt in die Digitalisierung im Hinblick auf Wahlen wagen."

- „Ich würde eine Onlinewahl eher bevorzugen, da ich nicht-digitale Güter selten verwende. Mit Sicherheit würde die Wahlbeteiligung dadurch drastisch erhöht, auch im Hinblick auf ältere Menschen, die ihr Haus nur schwer verlassen können."
- „Es gibt allerdings viele Menschen, die der digitalen Welt überdrüssig sind und kein Vertrauen in diese haben. Außerdem haben ältere Menschen Schwierigkeiten in der digitalen Welt. Gerade ältere Menschen und Menschen ohne digitale Kenntnisse würden eine Onlinewahl eher ablehnen und würden unter Umständen nicht mehr wählen gehen. Somit ist dein Argument der Erhöhung der Wahlbeteiligung nicht zu verallgemeinern."
- „Prinzipiell können Menschen ohne Kenntnisse durch eine einfache Handhabung und durch geeignete Anleitungen dazu animiert werden, an einer Onlinewahl teilzunehmen. Weiterhin können Informationen wie Bilder hinzugefügt werden. Dadurch wird der Informationsfluss erleichtert und eine Wahl ansprechender gestaltet."
- „Dein Argument ist sehr gut. Selbst ältere Menschen und Menschen ohne Vorkenntnisse können leicht auf das Thema vorbereitet werden durch dementsprechende Anleitungen. Allerdings sollten diese Menschen entsprechend darauf hingewiesen und unterstützt werden, um eine solide Grundlage für eine Onlinewahl zu schaffen."
- Die resultierende Norm könnte folgendermaßen formuliert werden: „Eine Onlinewahl in Deutschland ist grundsätzlich möglich, allerdings müssen Menschen ohne Vorkenntnisse, besonders ältere Menschen, darauf gut vorbereitet werden, um dennoch ein solides und zuverlässiges Wahlergebnis erhalten zu können."

Jeder diskursethische Argumentationsprozess könnte in der Regel so ähnlich aussehen, wie in diesem einfachen Beispiel dargestellt. Dabei ist aber zu beachten, dass jeder Diskurs in Abhängigkeit von den Teilnehmern unterschiedlich verlaufen kann, nicht also zwangsläufig zu einem vorhersehbaren Ergebnis führt. Im gewählten Beispiel könnten weitere Aspekte des Diskurses beispielsweise die Sicherheitsrisiken von Online-Wahlen, Wahlmanipulation, Umweltaspekte etc. sein.

14.4 Fallbeispiel: Smarte Armbänder

14.4.1 Fallbeschreibung und ethische Fragen

Das hier betrachtete Fallbeispiel stammt von Kurz u. Ullrich (2018) und kann online unter `https://gewissensbits.gi.de/fallbeispiel-smarte-armbaender` im Blog „Gewissensbits" der GI-Fachgruppe „Informatik und Ethik" nachgelesen werden. Dort findet sich außerdem eine laufend aktualisierte Sammlung weiterer Fallbeispiele zum Thema dieses Kapitels.

Auf Basis des Fallbeispiels „Smarte Armbänder" werden die folgenden ethischen Fragestellungen erörtert:

1. Wie ist das Vorhaben von Enricos Team aus Sicht der Diskursethik und des Utilitarismus ethisch zu bewerten?
2. Hätte Vicky die Tugendethik helfen können, den Gewissenskonflikt und den entstandenen Vertrauensbruch zu Ferdinand zu verhindern? Inwieweit hat Enricos Team sich tugendethisch falsch verhalten und könnte die vorherrschende Unternehmensführungskultur bzw. -ethik dabei eine Rolle spielen?
3. Wie ist das Angebot von Zusatzdiensten nach dem Kategorischen Imperativ ethisch zu beurteilen? Ist dabei der Einfluss von Pfarrer Ferdinand auf das Projekt gerechtfertigt?

14.4.2 Ethische Diskussion der Fragen

Ethische Diskussion der Frage 1: Diskursethik

Nachfolgend soll durch die Diskursethik ein möglicher Diskurs dargestellt werden, der die Eskalation des Projektes verhindern könnte. Die beteiligten Parteien könnten zu einem gemeinsamen Diskurs eingeladen werden, bei dem durch Kompromisse festgelegt werden soll, wie das weitere Vorgehen bestimmt wird. Weiterhin können einzelne bereits getroffene Entscheidungen (wie das dauerhafte Tracking) wieder revidiert werden, sofern der Diskurs dazu führt. Die aufgeführten Fragestellungen werden in den Diskurs eingebaut und erläutert.

Bevor die möglichen Diskussionspunkte erläutert werden, sollen allgemein mögliche Vor- und Nachteile aufgezeigt werden, die entstehen könnten. Mögliche Probleme bzw. **Nachteile** des Diskurses könnten sein:

- Trotz des eigentlichen Ziels der Diskursethik, durch Kompromisse und logisch-rationale Argumente zu einer gemeinsam anerkannten Lösung zu gelangen, könnten einzelne Parteien (Eltern, Projektmitglieder, etc.) dennoch nicht mit dem Lösungsansatz übereinstimmen. Dies könnte dazu führen, das unter anderem Eltern ihre Kinder in einer anderen Einrichtung unterbringen.
- Trotz einer Einigung der Teilnehmer kann dennoch externe Kritik durch andere Eltern oder Institutionen erfolgen, die zu einem Reputationsverlust führen können.

- Auch nach einer möglichen Einigung bleibt der bereits eingetretene Vertrauensbruch weiterhin bestehen.
- Obwohl in einem Diskurs alle Mitglieder mit ihren Meinungen als gleichrangig zu betrachten sind, kann es sein, dass die Teilnehmer die Sicht der Kinder nicht berücksichtigen oder diese sogar ganz vom Diskurs ausschließen. Dies würde nicht den erläuterten Regeln der Diskursethik entsprechen.

Vorteile des Diskurses könnten sein:
- Die Schädigung des Vertrauens kann durch den offenen und ehrlichen Diskurs verhindert werden, sofern die einzelnen Teilnehmer dies zulassen.
- Ein mögliches Scheitern des Projekts und negative Auswirkungen auf zukünftige Projekte können verhindert werden. Möglicherweise trägt der Diskurs sogar zu einer besseren Unternehmenskultur bei.
- Durch den Diskurs können unschlüssige Meinungen durch logisch-rationale Argumente beseitigt werden. Weiterhin können mögliche Ängste der Teilnehmer, wie unter anderem der Eltern, aufgeklärt und ausgeräumt werden.
- Das verantwortungsbewusste Zulassen der Technologie kann weitreichende Vorteile hinsichtlich von Verletzungen oder des Verschwindens von Kindern oder Personen mit sich bringen.

Der Diskurs zwischen den einzelnen Parteien könnte in einem deeskalierend wirkenden Gespräch stattfinden. Unter anderem könnten sowohl Eltern, Kinder, Projektbeteiligte und -verantwortliche als auch Vertreter der Einrichtungen zu einem umfassenden Diskurs eingeladen werden. Wie bereits erwähnt, müssen die entsprechenden Ziele und Regeln der Diskursethik angewendet werden, um erfolgreich zu einem gemeinsamen Konsens zu gelangen. Folgende **Argumente** könnten während der Diskussion vorgetragen werden:
- Das dauerhafte Tracking von Kindern oder Mitarbeitern in einer Einrichtung ist ein tiefer Eingriff in ihre Privatsphäre. Kinder sollten darüber hinaus besonders geschützt werden. Sie sollten genauso die Möglichkeit haben, selbst zu entscheiden, ob sie das möchten oder nicht, ansonsten kann nicht von einer freien Entscheidung und Gleichberechtigung gesprochen werden.
- Zwar ist es technisch möglich, eine Person zu lokalisieren, allerdings sollte, genauso wie bei Handys, die Möglichkeit bestehen, diese Funktionalität auszuschalten, um selbst über deren Einsatz entscheiden zu können. Weder das Unternehmen noch die Leitung der Einrichtung sollten dies beeinflussen können.
- Die Datenschutzgrundverordnung (DSGVO) muss eingehalten werden, denn es handelt sich bei Standortdaten um personenbezogene Daten, die den Regelungen der DSGVO unterliegen.
- Zwar ist die Erhebung von Standortdaten und somit von personenbezogenen Daten ein Eingriff in die Privatsphäre, allerdings können daraus entscheidende Vorteile

entstehen. So könnten verletzte oder verschwundene Personen leichter aufgefunden werden.

- Das Vorgehen von Enricos Team hat zu einem schweren Vertrauensbruch geführt. Offensichtlich wurden Meetings und Absprachen absichtlich abgesagt oder verschoben, um unbemerkt Implementierungen vorzunehmen, von denen allen Beteiligten klar war, dass sie sehr umstritten sind. Durch dieses Verhalten wurde das Vertrauen stark geschädigt.
- Das Anbieten einer nicht-wasserdichten Variante der Chips ermöglicht bereits das erfolgreiche Anwenden der Technologie und ist somit seitens der Funktionsweise keine Einschränkung zu den wasserdichten Chips.
- Zwar bieten die nicht-wasserdichten Chips alle Funktionen, allerdings ist die Vorgehensweise nicht fair gegenüber Kindern, die bereits eine Uniform haben. Neue Kinder werden dadurch bevorzugt, dass sie eine neue Uniform mit bereits wasserdichten Chips bekommen. Der Grundsatz, nachdem die wasserdichten Chips verteilt werden, richtet sich nicht nach logischen Regeln und ist damit rational nicht nachvollziehbar. Eine Entscheidung beispielsweise nach dem Alter der Kinder könnte sinnvoller sein, da kleine Kinder eher nass bzw. dreckig werden, wodurch wasserfeste Chips hier angebrachter wären.
- Wenn die Einrichtung wasserfeste Chips beantragt, dann sollte das ausnahmslos für alle Kinder erfolgen, wodurch die Gleichberechtigung gewahrt werden würde.
- Eltern sollten für das Beschädigen der Chips verantwortlich gemacht werden können, denn sie tragen die Verantwortung für die Handlungen ihrer Kinder. Sie sollten ihre Kinder dafür sensibilisieren, auf den Chip zu achten und die Lebensdauer der Chips so lang wie möglich zu erhalten.

Ethische Diskussion der Frage 1: Utilitarismus

Betrachtet man den Sachverhalt aus dem Blickwinkel des klassischen Utilitarismus, so fällt auf, dass das Handeln von Enricos Team als ethisch nicht korrekt eingestuft werden kann. Dies liegt daran, dass die zugrunde liegende Handlung den Gesamtnutzen aller beteiligter Personen offensichtlich nicht verbessert.

Durch den geheimen Verkauf der Software mit Trackingfunktion profitiert das Team von Enrico (z. B. durch mögliche Mehreinnahmen) zwar, wodurch die angestrebte Freude steigt, es entsteht jedoch auch Leid durch den Vertrauensbruch mit Vicky innerhalb des Unternehmens. Diese wusste nichts von den verkauften Zusatzfunktionen, wollte solche Funktionen auch nie verkaufen, muss nun aber für das gesamte Unternehmen für den Vertrauensverlust gegenüber dem Kunden gerade stehen. Zudem vergrößert sich das Leid im Sinne des Utilitarismus noch dadurch, dass der Kunde das Verhalten von Enrico ebenfalls als ethisch falsch beurteilt. Als letztes sind noch die Eltern zusammen mit den Kindern zu betrachten. Hierbei ist zwar durchaus davon auszugehen, dass ein Teil der Eltern die Überwachungsfunktion gut findet, ein Großteil wird jedoch trotzdem unzufrieden sein, da ihnen das Produkt anders vorgestellt wurde.

Hieraus lässt sich schließen, dass der Gesamtnutzen „unter dem Strich" mit großer Sicherheit negativ sein dürfte und damit die Trackingfunktion moralisch abzulehnen ist.

Ethische Diskussion der Frage 2: Vicky

In der Tugendethik spielt nicht die Pflicht, gut zu handeln, oder der aus dem Handeln entstehende Nutzen für alle Beteiligten eine Rolle, sondern es geht darum, ein tugendhaftes Verhalten an den Tag zu legen. So entsteht laut der Theorie quasi eine Haltung, die aus sich selbst heraus zu ethisch korrektem Verhalten führt.

Vicky scheint grundsätzlich eine Haltung zu haben, die dazu führt, dass sie sich gegen Überwachungs-Maßnahmen ausspricht und an solchen Projekten nicht mitarbeiten möchte. Doch scheinbar führt diese Haltung bei ihr noch nicht in allen Entscheidungssituationen zu einem tugendhaftem Verhalten. Zum Beispiel: Obwohl ihr das Kommunikationsverhalten der Software-Abteilung negativ auffällt, hakt sie nicht nach, weshalb Mails oder Tickets unbeantwortet bleiben. Stattdessen geht sie davon aus, dass schon alles okay sein würde, und es erscheint ihr nur der Zeitplan wichtig. Sie scheint Konflikte zu scheuen, obwohl ihre Ratio ihr schon anzeigt, dass das entgegengebrachte Verhalten falsch ist. Dabei kann sie sich in diesem Fall auch nicht auf Vertrauen durch Erfahrung berufen, denn konkret hat sie noch nie mit Enrico oder dessen Team zusammengearbeitet. Vielleicht hätte sie dadurch dann gewusst, dass diese versuchen würden, Zusatzdienste zu verkaufen, die nichts mit dem eigentlichen Projekt zu tun haben. Andererseits hatte sie bisher in ihren Projekten keine Zusammenarbeitsprobleme, so dass ihre Erfahrungen in diesem Bereich zum stillschweigenden Vertrauen in die Kollegen führte. Das wurde nun bei diesem Projekt enttäuscht. Da die Tugendethik davon ausgeht, dass man tugendhaftes Verhalten durch Erfahrung erlernt, kann man davon ausgehen, dass Vicky künftig in solchen Situationen auf bessere Kommunikation bestehen würde und damit wohl tugendhafter im Sinne ihrer Haltung handeln würde.

Auch der Vertrauensbruch zu Ferdinand hätte wohl verhindert werden können, wenn Vicky sich konsequenter ihrer Verantwortung bewusst gewesen wäre. Ihr hätte bewusst sein können, dass sie durch die Vermittlung des Projekts nun auch eine größere Verantwortung – und zwar größere moralische Verantwortung gegenüber Ferdinand – als in anderen Projekten auf sich genommen hat. Aus diesem Grund hätte sie ein größeres Interesse an einer funktionierenden und vollständigen Team-Kommunikation zeigen und ihr Handeln dementsprechend anpassen können. Wobei natürlich fraglich ist, ob sie in ihrer Position etwas gegen die Entscheidungen der Chefinnen und Chefs in ihrem Unternehmen hätte bewirken können, selbst wenn sie sich geweigert hätte, am Projekt weiter mitzuarbeiten. Eventuell hätte dann ein Kollege mit einer anderen Haltung zu diesem Thema ihre Arbeit übernommen. Konsequenteres tugendhafteres Verhalten im Sinne ihrer Haltung wäre es aber wohl gewesen und sie hätte ein reineres Gewissen gegenüber Ferdinand haben können.

Ethische Diskussion der Frage 2: Enricos Team

In der Tugendethik geht es auch darum, immer das rechte Maß, die sogenannte „goldene Mitte" zu finden, um so etwa Gier zu vermeiden, die der Tugend der Mäßigung widersprechen würde.

Enrico bzw. sein Team beschließen, weitere Dienstleistungen zu verkaufen, die eigentlich nur wenig mit der grundsätzlichen Anforderung der Kunden zu tun haben. Hier ist die Frage, inwieweit das überhaupt nötig war oder ob nur der Wunsch nach mehr Geld die Grundlage für die Entscheidung war. Dies lässt sich wohl nur in Kombination mit einem utilitaristischen Blickwinkel beantworten, das heißt unter dem Aspekt, wer aus dieser Entscheidung den meisten Nutzen zieht und ob dadurch schon eine Maßlosigkeit zu sehen ist. Hierfür wäre es gut zu wissen, worin die Motivation für diese Entscheidung lag. Maßlos wäre es etwa, wenn besondere Gehaltsprovisionen damit verbunden sind, sofern es ein Team schafft, weitere Produkte zu verkaufen. Vielleicht ist Enricos Team aber auch völlig unvoreingenommen, was das Geld angeht, aber dafür fachlich überzeugt von den Vorteilen der angebotenen Überwachungs-Dienstleistung. Aus dem Kontext der Fallstudie lässt sich das nicht ablesen.

Generell ließe sich ein solches Verhalten der Mitarbeiter aber mit einer entsprechenden Unternehmensethik zu einem gewissen Grad regulieren, etwa indem keine Boni gezahlt werden für die Vermittlung von Zusatzdiensten oder generell auch von der Unternehmensführung tugendhaftes Verhalten vorgelebt würde, an dem sich die Mitarbeiter orientieren könnten. Zum Beispiel, indem sie die Kundenwünsche in das Zentrum der Auftragsabwicklung rücken oder bei Entscheidungen, die verschiedene Abteilungen betreffen, diese direkt miteinbezogen werden. Wäre dies das übliche Verhalten im Unternehmen, hätte Enricos Team wohl nicht so abgekapselt diese Entscheidungen treffen können, ohne dabei auch Widerspruch von anderen Kollegen als nur Vicky zu erfahren. Ganz generell gesehen könnten die ethischen Werte der Tugendethik in der Unternehmensethik abgebildet werden (beispielsweise gewisse Grundsätze und Regeln im für alle Mitarbeiter zugänglichen Intranet) und so den Mitarbeitern helfen, ihre Entscheidungen nach diesen Tugenden auszurichten.

Ethische Diskussion der Frage 3

Wenn man die Fallstudie mithilfe der Kantischen Ethik betrachtet, stellt sich die folgende Frage im Bezug auf den Kategorischen Imperativ: Was sind die Auswirkungen, wenn alle so handeln würden, wie Enrico mit seinem Team bei der Entwicklung und dem Verkauf von Zusatzleistungen vorgegangen ist? Nach Kant ist die Maxime zu prüfen, ob bei dieser Handlung eine Verallgemeinerung sinnvoll ist und man wollen kann, dass sich jeder wie Enrico verhält.

Wenn man den freien Willen und die Absicht des guten Willens betrachtet, dann kann dem Sachverhalt entnommen werden, dass die Absichten von Enricos Team für sich selbst und einen Teil der Eltern sicherlich gut sind, jedoch nicht gegenüber allen Eltern, Schülern und einigen Beteiligten auf der Seite des Auftraggebers. Offensichtlich wurde nicht allen Beteiligten die Trackingmöglichkeit vorab mitgeteilt. Diese Information bei der Entwicklung nicht transparent an alle Beteiligten weiterzugeben, ist problematisch und würde wohl auch von Enricos Team so bewertet werden, wenn sie selbst davon durch Dritte in einer vergleichbaren Situation betroffen wären. Daraus lässt sich schließen, dass das Verhalten von Enricos Team aus der Sicht des Ansatzes von Kant ethisch nicht korrekt ist.

Schaut man sich die verständliche Reaktion von Pfarrer Ferdinand gegenüber Vicky an, stellt sich auch hier die Frage, ob eine Verallgemeinerung seines Verhaltens ethisch wünschenswert ist. Dabei kann einerseits gesagt werden, dass es nicht grundsätzlich unmoralisch ist, wenn der Vertragspartner während des Projektes eine Erweiterung vornimmt, über die der andere Vertragspartner, hier Pfarrer Ferdinand, nicht informiert wird. Andererseits handelt es sich hier aber um eine gravierende Erweiterung der Funktionalität, bei der ein Kunde schon erwarten darf, dass seine Zustimmung dazu eingeholt wird. Von daher ist die Reaktion von Pfarrer Ferdinand nachvollziehbar. Vor seiner Reaktion gegenüber Vicky hätte er aber zuerst einmal abklären müssen, wie es zu dieser Situation kam.

Ganz grundsätzlich müsste auch noch geklärt werden, wer eigentlich der wahre Auftraggeber ist, denn es wird aus der Fallstudie nicht klar, in welcher rechtlichen Beziehung Pfarrer Ferdinand zu CARE-ful steht und ob er hier ein Vetorecht im Sinne der Verweigerung seiner Zustimmung hat.

14.5 Übungsaufgaben

14.5.1 Verständnisfragen

1. Erläutern Sie, was man unter Ethos, Moral und Ethik versteht. Gehen Sie dabei insbesondere auf den Unterschied zwischen Moral und Ethik ein.
2. Erläutern Sie die beiden Aufgaben der Ethik.
3. Erläutern Sie, was man unter normativer Ethik versteht.
4. Nennen Sie die im Kapitel vorgestellten Ansätze der normativen Ethik.

14.5.2 Fallstudienaufgabe zur Sonnenschein AG

In der Geschäftsleitung der Sonnenschein AG gehen die Meinungen darüber auseinander, ob man den Bot AI-CustomerService ohne eine explizite Information der Kunden, dass sie mit einer Maschine und nicht mit einem Mitarbeiter sprechen, einsetzen soll. Es herrscht Verunsicherung darüber, ob ein nicht erkennbar gemachter Bot ethisch vertretbar ist.

Helfen Sie der Sonnenschein AG bei ihrer ethischen Einschätzung, indem Sie den Einsatz des Bots aus Sicht der Diskursethik und des klassischen Utilitarismus beurteilen.

Teil IV: **Lösungen**

15 Lösungsvorschläge zu den Verständnisfragen

15.1 Lösungen zu Kapitel 1

1. **Erläutern Sie, was die Wirtschaftsinformatik unter einem Informationssystem versteht.**
   Im Verständnis der Wirtschaftsinformatik ist ein betriebliches Informationssystem ein soziotechnisches System und besteht aus den Komponenten
   - Mensch: Aufgabenträger und Benutzer des Informationssystems;
   - Aufgabe: Zu lösende betriebliche Problemstellung;
   - Informationstechnik (IT): Hard- und softwaretechnische Umsetzung des Informationssystems;
   - Organisatorischer Kontext: Betriebliche Umwelt, in die das Informationssystem integriert wird.

2. **Nennen Sie die Arten unternehmensinterner Informationssysteme.**
   Folgende Arten von unternehmensinternen Informationssystemen können unterschieden werden:
   - Administrationssysteme: Ziel ist die Automatisierung und Rationalisierung der Massendatenverarbeitung.
     Beispiel: Buchhaltung.
   - Dispositionssysteme: Ziel ist es, menschliche operative Entscheidungen zu unterstützen bzw. zu ersetzen.
     Beispiel: automatische Beschaffung bei Erreichen der kritischen Bestellmenge.
   - Planungssysteme: Ziel ist die Unterstützung des Managements bei schlecht strukturierten Entscheidungsproblemen.
     Beispiel: Absatzmengenplanung.
   - Kontrollsysteme: Kontrollsysteme bilden das Pendant zu den Planungssystemen dar und dienen der Kontrolle, ob Pläne eingehalten werden und geben Hinweise darauf, ob Korrekturmaßnahmen notwendig sind.
     Beispiel: Generierung von Managementberichten.

3. **Nennen Sie die Arten unternehmensübergreifender Informationssysteme.**
   - Zwischenbetriebliche Informationssysteme: Hierbei geht es um die zwischenbetriebliche Integration von zwei oder mehreren Unternehmen (Business-to-Business/B2B). Beispiel: Elektronischer Einkauf und elektronischer Austausch von Bestell- und Rechnungsdaten.
   - Endkundenorientierte Informationssysteme: Dies sind Informationssysteme zur Interaktion mit (End-)Kunden bzw. Kaufinteressenten (B2C). Beispiel: Onlineshop.

https://doi.org/10.1515/9783110722260-015

4. Erläutern Sie die Begriffe „horizontale Integration" und „vertikale Integration".

- Horizontale Integration: Ein horizontal integriertes Informationssystem verbindet Teilsysteme aus unterschiedlichen Funktionsbereichen (Fachbereichen) innerhalb eines Geschäftsprozesses auf gleicher Unternehmensebene.
- Vertikale Integration: Ein vertikal integriertes Informationssystem verbindet die operativen Informationssysteme mit den Planungs- und Kontrollsystemen. Ziel ist in erster Linie die Versorgung des Managements mit Daten.
- Primärer Gegenstand beider Integrationsarten ist die sachlogische Verzahnung und Zusammenführung von Daten, Vorgängen und Aufgaben.

5. Erläutern Sie die Rolle der Betriebswirtschaftslehre und der Informatik für die Wirtschaftsinformatik.

- Betriebswirtschaftslehre: Die Entwicklung betrieblicher Informationssysteme dient der Umsetzung fachlicher Problemstellungen der Betriebswirtschaftslehre. Der Wirtschaftsinformatiker als Systemarchitekt muss deshalb die Modelle, Methoden und die Fachterminologie der Betriebswirtschaftslehre beherrschen, um erfolgreich betriebliche Informationssysteme entwickeln zu können. Darüber hinaus findet die Entwicklung betrieblicher Informationssysteme immer im Spannungsfeld von Kosten, Zeit und Qualität eines Projekts statt. Hier hat der Wirtschaftsinformatiker als Systemarchitekt oftmals auch Aufgaben des Projektmanagements zu übernehmen. Er muss also die Lösungsansätze der Betriebswirtschaftslehre nicht nur kennen, sondern auch selbst anwenden können. Die Betriebswirtschaftslehre stellt somit ebenfalls ein Hilfsmittel zur Lösung wirtschaftsinformatorischer Aufgaben dar.
- Systementwicklung (Informatik): Eng verbunden mit den Modellierungsmethoden sind die Prinzipien, Methoden, Techniken und Werkzeuge der Systementwicklung aus dem Kernbereich der Informatik. Sie werden vor allem für die softwaretechnologische Umsetzung der Systemarchitektur benötigt. Die Prinzipien, Methoden, Techniken und Werkzeuge der Systementwicklung stellen ein Hilfsmittel zur Lösung wirtschaftsinformatorischer Aufgaben dar.
- Informationstechnik (Informatik): Basis der softwaretechnologischen Umsetzung einer Systemarchitektur sind Rechnerarchitekturen und Informationsinfrastrukturen (v. a. Netzwerke). Hier muss der Wirtschaftsinformatiker über ein solides Grundlagenwissen verfügen, um sinnvolle Realisierungsalternativen identifizieren, auswählen und begründen zu können. Die Informationstechnik stellt ein Hilfsmittel zur Lösung wirtschaftsinformatorischer Aufgaben dar.

6. Erläutern Sie, welche zwei Paradigmen der Wirtschaftsinformatik unterschieden werden können.

- Das **gestaltungsorientierte Paradigma** stellt Gestaltungsvorschläge und Konstruktionen für die Praxis in den Vordergrund der Wirtschaftsinformatik. Sie lehnt sich damit an das gestaltungsorientierte Denken von Informatik und Betriebswirtschaftslehre an. Mögliche Ergebnistypen einer gestaltungsorientierten Wirtschaftsinformatik sind u. a. Grundsätze, Leitfäden, Rahmenwerke, Normen, Patente, Software, Geschäftsmodelle und Unternehmensgründungen.

– Vor allem im angelsächsischen Raum ist das **verhaltensorientierte Paradigma** weit verbreitet. Hier lehnt man sich stärker an die Verhaltenswissenschaften an. Das Ziel ist weniger die innovative Gestaltung von Informationssystemen, sondern die Beobachtung von Eigenschaften von Informationssystemen und des Verhaltens von Benutzern.

15.2 Lösungen zu Kapitel 2

1. **Skizzieren Sie das Modell von Heinrich zur Beschreibung der Aufgaben des Informationsmanagements.**
   Wesentlich ist die Unterscheidung in drei Ebenen (strategisch, administrativ und operativ), wobei in der strategischen Ebene die mittel- und langfristigen Aufgaben zur Planung, Überwachung und Steuerung der Informationsinfrastruktur festgelegt werden. Ausgangspunkt ist das Ergebnis der strategischen Planung des Gesamtunternehmens. Die dort definierten Ziele müssen in Einklang mit den Zielen des Informationsmanagements stehen. Die Umsetzung der Planung erfolgt in der administrativen Ebene, während die konkrete Nutzung der Informationsinfrastruktur in der operativen Ebene definiert ist.

2. **Welche Vorteile bringt ITIL für ein Unternehmen aus der Sicht der Unternehmensführung, der IT-Abteilung und der Leistungsnehmer mit sich?**
   a) **Unternehmensführung**
      – Die Produkte sind abgestimmt mit den Zielen des Unternehmens (Basis ist das Ergebnis aus der strategischen Planung des Unternehmens);
      – Leistung der IT-Organisation ist vergleichbar (Benchmarking).
   b) **IT-Abteilung**
      – Prozesse zur Unternehmensführung (strategische Ziele des Unternehmens) und zum Leistungsabnehmer (Kunden) sind definiert;
      – Zu erbringende Dienstleistungen sind festgelegt;
      – Interne Prozesse sind beschrieben.
   c) **Leistungsabnehmer**
      – Prozesse zur IT-Organisation sind festgelegt (Aufgaben, Rollen, Verantwortlichkeiten);
      – Leistungen sind detailliert (bereitgestellte Funktionen, Verfügbarkeit, Erreichbarkeit, usw.);
      – Preise sind definiert.

3. **Beschreiben Sie ein Vorgehensmodell zur Auswahl und Einführung von Systemen.**
   - Projektidee generieren
   - Prozesse analysieren/optimieren
   - Anforderungen definieren
   - Systemlieferant auswählen
   - System kundenspezifisch anpassen
   - System testen
   - System einführen, Schulungen durchführen

4. **Welche Möglichkeiten gibt es, das Informationsmanagement im Unternehmen organisatorisch einzubinden?**
   - Einbindung als Teil einer Fachabteilung, z. B. des Rechnungswesens
   - Einbindung als Stabsstelle
   - Einbindung als eigenständige Hauptabteilung
   - Einbindung als Zentralabteilung (Unterstützung der Benutzer), zusätzlich Verlagerung von Verantwortung auf die Unternehmensbereiche

5. **Weshalb werden IT-Leistungen mittels Outsourcing ausgelagert?**
   - **Wirtschaftlichkeit:** Entscheidendes Argument für Unternehmen ist i.d.R. eine erwartete Kostensenkung und damit eine Verbesserung der Wirtschaftlichkeit.
   - **Strategie:** Unternehmen, deren Geschäftszweck nicht in der Informationsverarbeitung liegt, setzen durch Outsourcing Ressourcen frei und können sich auf die Kernkompetenzen konzentrieren.
   - **Ressourcen:** Durch die Zusammenarbeit mit spezialisierten Dienstleistern wird der Zugriff auf Ressourcen und damit Know-how bzw. der Zugang neuer Technologien erleichtert.
   - **Organisation und Koordination:** Insbesondere in Unternehmen mit einem angespannten Verhältnis zwischen IT und Fachabteilungen wird Outsourcing betrieben. Ziel ist eine bessere Kostenkontrolle, klare Verantwortungsbereiche mit definierten Schnittstellen und damit eine Erhöhung der Transparenz.

6. **Welche Arten von Outsourcing sind Ihnen bekannt?**
   - **Interner IT-Service:** Hier wird die IT an eine eigenständige Unternehmenstochter ausgelagert.
   - **Selektive Outsourcing:** Beim selektiven Auslagern werden nur Teile der IT-Leistungen an externe Dienstleister vergeben.
   - **Totales Outsourcing:** Beim totalen Outsourcing wird die komplette Verantwortung über alle Aufgaben an einen Dienstleister übertragen. Beim totalen Outsourcing können auch das Personal und die Infrastruktur an den Outsourcinggeber übertragen werden.
   - **Business Process Outsourcing:** Bei dieser Art des Outsourcings geht ein ganzer Unternehmensprozess an ein Drittunternehmen. Beispielsweise lässt sich

der Unternehmensprozess „Einkauf" auslagern, das heißt, das Drittunternehmen verhandelt und besorgt für den auslagernden Betrieb beispielsweise günstigere Konditionen bei der Beschaffung.

15.3 Lösungen zu Kapitel 3

1. **Wie lassen sich Projekte klassifizieren?**
   Projekte können anhand der Projektgegenstand (Entwicklungs-, Investitions-, Organisationsprojekt) und anhand der Auftraggeber (intern, extern) unterschieden werden. Vgl. Tabelle 3.1.

2. **Welche Projektmanagementphasen kennen Sie?**
   Initialisierung, Definition, Planung, Steuerung, Abschluss.

3. **Wie hängen Projektmanagementphasen und Projektphasen zusammen?**
   Projektphasen werden projektspezifisch definiert (z. B. anhand des Projektgegenstandes). Die Projektmanagementphasen (Initiieren, definieren, planen, steuern und abschließen) wirken in jeder Projektphasen (vgl. Abb. 3.3 und 3.4).
   Zu unterscheiden sind:
   - die Projektvorbereitung (Schwerpunkt initiieren, definieren und grob planen),
   - die Projektsteuerung wirkt in allen Phasen,
   - das Managen des Phasenübergangs (Phase abschließen, neue Phase initiieren, planen)
   - und in der letzten Phase der Schwerpunkt auf den Abschlussaktivitäten.

4. **Welche Rollen kennt Scrum?**
   Product Owner, Scrum Master, Team.

5. **Welche Werte unterscheiden „konventionelles" Projektmanagement von agilem Projektmanagement?**
   Ausgehend vom agilen Manifest:
   - **Individuen und Interaktionen mehr als Prozesse und Werkzeuge** – Zwar sind wohldefinierte Entwicklungsprozesse und Entwicklungswerkzeuge wichtig, wesentlicher sind jedoch die Qualifikation der Mitarbeitenden und eine effiziente Kommunikation zwischen ihnen.
   - **Funktionierende Software mehr als umfassende Dokumentation** – Gut geschriebene und ausführliche Dokumentation kann zwar hilfreich sein, das eigentliche Ziel der Entwicklung ist jedoch die fertige Software.
   - **Zusammenarbeit mit dem Kunden mehr als Vertragsverhandlung** – Statt sich an ursprünglich formulierten und mittlerweile veralteten Leistungsbeschreibungen in Verträgen festzuhalten, steht vielmehr die fortwährende konstruktive und vertrauensvolle Abstimmung mit dem Kunden im Mittelpunkt.

- **Reagieren auf Veränderung mehr als das Befolgen eines Plans** – Im Verlauf eines Entwicklungsprojektes ändern sich viele Anforderungen und Randbedingungen ebenso wie das Verständnis des Problemfeldes. Das Team muss darauf schnell reagieren können.

15.4 Lösungen zu Kapitel 4

1. **Erstellen Sie mit dem Werkzeug ARIS Express die in diesem Kapitel vorgestellten EPK- und BPMN-Modelle.**
   Zu dieser Aufgabe gibt es keine Musterlösung, weil die in diesem Kapitel vorgestellten Geschäftsprozessmodelle mithilfe von ARIS Express selbständig als EPK- bzw. BPMN-Modelle zu modellieren sind.

2. **Definieren Sie den Begriff des Geschäftsprozesses.**
   Unter einem **Geschäftsprozess** versteht man eine sachlogisch-zeitliche Abfolge von Tätigkeiten (Synonyme: Aktivitäten, Vorgänge).

3. **Definieren Sie den Begriff des Business Engineerings.**
   Unter Business Engineering versteht man die ingenieurmäßige Vorgehensweise bei der (Neu-)Gestaltung eines Unternehmens unter Berücksichtigung von Unternehmensstrategie, Geschäftsprozessen und betrieblichen, IT-basierten Informationssystemen.

4. **Nennen und erläutern Sie die Sichten des ARIS-Modells. Gehen Sie dabei auch auf die Ebenen ein.**
   - **Organisationssicht**: Beschreibung der Organisationseinheiten und ihrer Beziehungen.
   - **Datensicht**: Beschreibung der Informationsobjekte und deren Attribute sowie der Beziehungen zwischen den Informationsobjekten.
   - **Steuerungssicht**: Verbindung der zur Reduzierung der Komplexität von Geschäftsprozessen separat betrachteten anderen Sichten, um die Zusammenhänge und das dynamische Verhalten zu veranschaulichen.
   - **Funktionssicht**: Beschreibung der Funktionen und der zwischen ihnen bestehenden statischen Beziehungen.
   - **Leistungssicht**: Beschreibung aller materiellen und immateriellen Input- und Outputleistungen einschließlich der Geldflüsse. Leistungen sind Anstoß und Ergebnis von Geschäftsprozessen.

   Zusätzlich wird jede Beschreibungssicht in drei Ebenen untergliedert:
   - **Fachkonzept**: Ausgangspunkt der Modellierung jeder Beschreibungssicht ist die Identifizierung und Definition der fachlich-betriebswirtschaftlichen Anforderungen.

– **DV-Konzept**: Dieses Fachkonzept wird anschließend in ein IT-Architekturmodell überführt.
– **Implementierung**: Die anschließende Umsetzung in ein Informationssystem wird in dieser Schicht beschrieben.

5. **Finden und korrigieren Sie die Fehler im nachfolgenden BPMN-Modell.**
   Im BPMN-Modell sind folgende Fehler zu korrigieren (vgl. Abb. 15.1):
   – In der unteren Lane (Schwimmbahn) fehlt ein Bezeichner für die org. Rolle, die den Newsletter überprüft, z. B. den Abteilungsleiter.
   – Das XOR-Gateway hat einen ausgehenden Kontrollfluss zur Aufgabe Newsletter überarbeiten.
   – Am eingehenden Kontrollfluss von Aufgabe Newsletter überarbeiten fehlt die Bedingungsangabe.
   – Das Datenobjekt Mail wird durch die Aufgabe Newsletter versenden erst erzeugt und stellt damit Output, aber nicht Input dar: Die gerichtete Datenassoziation ist genau anders herum.

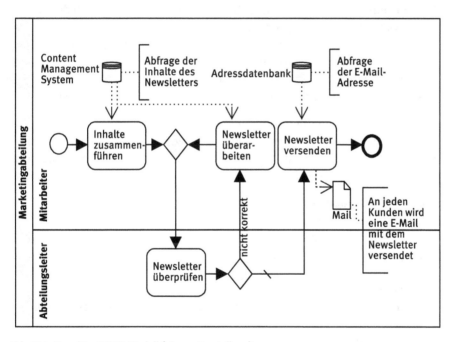

Abb. 15.1: Korrektes BPMN-Modell (eigene Darstellung).

6. **Finden und korrigieren Sie die Fehler im nachfolgenden EPK-Modell.**
   Im EPK-Modell sind folgende Fehler zu korrigieren (vgl. Abb. 15.2):

– Der erste Konnektor muss ein exklusives ODER sein, da sich die beiden nachfolgenden Ereignisse gegenseitig ausschließen.
– Die Aufgabe Reise buchen und bestätigen hat zwei eingehende Kontrollflüsse. Dies ist nicht zulässig. Die beiden eingehenden Kontrollflüsse müssen vorher mit einem Konnektor (hier: exklusives ODER) zusammengeführt werden.
– Der letzte Konnektor (logisches UND) ist falsch, da nur eines der beiden vorgehenden Ereignisse möglich ist. Aus diesem Grund muss der Operator für das exklusive ODER verwendet werden.

15.5 Lösungen zu Kapitel 5

1. **Erläutern Sie die wesentlichen Unterschiede zwischen einem ER-Modell und einem relationalen Modell.**
Das Entity Relationship Model ist eine grafisch orientierte, formale Modellierungssprache zur Unterstützung der konzeptionellen Datenmodellierung. Wesentliches Ergebnis eines ERM ist die Beschreibung der für ein zu entwickelndes Anwendungssystem relevanten Objekte, deren Attribute und den Beziehungen zwischen den Objekten. Während das konzeptionelle Datenmodell systemunabhängig ist, wird im nachfolgenden logischen Datenmodell das ER-Modell auf die gewählte Datenbankart überführt. Die am weitesten verbreitete Datenbankart ist eine relationale Datenbank, die mit einem Relationenmodell beschrieben wird.

2. **Welche Ziele verfolgt die Normalisierung?**
Das Ziel der Normalisierung ist das Erzeugen redundanzfreier Strukturen innerhalb eines Relationenmodells. Dadurch sollen Anomalien beim Einfügen, Ändern und Löschen von Objekten vermieden werden.

3. **Welche Funktionen erfüllt ein Datenbankmanagementsystem?**
Wesentliche Funktionen eines DBMS sind:
– die Speicherung, das Überschreibung und die Löschung von Daten (Durchführung lesender und schreibender Datenzugriffe über definierte Datenbankzugriffe)
– die Verwaltung der Daten auf der Basis des Datenmodells
– die Gewährleistung der Datensicherheit, des Datenschutzes und der Datenintegrität
– die Ermöglichung des Mehrbenutzerbetriebs
– die effiziente Ausnutzung des Speichers und einen optimierten Zugriff auf die Daten (Zugriffs-/Antwortzeiten)
– die Bereitstellung von Kennzahlen über Technik und Betrieb

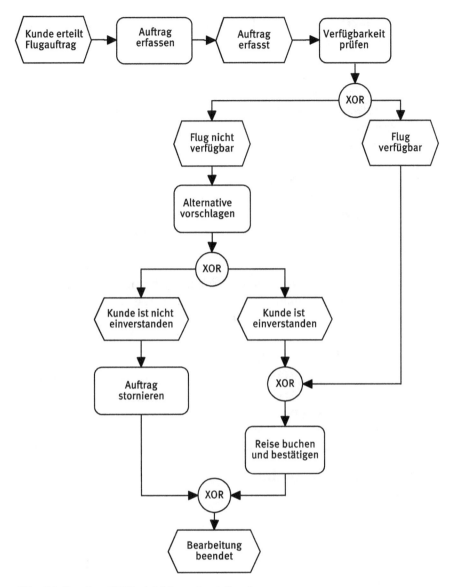

Abb. 15.2: Korrektes EPK-Modell (eigene Darstellung).

15.6 Lösungen zu Kapitel 6

1. Erläutern Sie den CRISP-DM-Prozess.

Für die Ablauforganisation wird meistens das CRISP-DM-Prozessmodell verwendet. CRISP-DM schlägt folgende sechs Phasen vor, welche ihren Schwerpunkt auf das Verstehen und Aufbereiten der Daten legen:

- **Business Understanding:** Um das zu analysierende betriebliche Problem zu verstehen, tauschen sich die Data-Science-Spezialisten mit den Fachanwendern aus.
- **Data Understanding:** Nachdem die betriebliche Problemstellung verstanden wurde, wird durch die Data-Science-Spezialisten untersucht, inwieweit die zur Verfügung stehende Datenbasis für die Lösung des Problems geeignet ist.
- **Data Preparation:** Die zu analysierenden Daten werden für den nächsten Schritt der Modellierung des Data-Science-Modells vorbereitet. Dazu gehören z. B. die Transformation von Datentypen und die Klärung der Frage, was mit fehlenden Datenwerten passieren soll.
- **Modelling:** In dieser Phase wird das einzusetzende Data-Science-Verfahren auf die Daten angewandt. Es entsteht somit ein Data-Science-Modell.
- **Evaluation:** Die Ergebnisse (Muster) des Data-Science-Modells werden auf ihre Anwendbarkeit zur Lösung des betrieblichen Problems überprüft (sind sie plausibel, kann damit das Problem gelöst werden). Notfalls sind Rücksprünge in vorgelagerte Phasen notwendig, um dort Anpassungen vorzunehmen (so könnte sich die Datenbasis als unbrauchbar herausstellen, was zu einem Rücksprung in die Phase „Data Preparation" führen würde).
- **Deployment:** Ist das Data-Science-Modell positiv evaluiert, kann es im Unternehmen für die betriebliche Problemstellung eingesetzt werden.

2. **Erläutern Sie den Unterschied zwischen Segmentierung und Klassifikation.**
   Ähnlich der Segmentierung beruht auch die Klassifikation in der Data Science auf dem Zusammenfassen von Daten in bestimmte Gruppen. Der entscheidende Unterschied der beiden Verfahren liegt darin, dass bei der Klassifikation eine selbstständige Einteilung neuer Datensätze in die entsprechenden Klassen stattfindet.

3. **Erläutern Sie die grundsätzlichen Schritte des k-Means-Algorithmus.**
   Grundsätzlich läuft der k-Means-Algorithmus in folgenden Schritten ab:
   - Zuerst wird die Anzahl zu findender Cluster (k) festgelegt.
   - Die Daten werden als Datenpunkte in einem Vektorraum eingeordnet.
   - Sogenannte Centroids, die als Cluster-Repräsentanten dienen, werden zufällig platziert. Dabei entspricht die Anzahl der Centroids dem Parameter k.
   - Die Datenpunkte werden den räumlich nächsten Clusterpunkten zugeordnet, z. B. mit der euklidischen Distanz. Daraus entsteht ein erstes Cluster.
   - Innerhalb eines Clusters wird der jeweilige Centroid aus dem Mittelwert aller Punkte im Cluster, neu berechnet.
   - Daraufhin erfolgt erneut eine Zuordnung jedes Datenpunktes zum räumlich nächsten Repräsentanten.
   - Diese Schritte werden so lange wiederholt, bis sich die Anzahl der Datensätze in den Clustern nicht mehr verändert.

4. **Erläutern Sie, wozu der Information Gain beim Attributtest genutzt wird.**

   Der Information Gain bzw. Informationsgewinn bei einem Attributtest ist die Differenz zwischen der ursprünglichen Informationsanforderung und der neuen Anforderung:

   $$\text{Gewinn (A)} = I\left(\frac{p}{p+n}, \frac{n}{p+n}\right) - \text{Rest (A)}$$

   Dabei gilt:
   - p: Anteil der positiven Datensätze in der Trainingsmenge bzgl. der gesuchten Information
   - n: Anteil der negativen Datensätze in der Trainingsmenge bzgl. der gesuchten Information

   Der Gewinn (A) wird als Information Gain bezeichnet und kann als Entscheidungskriterium für die Auswahl der Attribute als Knoten im Entscheidungsbaum verwendet werden. Die Heuristik besagt dabei, dass das Attribut mit dem höchsten Gewinn als nächster Knoten zu wählen ist.

5. **Nennen Sie die Distanzmaße für den k-NN-Algorithmus.**

   Für die Beurteilung der Ähnlichkeit bzw. Nähe eines Objekts zu seinen Nachbarn werden sog. Ähnlichkeits- bzw. Distanzmaße verwendet. In der Praxis sind aufgrund der unterschiedlichen Datentypen (bspw. numerisch, nominal, etc.) verschiedene Distanzmaße nötig, um die Ähnlichkeit zwischen verschiedenen Objekten quantifizieren zu können. Wichtige Vertreter der Distanzmaße sind
   - die euklidische Distanz,
   - die Manhattan-Distanz sowie
   - die Hamming-Distanz.

6. **Erläutern Sie die Grundidee des Local Outlier Factors.**

   Bei der Abweichungsanalyse (auch als *Outlier Detection* oder *Anomaly Detection* bezeichnet) werden untypische bzw. (gegenüber den zuvor erhobenen oder erwarteten Werten) auffällige Datensätze identifiziert. Ein häufig genutzter Algorithmus für die unüberwachte Erkennung ist der Local Outlier Factor (LOF). Die Grundidee hierbei ist, dass durch den Abstand zu den k nächsten Nachbarn eine „lokale Dichte" des Punktes geschätzt werden kann.

15.7 Lösungen zu Kapitel 7

1. **Nennen Sie für das Beispiel „Bestellung von Fertigungsmaterial" aus Kap. 7.2**
   - **auslösendes Ereignis:** Wochenbeginn
   - **Ergebnis des Geschäftsprozesses:** Bestellungen versandt
   - **beteiligte Organisationseinheiten:** Einkäufer
   - **Informationsobjekte:** Fertigungsmaterial, Bestellformular

– **Tätigkeiten in der richtigen Reihenfolge:** Einkäufer prüft Bestellmenge im ERP-System (Bedarfsermittlung) – Einkäufer wählt Lieferanten für jedes zu bestellende Fertigungsmaterial aus – Einkäufer stößt den Ausdruck der Bestellformulare – Einkäufer veranlasst Postversand der Bestellungen.

2. **Erläutern Sie die beiden Begriffe ERP I und ERP II.**

   Ein Enterprise Resource Planning-System, in der Praxis einfach als ERP-System bezeichnet, ist ein modular aufgebautes betriebliches, integriertes Informationssystem mit dem alle operativen Tätigkeiten in einem Unternehmen erfasst und abgebildet werden können. Dadurch wird der gesamte betriebswirtschaftliche Prozessablauf im Unternehmen geplant, gesteuert, ausgewertet und kontrolliert. Es wird also eine prozessorientierte Organisation im Unternehmen für den erfolgreichen Einsatz eines ERP-Systems implizit vorausgesetzt. Das Informationssystem sorgt dann dafür, dass geänderte Informationen innerhalb eines Geschäftsprozesses automatisch allen weiteren Funktionen zur Verfügung stehen. Die unternehmensübergreifende Integration von Geschäftspartnern in ERP-Systemen sowie die Umstellung der ERP-Systeme auf Internettechnologien wird auch als ERP II bezeichnet. Damit soll zum Ausdruck gebracht werden, dass es sich um die 2. Generation von ERP-Systemen handelt, die nunmehr nicht nur unternehmensinterne Geschäftsprozesse integrieren können, sondern auch unternehmensübergreifende Prozesse mit Kunden und Lieferanten. Demgemäß werden ERP-Systeme, die lediglich unternehmensinterne Prozesse integrieren, als ERP I bezeichnet.

3. **Wie wird die horizontale Integration in einem ERP-System umgesetzt?**

   Typischerweise unterstützen die Module eines ERP-Systems folgende (horizontalen) Aufgabenbereiche eines Unternehmens: Vertrieb (Verkauf und Marketing), Einkauf, Materialwirtschaft, Fertigung, Rechnungswesen, Personalwirtschaft, Forschung und Entwicklung. Zusätzlich bietet ein ERP-System auch Funktionen für die Systemverwaltung (Stammdaten, Benutzer etc.), das Berichtswesen (Reporting) sowie das Workflowmanagement an. Diese typischen Module kennzeichnen ein ERP-System primär als Administrations- und Dispositionssystem. Sie dienen der unternehmensinternen Integration von Geschäftsprozessen.

4. **Nennen und erläutern Sie drei Merkmale von SCM.**

   SCM ist primär ein betriebswirtschaftliches Konzept der Geschäftsprozessintegration innerhalb der Wertschöpfungskette zwischen den einzelnen Unternehmen auf den unterschiedlichen Wertschöpfungsstufen und dem Endkunden. Wesentliche Merkmale von SCM-Systemen sind:

   – Genormte Datenkommunikation: Innerhalb der Versorgungskette ist eine informationstechnologische Integration nur möglich, wenn die verbundenen Informationssysteme gleich strukturierte Daten (Datenstrukturen) verwenden.

   – Supply Network Planning (SNP): Aufbauend auf überbetrieblich abgestimmten Bedarfsvorhersagen („Demand Planning") werden mit SNP Pläne für die Produktion, die Beschaffung und die Distribution mit mittlerem Planungshorizont (zwischen 1 bis 12 Monaten) bestimmt.

– Systemgesteuerte Abfragen: Die Abfrage, aus welchen Lagern oder Produktionsstätten ein Auftrag in der Lieferkette bedient werden kann, muss informationstechnologisch gesteuert erfolgen.

5. **Nennen und erläutern Sie die prozessorientierten Ziele von CRM.**
CRM ist ein betriebswirtschaftliches Konzept. Ziel ist der systematische Aufbau und die Pflege dauerhafter und profitabler Kundenbeziehungen. Aufgabe der Wirtschaftsinformatik ist die Bereitstellung geeigneter Informationssysteme als Teil eines ERP-II-Systems, um die notwendigen Daten integriert allen Aufgabenträgern bereitzustellen. Prozessorientierte Ziele, die mit CRM-Systemen verfolgt werden, sind:

– Koordination sämtlicher Kundenschnittstellen;
– Erfolgskontrolle aller Aktivitäten;
– Entlastung der Vertriebsmitarbeiter von Routinearbeiten;
– Schnelle Prozessabwicklung.

15.8 Lösungen zu Kapitel 8

1. **Grenzen Sie folgende Begriffspaare voneinander ab:**
E-Business vs. E-Commerce und M-Business vs. M-Commerce.

– **Electronic Business** (E-Business) ist die kontinuierliche Optimierung der Position eines Unternehmens unter Einsatz digitaler Technologien und des Internets als hauptsächlichem Kommunikationsmittel. Ziel ist die prozessorientierte Verbesserung von Informations-, Kommunikations- und Transaktionsbeziehungen innerhalb des Unternehmens sowie zwischen dem einzelnen Unternehmen und seiner Umwelt (Geschäftspartner, Kunden, Staat). **Electronic Commerce (E-Commerce)** ist die Nutzung des Internets, um den Prozess des Kaufens und Verkaufens zwischen Unternehmen und Kunden zu ermöglichen. E-Commerce stellt eine Teilmenge von E-Business dar.

– **Mobile Business (M-Business)** bezeichnet jede Art von geschäftlicher Transaktion, bei der die Geschäftspartner mobile Kommunikationstechnologien einsetzen. Es handelt sich dabei also um eine Variante des E-Business unter besonderer Berücksichtigung mobiler Endgeräte. Analog hierzu wird **M-Commerce** als eine Variante des E-Commerce unter besonderer Berücksichtigung mobiler Endgeräte verstanden und stellt eine Teilmenge des M-Business dar.

2. **Erläutern Sie, worin sich E-Business und M-Business unterscheiden.**
E-Business ist die kontinuierliche Optimierung der Position eines Unternehmens unter Einsatz digitaler Technologien und des Internets als hauptsächlichem Kom-

munikationsmittel. Dass Ziel ist die prozessorientierte Verbesserung von Informations-, Kommunikations- und Transaktionsbeziehungen innerhalb des Unternehmens sowie zwischen dem einzelnen Unternehmen und seiner Umwelt (Geschäftspartner, Kunden, Staat). M-Business bezeichnet jede Art von geschäftlicher Transaktion, bei der die Geschäftspartner mobile Kommunikationstechnologien einsetzen. Es handelt sich dabei also um eine Variante des E-Business unter besonderer Berücksichtigung mobiler Endgeräte.

3. Erläutern Sie, warum SCM und CRM als Informationssysteme des E-Business verstanden werden können.
SCM- und CRM-Systeme stellen aktuelle Erweiterungen bestehender ERP-Systeme dar und dienen der Integration von Lieferanten und Kunden in die Geschäftsprozesse eines Unternehmens. Dies kann auf Basis von Internettechnologien erfolgen und ist ein zentrales Merkmal von ERP II (vgl. Kap. 7.3).

4. Erstellen Sie eine Systematik der Teilbereiche des E-Business
   a) **aus Sicht der Akteure:** vgl. Abb. 8.3.
   b) **aus Sicht eines Systemarchitekten:** vgl. Abb. 8.2.

5. Erläutern Sie anhand einer Grafik die wichtigsten Komponenten eines Onlineshops.
Zur Grafik vgl. Abb. 8.4. Wichtige Komponenten sind:
- **Redaktionssystem:** Hierbei handelt es sich um ein vereinfachtes Web Content Management System zur Pflege der Inhalte der Website.
- **Portal/Shop Software:** Kernprodukt, das die wichtigsten Grundfunktionalitäten für den Onlineshop zur Verfügung stellt, z. B. Warenkorb, Suchfunktion, Produktkatalog etc.
- **Banner Management:** Administration der Werbeschaltungen auf der Website des Onlineshops.
- **Payment/Billing:** Bezahlfunktion für unterschiedliche Zahlungsvarianten, z. B. Kreditkarten.

Weitere wichtige Bestandteile eines Onlineshops sind insbesondere Schnittstellen zum vorhandenen ERP-System und zum Data Warehouse (oftmals auch als Backend-Systeme bezeichnet).

6. Erläutern Sie die Begriffe „Ubiquität", „Kontextspezifität" und „Datenproaktivität".
Drei wichtige Merkmale des M-Business sind:
- **Ubiquität:** Angebote an den Kunden sind jederzeit überall verfügbar (anytime, anyplace), da die mobilen Endgeräte zumeist immer angeschaltet und online bleiben.

- **Kontextspezifität**: Durch die Möglichkeit der Lokalisierung des Benutzers eines mobilen Endgeräts lassen sich standortabhängige (kontextabhängige) Mehrwertdienste in das Angebot integrieren.
- **Datenproaktivität** durch „Always on": Dienste, wie z. B. aktuelle Wetterinformationen oder Börsenkurse, lassen sich aktiv auf das mobile Endgerät übertragen (Push-Technik), das permanent online sein kann.

7. **Erläutern Sie den Begriff „Web 2.0".**

Mit dem Begriff sind Internettechniken und -dienste gemeint, welche die Veränderung des Webs (als Web 1.0 bezeichnet) zu desktopähnlichen Internetanwendungen unterstützen, bei denen die Interaktion der Internetnutzer eine zentrale Rolle spielt. Generierung, Tausch sowie Verknüpfung von Inhalten und Wissen durch die Internetnutzer stehen hierbei im Vordergrund. Social Software stellt dabei eine der wichtigsten Komponenten dar (vgl. Abb. 8.5).

15.9 Lösungen zu Kapitel 9

1. **Erläutern Sie die unterschiedlichen Arten von MUS.**
   - **Abfrage- und Berichtssysteme**: Bei Abfragen bzw. Auskünften geht die Initiative vom Benutzer aus. Berichte werden systemseitig auf Grund von Vorgaben periodisch oder aperiodisch erzeugt. Ad-Hoc-Analysen sind mit Abfrage- und Berichtssystemen nur schwer zu realisieren, weil sie auf einer vorgefertigten Berichtsstruktur basieren.
   - **Entscheidungsunterstützungssysteme (EUS)**: Ein Entscheidungsunterstützungssystem hilft vor allem Fachspezialisten (Berater, Stäbe) bei der Entscheidungsvorbereitung. Schwerpunkt ist die Planung: Untersuchung möglicher Handlungsalternativen durch mathematische Methoden und Modelle (Operations Research, kurz: OR). Es können zwei Arten unterschieden werden:
     - **Modellgestützte EUS** stellen Modelle und Methoden für Simulationen zur Verfügung. Modelle bilden einen Ausschnitt der Realität in vereinfachter Form ab. Methoden beschreiben eine systematische Vorgehensweise zur Lösung eines Problems.
     - **Datengestützte EUS** unterstützen das Management, indem sie die Identifikation und Analyse nützlicher Informationen erlauben, die zuvor in großen Datenbeständen verborgen waren. Derartige Informationssysteme werden heute unter dem Begriff „Business Intelligence" zusammengefasst (vgl. Kap. 9.4).
   - **Expertensysteme**: Ein Expertensystem ist ein Programm der Künstlichen Intelligenz (Artifical Intelligence) mit einem komplexen, eng abgegrenzten Problembereich. Es bildet für diesen Problembereich die Expertise eines Menschen (Experten) ab.

- **Executive Information System:** Ein Executive Information System (synonym: Führungsinformationssystem – FIS) ist ein besonders einfach bedienbares, grafisch orientiertes Abfrage- und Berichtssystem für das obere Management.
- **Business Intelligence-Systeme:** Allgemein umfasst der Begriff die analytischen Konzepte, Prozesse und Werkzeuge, um Unternehmens- und Wettbewerbsdaten in konkretes Wissen (intelligence) für strategische Entscheidungen umzuwandeln. Es werden unternehmensinterne und -externe Daten als Quellen herangezogen.

2. **Was versteht man unter modell- und datengestützten EUS?**
   - **Modellgestützte EUS** stellen Modelle und Methoden für Simulationen („was-wäre-wenn") zur Verfügung. Modelle bilden einen Ausschnitt der Realität in vereinfachter Form ab. Methoden beschreiben eine systematische Vorgehensweise zur Lösung eines Problems.
   - **Datengestützte EUS** unterstützen das Management, indem sie die Identifikation und Analyse nützlicher Informationen erlauben, die zuvor in großen Datenbeständen verborgen waren. Derartige Informationssysteme werden heute unter dem Begriff „Business Intelligence" zusammengefasst (vgl. Kap. 9.4).

3. **Welcher Zusammenhang besteht zwischen MUS und Analytischen Informationssystemen?**
   BI-Systeme lassen sich v. a. zur Ergänzung von EUS und EIS sinnvoll nutzen. Derartige Informationssysteme werden auch als **Analytische Informationssysteme** bezeichnet (vgl. Abb. 9.3).

4. **Erläutern Sie den Aufbau eines BI-Systems.**
   Ein Data Warehouse ist eine Datenbank, die in aggregierter Form aktuelle und historische Daten speichert, die für Managemententscheidungen potenziell von Interesse sind (vgl. Abb. 9.3). Die Daten stammen aus einer Vielzahl von internen und externen Datenquellen. Hierzu zählen beispielsweise OLTP-Systeme (insb. das ERP-System), Börsendienste oder Datenbanken mit statistischen Eckdaten der Branche. Als ETL wird der Prozess der Extrahierung der Daten aus den OLTP-Systemen und ihrer Transformation in die für das Data Warehouse vorgesehenen Formate (z. B. Vereinheitlichung der Datumsformate) bezeichnet. Daran anschließend werden die Daten durch das ETL-Programm in das Data Warehouse geladen und stehen den Analytischen Informationssystemen zur Verfügung. OLAP (Online Analytical Processing) erlaubt die mehrdimensionale Abfrage von Daten im Data Warehouse. Data Marts können, um die Performance des MUS zu steigern, auch dezentral für einzelne Benutzergruppen gespeichert werden (z. B. ein Data Mart für den Vertrieb).

5. **Erläutern Sie die Anforderungen an ein Data Warehouse nach Inmon.**
   - **Themenorientierung:** Themenorientierte Speicherung bedeutet, dass die Daten nach vorab festgelegten Themengebieten (z. B. Vertrieb, Produktion) im Data Warehouse gespeichert werden.
   - **Vereinheitlichung:** Da die Daten aus einer Vielzahl völlig unterschiedlicher Quellen stammen können, müssen die Datenformate vereinheitlicht werden. Ein typischer Fall ist die Verwendung unterschiedlicher Datumsformate, wie die beiden Formate `tt.mm.yyyy` und `yyyy-mm-tt`.
   - **Beständigkeit:** ERP-Systeme bearbeiten und verändern Daten. In einem Data Warehouse werden Daten unverändert abgespeichert. Änderungen an den Daten sind nicht vorgesehen, da sie nur der Analyse/Auswertung dienen.
   - **Zeitraumbezug:** Die Daten in einem Data Warehouse können nach Zeiträumen ausgewertet werden (z. B. Jahresumsatz, Quartalsumsatz). Dazu müssen sie bei der Speicherung im Data Warehouse mit einem Zeitstempel versehen werden, der angibt, innerhalb welcher Zeit sie gültig sind.

6. **Erläutern Sie den Begriff „OLAP".**
   OLAP (Online Analytical Processing) erlaubt die mehrdimensionale Abfrage von Daten im Data Warehouse.

7. **Erläutern Sie den Anwendungsnutzen von Slice und Dice.**
   Bei der Operation „Dice" wird ein Teilwürfel erzeugt. Damit lassen sich Ad-hoc-Anfragen generieren, die z. B. die Umsätze für ein bestimmtes Quartal und ein bestimmtes Produkt in einer bestimmten Niederlassung anzeigen. Mit der Operation Slice können einzelne Scheiben aus dem Würfel geschnitten werden, die auf spezifische Dimensionen eingeschränkt sind. Damit sind aufgabenspezifische Sichten definierbar, wie z. B. die Sicht eines Controllers, der sich für die Umsätze eines bestimmten Quartals für alle Regionen und alle Produkte interessiert.

8. **Worin unterscheiden sich klassische Analyseansätze von Data Mining?**
   Vgl. Abb. 9.9.

9. **Erläutern Sie Big Data.**
   Unter Big Data versteht man Datenbestände, die die folgenden vier charakteristischen Merkmale aufweisen (**4-V-Modell**):
   - umfangreicher Datenbestand im Tera- bis Zettabytebereich (**Volume**)
   - Vielfalt von strukturierten, semistrukturierten und unstrukturierten Datentypen (**Variety**)
   - hohe Geschwindigkeit in der Verarbeitung von Data Streams (**Velocity**)
   - hohe Datenqualität (**Veracity**)

15.10 Lösungen zu Kapitel 10

1. Nennen Sie die wesentlichen Aufgaben eines DMS.

Wesentliche Aufgaben eines DMS sind:
- Erfassung von außerhalb des Rechners vorliegenden Dokumenten,
- Umwandlung der erfassten Informationen in ein zur Archivierung geeignetes Format,
- Erfassung von Kenndaten zum Dokument, die das spätere Suchen und Finden erlauben,
- Sichere Ablage und Speicherung von Dokumenten und ihren Kenndaten,
- Bereitstellung von Suchmöglichkeiten nach gespeicherten Dokumenten,
- Zugriff auf gespeicherte Dokumente und Reproduktionen, z. B. am Bildschirm oder in Papierform,
- Verteilung und Weiterleitung von Dokumenten,
- Administration des Systems, insb. der Ablageform und der Zugriffsrechte von Benutzern.

2. Erläutern Sie, was ein Workflow ist.

Ein Workflow ist eine inhaltlich abgeschlossene, zeitlich und sachlogisch zusammenhängende Folge von Funktionen, die zur Bearbeitung eines betriebswirtschaftlich relevanten Objektes notwendig sind und deren Funktionsübergänge von einem Informationssystem gesteuert werden.

3. Erläutern Sie die vier Modellierungsaspekte eines Workflows.
- Funktionsaspekt: Legt fest, welche Tätigkeiten im Rahmen eines Workflows auszuführen sind und welche Beziehungen zwischen den einzelnen Funktionen bestehen. Es gibt Super-, Sub- und Elementarworkflows.
- Steuerungsaspekt: Stellt Elemente zur Definition von Kontrollflusskonstrukten zur Verfügung. Die Kontrollflusskonstrukte werden benutzt, um die Subworkflows eines Workflows in einer Ablaufreihenfolge anzuordnen.
- Datenaspekt: Ermöglicht die Definition von Parametern, lokalen Variablen und Datenflüssen innerhalb eines Workflows. Es gibt Kontroll- und Applikationsdaten.
- Organisationsaspekt: Beschreibt die Aufbauorganisation, in der ein Workflow zur Laufzeit abgearbeitet wird. Hier werden Zuordnungsregeln identifiziert, die zu einem Subworkflow, abhängig von kontextspezifischen Bedingungen, Aufgabenträger aus der Aufbauorganisationsstruktur ermitteln und als Bearbeiter zuordnen.
- Operationsaspekt: Dient der Einbindung von WFMS-externen Anwendungen oder Hilfsmitteln zur manuellen Erledigung von Arbeitsschritten. Anwendungen implementieren Elementarworkflows, die nicht weiter zerlegbar sind.

4. **Nennen Sie die Ziele eines WFMS.**

Ein Workflowmanagementsystem (kurz: WFMS) ermöglicht die Modellierung arbeitsteiliger Prozesse, die dann nach einmal definierten Regeln rechnergesteuert ablaufen und überwacht werden. Wirtschaftsinformatorische Ziele beim Einsatz eines WFMS sind:

- Verkürzung der Durchlaufzeiten,
- Reduzierung von Arbeitsmaterial,
- Reduzierung unproduktiver Tätigkeiten durch Wegfall von Medienbrüchen,
- Erhöhung der Auskunftsfähigkeit,
- verbesserte Termineinhaltung aufgrund des jederzeit vorhersagbaren Bearbeitungsabschlusses,
- Verbesserung der Transparenz durch Zeit- und Statusberichte,
- bessere Nachvollziehbarkeit der Vorgänge,
- Erhöhung der Prozessqualität durch rechnergestützte Steuerung des Ablaufs (z. B. Einhaltung von unternehmensinternen Richtlinien).

5. **Erläutern Sie, was man unter „Workgroup Computing" versteht.**

Unter Workgroup Computing versteht man die Unterstützung von aperiodischer und schwach strukturierter Team- bzw. Gruppenarbeit, die einen hohen Grad an Zusammenarbeit (Kooperation) erfordert. Durch Workgroup Computing wird versucht, die Zusammenarbeit durch rechnergestützte, vernetzte Systeme zu erleichtern bzw. erst zu ermöglichen. Die Teammitglieder können dabei geographisch und zeitlich von einander getrennt sein, z. B. Softwareentwicklung in verschiedenen Zeitzonen oder Kontinenten. Software für Workgroup Computing wird im Allgemeinen als Groupware bezeichnet. Ein typisches Beispiel dafür ist Microsoft Sharepoint.

6. **Erläutern Sie, was man unter „Social Software" versteht.**

Als Social Software werden Softwaresysteme bezeichnet, welche die menschliche Kommunikation und Kooperation unterstützen. Den Systemen ist gemein, dass sie den Aufbau und die Pflege sozialer Netzwerke und virtueller Gemeinschaften (sog. Communitys) unterstützen und weitgehend mittels Selbstorganisation funktionieren. Ihr betrieblicher Einsatz findet über Enterprise Social Software (ESS) statt. Darunter versteht man eine Plattform, die unterschiedliche Arten von Social Software unter einer einheitlichen Benutzeroberfläche integriert. Der Einsatz von ESS ist dabei nicht auf unternehmensinterne Anwendungsfälle begrenzt, sondern erlaubt auch die Integration von Geschäftspartnern entlang der unternehmensübergreifenden Wertschöpfungskette. Zum Nutzen von ESS siehe Tab. 10.3.

7. **Erläutern Sie, was man unter Enterprise 2.0 versteht.**

Der Begriff **Enterprise 2.0** wurde von McAfee (2006, S. 21 ff) geprägt und später in McAfee (2009) detaillierter erläutert. Aus wissenschaftlicher Sicht war diese Wortneuschöpfung nicht notwendig, und entsprechend zurückhaltend war die

Fachwelt zunächst auch bei der Verwendung. Mittlerweile ist der Begriff jedoch fest etabliert.

„**Enterprise 2.0** is the use of emergent social software platforms by organizations in pursuit of their goals." (McAfee 2009, S. 73)

Enterprise 2.0 basiert auf der Idee integrierter Social-Software-Plattformen, welche die ad hoc entstehende Selbstorganisation der Zusammenarbeit von Gruppen zur Lösung betrieblicher und zwischenbetrieblicher, schlecht strukturierter Probleme ermöglichen. Derartige Plattformen werden als Enterprise-Social-Software bezeichnet.

8. **Erläutern Sie die Funktionseigenschaften von ESS-Systemen.**
   Für ESS-Systeme definiert McAfee (2009, S. 70 ff) sechs wichtige Eigenschaften (technical features), die er unter dem Akronym „SLATES" zusammenfasst (vgl. Bächle 2016, S. 9 ff):
   – **Search**: Den Benutzern einer Enterprise-2.0-Plattform muss es möglich sein, einfach und flexibel nach Informationen auf der Plattform zu suchen. Die Suchfunktion muss dabei auch die Benutzerrechte, wie sie z. B. durch den Datenschutz gefordert werden, einhalten. Das heißt, dass der Benutzer nur Informationen einsehen kann, für die er auch Leserechte hat. Mit einer solchen Suchfunktion kann die Plattform die Suchzeiten deutlich verringern und den Informationsgrad seiner Benutzer signifikant erhöhen.
   – **Links**: Eine der Stärken von Suchmaschinen wie Google liegt in ihrer Fähigkeit, über verlinkte Dokumente hinweg zu suchen. Tatsächlich stellt die Anzahl von ein- und ausgehenden Links offensichtlich (weil Google darüber verständlicherweise nur vage Informationen gibt) eines der zentralen Beurteilungskriterien für die Trefferrelevanz eines Dokuments dar. Auf Enterprise-2.0-Plattformen müssen deshalb die Benutzer ebenfalls – anders als z. B. in einem herkömmlichen Intranet – die Möglichkeiten haben, solche Verlinkungen von Dokumenten selbst einzupflegen. Dafür aber brauchen sie Schreibrechte.
   – **Authoring**: Diese Schreibrechte bedeuten letztlich, dass jeder Benutzer der Plattform die Möglichkeit haben muss, selbst Inhalte bzw. Dokumente zu erstellen. Der Benutzer wird damit zum Autor. Natürlich sind auch hier wieder die Benutzerrechte zu beachten: Wer darf wo auf der Plattform welche Dokumente erstellen bzw. bearbeiten?
   – **Tags**: Enterprise-2.0-Plattformen müssen es ihren Benutzern erlauben, eigene Schlagwörter (*tags*) für Dokumente bzw. Inhalte der Plattform vergeben zu können. Sie können sich damit, dem Emergenzprinzip folgend, ein eigenes mentales Wissensmodell der für sie relevanten Inhalte der Plattform aufbauen. Durch Klick auf ein solches Schlagwort kann der Benutzer schnell die für ihn relevanten Inhalte filtern. Der Benutzer kann seine Schlagwörter auch hierarchisch organisieren und damit sein eigenes Schlagwortsystem aufbauen. Ein solches Sys-

tem wird gemeinhin als „Folksonomy" bezeichnet – ein Kunstwort aus den Begriffen „folk" und „taxonomy" (vgl. Bächle 2006, S. 121 ff).

- **Extensions:** Nutzt eine Enterprise-2.0-Plattform intelligente Algorithmen des Data-Mining, um dem Benutzer, z. B. auf Basis seiner Suchanfragen und seines Surfverhaltens, selbstständig Inhalte zu empfehlen, dann erweitert dies die Nutzbarkeit der Plattform für die Lösungssuche bei schlecht strukturierten Problemen. Empfehlungsalgorithmen, wie sie bei Onlineshops heute Standard sind, können also die Möglichkeiten einer Enterprise-2.0-Plattform erweitern.

- **Signals:** Eine erfolgreiche Enterprise-2.0-Plattform wird täglich eine relativ hohe Anzahl an neu bereitgestellten, veränderten oder ergänzten Informationen zur Folge haben. Niemand kann dies dann noch überblicken. Aus diesem Grund muss die Plattform dem einzelnen Benutzer die Möglichkeit bieten, sich schnell und umfassend über für ihn relevante Änderungen auf der Plattform zu informieren. Dazu kann das System automatisch auf der Basis des Nutzerverhaltens (siehe Funktionseigenschaft „Extensions") oder auf Basis von abonnierbaren Inhalten den Benutzer entweder per E-Mail (was allerdings kontraproduktiv zur Idee der Reduzierung von E-Mails ist), per Newsreader oder aber durch einen sogenannten Activity-Stream auf der persönlichen Startseite des Portalbenutzers informieren. Ein Activity-Stream zeigt dem Benutzer in einer Liste übersichtlich, was sich an bzw. in den für ihn relevanten Inhalten und Bereichen des Portals seit seinem letzten Login geändert hat.

15.11 Lösungen zu Kapitel 11

1. **Erläutern Sie den Zusammenhang von Wissensmanagement und Content-management.**

   Ein Contentmanagementsystem (CMS) ist ein betriebliches Informationssystem, das die gemeinschaftliche Erstellung und Bearbeitung von sog. Content ermöglicht und organisiert. Der Begriff des Content umfasst neben Dokumenten (Content in Textform) auch alle anderen Arten möglicher Datenformate für multimediale Informationen im Unternehmen, also auch Bilder, Filme, Audio-Dateien, Grafiken. Wissensmanagement bezeichnet die systematische Gewinnung, Strukturierung, Darstellung, Verteilung, Suche und Speicherung von Wissen im Unternehmen. Wissen im wirtschaftsinformatorischen Sinne orientiert sich am Wissensverständnis der Betriebswirtschaftslehre: Wissen ist die Gesamtheit aller entscheidungsrelevanten Informationen. Hauptaufgabe von betrieblichen Informationssystemen für das Wissensmanagement ist die IT-Unterstützung des Informationsaustausches zwischen Gruppenmitgliedern sowie die Verwaltung von Gruppeninformationen. Die Informationen stellen dabei Content dar, der in einem CMS verwaltet wird.

2. Grenzen Sie den Begriff „Wissen" vom Begriff „Information" ab.

Information sind Daten mit Kontextbezug, aber ohne Entscheidungsrelevanz für einen bestimmten Entscheidungsträger. Benötigt der Entscheidungsträger bestimmte Informationen, um auf deren Basis eine Entscheidung treffen zu können, spricht man von Wissen.

3. Definieren Sie die Begriffe „explizites Wissen" und „implizites Wissen".

Explizites Wissen lässt sich sprachlich formulieren. Demgemäß kann es auch gut dokumentiert und weitergegeben werden, z. B. in Form von Hand- oder Fachbüchern. Implizites Wissen ist jener Teil des Wissens, der nicht vollständig expliziert werden kann. Der sich also nicht vollständig in Worten erfassen oder ausdrücken lässt. Hierzu zählt Erfahrungswissen, das nur mittels „learning-by-doing" erwerbbar ist und nicht externalisiert werden kann.

4. Erläutern Sie die Modellierungsebenen des integrativen Wissensmanagements.

– **Geschäftsstrategie:** Die Ebene der Geschäftsstrategie definiert unternehmenspolitische Entscheidungen von grundsätzlichem Charakter für das Unternehmen, wie strategische Allianzen, Geschäftsfelder.
– **Prozesse:** Die Prozessebene bestimmt die organisatorischen Einheiten (Abteilungen, Teams, etc.), die Prozessleistungen, die Tätigkeiten, Inputs, Outputs, etc. Sie entspricht der Idee von Geschäftsprozessen und ihrer Modellierung in (erweiterten) ereignisgesteuerten Prozessketten nach Scheer.
– **Informationssysteme:** Auf dieser Ebene befinden sich alle IT-Systeme, die der Umsetzung bzw. Unterstützung von Prozessen und Strategien dienen.

15.12 Lösungen zu Kapitel 12

1. Worin unterscheiden sich digitale Märkte von physischen Märkten?

Digitale Märkte unterscheiden sich vor allem durch folgende Eigenschaften von physischen Märkten:

– Digitale Märkte sind ortsunabhängig. Auf die zugrundeliegenden Informationssysteme kann von beliebigen Orten aus zugegriffen werden. Zentrales Element hierfür ist meist ein Internet-Zugang.
– Digitale Märkte sind zeitunabhängig. Somit können digitale Märkte zu jeder Zeit genutzt werden. Ladenöffnungszeiten oder Zeitzonen spielen somit keine Rolle.
– Digitale Märkte verringern die Transaktionskosten. Die Nutzung eines digitalen Marktes kann somit wirtschaftliche Vorteile gegenüber physischen Märkten bieten.

2. **Nennen Sie fünf unterschiedliche Rollen in digitalen Märkten.**
   Mögliche Beispiele:
   - Verkäufer
   - Werbetreibender
   - Käufer
   - Zahlungsabwickler
   - Inhaltanbieter

3. **Erläutern Sie die wichtigsten Funktionen digitaler Märkte.**
   Die beiden wichtigsten Funktionen digitaler Märkte sind:
   - **Koordinationsfunktion**: Digitale Märkte bieten Koordinationsmechanismen eines Marktes oder unterstützen diese. Hierzu zählen beispielsweise die Preisbildung oder das Zusammenbringen von Angebot und Nachfrage in einer Börse (Matchmaking).
   - **Informationsfunktion**: Digitale Märkte nehmen eine Informationsfunktion wahr, in dem sie die Informationsbeschaffung der Marktteilnehmer unterstützen. Somit tragen digitale Märkte zu einer erhöhten Markttransparenz bei. Dies kann im Vergleich zu physischen Märkten zu geringeren Informationsasymmetrien zwischen den Käufern und Verkäufern führen.

4. **Nennen Sie je ein Beispiel für direkte und indirekte Netzwerkeffekte.**
   - **Beispiel für direkte Netzeffekte**: Proprietäre Software zur Kommunikation ist dann besonders attraktiv für Nutzer, wenn möglichst viele Menschen damit erreichbar sind (vor allem innerhalb des eigenen Freundes- und Bekanntenkreises). Deshalb sieht bei vielen Messaging-Diensten auf Smartphones die Preisgestaltung niedrige Einstiegskosten vor (oft kostenlose Nutzung im ersten Jahr oder reine Werbefinanzierung), um möglichst viele Nutzer auf die Plattform zu locken. Messaging-Dienste mit einer großen Nutzerbasis haben gegenüber kleineren Diensten einen Wettbewerbsvorteil.
   - **Beispiel für indirekte Netzeffekte**: Aus Kundensicht sind Smartphones mit Betriebssystemplattformen (z. B. Android, iOS, etc.) besonders dann attraktiv, wenn viele Apps dafür verfügbar sind. Auch wenn nicht jede einzelne App durch die Nutzer verwendet werden wird, so bietet eine große Auswahl an angebotenen Apps durchaus einen Vorteil. Andersherum ist es für die Software-Entwickler attraktiv, genau für die Betriebssystemplattformen Apps zu entwickeln, bei denen eine große Nutzerzahl viele Anwender (bzw. Käufer) verspricht. Diese beiden Effekte können sich gegenseitig verstärken.

5. **Was wächst in einem wachsenden Netzwerk schneller, der individuelle Nutzen einzelner Mitglieder oder der Gesamtnutzen des Netzwerks?**
   Unter der Annahme, dass alle Verbindungen in einem Netzwerk gleich wertvoll sind, wächst der Gesamtnutzen in einem Netzwerk deutlich schneller (überproportional) als der individuelle Nutzen eines einzelnen Mitglieds. Wenn es für ein

einzelnes Mitglied keinen Mehrwert bietet, dass andere Mitglieder untereinander vernetzt sind, dann steigt der individuelle Nutzen linear mit jedem weiteren Mitglied.

6. **Worin unterschieden sich interaktive von dynamischen Preismechanismen?**
   - **Dynamische Preise** verändern sich im Zeitverlauf oder werden für einzelne Kunden(-gruppen) oder Produktbündel individuell festgelegt.
   - **Interaktive Preise** entstehen durch Kommunikation und Interaktion zwischen den Marktteilnehmern (z. B. durch Verhandlung oder eine Auktion).

7. **Für welche Art von Gütern eignet sich der NYOP-Preismechanismus?**
   Besonders bei verderblichen Gütern oder bei starren Kapazitäten die zeitweise nicht voll ausgelastet werden können ist NYOP ein relevanter Preismechanismus. Am häufigsten findet das Konzept bei digitalen Gütern (z. B. Musik) und Dienstleistungen (z. B. Reisebranche) Anwendung. Beispiele hierfür sind: Hotelzimmer zu bestimmten Buchungszeiträumen und Regionen, Flüge, Pauschalreisen und Mietwägen.

8. **Wie könnte der Bezahlprozess bei einem PWYW-Preismechanismus gestaltet werden, um möglichst hohe Preise zu erzielen?**
   Da Käufer bei diesem Preismechanismus vor allem aus sozialen Faktoren einen positiven Preis bezahlen, spielen der Zeitpunkt und der Kontext des Bezahlprozesses eine wichtige Rolle. Positive Emotionen direkt nach einem Erlebnis (Besuch eines Theaters, Kinos, Zoos) können dazu führen, dass ein größerer Betrag bezahlt wird. Auch kann die Öffentlichkeit des Bezahlvorgangs eine Rolle spielen. Viele Menschen werden Hemmungen haben, nach der Inanspruchnahme einer Dienstleistung oder dem Konsum eines Produkts überhaupt nichts zu bezahlen, wenn dieses Verhalten durch das Umfeld wahrgenommen werden kann.

15.13 Lösungen zu Kapitel 13

1. **Erläutern Sie, was man unter dem Begriff der Digitalen Transformation versteht.**
   Digitale Transformation bezeichnet die Veränderung von Wirtschaft und Gesellschaft durch die zunehmende Digitalisierung. Die Digitale Transformation ist mit dem technologischen Fortschritt der IT verbunden. Dieser Fortschritt zeigt eine exponentielle und damit rasante Entwicklung. Nach Bloching u. a. (2015, S. 47 ff) sind dafür vier Merkmale bzw. Kräfte der Digitalen Transformation verantwortlich:
   - **Digitale Daten**: Durch Erfassung, Verarbeitung und Auswertung digitalisierter Massendaten lassen sich bessere Vorhersagen und Entscheidungen treffen.
   - **Automatisierung**: Durch Kombination klassischer Technologien mit künstlicher Intelligenz entstehen zunehmend autonom arbeitende, sich selbst organi-

sierende Systeme, welche die Fehlerquote senken, die Geschwindigkeit erhöhen und die Betriebskosten reduzieren.

– **Vernetzung:** Durch die mobile bzw. leitungsgebundene Vernetzung der gesamten Wertschöpfungskette mittels Breitbandvernetzung werden Lieferketten synchronisiert, es verkürzen sich Produktionszeiten und Innovationszyklen.

– **Digitaler Kundenzugang:** Durch das (mobile) Internet erlangen neue Intermediäre direkten Zugang zum Kunden und bieten ihm vollständige Transparenz und völlig neuartige Dienstleistungen.

2. **Erläutern Sie die vier Phasen der industriellen Revolution.**
   – **1. Industrielle Revolution (Ende 18. Jhdt.):** Einführung mechanischer Produktionsanlagen mithilfe von Wasser- und Dampfkraft
   – **2. Industrielle Revolution (Beginn 20. Jhdt.):** Einführung arbeitsteiliger Massenproduktion mithilfe von elektrischer Energie
   – **3. Industrielle Revolution (Beginn 1970er-Jahre):** Einsatz von Elektronik und IT zur weiteren Automatisierung der Produktion
   – **4. Industrielle Revolution (heute):** Einsatz von Cyber-physischen Systemen zur vollständigen Vernetzung der Produktion (Industrie 4.0)

Etwas kritisch zu hinterfragen ist, ob es sich tatsächlich um eine revolutionäre oder nicht doch eher evolutionäre Entwicklung innerhalb der Technikgeschichte handelt. Letztlich ermöglichte nämlich jede vorhergehende Technik die nachfolgenden technischen Innovationen. Wahrscheinlich wäre es deshalb besser, von vier Evolutionsschritten der industriellen Entwicklung zu sprechen.

3. **Erläutern Sie die Ausbaustufen der Post-PC-Ära.**
   Die Ausbaustufen der Post-PC-Ära lassen sich anhand dreier Begriffe kennzeichnen:
   – Die erste Stufe ist **Pervasive Computing**. Hier werden Geräte, mit denen Informationen verarbeitet werden können, miniaturisiert und drahtlos mit einem Netzwerk spezialisierter Server verbunden.
   – Bei **Wearable Computing**, der zweiten Stufe, werden die Chips in Kleidung und Schmuck eingebettet, wodurch die bisher auf die mobilen Geräte eingeengte Aufmerksamkeit wieder der eigentlichen Umwelt des Anwenders gewidmet werden kann. Auf die Informationen kann „freihändig" zugegriffen werden. Der Informationszugang bleibt aber immer noch zentral auf die getragenen Gegenstände beschränkt.
   – **Ubiquitous Computing** dezentralisiert in der dritten Stufe die Informationsverarbeitung vollständig, reduziert sie auf funktionsspezifische Anwendungen und lagert sie in die Umgebung und Alltagsgegenstände aus. Die Informationen sind nun genau dort, wo sie aktuell benötigt werden.

Allen drei Stufen gemeinsam sind die noch zu lösenden Problemstellungen, die der Entwicklung von Geräten im Wege stehen und einige Vorarbeiten notwendig machen. Dies sind beispielsweise die Datensynchronisation, das Auffinden von Diensten im jeweiligen Umfeld des Anwenders, die Lebensdauer der Batterien für die Stromversorgung, das Verhalten bei Entzug der Stromversorgung und ein situationsangepasstes Verhalten.

4. **Erläutern Sie das Funktionsprinzip von RFID anhand eines Beispiels.**
   RFID (Radiofrequenzidentifikation) ist eine Methode, um Daten auf einem Transponder berührungslos sowie ohne Sichtkontakt lesen und speichern zu können. Ein RFID-System umfasst folgende Komponenten:
   - **Transponder** (auch RFID-Etikett, -Chip, -Tag, -Label oder Funketikett genannt): Funkchip, der auf einem Objekt angebracht wird und mittels Funk lesbar bzw. beschreibbar ist. Die Reichweite des Transponders beträgt, je nach Bauart, wenige Meter.
   - **Schreib-/Lesegerät**: Kommuniziert mit den Transpondern in Reichweite.
   - **RFID-Middleware**: Die Middleware sammelt die Daten der Lesegeräte, aggregiert und filtert diese nach vorgegebenen Regeln und leitet sie bedarfsgerecht an die betrieblichen Informationssysteme weiter.

   Ein Beispiel ist der in Kap. 13.3 vorgestellte Anwendungsfall „RFID bei Volkswagen".

5. **Erläutern Sie die Merkmale und Eigenschaften von „Dingen" im Internet der Dinge.**
   Das Internet der Dinge (Internet of Things) bezeichnet die Vernetzung von physischen Objekten (Dingen) mittels Internettechniken. Beispiele für derartige physischen Objekte sind Produktionsmaschinen, Produkte, Betriebsstoffe etc. Erweitert man diese internetgestützte Kommunikation zwischen Dingen auf die Kommunikation mit betrieblichen Informationssystemen und menschlichen Aufgabenträgern, spricht man auch vom Internet of Everything. Die folgenden Merkmale kennzeichnen das Internet der Dinge:
   - **Identifikation**: Die physischen Objekte sind eindeutig identifizierbar, z. B. durch die Anbringung von RFID-Etiketten.
   - **Adressierbarkeit**: Die Objekte können mit einer eigenen IP-Adresse im Internet angesprochen werden.
   - **Lokalisierbarkeit**: Die Objekte kennen ihren physikalischen Standort und sind für andere Akteure im Internet der Dinge auffindbar.
   - **Eingebettete Informationsverarbeitung**: Die Objekte besitzen eine – zumindest eingeschränkte – eigene Rechnerkapazität in Form eines Prozessors bzw. Microcontrollers sowie eine gewisse Speicherkapazität.

- **Kooperationsfähigkeit**: Die Objekte sind in der Lage, sich mit anderen Objekten im Internet der Dinge zu verbinden, um Daten und Dienste gegenseitig zu nutzen und ihren Zustand zu aktualisieren.
- **Sensorik**: Die Objekte können Informationen über ihre Umwelt aufzeichnen, speichern, kommunizieren und auch direkt darauf mittels Aktoren reagieren.
- **Effektorik**: Die Objekte sind in der Lage auf ihre Umwelt durch die Steuerung von Aktoren einzuwirken.

6. **Erläutern Sie die betriebswirtschaftliche und die technische Sicht von Industrie 4.0.**

Aus **betriebswirtschaftlicher Sicht** geht es dabei um die Integration und Vernetzung der technischen Produktionsplanung und -realisierung (Computer Aided Design und Computer Aided Manufacturing; CAD/CAM) mit der betriebswirtschaftlichen Produktionsplanung und -steuerung (PPS). Das Ziel ist dabei eine Flexibilisierung der Fertigung, die kundenindividuelle Fertigungsprozesse mit Losgröße 1 zu Produktionskosten der klassischen Massenfertigung ermöglicht.

Aus **technischer Sicht** geht es bei „Industrie 4.0" um die Vernetzung aller an der Wertschöpfung beteiligten Akteure zu sog. Cyber-physischen Systemen (CPS). Bei **Cyber-physischen Systemen (CPS)** handelt sich um komplexe Systeme, die betriebliche Informationssysteme mit mechanischen bzw. elektronischen Komponenten verbinden, wobei Datentransfer und -austausch sowie Kontrolle bzw. Steuerung über ein Netzwerk auf Basis von Internettechniken in Echtzeit erfolgen.

7. **Erläutern Sie die Bedeutung vom Internet der Dinge, von MES und CPS für Industrie 4.0.**

Die Digitale Transformation wird in Deutschland vielfach unter dem Begriff „Industrie 4.0" betrachtet. Der Begriff „Industrie 4.0" geht ursprünglich auf eine Initiative der Bundesregierung zurück, mit der die digitale Vernetzung klassischer Fertigungsindustrien im Zuge der Digitalen Transformation gefördert werden soll. Im internationalen Sprachgebrauch ist dieser Begriff unbekannt. Hier spricht man von einem Industrial Internet of Things.

Unter Industrie 4.0 versteht man die Anwendung des Internets der Dinge auf industrielle Wertschöpfungsprozesse. Durch die Vernetzung aller an der Wertschöpfung beteiligten Akteure zu sog. Cyber-physischen Systemen (CPS) sollen folgende Ziele erreicht werden:
- Steigerung der Effizienz der Geschäftsprozesse,
- Flexibilisierung der Fertigungsstrukturen,
- Entwicklung innovativer Produkte und Dienstleistungen.

Wesentliche Bestandteile von CPS sind mobile und bewegliche Einrichtungen, Geräte und Maschinen (zunehmend auch Roboter), eingebettete Systeme (z. B. zur Maschinensteuerung) und vernetzte Gegenstände (wie Produkte, Produktionsmittel) auf Basis der Idee des Internets der Dinge. Die Umsetzung eines CPS erfolgt oftmals durch sog. Manufacturing Execution Systeme (MES). MES integrieren alle in einer Fertigung beteiligten Akteure horizontal und vertikal entlang der Wertschöpfungskette mittels eines Netzwerks auf Basis von Internettechniken und in Echtzeit. Sie fungieren als Bindeglied zwischen der Prozessleitebene (technischen Maschinensteuerung) und der betriebswirtschaftlichen Unternehmensleitebene und bilden die Fertigungsleitebene. Das daraus entstehende virtuelle Gesamtsystem der Fertigung wird als CPS bezeichnet.

8. **Erläutern Sie die Merkmale smarter Produkte.**
   Smarte Produkte zeichnen sich nach Porter u. Heppelmann (2014, S. 64 ff) durch drei Kernelemente aus:
   - **Physische Komponenten**: alle mechanischen und elektrischen Bestandteile eines Produkts
   - **Intelligente Komponenten**: Sensoren, Mikroprozessoren, Datenspeicher, Software etc. eines Produkts (also Sensorik und gegebenenfalls auch Effektorik)
   - **Vernetzungskomponenten**: alle zur digitalen Kommunikation notwendigen Komponenten (Antennen, Kabel, Kommunikationsprotokolle etc.) für die drahtgebundene und -lose Vernetzung mit anderen Akteuren im Internet der Dinge

9. **Suchen Sie im Internet nach weiteren Fallbeispielen für Industrie 4.0 im Bereich von Automobilbau, Logistik, Gesundheit/Medizin und Maschinenbau.**
   Auf der Plattform „Industrie 4.0" (`http://www.plattform-i40.de`) findet man eine Vielzahl von Fallbeispielen für den Einsatz von Industrie 4.0.

15.14 Lösungen zu Kapitel 14

1. **Erläutern Sie, was man unter Ethos, Moral und Ethik versteht. Gehen Sie dabei insbesondere auf den Unterschied zwischen Moral und Ethik ein.**
   - **Ethos** ist die Gesamtheit von Gewohnheiten, Bräuchen und Verhaltensweisen, die in einer bestimmten Gruppe oder Gesellschaft tatsächlich gelten und befolgt werden. Als **Berufsethos** bezeichnet man demgemäß das Ethos eines bestimmten Berufsstandes.
   - Umgangssprachlich wird der Begriff „Moral" in seiner Bedeutung weitgehend mit dem Begriff „Ethos" gleichgesetzt. **Moral** (lat. *mos, mores*) umfasst aber nicht nur das Ethos eines oder mehrerer Berufsstände, sondern die Gesamtheit der moralischen Werturteile, Ideale und Grundüberzeugungen von Individuen oder gesellschaftlichen Gruppen.
   - Die **Ethik** fragt nicht, wie Menschen sich faktisch verhalten (das tut die Moral), sondern wie sie sich verhalten *sollen*.

2. **Erläutern Sie die beiden Aufgaben der Ethik.**
   – **Evaluative Aussagen der Ethik** haben den Status von Ratschlägen und Emp-
     fehlungen. Sie beziehen sich auf philosophisch begründete Vorstellungen eines
     guten, gelingenden Lebens und befassen sich mit der Moral als individuelle Aus-
     richtung im Sinne einer Lebenskunst. In der Lebenskunst nimmt die Grundfrage
     der Ethik (*Was soll ich tun?*) eine individualistische Frageform an: *Wie kann ich
     mein eigenes Leben führen?* Diese Frage ist allerdings ohne die Berücksichtigung
     normativer Aussagen der Ethik kaum beantwortbar.
   – **Normative Aussagen der Ethik** beanspruchen Allgemeingültigkeit über das
     moralisch richtige Handeln in einer gesellschaftlichen Gruppe. Sie sind damit
     unabhängig von individuellen Vorstellungen moralisch richtigen Handelns. Die
     Ethik befasst sich hier mit einer Moral als Verhaltensnorm einer gesellschaftli-
     chen Gruppe und ist damit für die Wirtschaftsinformatik von zentraler Bedeu-
     tung.

3. **Erläutern Sie, was man unter normativer Ethik versteht.**
   Die unterschiedlichen Ansätze der **normativen** Ethik befassen sich mit den Regeln
   zur moralischen Normenbildung.

4. **Nennen Sie die im Kapitel vorgestellten Ansätze der normativen Ethik.**
   Vier wichtige Ansätze der normativen Ethik werden in Kapitel 14 besprochen: Tugendethik, Kantische Ethik, Utilitarismus und Diskursethik.

16 Lösungshinweise zu den Fallstudienaufgaben

16.1 Lösungshinweise zu Kapitel 1

Wie kann die Sonnenschein AG betriebliche Informationssysteme für die horizontale und vertikale Integration nutzen?

In Abb. 1.1 lassen sich unterschiedliche Unternehmensebenen und -aufgaben identifizieren:

– Operative Ebene: Zu dieser Ebene zählen die – auch in Abb. 1.3 dargestellten – Kernprozesse der Reiseabwicklung, also Produktentwicklung, Vertrieb, Reisedurchführung sowie Beschwerdemanagement/Kundenbindung. Hier eignen sich insbesondere die Administrations- und Dispositionssysteme zur Unterstützung.

– Strategische Ebene: Zu dieser Ebene zählt das „Unternehmensmanagement" der Sonnenschein AG, das die Unternehmensstrategie verantwortet. Informationssysteme zur Unterstützung dieser Ebene sind die Planung- und Kontrollsysteme bzw. Managementunterstützungssysteme.

Das Marketing benötigt sowohl Administrations-/Dispositions- als auch Managementunterstützungssysteme. Operative Managementaufgaben sind z. B. der Versand eines Newsletters oder die Durchführung einer Werbekampagne. Andererseits basiert eine Werbekampagne in der Regel auf einer formulierten Marketingstrategie, wofür Managementunterstützungssysteme benötigt werden. Alle Ebenen der Sonnenschein AG benötigen Büroinformationssysteme.

16.2 Lösungshinweise zu Kapitel 2

1. **Definieren Sie die Rolle des CIOs in der Sonnenschein AG (Aufgabe, Verantwortung, Befugnis).**
   a) **Aufgaben:**
      – Operative Aufgaben (run the business)
        Auswahl und Pflege der Systemlieferanten – Vertragsgestaltung, Beschwerdemanagement, usw.
      – Change the business
        Möglichkeiten der IT aufzeigen und Innovationen vorantreiben
      – Engineer the business
        Überprüfung der Unternehmensstrategie, Ableitung der IT-Strategie, Make-or-Buy Entscheidungen treffen

https://doi.org/10.1515/9783110722260-016

b) **Verantwortung:**
- Umsetzung der laufenden IT-Projekte
- Koordination der Unternehmensstrategie mit der IT-Strategie

c) **Befugnis:**
- Budget- und Personalverantwortung (soweit nicht ausgelagert)
- Entscheidung aller IT-relevanter Themen
- Mitsprache Entwicklung Unternehmensstrategie, Entscheidung IT-Strategie

2. **Die IT der Sonnenschein AG ist ausgelagert. Wo sehen Sie die Risiken?**
- Gewährleistung des laufenden Betriebs und der Sicherheit
- Innovation (Know-how und Kompetenzerhalt)
- Einsatz neuer Technologien (Umsetzung)
- Effizienzsteigerung und -messung (Benchmarking)
- Abhängigkeit von Systemlieferanten (Kosten)

3. **Erstellen Sie ein SLA für die Sonnenschein AG!**

   1. **Zielsetzung**

      Das erfolgreiche Auslagern von IT-Dienstleistungen erfordert eine transparente Definition der Kunden-Lieferanten-Beziehung. Die Sonnenschein IT GmbH (nachfolgend „IT-GmbH") und die Sonnenschein AG (nachfolgend „Kunde") werden die von der IT-GmbH zu erbringenden Leistungsqualitäten in dem nachfolgenden Service Level Agreement („SLA") regeln.

   2. **Leistungen**

      Die IT-GmbH stellt folgende Leistungen zur Verfügung:
      - Sicherung des laufenden Betriebs
        - Interne Netzwerkinfrastruktur
        - Externe Netzwerkanbindung
      - Datensicherung
      - Betreuung der Server
      - Wartung der laufenden Systeme
      - Betreuung und Beratung der Anwender

   3. **Garantierte Service Levels**

      3.1 **Verfügbarkeit:** Die IT-GmbH stellt sicher, dass mindestens folgende Verfügbarkeit für den Kunden erreicht wird: Die Sollzeit besteht von Montag bis Freitag von 08:00–20:00 Uhr MEZ (ausgenommen bundesweite Feiertage). **Abzugszeiten** (in abgerundeten Minuten) sind die Zeiten in denen das Gesamtsystem aufgrund von Störungen nicht zur Verfügung steht und die der IT-GmbH nicht zuzurechnen sind, insbesondere aufgrund von
      - höherer Gewalt

- Störungen verursacht durch Komponenten außerhalb des Verantwortungsbereichs der IT-GmbH
- Missbrauch der Software durch den Kunden

Ausfallzeiten (= AZ) sind die Zeiten in denen das Angebot aufgrund von Störungen nicht zur Verfügung steht und die der IT-GmbH zuzurechnen sind in abgerundeten Minuten. Die maximale monatliche Verfügbarkeit (= V_{max}) beträgt: 22 Tage multipliziert mit 12 Stunden, minus Abzugszeit.Die Parteien vereinbaren eine Mindestverfügbarkeit (= V_{min}) von 99,8 % berechnet nach der Formel: $V_{min} = \frac{(V_{max} - AZ) \times 100}{V_{max}}$

3.2 **Support**: Die Support-Hotline steht den Kunden mindestens von Montag bis Freitag von 08:00 bis 20:00 Uhr MEZ (ausgenommen bundesweite Feiertage) zur Verfügung.

3.3 **Datensicherung**: Die Datensicherung erfolgt auf der Basis eines Sicherungskonzepts. Es sind monatlich 20 Sicherungsläufe enthalten. Die Datensicherungsbänder befinden sich in einer separaten Brandschutzzone.

4. Wartung

Die IT-GmbH erbringt die vertraglich vereinbarten Wartungsleistungen an Hardware-, Software- und Netzwerkkomponenten vorzugsweise zwischen 3:00 und 7:00 Uhr MEZ. Die IT-GmbH informiert den Kunden über geplante Systemwartungen so früh wie möglich.

5. Vergütung

Für die Nutzung der Netzwerkinfrastruktur, der Server, der Software, der Software Wartung und der Software Betreuung werden monatliche ASP-Gebühren (ASP = Application Service Providing) erhoben. Die ASP-Gebühren beinhalten die Maßnahmen zur Sicherheit des laufenden Betriebes und die aufgeführten Service Levels. Die Preise sind im Angebot Nr. 888 vom 30.09.2012 detailliert aufgelistet. Das Angebot ist Bestandteil dieser SLA.

6. Kommunikation

Störungen können an die IT-GmbH wie folgt gemeldet werden:
- Telefon: *[hier kommt die Telefonnummer in einem echten SLA]*
- E-Mail: *[hier kommt die E-Mail-Adresse in einem echten SLA]*
- Telefax: *[hier kommt die Faxnummer in einem echten SLA]*

7. Berichterstattung

Die folgenden Punkte werden von der IT-GmbH in einem SLA-Report dargestellt, der wöchentlich erstellt wird:
- der jeweilige Berichtszeitraum
- erreichte Service Level

– Abweichung vom vereinbarten Standard

8. **Haftungsausschluss**
Eine Haftung der IT-GmbH bei Überschreitung bzw. Nichteinhaltung der Service Levels ist nur dann gegeben, wenn der Provider die Überschreitung bzw. Nichteinhaltung ausschließlich zu vertreten hat. Dies gilt insbesondere nicht für:
– Ausfälle, die vom Provider nicht direkt zu vertreten sind
– Ausfälle, die durch Wartungsfenster der IT GmbH oder dessen Zulieferer verursacht wurden.

9. **Datenschutz**
Die IT-GmbH verpflichtet sich, alle nach den geltenden Datenschutzvorschriften erforderlichen Datenschutz- und Datensicherungsmaßnahmen zu treffen. Die IT-GmbH gewährleistet die im Rahmen der ordnungsgemäßen Abwicklung der Aufträge gesetzlich geforderten Sicherungsmaßnahmen und wird diese dem Kunden auf Verlangen nachweisen.

10. **Vertragslaufzeit, Kündigung**
Der Vertrag beginnt ab dem 01.10.2012 zu den vereinbarten Konditionen mit einer Vertragslaufzeit von 18 Monaten. Nach Ablauf der Vertragslaufzeit verlängert sich dieser Vertrag automatisch um jeweils einen weiteren Monat, sofern er nicht 4 Wochen vor Vertragsende schriftlich gekündigt wird.

11. **Salvatorische Klausel**
Sollten einzelne Bestimmungen dieses SLA ganz oder teilweise nicht rechtswirksam oder nicht durchführbar sein oder werden, so soll hierdurch die Gültigkeit der übrigen Bestimmungen des jeweiligen Vertrags nicht berührt werden. Das Gleiche gilt für den Fall, dass der jeweilige Vertrag eine Regelungslücke enthält. Anstelle der unwirksamen oder undurchführbaren Bestimmungen oder zur Ausfüllung der Lücke soll eine angemessene Regelung gelten, die, soweit rechtlich möglich, dem am nächsten kommt, was die Vertragsparteien gewollt haben würden.

16.3 Lösungshinweise zu Kapitel 3

Sie sind Mitarbeiter des ausgelagerten IT-Unternehmens und soeben zum Projektleiter ernannt worden. Erstellen Sie einen Projektauftrag für den Abschluss der Definition.
Einen Lösungsvorschlag für den Projektauftrag finden Sie in Tab. 16.1.

Tab. 16.1: Projektauftrag für den Abschluss der Definition.

Projektname	Online-Shop Sonnenschein AG
Projekt-Nr.	4711
Projektleiter	Arthur Kolb
Auftraggeber	Unternehmensleitung, vertreten durch Michael Bächle
Anlass für das Projekt	Ausgangspunkt ist das anhaltende Wachstum im Online-Markt
Kurzbeschreibung	Zielgruppe sind preisbewusste Kunden. Die wichtigsten Softwarekomponenten sind: Redaktionssystem, Warenkorb (Shop), Bannermanagement, Bezahlfunktion
Ziele, erwarteter Nutzen	Das Unternehmen erwartet in 2 Jahren 20% des Umsatzes generiert mit dem Online Shop. Preisbewusste Kunden sollen an das Unternehmen gebunden werden
Rahmenbedingungen	Der Online-Shop wird in der ausgelagerten IT-Tochter entwickelt und zukünftig betreut.
Geplanter Endtermin	Heute in 6 Monaten
Meilensteine	Prozessmodell erstellt – Lastenheft genehmigt – System evaluiert und ausgewählt – System angepasst – System getestet – System abgenommen. Die Meilensteintermine werden im Rahmen der Planung festgelegt.
Budgetrahmen	220 T€
Projektorganisation	Projektleiter (Kolb), Teammitglieder aus der Abteilung Kundenbindung, Vertrieb, technische Betreuung durch Mitarbeiter der ausgelagerten IT
Reporting / Kommunikation	Monatlich ein Projektfortschrittsbericht an die Unternehmensleitung. Abgabe: letzter Freitag im Monat
Unterschriften	[Projektleiter sowie Unternehmensleitung unterschreiben hier]

16.4 Lösungshinweise zu Kapitel 4

Siehe die Abbildungen 16.1 und 16.2.

16.5 Lösungshinweise zu Kapitel 5

Bitte beachten Sie, dass das ER-Diagramm und das Datenmodell beispielhafte Lösungen sind.

1. **Die Filialen wollen die Kunden über Angebote informieren. Erstellen Sie für diesen Anwendungsfall ein ER-Modell.**

   Abb. 16.3 zeigt ein beispielhaftes ER-Diagramm als mögliche Lösung.

2. **Überführen Sie dieses ER-Modell in ein relationales Modell.**

   Mitarbeiter (<u>Mitarbeiter-Nr</u>, M-Name, M-Vorname, Strasse, H-Nr, Ort, PLZ, Position)

   Kunde (<u>Kunden-Nr</u>, K-Name, K-Vorname, Strasse, H-Nr, Ort,

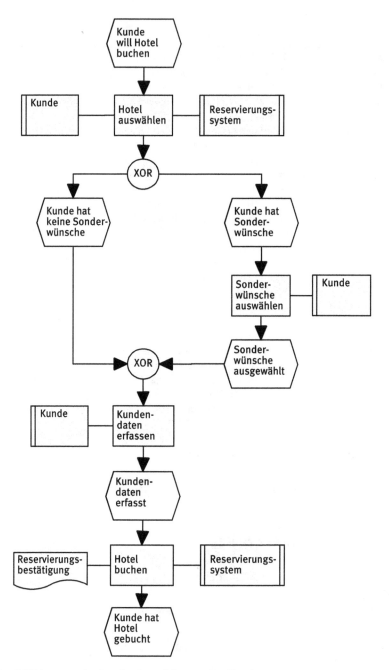

Abb. 16.1: EPK-Diagramm der Hotelbuchung (eigene Darstellung).

Reservierungssystem

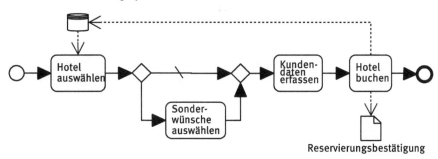

Abb. 16.2: BPMN-Diagramm der Hotelbuchung (eigene Darstellung).

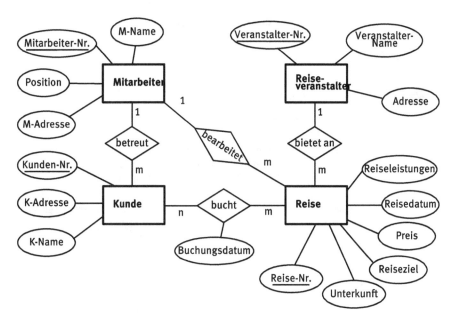

Abb. 16.3: ER-Diagramm für die Angebotsinformation (eigene Darstellung).

PLZ, Telefon, E-Mail, Mitarbeiter-Nr)
Reise (<u>Reise-Nr</u>, Reiseziel, Unterkunft, Reisedatum, Dauer,
Reiseziel, Preis, Kunden-Nr, Veranstalter-Nr)
Leistungskatalog (<u>Leistungs-Nr</u>, Leistungsbezeichnung)

Das Attribut Reiseleistung der Relation Reise ist ein mehrwertiges Attribut und wird deshalb einer eigenen Relation (Leistungskatalog) definiert. Der Bezug zwischen der Relation Leistungskatalog und Reise wird in der Relation Reiseleistungsoption hergestellt:

Reiseleistungsoption (<u>Reise-Nr</u>, <u>Leistungs-Nr</u>, Preis)
bucht (<u>Buchungs-Nr</u>, Kunden-Nr, Reise-Nr, Buchungsdatum,
Gesamtpreis)

Ein Kunde kann mehrere Leistungen pro Reise aus den Reiseleistungsoptionen auswählen. Dies wird in der Relation Buchungsoption dargestellt. Nicht berücksichtigt wurden im Modell z. B. mehrere Mitreisende. Der Preis pro Buchungsoption ist in den Reiseleistungsoptionen hinterlegt:

Buchungsoption (<u>Buchungs-Nr</u>, <u>Leistungs-Nr</u>, <u>Reise-Nr</u>)
Reiseveranstalter (<u>Veranstalter-Nr</u>, Veranstalter-Name, Strasse,
H-Nr, Ort, PLZ, Telefon, E-Mail)

3. Welches Vorgehen schlagen Sie zur Speicherung der Daten vor?
Tabelle 16.2 zeigt die beiden möglichen Ansätze in der Gegenüberstellung ihrer Merkmale.

Tab. 16.2: Zentrale versus verteilte Datenbank (eigene Darstellung).

Zentrale Datenbank	Verteilte Datenbank
Alle Filialen können auf alle Daten zugreifen.	Je nach Partitionierung können die Filialen nur auf die ihnen zugewiesenen Attribute (vertikale Partitionierung) oder Objekte (horizontale Partitionierung) dezentral zugreifen.
Ist die zentrale Datenbank nicht verfügbar, sind die Filialen nicht arbeitsfähig.	Werden Daten benötigt, die nicht dezentral zugewiesen wurden, sind diese auch nicht verfügbar.

Vorgehen – Möglichkeiten und Priorisierung:

a) Zentrale Datenbank – System mit hoher Verfügbarkeit notwendig.
b) Replikation – Bestimmte Daten, die vor allem in einem Reisebüro benötigt werden, werden dort dezentral zur Verfügung gestellt (z. B. Kundendaten). Änderungen werden synchronisiert.

16.6 Lösungshinweise zu Kapitel 6

Das in KNIME erstellte Modell sollte wie in Abb. 16.4 aussehen.

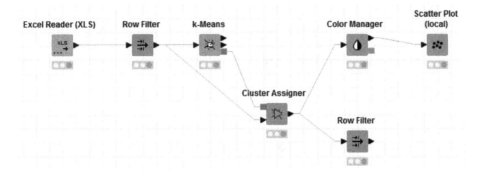

Abb. 16.4: Modell in KNIME

16.7 Lösungshinweise zu Kapitel 7

1. **Warum eignet sich ein ERP-System auch für die Sonnenschein AG?**
   Die Sonnenschein AG ist prozessorientiert organisiert. Es existieren verschiedene
   Abteilungen. Dies sind zum Beispiel Vertrieb, Beschaffung und Rechnungswesen.
   Die einzelnen Geschäftstätigkeiten dieser Organisationseinheiten können durch
   ein ERP-System abgebildet werden, da diese prozessorientiert organisiert sind. Für
   die einzelnen Einheiten können entsprechende Module eines ERP-Systems eingesetzt werden. Weitere Informationen zum Aufbau von ERP-Systemen finden sich
   unter help.sap.com. Dort wird der Aufbau speziell für das ERP-System SAP dargestellt.

2. **Wo liegt der Nutzen eines SCM-Systems für die Sonnenschein AG?**
   Die Sonnenschein AG besitzt Schnittstellen zu ihren Lieferanten und Partnern.
   Bei der Zusammenarbeit mit den Partnern und Lieferanten, welche nicht über das
   Amadeus-System angebunden sind, ist der Einsatz eines SCM-Systems sinnvoll.
   Durch ein solches System wird der Beschaffungsprozess vereinfacht und dadurch
   besser handhabbar. Beispielsweise können dann Kontingentbestellungen pro-
   blemlos über das SCM-System abgewickelt werden.

3. **Was muss die Sonnenschein AG intern ändern, um die Kundenwünsche besser berücksichtigen zu können?**
   Im Augenblick werden die Daten aus dem Kundenfeedbackformular nicht weiter

berücksichtigt. Die Sonnenschein AG hat keine Möglichkeit auf spezielle Wünsche ihrer Kunden einzugehen. Auch der allgemeingültige Newsletter trägt einen Teil zu dieser Situation bei. Um diese Probleme zu beheben, müssen die vorhandenen CRM-Systeme angepasst werden. Die erfassten Daten aus dem Kundenfeedbackformular müssen bei der Generierung der Newsletter berücksichtigt werden. Dadurch kann gewährleistet werden, dass der Kunde bei wahrheitsgemäßer Beantwortung des Formulars einen speziell auf sich abgestimmten Newsletter erhält. Hierzu muss ein Prozess etabliert werden, der die vorhandenen Kundendaten mit den Informationen aus dem Feedback-Formular verknüpft und daraus ein Profil des Kunden erstellt. Diese Kundeprofile werden anhand von ausgewählten Klassifikationsmerkmalen zu Kundengruppen zusammengefasst. Beispielhaft für ein Klassifikationsmerkmal kann das Alter der Kunden stehen. Die gemachten Änderungsvorschläge müssten bei der Entwicklung von neuen Produkten berücksichtigt werden. Neben den Marktforschungsberichten sollten hier auch die Vorschläge der Kunden einfließen und berücksichtigt werden.

Exkurs (bzgl. Geschäftsprozesse und EPK)
Diese Veränderungen bieten auch die Möglichkeit, die Kundenbindung per Newsletter zu verbessern. Hierzu muss der ursprüngliche Newsletter-Prozess aus Abb. 7.1 neu modelliert werden (vgl. Abb. 16.5).

16.8 Lösungshinweise zu Kapitel 8

Beide Shoplösungen können die auf Kunden- und Verwaltungsseite geforderten Funktionalitäten erfüllen. Dies ist konkret in der Lösung darzustellen und zu begründen. Zu dieser Frage der Fallstudie gibt es deshalb an dieser Stelle keinen Lösungsvorschlag.

16.9 Lösungshinweise zu Kapitel 9

1. **Welche betrieblichen Probleme werden dadurch erzeugt, dass die in der Fallstudie in Kap. 9.1 dargestellten Daten nicht in einem gemeinsamen Standardformat vorliegen?**
   In vielen Unternehmen ist es üblich, dass bestimmte Daten von mehreren Abteilungen benötigt werden, wie es zum Beispiel bei der Sonnenschein AG zwischen der Beschaffung und den Vertriebsstätten der Fall ist. Setzen diese Unternehmen kein zentrales Informationssystem ein, können keine Datenstandards gewährleistet werden, wodurch sich im Laufe der Zeit Probleme ergeben.
   Die Verwendung von Synonymen und Homonymen kann dazu führen, dass es zwischen den Abteilungen Missverständnisse beim Kommunikationsaustausch gibt. Werden beispielsweise zwischen der Beschaffung und den Vertriebsstät-

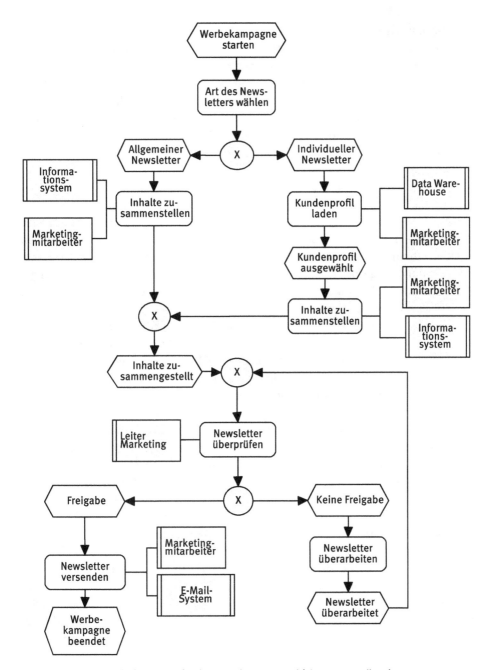

Abb. 16.5: Neuer Geschäftsprozess für den Newsletterversand (eigene Darstellung).

ten Gespräche über die Preise geführt, so muss berücksichtigt werden, dass die Beschaffung vom Nettopreis ausgeht, wohingegen bei den Vertriebsstätten vom

Gesamtpreis die Rede ist. Dies kann bei Besprechungen sehr schnell für Verwirrung sorgen. Ein weiteres Problem, das mit dem Preis zusammenhängt, ist, dass die Vertriebsmitarbeiter auf die von der Beschaffung gelieferten Preise die Steuern und Servicegebühren hinzuaddieren müssen. Wird dies vergessen, bietet die Sonnenschein AG im Endeffekt ihren Kunden die Reisen zu billig an. Dies hat zur Folge, dass die Sonnenschein AG die restlichen Kosten tragen muss. Nachträgliche Preiserhöhungen würden mit Sicherheit die Kundenzufriedenheit negativ beeinflussen, was sich schlussendlich auch negativ auf die Marktposition auswirken würde.

Im Falle der Sonnenschein AG hängt die unterschiedliche Bezeichnung der Daten damit zusammen, dass jede Abteilung auf ein eigenes Informationssystem zugreift. Gewisse Abteilungen erhalten Daten von anderen. Nach dem Erhalt pflegen sie diese in ihr Informationssystem ein, jedoch unter Verwendung einer eigenen Bezeichnung. Da es sich letztlich aber um die gleichen Daten handelt, werden diese redundant gespeichert. Dadurch werden Speicherressourcen in Anspruch genommen, die im Laufe der Zeit voll werden. Diese müssen dann durch größere Speicher ersetzt werden, wodurch Kosten für die Sonnenschein AG entstehen. Die Datenredundanzen können wiederum Dateninkonsistenzen bergen.

Die von Entscheidungsträgern getroffenen Entscheidungen basieren sehr oft auf den Auswertungen der einzelnen Abteilungen. Da diese Auswertungen aber nicht in einem gemeinsamen Standardformat vorliegen, sind die Entscheidungsträger zunächst damit beschäftigt, alle Auswertungen in ein einheitliches Standardformat zu bringen. Bei eventuell auftretenden Unklarheiten müssen sie mit den jeweiligen Abteilungen Kontakt aufnehmen. Dies hat zur Folge, dass keine schnelle Entscheidung getroffen werden kann, was möglicherweise negative Folgen für die Sonnenschein AG haben kann. Sind die Entscheidungsträger länger als geplant mit diesen Auswertungen beschäftigt, bleibt dadurch ihre eigentliche Arbeit zunächst liegen und muss später wieder aufgearbeitet werden. In Bezug auf die Implementierung eines zentralen Informationssystems werden die unterschiedlichen Datenbezeichnungen sicherlich zu Diskussionen und Problemen führen. Da letztendlich eine Lösung bereitgestellt werden muss, mit der alle Abteilungen effizient arbeiten können, ist es notwendig, dass die einzelnen Abteilungen auch Kompromisse in Bezug auf die Datenbezeichnungen eingehen. Ein weiterer Aspekt, der mit der Implementierung zusammenhängt ist, dass das zentrale Informationssystem in der Lage sein muss, die unterschiedlichen Datensätze in der Datenbank den richtigen Attributen zuzuordnen. Auch die Zuordnung der Daten zu den Attributen muss mit den Mitarbeitern der jeweiligen Abteilung abgesprochen werden.

Die Bindung von Kunden an die Sonnenschein AG wird erheblich erschwert, da die einzelnen Abteilungen unterschiedliche Informationen weitergeben. So kann es beispielsweise vorkommen, dass die Marketingabteilung einen Newsletter versendet, in dem die Reisepreise ohne Steuern und Servicegebühren enthalten sind, während der Vertrieb bei Kundenanfragen die Preise inklusive Steuern und Servicegebühren weitergibt.

2. **Um welche Art von Informationssystem handelt es in der in Kap. 9.1 dargestellten Fallstudie sich und wie soll die Architektur des Informationssystems aussehen?**

Bei dem neu einzuführenden Informationssystem handelt es sich um ein datengestütztes Entscheidungsunterstützungssystem, dem ein Data Warehouse zu Grunde liegt. Dieses wird von der IT-Abteilung der Sonnenschein AG an einer zentralen Stelle implementiert. Die IT-Abteilung ist zudem noch für die Verwaltung und Überwachung des Entscheidungsunterstützungssystems und des Data Warehouses zuständig. Somit wird es in Zukunft nur noch eine zentrale Datenbank geben, auf der sich alle Daten der Sonnenschein AG befinden. Dadurch können zugleich auch die geschilderten Probleme aus der Lösung von Aufgabe 1 größtenteils behoben werden. Da alle Abteilungen auf denselben Datenbestand zugreifen, wird es zukünftig keine Datenredundanzen mehr geben. Folglich vermindern sich auch die Dateninkonsistenzen. Des Weiteren kann das Management aus dem großen Datenbestand die benötigten Daten eindeutig identifizieren und anschließend eine Analyse durchführen. Außerdem unterstützt das Entscheidungsunterstützungssystem Fachspezialisten, wie zum Beispiel Berater oder Stäbe, bei der Entscheidungsvorbereitung. Die datengestützten Entscheidungsunterstützungssysteme werden heute auch unter dem Begriff „Business Intelligence" zusammengefasst. Die Architektur von Business Intelligence-Systemen ist in Abb. 9.3 graphisch dargestellt.

3. **Sollten die in der Fallstudie in Kap. 9.1 dargestellten Probleme von DB-Spezialisten oder Fachspezialisten aus den Fachabteilungen gelöst werden?**

Zur Beantwortung dieser Aufgabe ist es sinnvoll, sich zunächst einmal zu überlegen, welche Kompetenzen diese beiden Personengruppen besitzen. Einige wichtige Kompetenzen sind in der folgenden Tabelle 16.3 aufgelistet, die als Hilfestellung für die Beantwortung der Aufgabe dienen sollen.

Mit der Lösung dieser Probleme sollten sich sowohl Datenbank-Spezialisten als auch Fachspezialisten auseinandersetzen. Voraussetzung für eine erfolgreiche Problembehebung ist, dass diese beiden Personengruppen eng zusammenarbeiten und sich ergänzen. Dies kann dadurch erreicht werden, indem ein Vermittler, der sowohl Datenbank- als auch betriebswirtschaftliche Kenntnisse besitzt, eingesetzt wird. Diese Vermittler werden zunächst damit beauftragt, sich mit den verschiedenen Abteilungen zu treffen, um zu analysieren, welche Daten die einzelnen Abteilungen benötigen und wie sie diese bisher in ihrem Informationssystem bezeichnen. Des Weiteren ist es für sie auch wichtig zu wissen, ob die einzelnen Abteilungen Daten untereinander austauschen. Mit den daraus resultierenden Ergebnissen treffen sie sich mit den Datenbank-Spezialisten, um gemeinsam ein Lösungskonzept zu entwickeln. Dieses bezieht sich vor allem auf

Tab. 16.3: Kompetenzen (eigene Darstellung).

Kompetenzen von Datenbankspezialisten	Kompetenzen von Fachspezialisten
Datenbank-Kenntnisse	Betriebswirtschaftliche Kenntnisse
Konfiguration und Pflege der Datenbank und des Systems	Sicherer Umgang mit den fachbereichsspezifischen Daten
Datenschutzmaßnahmen (Rechtevergabe)	Meldung bei auftretenden Fehlern
Datensicherungsmaßnahmen	Unterstützung bei der Fehlerbehebung
Laufende Überwachung und Verbesserung der Performance	Einbringung von Verbesserungsvorschlägen
Realisierung von Änderungen	Soft Skills
Kenntnisse über die Unternehmensorganisation	
Soft Skills	

die Datenbezeichnung, den Zugriff und das Verwalten der Daten. Nachdem das Lösungskonzept steht, ist es sinnvoll, dieses in einem gemeinsamen Meeting mit allen Verantwortlichen der einzelnen Abteilungen durchzusprechen, da somit auftretende Konflikte vor Ort schnell ausgeräumt werden können. Wurde letztendlich eine von allen Abteilungen akzeptierte Lösung gefunden, muss diese von den Datenbank-Spezialisten realisiert werden. Sie sind später auch dafür zuständig, dass die Datenbank konsistente Daten liefert und den Abteilungen ein effizientes Arbeiten gewährleistet. Für die Fachspezialisten ist es letztendlich wichtig, dass sie mit der neuen Lösung effizient arbeiten können.

16.10 Lösungshinweise zu Kapitel 10

Lesen Sie nochmals die Fallstudie in Kap. 10.1. Ganz offensichtlich hat die Abteilung ein internes Problem in der Zusammenarbeit, das durch den falschen Einsatz von E-Mails noch verschärft wird. Erarbeiten Sie einen Vorschlag auf Basis des Einsatzes eines ESS-Systems, um das Problem zu lösen.
Die Abteilung hat ganz offensichtlich mehrere Probleme, die sich sehr gut mit einem ESS-System lösen lassen:

1. **Dokumentenmanagement:** Alle benötigten Dokumente und Informationen könnten in einem ESS-System so abgelegt werden, dass alle Mitarbeiter mit ihren individuellen Zugriffsrechten darauf zugreifen könnten. In diesem Fall würde das ESS-System als Dokumenten- bzw. Contentmanagementsystem genutzt werden.
2. **Klarheit im Workflow:** Die mangelhafte Abstimmung könnte durch eine Teilautomatisierung von Aufgaben mittels der Workflowfunktionalität eines ESS-Systems deutlich verbessert werden. In diesem Fall würde das ESS-System z. B. die Bearbei-

tungsreihenfolge der Dokumente für den Quartalsabschluss im Sinne eines Workflowmanagementsystems steuern.

3. **Kommunikationsstil:** Die Eskalation mittels E-Mail-Kommunikation in der Abteilung trägt zur weiteren Verschärfung des Problems einer nicht ausreichenden Zusammenarbeit bei. Durch den Einsatz von Social-Software-Funktionen eines ESS-Systems, wie Foren, könnte man dies leicht ändern.

16.11 Lösungshinweise zu Kapitel 11

1. **Wie könnte Wissensmanagement zur Lösung der in Kap. 11.1 geschilderten Probleme beitragen?**

Das Wissensmanagement sorgt dafür, dass das Wissen einer Organisation zentral abgelegt wird und dadurch für alle Mitarbeiter leicht zugänglich ist. Durch ein organisationsweites Berechtigungskonzept wird sichergestellt, dass jeder Mitarbeiter alle für seine Arbeit benötigten Informationen verfügbar hat und gleichzeitig vor einer Informationsüberflutung geschützt wird. Die Wiederaufnahme von unterbrochenen Aufgaben wird deutlich erleichtert, da dem Projektteam alle Informationen des Mitarbeiters zur Verfügung stehen. Veränderungen in der Zusammensetzung des Projektteams sind einfacher zu handhaben, da alle Informationen zum Projekt zentral zur Verfügung stehen. Die teamübergreifende Zusammenarbeit wird durch Möglichkeiten der Echtzeitkommunikation erheblich vereinfacht und verbessert.

2. **Welche Funktionen müssen Zusammenarbeitssysteme für das Wissensmanagement der Sonnenschein AG erfüllen?**

Innerhalb der Projekte der Sonnenschein AG lassen sich zwei Probleme ausmachen. Das erste Problem liegt in der Kommunikation der Projektmitglieder. Diese haben nur die Möglichkeit direkt, über Telefon und E-Mail miteinander zu kommunizieren. Jedoch kann eine E-Mail für die Übermittlung wichtiger Informationen zu langsam sein und eine direkte Kommunikation ist selten möglich, da sich die Projektmitglieder häufig auf Reisen befinden. Das zweite große Problem besteht in der Organisation der Dokumente für die Projekte. Jeder Mitarbeiter arbeitet an mehreren Projekten parallel und speichert die zugehörigen Dokumente nach einer eigenen Systematik. Die Dokumente sind daher derzeit schlecht strukturiert und ihr Auffinden dauert sehr lange. Deshalb sollen sie künftig an einem zentralen Ort gespeichert werden.

Die folgende Tabelle 16.4 zeigt, wie sinnvoll die Sonnenschein AG den Einsatz von unterschiedlichen Zusammenarbeits für den Zielkatalog beurteilt:

- **Dokumentenmanagementsystem:** Bei der Organisation der Dokumente ist der Einsatz eines Dokumentenmanagementsystems die optimale Lösung der Probleme der Sonnenschein AG. Es unterstützt das Archivieren sowie das Hin-

Tab. 16.4: Zusammenarbeitssysteme für das Wissensmanagement der Sonnenschein AG (eigene Darstellung).

	Kommunikation	Organisation der Dokumente
Dokumentenmanagementsystem	– –	++
Workflowmanagementsystem	o	++
Instant Messaging	++	– –
Foren	–	– –
Blogs	– –	– –
Wikis	– –	o
Contentmanagementsystem	– –	++

++ System erfüllt die Anforderungen des Unternehmens sehr gut
 + System erfüllt die Anforderungen des Unternehmens teilweise
 o System bringt einen Mehrwert, aber nicht direkt in Bezug auf den Zielkatalog
 – System bringt einen geringen Mehrwert, aber nicht direkt in Bezug auf den Zielkatalog
– – System bringt keinen Mehrwert für das Unternehmen in Bezug auf den Zielkatalog

zufügen und Aktualisieren von Dokumenten. Die Dokumente werden zentral abgelegt und über eine Versionskontrolle ist nachvollziehbar, was an welchem Dokument geändert wurde. Zusätzlich können Informationen zu jedem Dokument erfasst werden. So können Dokumente beispielsweise dem Projekt zugeordnet werden. Des Weiteren beinhaltet es gute Suchfunktionalitäten, die das Suchen auch innerhalb von Dokumenten unterstützen. Die Problemstellung der Kommunikation der Projektmitglieder wird durch ein Dokumentenmanagementsystem hingegen nicht verbessert.

– **Workflowmanagementsystem:** Der Einsatz eines Workflowmanagementsystems hilft in erster Linie bei der Organisation der Dokumente. Es unterstützt die zeitgerechte Bearbeitung von Dokumenten und weist den Dokumenten einen aktuellen Status zu. Für die Arbeit innerhalb der Projekte der Sonnenschein AG bringt es den Vorteil, dass alle Dokumente immer dem gleichen geregelten Prozess unterliegen. So kann es nicht zu Unklarheiten über den Status eines Dokumentes kommen, wenn dies die verschiedenen Projektmitglieder durchläuft. Der Abstimmungsbedarf innerhalb des Projektes wird verringert, da der Prozess einen eindeutigen Ablauf vorgibt. Auch für die Problematik der Kommunikation bringt ein Workflowmanagementsystem einen indirekten Nutzen. Der Abstimmungsbedarf innerhalb des Projektes wird verringert und somit kann Zeit eingespart werden.

– **Instant Messaging:** Die Einführung von Instant Messaging würde es den Mitarbeitern der Sonnenschein AG ermöglichen innerhalb des Projektes in Echtzeit zu kommunizieren. Der Status eines Kollegen kann so jederzeit eingesehen und sofort Kontakt aufgebaut werden, wenn dieser verfügbar ist. Über mehrere Zeitzonen kann so ohne Verzögerung kommuniziert werden. Für die Organisation der Dokumente bringt Instant Messaging allerdings keinen Nutzen.

- **Foren:** Der Einsatz von Foren in der Sonnenschein AG trägt nicht zur Lösung der Probleme in den Projekten bei. Zwar wird durch ein Forum die Diskussion zwischen den Mitarbeitern gesteigert, jedoch bestand bei der Sonnenschein AG nicht das Problem, dass zu wenig kommuniziert wird, sondern dass Nachrichten nicht schnell genug übermittelt werden konnten.
- **Blogs:** Blogs sind für die gestellten Anforderungen der Sonnenschein AG nicht besonders sinnvoll. Die Projekte laufen bei der Sonnenschein AG alle nach einem gleichen Prinzip ab. Eine tagebuchartige Dokumentation der Projekte würde keinen großen Mehrwert für andere Projekte bringen und der Pflegeaufwand ist in diesem Fall zu hoch. Die schnelle Kommunikation der Projektmitglieder wird nicht unterstützt. Ebenso haben Blogs keinen Einfluss auf eine bessere Organisation von Dokumenten.
- **Wikis:** Der Einsatz eines Wikis kann einen kleinen Teil zur Zielerreichung der Sonnenschein AG beitragen. In einem Wiki kann das Wissen des ganzen Unternehmens strukturiert abgelegt werden. Einarbeitungszeiten können verkürzt werden und das Wissen wird im ganzen Unternehmen bekannt gemacht. Der Pflegeaufwand eines Wikis ist jedoch ebenfalls sehr groß. Es sollte in Betracht gezogen werden, ob nicht der Einsatz eines Dokumentenmanagementsystems es ebenfalls erlaubt, Wissen im Unternehmen, ähnlich effizient wie in einem Wiki, bekannt zu machen.
- **Contentmanagementsystem:** Ein Contentmanagementsystem stellt eine Weiterentwicklung eines Dokumentenmanagementsystems dar. Es unterstützt die gemeinschaftliche Erstellung und Bearbeitung von Inhalten. Für die Zielsetzung der Sonnenschein AG empfiehlt es sich eines der beiden Systeme einzusetzen, wobei der Funktionsumfang eines Dokumentenmanagementsystems ausreicht, um die Anforderungen zu erfüllen.

3. **Gewichten Sie diese Funktionen und erstellen Sie eine Nutzwertanalyse für zwei von Ihnen auszuwählende ESS-Produkte.**
   Für die Nutzwertanalyse gibt es keinen Lösungsvorschlag. Die Methode selbst wurde in Kap. 2 vorgestellt. Vorschläge für mögliche ESS-Produkte für die Nutzwertanalyse finden sich in Kap. 10.

16.12 Lösungshinweise zu Kapitel 12

1. **Welche Art von Preismechanismus könnte die Sonnenschein AG beim Online-Vertrieb einsetzen?**
   Da unterschiedliche Kunden für unterschiedliche Reisezeitpunkte verschieden hohe Zahlungsbereitschaften haben können, ist eine Kundensegmentierung in Betracht zu ziehen. Außerdem spielen in der Reiseverkehrsbranche Kapazitäten, die nur begrenzt veränderbar sind, eine große Rolle. Nicht verkaufte Plätze (Hotel-

betten, Plätze auf Flügen, etc.) können nach dem Reisetermin nicht mehr verkauft werden. Somit kann es hier sinnvoll sein, Restkontingente zu einem niedrigeren Preis als normal zu verkaufen. Dabei ist es wichtig, das Preisgefüge nicht zu beschädigen und den Referenzpreis (den von Kunden als normal empfundenen Preis) nicht dauerhaft für alle Kundengruppen abzusenken. Somit könnte der NYOP-Preismechanismus, bei dem die Preisschwelle geheim bleibt, in Betracht kommen. Der minimale Preis, zu dem Reisedienstleistungen gekauft werden können, bleibt somit intransparent. Bei begrenzter Kapazität und hoher Nachfrage wären auch Auktionen denkbar, bei denen die Kunden im Wettbewerb um die knappen Plätze stehen.

2. **Inwiefern spielen Netzwerkeffekte für den Online-Shop der Sonnenschein AG eine Rolle?**

Je mehr Reiseangebote und Dienstleistungen über den Online-Shop angeboten werden, umso interessanter wird der Shop für die Kunden. Diese werden sich dann ggf. öfter auf der Plattform informieren und eventuell Buchungen tätigen. Soweit auf der Plattform Dienstleistungen von unterschiedlichen Anbietern vertrieben werden, ergibt sich hier durch indirekte Netzwerkeffekte eine Wechselbeziehung: Je mehr Anbieter/Angebote auf der Plattform sind, umso interessanter ist diese für Kunden. Je mehr Kunden regelmäßig auf der Plattform sind, umso attraktiver ist es für Anbieter mit der Sonnenschein AG zusammenzuarbeiten und dort Reiseprodukte anzubieten.

3. **Angenommen die Luminous GmbH plant neben dem Online-Shop auch die Möglichkeit über eine mobile App einkaufen zu können. Was ist bei der Entwicklung solch einer App aus Marktsicht zu beachten?**

Neben den allgemeinen Aspekten, die bei jeder Software-Entwicklung relevant sind, spielen hier zwei Dinge eine wichtige Rolle: Netzwerkeffekte und Marktfunktionen.

– Die Netzwerkeffekte haben eine Bedeutung für die spätere Verbreitung. Da nur diejenigen Kunden mit der App erreicht werden können, die die App auch tatsächlich auf ihrem Smartphone installiert haben, ist die Kompatibilität zum Endgerät wichtig. Die zentrale Frage ist: Passen App und Betriebssystem des Smartphones zusammen? Für jedes denkbare Betriebssystem eine eigene App zu entwickeln, ist jedoch oft keine (bezahlbare) Lösung.

– Außerdem muss entschieden werden, welche Funktionalitäten die mobile App aus Marktsicht abdecken soll. Zur Erfüllung der Informationsfunktion könnte die App Möglichkeiten zur Recherche und Information über Reiseangebote bereitstellen. Darüber hinaus könnten auch Buchungsmöglichkeiten implementiert werden können – inklusive Mechanismen zur Preisfindung (Koordinationsfunktion).

4. **Welchen Preismechanismus empfehlen Sie der Luminous GmbH für die digitalen Vertriebswege?**

Da die Produkte der Luminous GmbH mit Herstellkosten verbunden sind, sollte ein bestimmter Mindestpreis nicht unterschritten werden. Pay-what-you-want ist somit eher ungeeignet. Ein Festpreis, bei dem alle Kundengruppen einen einheitlichen Preis bezahlen, würde keine unterschiedlichen Zahlungsbereitschaften berücksichtigen. Somit könnten verschiedene dynamische Preismechanismen in Frage kommen. Preisbündelung könnte hier einen Ansatz darstellen. Im Vertrieb der Luminous GmbH kann auch über dynamische Anpassungen von Preisen im Zeitverlauf nachgedacht werden. Für bestimmte Sondereditionen mit begrenzter Verfügbarkeit könnte Name-your-own-price als interaktiver Preismechanismus in Frage kommen.

16.13 Lösungshinweise zu Kapitel 13

Erstellen Sie die von der Sonnenschein AG beauftragte SWOT-Analyse.

Die SWOT-Analyse basiert auf einer Umweltanalyse (externe Analyse), einer Unternehmensanalyse (interne Analyse) sowie der anschließenden Kombination der beiden Analysen zur Entwicklung von Unternehmensstrategien, die in der SWOT-Matrix (siehe Abb. 16.6) dargestellt werden. Ihre Analyse sollte dabei folgende Punkte berücksichtigen und in der SWOT-Matrix durch entsprechende Strategien konkretisiert werden:

1. **Umweltanalyse:** Was tut der Wettbewerb in Bezug auf „Tourismus 4.0"? Welche möglichen neuen Wettbewerber, die bislang in der Tourismusbranche nicht aktiv waren, sind identifizierbar? Hier könnte z. B. Google ein möglicher Wettbewerber in der Zukunft sein.
2. **Unternehmensanalyse:** Welche Stärken hat die Sonnenschein AG, die sich für die Digitale Transformation gut nutzen lassen? Welche Schwächen zeigt die Sonnenschein AG, wenn es um dieses Thema geht?

SWOT		Unternehmensanalyse (interne Analyse)	
		Stärken	**Schwächen**
Umweltanalyse (externe Analyse)	Chancen	Verfolgen von neuen Chancen, die zu den Stärken der Sonnenschein AG passen. (Matching-Strategie)	Eliminieren von Schwächen der Sonnenschein AG, um Risiken in Chancen umzuwandeln. (Umwandlungsstrategie)
	Gefahren	Stärken der Sonnenschein AG nutzen, um Gefahren abzuwehren. (Neutralisierungs-strategie)	Verteidigungsstrategien entwickeln, um vorhandene Schwächen nicht zum Ziel von Bedrohungen werden zu lassen.

Abb. 16.6: SWOT-Matrix der Sonnenschein AG (eigene Darstellung).

16.14 Lösungshinweise zu Kapitel 14

Helfen Sie der Sonnenschein AG bei ihrer ethischen Einschätzung, indem Sie den Einsatz des Bots aus Sicht der Diskursethik und des klassischen Utilitarismus beurteilen.

Es gibt für diese Fragestellung keine absolut richtige oder falsche Antwort. Bei der Erarbeitung Ihrer eigenen ethischen Einschätzung hilft Ihnen aber vielleicht das nachfolgende Schema nach Franzen (2011):

1. Schritt: Der Fall

Wichtig ist es, sich nochmals deutlich zu machen, dass es in der Ethik nicht darum geht, wie etwas gesellschaftlich (vor allem rechtlich) geregelt *ist*, sondern wie es unter moralischen Gesichtspunkten geregelt werden *soll*.

2. Schritt: Spontanurteil

Nach vollständigem Lesen der Fallstudie sollte man sich zunächst ein erstes Spontanurteil „aus dem Bauch" heraus überlegen und schriftlich fixieren. Dies zwingt zu einer aktiven Auseinandersetzung mit der Problematik und einer Positionierung. Über diese Spontanurteile soll in der Gruppe bzw. im Kurs noch nicht diskutiert werden, aber es können normative und deskriptive Aussagen isoliert werden. Normative Aussagen sind wichtig für die ethische Analyse, deskriptive Aussagen für die genauere

Sachanalyse, die im nächsten Schritt durchgeführt wird. Das Aufschreiben hilft in der Reflexionsphase am Ende des Diskurses den Fortschritt im Urteilsprozess zu verdeutlichen.

3. Schritt: Genauere Sachanalyse

Fehlen Informationen oder wurden Informationen falsch verstanden? In diesem Schritt sollen gemeinsam Fragen zum Sachverhalt an sich geklärt werden, um eine gemeinsame Basis des Verständnisses für die ethische Analyse zu haben. Durch Diskussion und eventuell durch Recherche (wenn beispielsweise fachliche Fragen unklar sind) können diese geklärt werden. Wichtig dabei ist aber, dass nicht einfach Annahmen zum Fall hinzugefügt werden. Dies eröffnet nämlich meist „Auswege" bei der ethischen Beurteilung, die keine eigene Positionierung im abschließenden Urteil erzwingen. Die Sachanalyse findet auch während des gesamten Prozesses parallel immer wieder, wenn nötig, statt.

4. Schritt: Ethische Analyse

In diesem Schritt geht es darum, das Spontanurteil mit Hilfe nachvollziehbarer Kriterien auf ein höheres Begründungsniveau zu heben. Möglicherweise wird es dabei verändert oder sogar verworfen. Wird das Spontanurteil nicht verworfen, geht man der Frage nach, ob sich gute Gründe finden lassen, die es stützen. Die ethische Analyse besteht aus mehreren Teilschritten, die unabhängig voneinander durchgeführt werden können, auch wenn sie teilweise ineinander greifen. Hierbei darf die Intensität der Bearbeitung der einzelnen Schritte variieren:

- **Interessensanalyse:** Wessen Interessen sind vermutlich von der Entscheidung im vorliegenden Fall betroffen? Wie sehen diese Interessen aus? Daraus aber noch *kein* normatives Urteil fällen!
- **Werte- und Normenanalyse:** Gibt es Werte- und Normenkonflikte, die für die Entscheidung der Sonnenschein AG relevant sind? Soll die Sonnenschein AG bestimmten Normen/Werten den Vorzug vor anderen geben und wenn ja, warum?
- **Moraltheoretische Analyse:** Anwendung der hier für die Sonnenschein AG zu betrachtenden Ansätze der normativen Ethik. Was ergibt sich daraus an Schlussfolgerungen?
- **Eigene Argumentation entwickeln:** Die eigene Argumentation kann unabhängig von ethischen Grundpositionen und -theorien entwickelt werden. Vielleicht zeigt sich, dass man selbst einem anderen Ansatz der normativen Ethik zuneigt, als den hier zu diskutierenden Ansätzen für den Fall der Sonnenschein AG. Wenn ja, warum?
- **Fremde Argumentationen analysieren:** Sofern es ein Fall aus der Realität ist (und der Fall der Sonnenschein AG ist quasi ein solcher): Analysieren Sie ergänzende Stellungnahmen zum spezifischem Fall (z. B. Artikel, Leserbriefe, Talkshows, Stel-

lungnahme von Ethikrat, Kirchen, etc.). Diese sollten aber nicht von Beginn an in den Urteilsprozess aufgenommen werden!

5. Schritt: Das (vorläufig) abschließende Urteil und Diskussion

Nun gilt es die im vierten Schritt herausgearbeiteten Kriterien abzuwägen und daraus ein persönliches Urteil abzuleiten. Dieses Urteil sollte wieder aufgeschrieben und eventuell in Form eines kurzen Vortrags o. ä. auch vor der Gruppe bzw. dem Kurs „veröffentlicht" werden. Dadurch entwickelt sich eine Verbindlichkeit und ein persönliches Verantwortungsgefühl für das eigene ethische Urteil. Die verschiedenen Ergebnisse sollten diskutiert werden. Wichtig: Allen Beteiligten muss immer klar sein, dass der Urteilsprozess dadurch nicht abgeschlossen ist, sondern immer wieder neu durchgeführt und durch neue Argumente verändert werden kann.

6. Schritt: Reflexion des Urteilsprozesses

Nach der Diskussion der verschiedenen Urteile lässt sich noch eine Metadiskussion über den eigentlichen Urteilsprozess führen. Wie hat sich das Urteil vom Spontanurteil bis zum abschließenden Urteil verändert? Haben bekannte Theorien zur Lösung beigetragen oder haben sie diese eher schwieriger gemacht?

Literatur

Abts u. Mülder 2000
> ABTS, D. ; MÜLDER, W.: *Aufbaukurs Wirtschaftsinformatik. Der kompakte und praxisorientierte Weg zum Diplom.* Braunschweig/Wiesbaden : Vieweg, 2000

Alvesson u. Kärreman 2001
> ALVESSON, M. ; KÄRREMAN, D.: Odd couple: making sense of the curious concept of knowledge management. In: *Journal of Management Studies* 38 (2001), Nr. 7, S. 995–1018

Applegate u. a. 1999
> APPLEGATE, L. M. ; MCFARLAN, F. M. ; MCKENNEY, J. L.: *Corporate information systems management: the challenges of managing in an information age.* 5. ed. Homewood : Irwin/McGraw-Hill, 1999

Aristoteles 2010
> ARISTOTELES: *Nikomachische Ethik. In: Geschichte der Philosophie in Text und Darstellung; Antike..* Bd. 1. Hg. von Wolfgang Wieland. Stuttgart : Reclam, 2010

Bächle 2005
> BÄCHLE, M.: Virtuelle Communities als Basis für ein erfolgreiches Wissensmanagement. In: *HMD – Praxis der Wirtschaftsinformatik* 246 (2005), Dezember, Nr. 246, S. 76–83

Bächle 2006
> BÄCHLE, M.: Social Software. In: *Informatik Spektrum* 29 (2006), Nr. 2, S. 121–124

Bächle 2008
> BÄCHLE, M.: Ökonomische Perspektiven des Web 2.0. Open Innovation, Social Commerce und Enterprise 2.0. In: *Wirtschaftsinformatik* 50 (2008), Nr. 2, S. 129–132

Bächle 2016
> BÄCHLE, M.: *Wissensmanagement mit Social Media. Grundlagen und Anwendungen.* Berlin/Boston : DeGruyter Oldenbourg, 2016

Bächle u. Lehmann 2010
> BÄCHLE, M. ; LEHMANN, F. R.: *E-Business. Grundlagen elektronischer Geschäftsprozesse im Web 2.0.* München/Wien : Oldenbourg, 2010

Bakos u. Katsamakas 2008
> BAKOS, Y. ; KATSAMAKAS, E.: Design and Ownership of Two-Sided Networks. In: *Journal of Management Information Systems* 25 (2008), Nr. 2, S. 171–202

Ballard u. a. 2005
> BALLARD, C. u. a.: Data Mart Consolidation: Getting Control of Your Enterprise Information / IBM. Rochester, 2005. – IBM Redbook SG24-6653-00

Bauer u. a. 2013
> BAUER, A. ; DÜSING, R. ; HEIDSIECK, C. ; UNTERREITMEIER, A.: 3.5 Auswertungsphase. In: BAUER, A.; GÜNZEL, H. (Hrsg.): *Data Warehouse Systeme. Architektur, Entwicklung, Anwendung.* 4., überarb. u. erw. Aufl. Heidelberg, 2013, S. 113–142

Beierle u. Kern-Isberner 2014
> BEIERLE, C. ; KERN-ISBERNER, G.: *Methoden wissensbasierter Systeme. Grundlagen, Algorithmen, Anwendungen.* 5., überarb. u. erw. Aufl. Wiesbaden : SpringerVieweg, 2014

Beims u. Ziegenbein 2021
> BEIMS, Martin ; ZIEGENBEIN, Michael: *IT-Service-Management in der Praxis mit ITIL. Zusammenarbeit systematisieren und relevante Ergebnisse erzielen.* 5., überarb. Aufl. München : Carl Hanser Verlag, 2021

https://doi.org/10.1515/9783110722260-017

Benkler 2002

BENKLER, Y.: Coase's Penguin, or, Linux and the Nature of Firm. (2002). http://www.benkler. org/CoasesPenguin.html. – Zugriffsdatum: 18.10.2007

Bentham 1823

BENTHAM, Jeremy: *An introduction to the principles of morals and legislation.* 2. Ausgabe. Oxford : Clarendon Press, 1823

BITKOM-Arbeitskreis Big Data 2012

BITKOM-ARBEITSKREIS BIG DATA: Big Data im Praxiseinsatz – Szenarien, Beispiele, Effekte / BITKOM. Version: 2012. https://www.bitkom.org/noindex/Publikationen/2012/Leitfaden/ Leitfaden-Big-Data-im-Praxiseinsatz-Szenarien-Beispiele-Effekte/BITKOM-LF-big-data-2012-online1.pdf. Berlin, 2012. – Leitfaden. – Zugriffsdatum: 12.01.2017

BITKOM-Arbeitskreis Big Data 2014

BITKOM-ARBEITSKREIS BIG DATA: Big-Data-Technologien – Wissen für Entscheider / BIT-KOM. Version: 2014. https://www.bitkom.org/noindex/Publikationen/2014/Leitfaden/Big-Data-Technologien-Wissen-fuer-Entscheider/140228-Big-Data-Technologien-Wissen-fuer-Entscheider.pdf. 2014. – Leitfaden. – Zugriffsdatum: 2017-01-12

Bloching u. a. 2015

BLOCHING, B. ; LEUTIGER, P. ; OLTMANNS, T. ; ROSSBACH, C. ; SCHLICK, T. ; REMANE, G. ; QUICK, P. ; SHAFRANYUK, O.: *Die digitale Transformation der Industrie. Was sie bedeutet. Wer gewinnt. Was jetzt zu tun ist.* Version: 2015. http://bdi.eu/publikation/news/die-digitale-transformation-der-industrie/. – Zugriffsdatum: 19.09.2016

Bonkenburg 2016

BONKENBURG, T.: Robotics in Logistics. A DPDHL perspective on implications and use cases for the logistics industry / DHL Trend Research. Version: 2016. http://www.dhl.com/content/ dam/downloads/g0/about_us/logistics_insights/dhl_trendreport_robotics.pdf. 2016. – Trend Report. – Zugriffsdatum: 21.09.2016

Brynjolfsson u. McAfee 2014

BRYNJOLFSSON, E. ; MCAFEE, A.: *The Second Machine Age. Work, Progress, and Prosperity in a Time of Brilliant Technologies.* New York : W. W. Norton & Company Inc., 2014

CEN 2004

CEN: *CWA 14924-1: European Guide to good Practice in Knowledge Management – Part 1: Knowledge Management Framework.* Brüssel, 2004

Chen 1976

CHEN, P.: The Entity-Relationship-Model – Toward a Unified View of Data. In: *ACM Transactions on Database Systems* 1 (1976), Nr. 1, S. 9–36

Chesbrough 2003

CHESBROUGH, H.: The era of open innovation. In: *MIT Sloan Management Reviews* 44 (2003), S. 35–41

Coase 1937

COASE, R. H.: The Nature of the Firm. In: *Economica* 4 (1937), Nr. 16, S. 386–405

Codd 1970

CODD, E. F.: A Relational Model of Data for Large Shared Data Banks. In: *Communications of the ACM* 13 (1970), Nr. 6, S. 377–387

Daimler AG 2014

DAIMLER AG: Geschäftsbericht 2014 / Daimler AG. Version: 2014. http://gb2014.daimler.com/ dai_gb2014/static/export/docs/Daimler-GB2014_Geschaeftsbericht.pdf. 2014. – Geschäftsbericht. – Zugriffsdatum: 21.09.2016

Dhar 2013

DHAR, V.: Data science and prediction. In: *Communications of the ACM* 56 (2013), Nr. 12, S. 64–73

Drakos u. a. 2014

DRAKOS, N. ; MANN, J. ; GOTTA, M.: Magic Quadrant for Social Software in the Workplace / Gartner. Stamford, 2014 (G00262774). – Forschungsbericht

Englbrecht u. a. 2004

ENGLBRECHT, A. ; HIPPNER, H. ; WILDE, K. D.: Marketing Automation. In: HIPPNER, H.; WILDE, K. D. (Hrsg.): *IT-Systeme im CRM. Aufbau und Potenziale*. Wiesbaden, 2004, S. 333–372

Fasel u. Meier 2016

FASEL, D. ; MEIER, A.: Was versteht man unter Big Data und NoSQL? In: FASEL, D.; MEIER, A. (Hrsg.): *Big Data: Grundlagen, Systeme und Nutzungspotenziale*. Wiesbaden : Springer Fachmedien Wiesbaden, 2016, S. 3–16

Fels u. a. 2015

FELS, G. ; LANQUILLON, C. ; MALLOW, H. ; SCHINKEL, F. ; SCHULMEYER, C.: Technik. In: DORSCHEL, J. (Hrsg.): *Praxishandbuch Big Data*. Springer Gabler, 2015, S. 255–330

Fenner 2020

FENNER, Dagmar: *Ethik. Wie soll ich handeln?* 2., vollst. überarb. u. erw. Aufl. Tübingen : Narr Francke Attempto Verlag, 2020

Fettke u. Loos 2005

FETTKE, P. ; LOOS, P.: Der Beitrag der Referenzmodellierung zum Business Engineering. In: *HMD – Praxis der Wirtschaftsinformatik* 42 (2005), S. 18–26

Fischer u. a. 2008

FISCHER, Johannes ; GRUDEN, Stefan ; IMHOF, Esther: *Grundkurs Ethik – Grundbegriffe philosophischer und theologischer Ethik*. Stuttgart : W. Kohlhammer Verlag, 2008

Franzen 2011

FRANZEN, Henning: Fallanalysen im Ethik- und Philosophieunterricht. In sechs Schritten zu einem reflektierten Urteil. In: MARING, Matthias (Hrsg.): *Fallstudien zur Ethik in Wissenschaft, Wirtschaft, Technik und Gesellschaft*. Karlsruhe : KIT Scientific Publishing, 2011, S. 19–28

Gabriel 2003

GABRIEL, R.: *Informationsmanagement in Organisationen*. Stuttgart : Kohlhammer, 2003

Gartner Inc. 2012

GARTNER INC.: Pace-Layered Application Strategy. Special Report. (2012). http://www.gartner.com/technology/research/pace-layered-application-strategy. – Zugriffsdatum: 05.02.2012

Gassmann u. Enkel 2006

GASSMANN, O. ; ENKEL, E.: Open Innovation: Externe Hebeleffekte in der Innovation erzielen. In: *Zeitschrift Führung + Organisation* (2006), Nr. 3, S. 132–138

Gessler 2011

GESSLER, M.: Projektarten. In: GESSLER, M. (Hrsg.): *Kompetenzbasiertes Projektmanagement (PM3): Handbuch für die Projektarbeit Qualifizierung und Zertifizierung auf Basis der IPMA Competence Baseline Version 3.0*. 4. Aufl. Nürnberg : GPM Dt. Ges. für Projektmanagement, 2011, S. 42–52

Gilder 1993

GILDER, G.: Metcalf's Law and Legacy. In: *Forbes ASAP* 152 (1993), Nr. 6, S. 158–159

Gleinser u. a. 2009

GLEINSER, J. ; STEHLE, P. ; WOLTERMANN, J. ; KÄSTLE, G.: ITILv3 für KMU. Consultingleitfaden / Studiengang Wirtschaftsinformatik. DHBW Ravensburg, 2009 (3/2009). – Arbeitsbericht

Granados u. a. 2008

GRANADOS, N. F. ; KAUFFMAN, R. J. ; KING, B.: How Has Electronic Travel Distribution Been Transformed? In: *Journal of Management Information Systems* 25 (2008), Nr. 2, S. 73–96

Grimm u. a. 2019

GRIMM, Petra ; KEBER, Tobias O. ; ZÖLLNER, Oliver: Digitale Ethik: Positionsbestimmung und Perspektiven. In: GRIMM, Petra (Hrsg.) ; KEBER, Tobias O. (Hrsg.) ; ZÖLLNER, Oliver (Hrsg.): *Digitale Ethik. Leben in vernetzten Welten*. Stuttgart : Reclam, 2019, S. 9–26

Gronau 2010

GRONAU, N.: *Enterprise Resource Planning. Architektur, Funktionen und Management von ERP-Systemen*. 2., erw. Aufl. München : Oldenbourg, 2010

Habermann 2013

HABERMANN, Frank: Hybrides Projektmanagement—agile und klassische Vorgehensmodelle im Zusammenspiel. In: *HMD Praxis der Wirtschaftsinformatik* 50 (2013), Nr. 5, S. 93–102

Habermas 1983

HABERMAS, Jürgen: *Moralbewußtsein und kommunikatives Handeln*. Bd. 422. Frankfurt : Suhrkamp, 1983

Habermas 1996

HABERMAS, Jürgen: *Die Einbeziehung des Anderen. Studien zur politischen Theorie*. Frankfurt am Main : Suhrkamp, 1996

Heinrich 2011

HEINRICH, L. J.: *Informationsmanagement. Grundlagen, Aufgaben, Methoden*. 10., vollst. überarb. Aufl. München : Oldenbourg, 2011

Heinrich u. a. 2014

HEINRICH, L. J. ; RIEDL, R. ; STELZER, D.: *Informationsmanagement. Grundlagen, Aufgaben, Methoden*. 11., vollst. überarb. Aufl. Berlin/Boston : DeGruyter Oldenbourg, 2014

Hesse u. a. 1994

HESSE, W. ; BARKOW, G. ; BRAUN, H. von ; KITTLAUS, H.-B. ; SCHESCHONK, G.: Terminologie der Softwaretechnik, Ein Begriffssystem für die Analyse und Modellierung von Anwendungssystemen, Teil 1: Begriffssystematik und Grundbegriffe. In: *Informatik Spektrum* 17 (1994), Nr. 1, S. 39–47

Hinz u. a. 2011

HINZ, O. ; HANN, I.-H. ; SPANN, M.: Price Discrimination in E-Commerce? In: *MIS Quarterly* 35 (2011), Nr. 1, S. 81–98

von Hippel 1978

HIPPEL, E. von: A Customer-Active Paradigm for Industrial Product Idea Generation. In: *Research Policy* 7 (1978), July, Nr. 3, S. 240–266

Hippner u. a. 2006

HIPPNER, H. ; RENTZMANN, R. ; WILDE, K. D.: Aufbau und Funktionalitäten von CRM-Systemen. In: HIPPNER, H.; WILDE, K. D. (Hrsg.): *Grundlagen des CRM*. 2., überarb. u. erw. Aufl. Wiesbaden, 2006, S. 46–74

Hippner u. Wilde 2005

HIPPNER, H. ; WILDE, T.: Social Software. In: *Wirtschaftsinformatik* 47 (2005), Nr. 6, S. 441–444

Hislop 2013

HISLOP, D.: *Knowledge Management in Organizations. A critical introduction*. 3. ed. Oxford : Oxford University Press, 2013

Horster 2012

HORSTER, Detlef: Einleitung. In: HORSTER, Detlef (Hrsg.): *Texte zur Ethik*. Reclam, 2012, S. 11–72

Hutcheson 1986

Hutcheson, Francis: *An Inquiry into the original of our ideas of beauty and virtue (1725). –* Dt.: *Eine Untersuchung über den Ursprung unserer Ideen von Schönheit und Tugend. Über moralisch Gutes und Schlechtes.* Übers. und mit einer Einleitung hrsg. von Wolfgang Leidhold. Hamburg : Felix Meiner, 1986

Illik 2014

Illik, J.: Zusammenarbeit – Online Kooperation. In: Frey-Luxemburger, M. (Hrsg.): *Wissensmanagement – Grundlagen und praktische Anwendung: Eine Einführung in das IT-gestützte Management der Ressource Wissen.* Wiesbaden : Vieweg+Teubner, 2014, S. 120–167

Inmon 2005

Inmon, W.: *Building the Data Warehouse.* 4th. edition. New York et al. : Wiley, 2005

Jahnke 1979

Jahnke, Bernd: *Gestaltung leistungsfähiger Nummernsysteme für die DV-Organisation.* München : Minerva-Publikation, 1979

Jones 2008

Jones, C.: *Applied Software Measurement. Global Analysis of Productivity and Quality.* 3rd ed. New York et al. : McGraw-Hill, 2008

Kagerman u. a. 2013

Kagerman, H. ; Wahlster, W. ; Helbig, J.: Deutschlands Zukunft als Produktionsstandort sichern – Umsetzungsempfehlungen für das Zukunftsprojekt Industrie 4.0. Frankfurt am Main : Deutsche Akademie der Technikwissenschaften e. V., 2013. – Abschlussbericht des Arbeitskreises Industrie 4.0

Kannan u. Kopalle 2001

Kannan, P. K. ; Kopalle, P. K.: Dynamic Pricing on the Internet: Importance and Implications for Consumer Behavior. In: *International Journal of Electronic Commerce* 5 (2001), Nr. 3, S. 63–83

Kant 1784

Kant, Immanuel: Beantwortung der Frage: Was ist Aufklärung? In: *Berlinische Monatsschrift* (1784), Nr. 12, S. 481–494

Kant 2012

Kant, Immanuel: Grundlegung zur Metaphysik der Sitten. In: Horster, Detlef (Hrsg.): *Texte zur Ethik.* Stuttgart : Reclam, 2012, S. 192–207

Kantar 2017

Kantar: *Smartphones OS sales market share.* https://www.kantarworldpanel.com/global/smartphone-os-market-share/. Version: 2017. – Zugriffsdatum: 02.07.2017

Kasper u. a. 2010

Kasper, H. ; Lehrer, M. ; Mühlbacher, J. ; Müller, B.: Thinning Knowledge: An Interpretive Field Study of Knowledge-Sharing Practices of Firms in Three Multinational Contexts. In: *Journal of Management Inquiry* 19 (2010), Nr. 4, S. 367–381

Kessler 2003

Kessler, Henrik: Die philosophische Diskursethik und das Ulmer Modell der Ethikseminare. In: *Ethik in der Medizin* 15 (2003), Nr. 4, S. 258–267

Kim u. a. 2009

Kim, J. Y. ; Natter, M. ; Spann, M.: Pay What You Want. In: *Journal of Marketing* 73 (2009), Nr. 1, S. 44–58

Klein u. a. 2013

Klein, D. ; Tran-Gia, P. ; Hartmann, M.: Big Data. In: *Informatik Spektrum* 36 (2013), Nr. 3, S. 319–323

Krcmar 2015a

KRCMAR, H.: *Einführung in das Informationsmanagement*. 2. Aufl. Berlin et al. : SpringerGabler, 2015

Krcmar 2015b

KRCMAR, H.: *Informationsmanagement*. 6., überarb. Aufl. Berlin et al. : SpringerGabler, 2015

Krämer u. a. 2017

KRÄMER, F. ; SCHMIDT, K. M. ; SPANN, M. ; STICH, L.: Delegating pricing power to customers. In: *Journal of Economic Behavior & Organization* 136 (2017), S. 125–140

Kurbel 2016

KURBEL, K.: *Enterprise Resource Planning und Supply Chain Management. Von MRP bis Industrie 4.0*. 8., vollst. überarb. u. erw. Aufl. Berlin, Boston : DeGruyter Oldenbourg, 2016

Kurz u. Ullrich 2018

KURZ, Constanze ; ULLRICH, Stefan: Fallbeispiel: Smarte Armbänder. In: *Informatik Spektrum* 41 (2018), Nr. 4, S. 285–287

Kuster u. a. 2019

KUSTER, Jürg ; BACHMANN, Christian ; HUBER, Eugen ; HUBMANN, Mike ; LIPPMANN, Robert ; SCHNEIDER, Emil ; SCHNEIDER, Patrick ; WITSCHI, Urs ; WÜST, Roger: *Handbuch Projektmanagement. Agil – Klassisch – Hybrid*. 4., vollst. überarb. u. erw. Aufl. Berlin : Springer Gabler, 2019

Laudon u. a. 2010

LAUDON, K. C. ; LAUDON, J. P. ; SCHODER, D.: *Wirtschaftsinformatik. Eine Einführung*. 2., akt. Aufl. München : Pearson, 2010

Lee 2019

LEE, Kai-Fu: *AI-Superpowers: China, Silicon Valley und die neue Weltordnung*. Frankfurt/New York : Campus, 2019

Lehmann 2008

LEHMANN, F. R.: *Integrierte Prozessmodellierung mit ARIS*. Heidelberg : dpunkt, 2008

Lehner 2014

LEHNER, F.: *Wissensmanagement. Grundlagen, Methoden und technische Unterstützung*. 5., akt. Aufl. München : Hanser, 2014

Leimeister 2014

LEIMEISTER, J. M.: *Collaboration Engineering. IT-gestützte Zusammenarbeitsprozesse systematisch entwickeln und durchführen*. Berlin, Heidelberg : Springer Gabler, 2014

Liu 2016

LIU, Yinyuan: *Social Media in China*. Wiesbaden : Springer Gabler, 2016

Malone u. a. 1987

MALONE, T. W. ; YATES, J. ; BENJAMIN, R. I.: Electronic markets and electronic hierarchies. In: *Communications of the ACM* 30 (1987), Nr. 6, S. 484–497

Marckmann u. a. 2012

MARCKMANN, Georg ; BORMUTH, Matthias ; WIESING, Urban: Allgemeine Einführung in die medizinische Ethik. In: WIESING, Urban (Hrsg.): *Ethik in der Medizin. Ein Studienbuch*. Stuttgart : Reclam, 2012, S. 23–37

Mattern u. Flörkemeier 2010

MATTERN, F. ; FLÖRKEMEIER, C.: Vom Internet der Computer zum Internet der Dinge. In: *Informatik-Spektrum* 33 (2010), Nr. 2, S. 107–121

McAfee. 2006

MCAFEE., A.: Enterprise 2.0: The Dawn of Emergent Collaboration. In: *MIT Sloan Management Review* 47 (2006), Nr. 3, S. 21–28

McAfee 2009

McAfee, A.: *Enterprise 2.0: new collaborative tools for your organization's thoughest challenges*. Boston (Mass.) : Harvard Business Press, 2009

Meier u. Stormer 2005

Meier, A. ; Stormer, H.: *eBusiness & eCommerce: Management der digitalen Wertschöpfungskette*. Berlin/Heidelberg/New York : Springer, 2005

Mertens 2009

Mertens, P.: *Integrierte Informationsverarbeitung 2. Planung- und Kontrollsysteme in der Industrie*. 10., vollst. überarb. Aufl. Wiesbaden : Gabler, 2009

Mertens 2012

Mertens, P.: *Integrierte Informationsverarbeitung 1. Operative Systeme in der Industrie*. 18., überarb. u. akt. Aufl. Wiesbaden : SpringerGabler, 2012

Mertens 2016

Mertens, P.: Wirtschaftsinformatik. Version: 9. Aufl, 2016. http://www.enzyklopaedie-der-wirtschaftsinformatik.de/lexikon/uebergreifendes/Disziplinen%20der%20WI/Wirtschaftsinformatik/index.html. In: Gronau, N.; Becker, J.; Sinz. E. J.; Suhl. L.; Leimeister, J. M. (Hrsg.): *Enzyklopädie der Wirtschaftsinformatik. Online-Lexikon. 9. Aufl*. Berlin : GITO, 2016. – Zugriffsdatum: 22.03.2017

Mettler u. a. 2017

Mettler, T. ; Bächle, M. ; Daurer, S. ; Judt, A.: Parental control reversed: Using ADR for designing a low-cost monitoring system for elderly. In: Kim,Y. J.; Agarwal, R.; Lee, J. K. (Hrsg.): *Proceedings of the International Conference on Information Systems - Transforming Society with Digital Innovation, ICIS 2017, Seoul, South Korea, December 10-13, 2017*, Association for Information Systems, 2017, 1–19. – Zugriffsdatum: 22.02.2018

Mill 2009

Mill, John S.: *Utilitarismus. Übersetzt, mit einer Einleitung und Anmerkungen herausgegeben von Manfred Kühn*. Hamburg : Felix Meiner Verlag, 2009

Misselhorn 2019

Misselhorn, Catrin: *Grundfragen der Maschinenethik*. 4., durchges. u. überarb. Aufl. Stuttgart : Reclam, 2019

Mülder 2010

Mülder, W.: Analytische Anwendungssysteme. In: Abts, D.; Mülder, W. (Hrsg.): *Masterkurs Wirtschaftsinformatik. Kompakt, praxisnah, verständlich. 12 Lern- und Arbeitsmodule*. Wiesbaden : Vieweg+Teubner, 2010, S. 61–133

Nartovich u. a. 2001

Nartovich, A. u. a.: IBM Framework for e-business. Technology, Solution, and Design Overview / IBM. IBM Redbook SG24-6248-00. Rochester, 2001. – IBM Redbook

North 2005

North, K.: *Wissensorientierte Unternehmensführung. Wertschöpfung durch Wissen*. Wiesbaden : Gabler, 2005

Nusselein 2002

Nusselein, M.: Empirische Erkenntnisse einer Informationsbedarfsanalyse an bayerischen Hochschulen. In: *Beiträge zur Hochschulforschung* 24 (2002), Nr. 1, S. 100–114

o. V. 2016

o. V.: *TRUMPF: Intelligente Vernetzung von Mensch, Maschine und Bautei.* http://www.plattform-i40.de/I40/Redaktion/DE/Anwendungsbeispiele/127-trumpf-intelligente-vernetzung-von-mensch-maschine-und-bauteil/beitrag-trumpf-intelligente-vernetzung-von-mensch-maschine-und-bauteil.html. Version: 2016. – Zugriffsdatum: 21.09.2016

Obermaier 2016

OBERMAIER, R.: Industrie 4.0 als unternehmerische Gestaltungsaufgabe: Strategische und operative Handlungsfelder für Industriebetriebe. In: OBERMAIER, R. (Hrsg.): *Industrie 4.0 als unternehmerische Gestaltungsaufgabe. Betriebswirtschaftliche, technische und rechtliche Herausforderungen.* Wiesbaden : SpringerGabler, 2016, S. 3–34

O'Reilly 2005

O'REILLY, T.: What Is Web 2.0 – Design Patterns and Business Models for the Next Generation of Software. (2005). http://www.oreillynet.com/pub/a/oreilly/tim/news/2005/09/30/what-is-web-20.html. – Zugriffsdatum: 07.09.2007

Österle 1995

ÖSTERLE, H.: *Business Engineering. Prozeß-und Systementwicklung: Band 1: Entwurfstechniken.* 2., verb. Aufl. Berlin u. a. : Springer, 1995

Österle u. a. 2010

ÖSTERLE, H. ; BECKER, J. ; FRANK, U. ; HESS, T. ; KARAGIANNIS, D. ; KRCMAR, H. ; LOOS, P. ; MERTENS, P. ; OBERWEIS, A. ; SINZ, E. J.: Memorandum zur gestaltungsorientierten Wirtschaftsinformatik. In: *Schmalenbachs Zeitschrift für betriebswirtschaftliche Forschung (zfbf)* 62 (2010), September, S. 662–679

Pastwa 2009

PASTWA, A.: *Serviceorientierung im betrieblichen Berichtswesen.* Bochum : Peter Lang Verlag, 2009

Picot u. a. 2003

PICOT, A. ; REICHWALD, R. ; WIGAND, R. T.: *Die grenzenlose Unternehmung. Information, Organisation und Management.* 5., akt. Aufl. Wiesbaden : Gabler, 2003

Piller u. Reichwald 2006

PILLER, F. ; REICHWALD, R.: *Interaktive Wertschöpfung - Open Innovation, Individualisierung und neue Formen der Arbeitsteilung.* Wiesbaden : Gabler, 2006

Porter u. Heppelmann 2014

PORTER, M. E. ; HEPPELMANN, J. E.: How smart, connected products are transforming competition. In: *Harvard Business Review* 92 (2014), Nr. 11, S. 64–88

Probst u. a. 2012

PROBST, G. J. B. ; RAUB, S. P. ; ROMHARDT, K.: *Wissen managen: Wie Unternehmen ihre wertvollste Ressource optimal nutzen.* 7. Aufl. 2012 (Korr. Nachdruck 2013). Wiesbaden : Gabler, 2012

Quintero u. a. 2016

QUINTERO, D. ; BOLINCHES, L. ; SUTANDYO, A. G. ; JOLY, N. ; KATAHIRA, R. T.: IBM Data Engine for Hadoop and Spark / IBM. Rochester, 2016. – IBM Redbook SG24-8359-00

Raymond 2000

RAYMOND, E.: The Cathedral and the Bazaar. (2000). http://www.catb.org/~esr/writings/cathedral-bazaar. – Zugriffsdatum: 08.10.2007

Riempp 2004

RIEMPP, G.: *Integrierte Wissensmanagementsysteme. Architektur und praktische Anwendung.* Berlin, Heidelberg, New York : Springer, 2004

Russell u. Norvig 2012

RUSSELL, S. ; NORVIG, P.: *Künstliche Intelligenz. Ein moderner Ansatz.* 3., akt. Aufl. München : Pearson, 2012

Scheer 1990

SCHEER, A.-W.: Modellierung betriebswirtschaftlicher Informationssysteme. In: *Wirtschaftsinformatik* 32 (1990), Nr. 5, S. 403–421

Scheer 2002

SCHEER, A.-W.: *ARIS - Vom Geschäftsprozess zum Anwendungssystem*. 4., durchges. Aufl. Berlin et al. : Springer, 2002

Scheer 2016

SCHEER, A.-W.: Industrie 4.0: Von der Vision zur Implementierung. In: OBERMAIER, R. (Hrsg.): *Industrie 4.0 als unternehmerische Gestaltungsaufgabe. Betriebswirtschaftliche, technische und rechtliche Herausforderungen*. Wiesbaden : SpringerGabler, 2016, S. 35–52

Schindler 2001

SCHINDLER, M.: *Wissensmanagement in der Projektabwicklung. Grundlagen, Determinanten und Gestaltungskonzepte eines ganzheitlichen Projektwissensmanagements*. 2., durchges. Aufl. Lomar, Köln : Josef Eul, 2001

Schmid 1993

SCHMID, B.: Elektronische Märkte. In: *Wirtschaftsinformatik* 35 (1993), Nr. 5, S. 465–480

Schmid 2016

SCHMID, Wilhelm: *Philosophie der Lebenskunst. Eine Grundlegung*. 14. Aufl. Frankfurt am Main : Suhrkamp, 2016

Schockenhoff 2014

SCHOCKENHOFF, Eberhard: *Grundlegung der Ethik. Ein theologischer Entwurf*. 2., überarb. Freiburg/Basel/Wien : Herder, 2014

Schorcht u. Strassner 2016

SCHORCHT, H. ; STRASSNER, M.: AMS doesn't Matter? In: *ITSM* 38 (2016), November, S. 30–33

Schulz u. a. 2020

SCHULZ, Michael ; NEUHAUS, Uwe ; KAUFMANN, Jens ; BADURA, Daniel ; KERZEL, Ulrich ; WELTER, Felix u. a.: *DASC-PM v1.0. Ein Vorgehensmodell für Data-Science-Projekte*. Elmshorn : Nordakademie, Hochschule der Wirtschaft, 2020

Schwaber 1995

SCHWABER, K.: SCRUM Development Process. (1995). http://jeffsutherland.org/oopsla/schwapub.pdf. – Zugriffsdatum: 08.06.2017

Schwaber u. Sutherland 2011

SCHWABER, K. ; SUTHERLAND, J.: *The Scrum Guide. The Definitive Guide to Scrum: The Rules of the Game*. http://www.scrum.org/storage/scrumguides/Scrum%20Guide%20-%202011.pdf. Version: 2011. – Zugriffsdatum: 25.06.2012

Schwarze u. Schwarze 2002

SCHWARZE, J. ; SCHWARZE, S.: *Electronic Commerce. Grundlagen und praktische Umsetzung*. Herne, Berlin : Neue Wirtschafts-Briefe, 2002

Schöler 2004

SCHÖLER, A.: Service Automation. In: HIPPNER, H.; WILDE, K. D. (Hrsg.): *IT-Systeme im CRM. Aufbau und Potenziale*. Wiesbaden : SpringerGabler, 2004, S. 373–392

Schön 2016

SCHÖN, D.: *Planung und Reporting: Grundlagen, Business Intelligence, Mobile BI und Big-Data-Analytics*. 2., überarb. Aufl. Wiesbaden : SpringerGabler, 2016

Shapiro u. Varian 2010

SHAPIRO, C. ; VARIAN, H. R.: *Information rules*. [Nachdr.]. Boston, Mass. : Harvard Business School Press, 2010

Shearer 2000

SHEARER, Colin: The CRISP-DM Model: The New Blueprint for Data Mining. In: *Journal of Data Warehousing* 5 (2000), Nr. 4, S. 13–22

Singer 1994

SINGER, Peter: *Praktische Ethik.* Aus dem Englischen übersetzt von Oscar Bischoff, Jean-Claude Wolf und Dietrich Klose; 2., rev. u. erw. Aufl. Stuttgart : Reclam, 1994

Skiera u. a. 2005

SKIERA, B. ; SPANN, M. ; WALZ, U.: Erlösquellen und Preismodelle für den Business-to-Consumer-Bereich im Internet. In: *Wirtschaftsinformatik* 47 (2005), Nr. 4, S. 285–293

Sommer 2004

SOMMER, J.: *IT-Servicemanagement mit ITIL und MOF.* Bonn : mitp, 2004

Sontow 2006

SONTOW, K.: ERP-Auswahl. In: *isreport* (2006), Sonderausgabe Juni – Business Guide Enterprise Resource Planning, S. 6–8

Spann 2010

SPANN, M.: Synergien zwischen gestaltungsorientierter und verhaltensorientierter Wirtschaftsinformatik. In: *Schmalenbachs Zeitschrift für betriebswirtschaftliche Forschung (zfbf)* 62 (2010), September, S. 662–679

Stegemerten u. Treibert 2010

STEGEMERTEN, B. ; TREIBERT, R.: Informationsmanagement. In: ABTS, D.; MÜLDER, W. (Hrsg.): *Masterkurs Wirtschaftsinformatik.* Wiesbaden : Vieweg, 2010, S. 321–406

Strassner u. Fleisch 2005

STRASSNER, M. ; FLEISCH, E.: Innovationspotenzial von RFID für das Supply-Chain-Management. In: *Wirtschaftsinformatik* 47 (2005), S. 45–54

Sutherland 2010

SUTHERLAND, J.: *Scrum Handbook.* http://jeffsutherland.com/scrumhandbook.pdf. Version: 2010. – Zugriffsdatum: 25.06.2012

Takeuchi u. Nonaka 1986

TAKEUCHI, H. ; NONAKA, I.: The New New Product Development Game. In: *Harvard Business Review* (1986), Reprint 86116, S. 2–11

Ulrich 2008

ULRICH, Peter: *Integrative Wirtschaftsethik. Grundlagen einer lebensdienlichen Ökonomie.* 4., vollst. neu bearb. Aufl. Bern/Stuttgart/Wien : Haupt, 2008

Wagner u. a. 2011

WAGNER, R. ; ROESCHLEIN, R. ; WASCHEK, G.: Projekte, Projektmanagement und PM-Prozesse. In: GESSLER, M. (Hrsg.): *Kompetenzbasiertes Projektmanagement (PM3): Handbuch für die Projektarbeit Qualifizierung und Zertifizierung auf Basis der IPMA Competence Baseline Version 3.0.* 4. Aufl. Nürnberg : GPM Dt. Ges. für Projektmanagement, 2011, S. 27–41

Wenger u. Snyder 2000

WENGER, E. C. ; SNYDER, W. M.: Communities of practice: The organizational frontier. In: *Harvard Business Review* 78 (2000), Nr. 1, S. 139–146

Winkelmann 2004

WINKELMANN, P.: Sales Automation. In: HIPPNER, H.; WILDE, K. D. (Hrsg.): *IT-Systeme im CRM. Aufbau und Potenziale.* Wiesbaden : SpringerGabler, 2004, S. 301–332

Zerdick u. a. 2001

ZERDICK, A. ; PICOT, A. ; SCHRAPE, K. ; ARTOPÉ, A. ; GOLDHAMMER, K. ; LOPEZ-ESCOBAR, E. ; SILVERSTONE, R.: *Die Internet-Ökonomie.* 3. Aufl. Berlin : Springer, 2001

Zhang u. a. 2015

ZHANG, X.-Z. ; LIU, J.-J. ; XU, Z.-W.: Tencent and Facebook Data Validate Metcalfe's Law. In: *Journal of Computer Science and Technology* 30 (2015), Nr. 2, S. 246–251

Zuboff 1988

ZUBOFF, S.: *In the Age of the Smart Machine: The Future of Work and Power.* New York : Basic Books, 1988

Zuboff 2013

ZUBOFF, S.: *The Surveillance Paradigm. Be the friction – Our Response to the New Lords of the Ring.* http://www.faz.net/-gqz-7adzg. Version: 2013. – Zugriffsdatum: 19.09.2016

Stichwortverzeichnis

https://doi.org/10.1515/9783110722260-018

www.ingramcontent.com/pod-product-compliance
Lightning Source LLC
Chambersburg PA
CBHW080618060326
40690CB00021B/4737